ピロストラトス／エウナピオス

哲学者・ソフィスト列伝

西洋古典叢書

凡例

一、本『哲学者・ソフィスト列伝』には、ピロストラトス『ソフィスト列伝』とエウナピオス『哲学者およびソフィスト列伝』の二書を収める。

二、本書の訳出に当たっては、ロウブ古典叢書（Philostratus and Eunapius, *The Lives of the Sophists*, tr. by W.C.Wright, 1989）を底本とし、ディドー版の *Philostrati Vitae Sophistarum*, ed. A. Westermann, Paris 1878. および *Eunapii Vitae Philosophorum ac Sophistarum*, ed. Jo. Fr. Boissonade, Paris 1878. を参照した。

三、ギリシア語をカタカナ表記するに当たっては、

(1) φ, θ, χ と π, τ, κ を区別しない。

(2) 固有名詞は原則として音引きを省いた。

(3) 地名人名は慣用に従って表示した場合がある。特にローマ皇帝はラテン語読みにした。

四、訳文中の『 』は書名を、「 」は引用文および重要な術語や句を表わす。

五、訳文の欄外上部の洋数字は、

ピロストラトス『ソフィスト列伝』にあっては一七〇九年にライプツィヒで刊行されたオレリアヌス版の頁づけを示す。

エウナピオス『哲学者およびソフィスト列伝』にあっては一八七八年パリで刊行されたディドー版の頁づけを示す。

なお、註および解説においてこれらの頁づけの後に記した（　）内の数字は、本訳文の頁数を表わす。訳文の頁づけには、数字の後に「頁」を付した。

六、訳文中の［　］は訳者による補足を表わす。

七、ピロストラトス『ソフィスト列伝』の各章の見出しに付した番号は、原典の章番号を表わす。エウナピオスの原典には章番号がないので、見出しのみとした。

目次

エウナピオス　哲学者およびソフィスト列伝……………………戸塚七郎 訳……227

哲学者・ソフィスト列伝

ピロストラトス

ソフィスト列伝

戸塚七郎
金子佳司 訳

献　辞

479 最も高名なる執政官アントニウス・ゴルディアヌス閣下[1]に捧ぐ

プラウイオス・ピロストラトス

実際には哲学を研究していたにもかかわらず、世間ではソフィストと見なされていた人たちと、本来の意味でソフィストと呼ばれていた人たちのことを、私は閣下のために二巻の書物にまとめました。と申しますのは、一つには、閣下はソフィストのヘロデスを祖先にお持ちゆえ、御一族がソフィストの技術に関わりが
480 あるということを私はよく存じているからですし、さらにまた、以前、私たちがアンティオケイアで行なったソフィストたちに関する熱心な議論[2]のことを、アポロン・ダプナイオス[3]の神殿でふと思い出したからでもあります。

しかし、私は、それらソフィストのすべてにその父親のことも書き添えるということは、ゼウスにかけて、まったくいたしませんでした。ただし父親が著名である人々の場合は別です。と申しますのも、ソフィスト

のクリティアスもまた、父親から書き始めるということはせず、ホメロスの場合だけ父親にも言及しているのを、私は存じているからです。つまりそれは、彼に、ホメロスの父親が川[河神メレス](4)であるという驚くべき事実を明らかにしようという意図があったからです。それにまた、多くのことを知りたいと望んでいる者にとっては、誰それの父親や母親のことはよく知っているのに、当の人の徳や悪徳のことも知らなければ、また、運によるにせよ当人の判断によるにせよ、その者が何を成就し何に失敗したかもわからないというのでは、有難いことではないからです。

(1) ゴルディアヌス(Marcus Antonius Gardianus)は二三八年にローマ皇帝の座に即いたゴルディアヌス一世のこと。アフリカの属州総督を務めた。このとき彼は八一歳であったが、若い貴族たちがマクシミヌス帝に対し陰謀を企て、彼を皇帝に祭り上げた。彼はこれを受け入れ、息子のゴルディアヌス二世を共同皇帝とした。しかし、ヌミディアの支配者カペリアヌスが反乱を起こし、カルタゴに兵を動かした。ゴルディアヌス二世はこれと戦って戦死し、一世も、二二日間の支配の後、自殺して果てた。

(2) ピロストラトスはローマに出て宮廷に入ったとき、ユリア・ドムナのサークルに所属した。このサークルは文人、学者の集まりで、ここでソフィストのことも議論されたのであろう。解説三八八－三九〇頁参照。

(3) ダプナイオス(δαφναῖος)は「月桂樹の」という意味で、アポロンの添え名。アポロンはエロスの射た矢のために河神ペネイオスの娘ダプネに恋心をかきたてられたが、ダプネはそれを嫌い月桂樹に変身してしまった。アポロンはそれ以後、その月桂樹の葉を身につけるようになり、また、それは栄光の象徴ともなったと言われる。オウィディウス『変身物語』第一巻四五二以下参照。

(4) イオニア地方にある川。ホメロスはこの川のほとりで生まれたという説があるため、彼はメレスの子であるとされている。ただし、ホメロスの生まれについてはそのほかにいくつもの説がある。

(480)

この小論は、属州総督の中でもとりわけ優れた閣下[1]、あたかもエジプトの秘薬が入ったヘレネの混酒器[2]のように、お心の重荷をいささかなりと軽くするものと存じます。ムーサの女神たちを先導される閣下、御健勝をお祈りいたします。

(1) ゴルディアヌスの呼称が冒頭の「執政官(ὕπατος consul)」から「属州総督(ἀνθύπατος proconsul)」に変わっている点については解説三九二—三九三頁参照。proconsul の本来の意味は「前執政官」で、執政官の任期が一年である不都合から、これを延長して続けること(prorogatio)ができるようにした役職である。共和政後期になると、proconsul の仕事は通常、ローマを代表して属州を統治する総督職であった。

(2) ホメロス『オデュッセイア』第四歌二一九—二三二参照。メネラオス家の婚礼の席で、メネラオスはそこを訪れたテレマコスらとトロイア戦争での悲惨な出来事を語り合った。その話に一同が涙を流していたとき、メネラオスの妻ヘレネは、エジプト人から贈られた秘薬を混酒器に入れ、その酒を飲ませることによって一同の苦悩をしばらくのあいだ消し去ることを思いつき、それを実行した。

第一巻　古期ソフィスト列伝

概観

481

古代のソフィスト術は、哲学的な弁論術と見なされるべきである。なぜなら、その技術は哲学の研究者たちが取り扱う問題について論じているからである。ただし、哲学者たちが、問いかけを巧みに段取りして、探究されている事柄の小さな点まで一つひとつ確かめながら議論を進め、それでもまだ確かな知識を得ていないと言うのに対し、昔のソフィストは、まるで知り尽くしているかのような顔をして、それについて語る。とにかく、彼はその弁論の前置きを「私は知っている」とか、「私は気づいている」とか、「私はとうにお見通しである」とか、「人間には確かなものなど一つもない」などという言葉で飾るのである。そして、この種の出だしは、その弁論に、堂々として自信が漲《みなぎ》っており、真相をはっきり手中にしているとの響きをまとわせている。また、哲学的弁論術は、無数の星から真実を予測していたエジプト人やカルデア人(1)、さらに、

(1) カルデア人（カルダイア人）とは、バビロニアを支配した人々のことであったが、バビロニア人全体をも指す。

彼らより前にインド人たちによって組織化された人間の力による予言術と対応しているが、一方のソフィストの弁論術は、神の力による予言や神託の術と対応している。というのは、ピュトの神託からも[1]、次のような言葉を聞くことができるからである。

「われは知る、海の砂子の数と嵩のいくばくかを」。

「遠くまで見そなわすゼウス、木の城砦をトリトゲネスに与え給う[2]」。

「母親殺しのネロ、オレステス、アルクマイオン」。

ほかにもこの種の多くの言葉を神託が語るのを聞くことができるが、それはまるでソフィストの言葉を耳にしているかのようである。

古代のソフィスト術は、哲学的な問題を提起するときでさえ、それらの問題を冗漫に長々と論ずるのが常だった。なにしろ、それは、勇気について論ずるかと思えば、正義についても、英雄や神々についても論ずるし、さらには、宇宙はいかにして今の姿に造り上げられたのかということまで論じていたのである。その次の時代のソフィスト術（それは「新しい」ソフィスト術と呼ばれるべきではない。なぜなら、昔のものだから。むしろ「第二の」ソフィスト術と呼ばれるべきである）は、貧乏人と金持ちの、また、王侯と専制君主の特徴を概観し、さらには、歴史が案内してくれる特定の話題を論じた。

それらのうち、より古いほうのソフィスト術は、レオンティノイのゴルギアスがテッサリアで始めたが[3]、第二のソフィスト術は、アトロメトスの息子アイスキネスが、アテナイでの政治生活から追放されて、カリアやロドスに居を構えた後に始めた。アイスキネスの弟子たちは諸問題を弁論術の規則に従って取り扱ったが、ゴルギアスの弟子たちは、それぞれ思い思いのやり方で取り扱っていた。

即席弁論の泉はペリクレスから初めて溢れ出た、とある人々は言っている。それゆえに、ペリクレスは弁舌にかけて偉大な人と見なされたのであるが、しかし他の人々は、それはビザンティオンのピュトン(4)から発したと言っている。そのピュトンについては、デモステネスが、その尊大で大量に流れ出す言葉を阻止しえたのは、アテナイ人のうちで自分だけだった、と言っている。また、ある人々は、即席で弁ずることはアイスキネスの発明である、と言っている。つまり、この人はロドスから船出してカリアのマウソロス王の許に赴き、即席の弁論で王を喜ばせたというのである。だが私の思うには、アイスキネスが他の人々よりも頻繁に即席弁論を行なったのは、使節として他国に赴いたり帰国してその報告をしたときであり、また法廷で弁護したり民会で演説したときであって、後世に残されているのは、彼の弁論のうちでも慎重に書き下ろされ

---

(1) デルポイの古名。

(2) トリトゲネスはアテナ女神の異称であるが、その意味については多くの説がある。この言葉は、アテナを守護神として戴くアテナイが、木の城砦すなわち軍船によって守られていることを指す。ペルシア戦争に際し、アテナイの使節に下された神託で(ヘロドトス『歴史』第七巻一四一を参照)、その意味が曖昧なため解釈が分かれたが、最後はこれによってアテナイは海戦に踏み切り、サラミス沖でペルシア艦隊を破った。

(3) プラトン『メノン』七〇B参照。

(4) ピュトンは、マケドニアのピリッポス王に重用され、王の代理としてアテナイに赴いたこともある人物。アレクサンドロスの時代には、大王の身辺を警護する七人の将軍の一人となった。彼は前四世紀末に諷刺劇を書いたと言われる。

たものだけなのである（つまり、それは、デモステネスのよく練り上げられた弁論に大きく後れをとるまいとしたためである）。だが私は、即席弁論に実際に先鞭をつけたのはゴルギアスだと思う。なぜなら、この人はアテナイの劇場に現われて、大胆にも「どんな問題でも出したまえ」と言い、このような危険をはらんだ公言を憚らなかった最初の人だからである。彼はおそらく、こうすることで、自分は何でも知っており何についても臨機応変に語ることができるということを顕示していたのであろう。そしてゴルギアスは、次のような事情からこのことを思いついたように思われる。

当時、ケオスのプロディコスによってなかなか面白い物語が作られていた。(1) すなわち、美徳と悪徳が女性の姿をしてヘラクレスのところにやって来た。そのとき、悪徳は人目を欺くようなきらびやかな衣に身を包んでいたのに対し、美徳のほうはありあわせの普段着のままであった。そして、まだ若かったヘラクレスに、前者は怠惰と享楽を、後者は汚れと労苦を差し出した、というものである。この物語全体にはかなり長い結びの言葉がつけ足され、この話を、プロディコスは町々を回っては報酬を取って披露し、オルペウスやタミュリス(2)と同じように、その町の人々を魅了していた。こういった活動で、彼はテバイ人の間で大いに名声を博したが、スパルタ人の間ではそれ以上の声価を手にしたのである。それは、彼がその物語を繰り返し説き聞かせることにより若者たちの教化に貢献した、という理由による。

するとゴルギアスは、プロディコスが幾度となく語り古された話を人前で語っていると言って、彼を嘲笑し、自分自身はその時々の状況に合わせて語ることに専念したのである。しかしながら、彼は人の妬みを買わずにはすまなかった。たとえば、次のようなことがあったのである。アテナイにカイレポンという男がいた。ただし、この男は喜劇で「柘植《つげ》の木」という渾名《あだな》で呼ばれていた人とは別人である。(3) というのは、その人は思索しすぎたために貧血症を患ったのであるが、いま私が言及しているのは、傲慢な振る舞いに走り、人に下品な揶揄を浴びせていた男のほうだからである。このカイレポンが、ゴルギアスの真剣な努力を冷や

(1) プロディコス「断片」B一、二(DK)参照。

(2) オルペウス(Ὀρφεύς)はトラキア生まれと伝えられる詩人で、歌唱を得意とし、その魅力は荒波をしずめ、野獣を穏やかにし、岩や木をも魅了した。多くの伝説に包まれているが、亡き妻を求めて冥界に行った話は有名である。また、彼は魂の不死を教義とするオルペウス教の創始者とされる。一方、タミュラス(Θάμυρας)またはタミュリス(Θάμυρις)はトラキアの音楽家で、音楽上の多くの発明があると伝えられる。彼は歌と竪琴の技に自信を持っていたので、音楽の女神であるムーサたちに出会ったとき、歌では彼女たちに勝つと高言した。そのため、女神たちは怒り、彼から歌を取り上げ、竪琴を弾く術を忘れさせた。ホメロス『イリアス』第二歌五九四―六〇〇参照。

(3)「柘植の木」と呼ばれたカイレポンのほうは、喜劇の格好の笑いの種にされており(アリストパネス『雲』五〇三―五〇四、『蜂』一四〇八、一四一二など参照)、顔の血色が悪くその顔色が黄ばんでいたために、そのような渾名をつけられたのである。

かし、「どうしてなんだ、ゴルギアス。豆はガスで腹を膨らませるのに、火に風を送らないというのは(1)」と言った。しかし、ゴルギアスはその問いには少しも動ずることなく、「その問題を考えることは、君のために残しておこう。だが、この私が前からよく知っているのは、大地は君のような者のために大茴香《おおういきょう》を生やしているということだ(2)」と言った。

ところで、アテナイ人たちは、ソフィストたちが持っているあまりの抜け目なさを目にして、彼らを法廷から追い出したのであるが、それは、アテナイ人たちの目には、ソフィストたちが不正な議論で正しい議論を打ち負かし、筋の通った判断に逆らって、力でねじ伏せていると映ったからである。アイスキネスとデモステネスが、互いに相手にソフィストの烙印を押して非難したのはそのためである。すなわち、それは、ソフィストという名前が不名誉なものだというわけではなく、その名前が裁判官を務める人たちに疑惑の目で見られよう、という理由からである。というのも、二人とも個人的には、ソフィストと呼ばれていることで、自分たちは当然賞賛を受けてしかるべきなのだ、と考えていたからである。実際に、アイスキネスの言葉を信用するなら、デモステネスは知人たちに、裁判官たちの票を彼自身の意見の方に変えさせたと誇らしげに語っていたのだし、一方のアイスキネスにしても、かりにアテナイでその方面の研鑽を重ねていなかったとしたら、私の思うに、ロドス人は、自分たちがそれまで知らなかった領域で彼を第一人者に祭り上げたりはしなかったであろう。

ところで、昔の人たちがソフィストと呼んでいたのは、弁論家の中で卓越した弁舌で輝かしい名声を得た人たちだけではない。哲学者の中でその説を淀みなく説き明かす人たちをも、そのように呼んでいた。そこで、まず最初に後者の哲学者たちについて述べておかなければなるまい。なぜなら、彼らは、実際はソフィストではないにもかかわらず、そのように思われていたがために、この呼び名を得るようになったからである。

ソフィストと混同された哲学者

一　エウドクソス

クニドスのエウドクソスは、アカデメイアで議論されたことを十分に学んだにもかかわらず、その語り口が美しく飾り立てられ、即席で見事に弁ずるところから、ソフィストの一人に書き加えられた。そして彼は、ヘレスポントスと黒海地方で、またメンフィスとメンフィスより先のエジプト地域、つまり、エチオピアと

---

(1)「風（ガス）で腹を膨らませる」と「火に風を送る」は同じ動詞（φυσάω）を用いているが、ここでは、風を送り込まれる火を、ヘラクレイトスのように理性の象徴と見ており、したがってこの言葉には、豆を食べて食欲は満たしても、腹にガスを送り込むばかりで、理性に何ひとつプラスすることがないという意味が含まれている。

(2) 学校の先生が生徒に罰を与えるために使う笞は大茴香の茎から作られた。したがって、ゴルギアスがここで言っているのは、カイレポンのようなくだらない質問をする者はいたずらをした生徒のように笞で打たれるべきだということであろう。

境を接し裸の賢者たちが住んでいた地域で、ソフィストを名乗るにふさわしい人物と見なされていた。

二　レオン

ビザンティオンのレオンは、若いときにプラトンのもとで学んでいたのに、成年に達するとソフィストと呼ばれた。それは、彼が多彩な弁論を操り、受け答えに説得力があったからである。たとえば、こんなことがあった。ピリッポスがビザンティオン人たちに向けて兵を進めたとき、レオンは出向いていって彼に会い、「教えていただきたい、ピリッポス。あなたが戦争を仕掛けるのは、あなたに何があったからですか」と尋ねた。そして、彼が「おまえの祖国がどこよりも美しいため、私を恋の虜《とりこ》にしてしまったのだ。それで私は、言ってみれば愛人のいる家の戸口にやって来たというわけだ」と言うと、レオンはそれに答えて、「その恋に応えてもらおうという人なら、剣を持って愛人の家の戸口に通って来たりはしません。そうでしょう、恋人たちに必要なのは、戦争の道具ではなくて、楽器なのですから」と言った。ビザンティオンが解放されるまでには、そのために、デモステネスはアテナイ人たちに向かって多くのことを語ったが、これに対しレオンは、ピリッポス本人にこのようにわずかなことを語っただけで、これを果たしたのである。

また、このレオンがアテナイ人たちの許へ使節としてやって来たことがある。そのときのアテナイは、それまでの長期にわたる党派争いで混乱状態にあり、伝統的慣習を無視した政治が行なわれていた。だが彼が民会に現われると、彼の姿にアテナイ人たちの間にはどっと笑いが起こった。というのも、彼は太っていて腹の突き出た姿をしていたからである。しかし、彼は笑われてもまったく動ずることなく、「どうしてあなたたちは笑うのですか、アテナイ人の皆さん。私が太っていて、こんな大きな身体をしているからですか。でも、私の妻はもっと太っていますよ。だから、私たち夫婦が仲睦まじくしているときにはベッドだけで広さは十分なのですが、仲違いをしているときには、家全体でも狭いくらいなのです」と言った。こうして、レオンが巧みに時宜を心得た即席の演説をしたおかげで、アテナイの民衆は和解し、一つにまとまったのである(1)。

486

三　ディアス

エペソスのディアスも、彼自身の哲学の艫綱《ともづな》はアカデメイアにしっかりと結びつけられていたにもかかわらず、次のような理由からソフィストと見なされた。すなわち、彼は、ピリッポスがギリシア人たちに苛酷な扱いをするのを見ると、彼を説き伏せてアジア遠征を起こすようにさせておいて、ギリシア人たちに対しては、「彼の遠征について行くべきである。なぜなら、自国で自由に暮らすためなら、国外で隷属することも恥辱ではないのだから」と、国中を説いて回ったからである。

(1) アテナイオスでは、この逸話はピュトンの話とされている（『食卓の賢人たち』第十二巻五五〇f）。

アテナイのカルネアデスもまたソフィストの一人に書き加えられていた。なぜなら彼は、考え方は哲学者であったが、弁論の力をあまりにも巧みに駆使していたからである。

四　カルネアデス

五　ピロストラトス（エジプトの）

私の知るところでは、エジプトのピロストラトスもまた、クレオパトラ女王といっしょに哲学の研究に励んでいたにもかかわらず、ソフィストと呼ばれた。それは、彼が祭典用の華やかな形の弁論を作っていたからである。彼がそれを作ったのは、学問の愛好も享楽の一つと心得ていた女性とつき合っていたためである。それゆえ、ある人々は、彼に向けて次のようなエレゲイア詩をパロディーとして作ったのである。

こよなき賢者ピロストラトスの気質を備えよ。彼は、クレオパトラと親交を持ったがゆえ、今やかの女と同じ色をして立ち現われた。(1)

六　テオムネストス

ナウクラティスのテオムネストス(2)もまた、まぎれもなく哲学研究をしていたのに、言論を拡大敷衍《ふえん》して論ずる妙のゆえに、ソフィストの中に組み入れられた。

七　ディオン

プルサのディオン(3)も、すべての面で卓越した才能を持っているため、彼を何と呼んだらいいのか、私には

（1）これは、友人とのつき合いには、あたかも蛸がその場その場で身体の色を変えるように、心を転変自在にせねばならぬ、と謳うテオグニスのエレゲイア詩（二一五－二一六）のパロディー。

（2）プルタルコス『プルトゥス伝』二四に出てくるテオムネストスか。そうであるなら、アカデメイアの学頭で、ブルトゥスがアテナイに赴いたとき教えを受けた人物。なお、ナウクラティスはエジプト北部のナイル川左岸地域にある商業都市。

（3）彼は一般にはディオン・クリュソストモスという名前で知られている。クリュソストモス（*χρυσόστομος*）とは、「黄金の口」つまり黄金のようなすばらしい言葉が溢れ出る口という意味である。

487 わかりかねる人である。というのは、彼は、諺に言う「アマルテイアの角《つの》」[1]だったからである。なにしろ、彼は最も巧みな表現の中でも最高のものを作り出していたからである。その表現はデモステネスとプラトンの響きを目標にしていた。だが、ディオンは、あたかも弦楽器における駒がそうするように、それらの響きに合わせながらも、単刀直入な表現を伴った自分独自の響きを響き返していたのである。また、ディオンの弁論においては、彼の優れた人柄がとくに光っていた。というのは、彼は放埒な国に対してはよく非難を浴びせていたが、口やかましいと思われたり不快の感を与えたりすることがなく、それはちょうど、馬のわがままな性格を鞭で懲らしめるよりはむしろ馬銜《はみ》で抑えて躾るというふうであったし、また、法を遵守している国を賞賛する場合でも、それらの国を煽《おだ》てるのではなく、むしろ、今の状態を変えたなら国が滅びる、という事実に注意を向けさせているように思われたからである。彼の場合、その他の哲学活動の性格も、凡庸なものでもなければ、皮肉っぽいものでもなかった。いや、その攻撃には厳しいところがあったが、それにはいわば香辛料のように、穏和さが混ぜ合わされていた。

さらに、彼が歴史の叙述においても有能であったことは、その論文『ゲタイ族について』[2]が証明している。じつは、彼は放浪の旅をしていたときに[3]ゲタイ人のところにも訪れたのである。また、『エウボイア物語』とか、『おうむ賛歌』とか、ディオンのものであまり重要でないテーマを取り扱った作品などにしても、私たちは、それらをとるに足らぬ著作と見るべきではなく、むしろソフィストらしい作品と見なすべきである。なぜなら、そのように些細なことについても熱心に取り組むのが、ソフィストの特徴というものだから。

488 また彼は、テュアナのアポロニオスとテュロスのエウプラテスが哲学活動をしていたころ[4]に生き、両者とは親密であった。もっとも、この両者は、哲学者の気質を逸脱するほどの仲違いをしていたのだが。

ところで、彼がゲタイ族の許に立ち寄ったことを追放と呼ぶのは、私は適切だとは思わない。なぜなら、彼は追放を命じられてはいなかったからである。かといって、単なる外国旅行と呼ぶのもふさわしくない。というのは、彼は、すべての哲学活動をその手で追い出そうとしていたローマ市の暴君たちを恐れて、人々の目や耳から身を隠し、行く先々でそれぞれ違ったことをしながら、人目を避けていたからである。しかし彼は、木を植えたり、土を掘ったり、風呂や庭に水を注ぐなど、糧を得るためにそのような労働を数多くしながらも、学問の研究をおろそかにしていたわけではなく、二冊の書物によって自分自身を支えていたのである。それらはプラトンの『パイドン』とデモステネスの『偽りの使節について』であった。

彼はいつもの着古した服を着て、よく軍隊の営舎に足を運んでいた。ところが、ドミティアヌス帝の暗殺(5)

(1) アマルテイアとは、クロノスの目を避けてクレタ島の洞窟でゼウスに乳を与え育てた牝山羊。彼女の角は豊饒の角と見なされ、それを持っている者は望むものが何でも得られると言われていた。
(2) ゲタイはスキュティアの一民族で、野蛮で好戦的と言われていた。なお、この著作は失われて現存しない。
(3) 彼はドミティアヌス帝によって一四年間の追放刑に処せられ、その間、放浪の旅をしたと言われているが、四八八(一九頁)の記述を見ると、ディオンは追放刑に処せられたのではないとピロストラトスは述べている。
(4) 後一世紀中頃のこと。ディオンは後四〇年ころ生まれ、一二〇年ころ死んだと思われる。
(5) ドミティアヌスは兄のティトゥス帝が後八一年に急死したためその帝位を継いだ。しかし、彼は恐怖政治を行なったため、后のドミティアにも恐怖感を抱かせ、彼女とその側近らによって九六年に暗殺された。

後、兵士たちが暴動に走るのを見ると、その無秩序な状態を黙視していることができず、衣服を脱ぎ捨て高い壇の上へ跳び上がると次のような詩句で弁舌を切り出した、

「知略に富むオデュッセウスは、ぼろ服を脱ぎ捨てた(1)」。

そしてこの詩句を口にし終えると、自分は乞食でも、兵士たちが思っているような下賤の者でもなく、賢者ディオンである、と、その正体を明かした上で、彼は力をこめて暴君の罪状を並べ立てたが、その一方で兵士たちには、彼らがローマ人たちの意思に沿った行動をとるなら、彼らはよりいっそう思慮深く振る舞うことになるのだ、と説き聞かせた。実際、この人の説得力は、ギリシア人の言葉をよく知らない人たちをも魅了できるほどのものだったのである。一例を挙げると、ローマの皇帝トラヤヌスは、皇帝たちが戦争からの凱旋行進をするときに乗る黄金の戦車にディオンを同乗させ、彼の方を振り向いてよくこう言っていた、「おまえが何を言っているのか私にはわからぬが、私は、私自身を愛しているのと同じように、おまえを愛している」。

ところで、ディオンの弁論に見られる譬えはきわめてソフィスト的色彩の強いものである。だが、たとえそのような譬えを多用しているとはいえ、彼自身は明晰で、忠実に問題に即した話し方をしているのである。

八　パボリノス

ディオンと同じように、哲学者のパボリノスもまた、弁舌が流麗であるためにソフィストとして知れわた

っていた。この人は、西方のガリア人に属し、ローヌ川沿いに建設されたアルル市の出身であった。また、彼は両性を具えたふたなりとして生まれついた。このことはその外見からも一目瞭然であった。というのは、彼は年老いても顔に髭が生えていなかったからである。また、それは声の上でも明らかであった。というのは、彼の声は、ちょうど自然が宦官《かんがん》たちに与えた調子そのまま、金切り声でか細く、甲高く聞こえたからである。しかし、彼は恋愛に関しては情熱的であって、執政官の地位にある者から姦通罪で訴えられたことがあるほどだった。また、彼はハドリアヌス帝と仲違いしたことがあったが、そのことでひどい目に遭うことはなかった。こういうことから、彼はよく、自分自身の人生には次のような三つの不合理なことがあった、と神託めいた言葉を口にしていたのである。すなわち、ガリア人でありながらギリシア語を話して暮らしていること、宦官並みでありながら姦通罪で裁判にかけられたこと、皇帝と仲違いしながらまだ生きていることがそれである。もっともこの最後の点は、もしハドリアヌスが、皇帝でありながら、死刑に処することもできる相手と対等の立場で仲違いしていたというのであれば、これはむしろ彼の賞賛される点と言えるであろう。まさに、王たる者は、

目下の者に腹を立てたるとき(2)

(1) ホメロス『オデュッセイア』第二十二歌一。

(2) ホメロス『イリアス』第一歌八〇。この詩句の意味は、「王たる者は目下の者に腹を立てたときにはより激しい(κρείττων)」ということであるが、以下の記述によれば κρείττων が王の支配力の強さという意味ではなく、徳の高さという意味で使われている。

その怒りを宥めるようなら、そのほうが優れているし、また、理性によって怒りが抑えられているようなら、

ゼウスに育まれし王の怒りは威厳を持つ(1)

のである。王たちの品性を善くしようとしている者は、詩人たちの金言にこれらの言葉を書き加えておくとよいであろう。

祭司長に任命されたとき、彼は祖国の伝統的慣習に訴え、自分は哲学を研究していたので、この件に関する法律に従って公共奉仕(2)はこれまで免除されてきた、と申し出た。しかし、皇帝が、彼は哲学者ではないと考えて、彼の訴えに反対の票を入れようとしているのを知ると、皇帝の機先を制して次のように言った、「私は夢を見たのです、皇帝陛下。それを陛下にもお話ししなければなりません。じつは、私の先生であるディオンが私の傍らに立って、この裁判について忠告し、私たちがこの世に生を享けたのは自分自身のためだけではない、祖国のためでもあるのだ、と言ったのです。それで、皇帝陛下、私は先生の言葉に従ってこの公共奉仕を受け入れることにします」。ところが、皇帝はじつのところ、ほんの気晴しのためにこのようなことをしていたのであって、ソフィストや哲学者に関心を向けることで、皇帝の地位にあることの重荷を取り除いていたのである。しかし、このことは、アテナイ人たちには危険なことのように思われた。とくにアテナイの権威ある立場の人たちは、パボリノスを皇帝の最大の敵であると見なし、一丸となって、その手で彼の銅像を倒してしまった。ところが、彼はそのことを耳にしても、受けた侮辱に不平を言うでも腹を立てるでもなく、「ソクラテスだって、アテナイ人たちによって銅像を取り去られるだけだったら、そのほうが毒人参を飲むよりはよかっただろう」と言った。

ところで、彼はソフィストのヘロデスとは非常に親しかったが、そのヘロデスは彼を師とも父とも思っていて、彼に宛てて、「いつ私はあなたにお目にかかれましょうか、いつ私はあなたの口からその妙なる蜜を舐めつくせましょうか」と書いた。それゆえ、彼は死ぬとき、自分が所有していた蔵書とローマにある邸宅と奴隷アウトレキュトス[3]の相続人にヘロデスを指名したのである。ところで、このアウトレキュトスはインド人で、色はかなり黒く、ヘロデスとパボリノスの愛玩物であった。というのも、彼らがいっしょに酒を飲んでいるときにはいつも、インドの言葉にアッティカの言葉をチャンポンにして、外国人訛りのたどたどしいギリシア語を話しては、彼らを楽しませていたからである。

また、ポレモンとパボリノスとの間に生じたいさかいはイオニアで始まった。このとき、エペソス人たちはパボリノスの側に立ったが、スミュルナ市はポレモンを賞めそやした[4]。そして、このいさかいはローマでその勢いを加速した。というのは、執政官たちやその子供たちが、ある者はパボリノスを、またある者はポレモンを賞め讃えるというふうに、彼らの間の競争心を煽り立て始め、それがこれら知者たちの心にも激し

（1）ホメロス『イリアス』第二歌一九六。

（2）祭司長は、自分の管轄する地区で行なわれる公の祭典を、自分の負担で開催しなければならなかった。これがここで言われている祭司長の公共奉仕（*λειτουργία*）である。

（3）この名前 *Αὐτολήκυθος* は「自分で香油瓶を運ぶ人」という意味。香油瓶を運ぶのは奴隷の仕事であったから、これは、自分が奴隷である（または奴隷を持たない）ことを表わす。

（4）エペソスはイオニア地方にある古くから栄えた都市で、七不思議の一つであるアルテミスの大神殿で知られる。スミュルナはエペソスの北に位置する有名な港町。ポレモンが幼少のころからスミュルナ人の間で高い評価を得ていたことは、本書五三〇（八四―八五頁）で述べられている。

い敵意を燃え立たせたからである。しかし、競争心ということでは彼らを大目に見てもよいであろう。なにしろ人間の本性というのは、競争心を老いを知らぬものとしているのであるから。[1]だが、互いに相手を攻撃して書いた弁論のことでは非難されてしかるべきである。なぜなら、相手を侮辱するというのは野卑なことであるし、たとえ言っていることが真実であろうと、その種のことを口にする者をも不名誉から免れさせはしないからである。そのようなわけで、パボリノスをソフィストと呼んでいる人々にとっては、彼が争っていた相手がソフィストであるということだけは十分わかりきっていたのである。というのは、私が言及した競争心とは、同じ技術を競う人に向けて生じてくるものなのだから。[2]

彼の弁舌は、構成には無頓着であるが、知性に溢れ、聞いて楽しく組み立てられていた。また、彼は流暢な即席弁論をいともたやすく行なう、と言われていた。ところで、プロクセノス[3]を標的とした弁論についてひとこと言うと、これはパボリノスが考えついたものでも書き上げたものでもありえない、むしろそれは、酔いしれている未熟な若者が思いついたものである、いやそれよりも、彼はただ考えなしに吐き出しているだけだ、と考えるべきである。これに対し、弁論『夭逝者について』や『剣闘士のために』や『入浴のために』は、彼の真正の弁論で、立派な出来であると私たちは判断する。また、それ以上に、彼の哲学論文が立派であるのは言うまでもない。それら哲学論文の中で最も優れているものはピュロン哲学に関する論文[4]である。すなわち、ピュロン主義者たちは判断の保留をしてはいるけれども、その彼らから、パボリノスは、法律・慣習上の判断の可能性まで取り去ってはいないからである。

また、彼がローマで講演をしたときには、会場全体が熱気に溢れていた。なにしろ彼は、ギリシア語を解さない人々をも聴講の楽しさから取り残されないようにし、声の響きとまなざしによる語りかけと話のリズムで彼らを魅了したのだから。また、話の結びの部分も彼らを魅了した。その結びの部分を彼らは「歌」と呼んでいたが、私は、これを「衒《てら》い」と呼びたい。なぜなら、それは論証の完結した議論に付け足しで歌われているにすぎないからである。ところでパボリノスは、ディオンの教えを受けたと言われているが、実際は、彼の講義を聴かなかった人々と同じくらい、ディオンとは距たりがある。

さて、実際には哲学を研究していたにもかかわらず、世間ではソフィストと見なされていた人たちについては、以上のとおりである。これに対し、本来の意味でソフィストと呼ばれていたのは、以下の人々であった。

(1) トゥキュディデス『歴史』第二巻四四の「ただ競争心のみが老いを知らず」をまねていると思われる。
(2) ヘシオドスの、よく引用される言葉「陶工は陶工を憎む」(『仕事と日』二五)を念頭に置いているのであろう。
(3) この人物については不詳。
(4) この論文のタイトルは、「ピュロンの方式(τρόπος)について」。パボリノスが懐疑論の方式について論じたことは、ディオゲネス・ラエルティオスの記述からも知ることができる(『哲学者列伝』第九巻八七)。

九　ゴルギアス

ゴルギアスを生んだのは、シケリアのレオンティノイである。私たちは、ソフィストの術がこの人に遡るものであり、彼はいわばその父である、と考えるべきである。なぜなら、もしアイスキュロスが、舞台独自の衣装や厚底の長靴[1]や、英雄たちのさまざまなタイプ、外部の出来事や内部のことを報せる伝達役、スケーネーの前で行なわれるべきことと背後で行なわれるべきことの約束事などを取り決めることにより、悲劇にどれほど多く貢献したかをよく考えてみるなら、ゴルギアスが自分と同じ術を仕事にする人々のためにしたことも、これと同じであることがわかるだろうから。すなわち、彼はソフィストたちのために、勢いのある話しぶりや世間の意表をつくような話し方、底力を秘めた語り口、また重要な論題を悠揚迫らず説き明かす態度、さらには、接続詞抜きで唐突に語り始めたり、接続詞なしに他の文に移ったりする手法[3]に、先例を開いたが、これらの表現法を使うことにより[2]、弁論は前よりも快くかつ格調高いものになるのである。また彼は、弁論を飾り立てて威厳あるものにするために、詩的な用語をも弁論にまとわせた。

ところで、彼がいともたやすく即席で演説をしたということは、この叙述の初めのところで私は述べた[4]。だから、彼がすでに年老いてからアテナイで講演をしたとき大衆に賞賛されることがあったとしても、そのことはまだ驚くには当たらない。ところが彼は、私の思うに、最も高名な人々までその虜《とりこ》にしたのである。

それも、まだ若かったクリティアスやアルキビアデスだけではない、すでに老齢に達していたトゥキュディ

(1)悲劇俳優が英雄を演ずるとき、身長を高く見せるために舞台上で履いた靴を意味すると思われる。しかし、実際にアイスキュロスの劇においてそのような靴が使われたかどうかは不明。

(2)アイスキュロスはこれまでの悲劇に新しい要素を導き入れ、合唱隊に重点を置く従来のスタイルを役者の台詞を重視する形に改めたり、舞台装置にさまざまな工夫を施したり、舞台衣装を派手なものにし、俳優にマスクを着用させるなどした。舞台上で行なわれていない出来事の伝達役を導入したのもその一つであろう。これには舞台の外で起こった出起事を報せるアンゲロス(ἄγγελος)と、家の内部の様子を舞台上に伝えるエクサンゲロス(ἐξάγγελος)の二種類があった。この場合、家の内部として設定されているのは、舞台の背後にしつらえられた装置スケーネーであった。また、スケーネーの前の舞台とスケーネーの背後で行なわれることには約束があり、通常の演技は舞台上で行なわれるが、たとえば屋敷内で殺人が行なわれるような場面では、殺され役の俳優がスケーネーの背後で悲鳴を上げることになっていた。

(3)「接続詞抜きの語り始め(ἀπόστασις)」は、新たに始まる文に文章全体から独立した印象を与えることをねらった表現法。また、「接続詞なしに他の文に移る手法(προσβολή)」は、たとえば「来た。見た。勝った」のように、文や節を接続詞なしに並べることによって、それらを際立たせることをねらったものである。この二つの表現法はいずれも、接続詞省略法(ἀσύνδετον)に属する。アリストテレス『弁論術』第三巻一四一三b二九―一四一四a七参照。

(4)本書四八二(一〇頁)。

デスやペリクレス[1]もまた例外ではなかった。そして、知恵に富み「美しい言葉を操る人」と喜劇の中で太鼓判を押されている悲劇詩人アガトン[2]もまた、そのイアンボス詩のいたるところでゴルギアスに倣っている。

さらに、彼はギリシア人たちの多くの祭典でその際立った弁を披露した。すなわち、『ピュティア演説』を祭壇から朗々と響きわたらせ、これにより、彼の黄金の像がピュティオスの神殿[3]に建てられた。また、彼の『オリュンピア演説』は、国家にとって最も肝要なことについて彼なりの方策を論じたものである。というのは、その中で彼は、ギリシアがその内部で争い合っているのを目にして、ギリシア人たちに心の一致を呼びかける忠告者となり、彼らの目を異民族に向けさせて、武器によって手にする褒賞はギリシア人相互の都市ではなく、異民族の領土とすべきだ、と説得しようとしたからである。また、彼がアテナイで行なった『葬送演説』は、アテナイ人たちが国家の名のもとに栄誉を讃えて葬った、戦死者に寄せて語られたものであるが、それは並外れた知恵をめぐらせて作られている。というのも、彼は、アテナイ人たちの心をメディア人やペルシア人に向けて駆り立て、『オリュンピア演説』で示したのと同じ趣旨で論じていたにもかかわらず、他のギリシア人たちと心を一つにすべしとは一言も語らず（その理由は、この演説が全ギリシアの覇権を熱望しているアテナイ人たちに向けられたものであり、しかも、その覇権は、思いきった手段をとらぬかぎり手にすることは不可能である、というところにあった）、もっぱら対メディアの勝利を賞賛することに終始して、その間に、アテナイ人たちに対して、異民族に対する勝利は頌歌を求め、ギリシア人に対する勝利は哀歌を求める、ということを明らかにしてみせたからである。

ゴルギアスは一〇八歳になっても、老齢のために肉体が衰えるということがなく、健康で五官の働きも若々しいままで生涯を終えたと言われている。

一〇　プロタゴラス

アブデラ出身のソフィスト、プロタゴラスは、生まれ故郷でデモクリトスの教えを受けていたが、クセルクセスがギリシアに進攻した際、ペルシアから来たマゴスたち[4]とも交流を持った。すなわち、彼の父はマイ

(1) ペロポネソス戦争が起こり、ゴルギアスの祖国レオンティノイが隣国シュラクサイから圧迫を受け危機に陥ったとき、彼は同盟国アテナイに救援を求めるために外交使節団の首席代表としてアテナイにやって来た。そして、その弁論によってアテナイ人たちを説得し、アテナイの救援を得ることに成功した。これがゴルギアスの最初のアテナイ来訪であり、前四二七年のことであった。ところがペリクレスはその二年前の前四二九年に、当時アテナイで大流行した疫病（ペストであろうかと思われる）で亡くなっているから、彼がゴルギアスの弁論を聴くことはありえない。この部分の記述は、明らかにピロストラトスの誤りである。

(2) アリストパネス『女だけの祭り』四九行で、「美しい言葉を使う人アガトン」と言われている。なお、アガトンのゴルギアス流の演説は、プラトン『饗宴』一九五A以下にその実例を見ることができる。

(3) ピュティオスはアポロンの添え名で、これはデルポイのアポロン神殿を指す。

(4) ペルシア王クセルクセスのギリシア進攻は前四八〇年。マゴスは、もともとはメディア人たちのうちの一部族であったが、メディアがペルシアに支配されてからはゾロアスターのもとにペルシアの神官階級を形成し、次第に勢力を強めた。彼らは、数学、哲学、天文学にも通じ、マギ（マゴスの複数形）は学者の代名詞になった。

アンドロスで、トラキアに住む多くの人々の誰よりも多く財をなした人であったが、この人は、かのクセルクセスをも自宅でもてなし、贈り物をして自分の子供がマゴスたちに就いて学ぶ許可を王から取りつけたのである。[1] というのは、ペルシアのマゴスたちは、王が命じないかぎり、ペルシア人でない人々に教えることはないからである。プロタゴラスは、神々が存在するかしないかは定かでないという主張をしたが[2]、彼がこういう違法な発言をしたのはペルシアの教育のせいである、と私は思っている。というのは、マゴスたちは、秘密に行なう儀式では神々の力を頼りにしていたのに、自分たちの能力を神的なものから得ているとは思われたくないために、神的なものを信じていると公然に言うことは避けたからである。この発言のゆえに、彼は、アテナイ人たちによって国土のどこからも放逐されたのであるが、この決定は、ある人たちによれば裁判の結果であったということであるが、なかには、裁判手続き抜きで投票のみによってなされたと考える人々もいる。彼はギリシア本土と島々との間を点々と渡り歩き、全海域に配置されたアテナイ軍船の目を逃れながら小舟で航行しているうちに、沈没し溺死した。

彼は、報酬を取って講義することに先鞭をつけ[3]、これを恥じる必要のない行為としてギリシアに広めた最初の人である。なぜ恥じる必要がないかと言えば、私たちは、お金を払ってでも一心に求めようとする対象のほうを、無料でできるものよりも評価するからである。また、プラトンは、プロタゴラスは荘重な話しぶりで弁じているが、じつは、荘重さを得意がっているのだということや、ときとして、かなり度を越した長広舌を振るうこともあるという事実を知り、彼の語り口がどのようなものであるのか、その特徴を、長い物語によって描いてみせた[4]。

一一　ヒッピアス

エリス出身[5]のソフィスト、ヒッピアスは、その記憶力は老年になってもなお盛んで、五〇人の名前を一度聞いただけで、それらを聞いた順に暗唱することができるほどであった[6]。また、彼は講義の中に幾何学、天文学、音楽、韻律の議論を取り入れたり、絵画や彫刻術について論じたりもしていた。だが、彼がこれらのことを論じたのは他の国においてであって、スパルタでは、[英雄たちや人間たちの]家系や植民都市の建設お

(1) これはピロストラトスの記憶違いかもしれない。ディオゲネス・ラエルティオスが、この逸話をプロタゴラスではなく、デモクリトスの箇所で紹介しているからである。『哲学者列伝』第九巻三四参照。

(2)『神々について』という今は失われている作品の中で、これと同様のことが述べられている。プロタゴラス「断片」B四(DK)、ディオゲネス・ラエルティオス『哲学者列伝』第九巻五一―五二参照。

(3) プラトン『プロタゴラス』三四九A参照。

(4) プラトンは『プロタゴラス』の中で、プロタゴラスに、プロメテウスの創造神話を中心にして、人間社会の成立と徳性の必要性を語らせているが、これは七章にわたる(三二〇D―三二八D)長広舌である。

(5) ペロポネソス半島の北西に位置する都市。

(6) プラトン『ヒッピアス(大)』二八五E参照。

よびその活動[1]について論じていた。それは、スパルタ人たちは支配欲が強いため、この種の話を喜んだからである。また彼には、弁論ではないが、『トロイアの対話』という物語がある。そこでは、ネストルが、占領されたトロイアでアキレウスの子のネオプトレモスに、優れた人物だと思われるためにはどんな行為を心がけるべきかを忠告している[2]。

彼は、ギリシア人たちのうちでも最も多くエリスのために使節を務めたが、公の場で演説したときであれ、講義をしたときであれ、いかなる場合にも自分の名声を失うことがなかった。それどころか、彼は莫大な富をかき集め、大小を問わず多くの国々で部族の一員として市民権を与えられたのである。彼は、金を稼ぐためにイニュコスにさえ出向いた[3]。この小都市はシケリア人たちの町で、ここの住人のことは、プラトンも揶揄まじりに言及している[4]。また彼は、それ以外のときにも大いに名声を博し、オリュンピアでは、その華やかで十分配慮の行き届いた弁論で、全ギリシアを魅了した。彼のする話は、説明が足りないということはなく、むしろ表現豊かで、かつ自然な語り口をしていて、言葉に窮して詩的表現に逃れるということはほとんどなかった。

一二 プロディコス

ケオスのプロディコスは知者として大きな名声を博していた。それは、グリュロスの息子［クセノポン[5]］さえも、ボイオティアで囚われの身であったときには、保釈の保証人を立ててその講義を聴講していたほどであった。また、アテナイへ使節として赴いたとき、彼は政務審議会に出頭したが、その声は低くて聞きづらいものだったにもかかわらず、この上なく有能な人物との評判を得た。彼はまた、高貴な家柄の若者や富裕な家の子弟に狙いをつけて若者を狩り集めており、この狩りのために代理人まで用意するほどであった。というのも、彼は金銭には弱い上に、快楽に溺れきっていたからである。

ところで、本書の初めの部分で[6]言及したプロディコスの物語『ヘラクレスの選択』であるが、これについ

(1) 底本のテクストでは *γένη τε δήμει πόλεων καὶ ἀποικίας καὶ ἔργα* で、「都市(国々)の由来や植民や活動」となるが、ここでは、ディールスの示唆に従って、*γένη τε δήμει καὶ πόλεων ἀποικίας καὶ ἔργα* を読む。H. Diels-W. Kranz, *Die Fragmente der Vorsokratiker* Bd. II, S.326 参照。これには、プラトン『ヒッピアス(大)』二八五Dのヒッピアスの言葉が支持を与えるであろう。

(2) プラトン『ヒッピアス(大)』二八六A―B参照。

(3) プラトン『ヒッピアス(大)』二八二E参照。

(4) 写本では *οὓς ὁ Πλάτων τῷ Γοργίᾳ* であるが、ディールスは *τῷ Γοργίᾳ* の前に *ἐν* を補足しているのに対して、カイザー(Kayser)は *τῷ Γοργίᾳ* を削除し、ヴェスターマン(Westermann)はこの一文「彼は、金を稼ぐために……言及している」の削除を提案している。底本のテクストではカイザーの案が採用されているが、ここでは、ディールスの案を採用した。

(5) 写本では「グリュロスの息子のクセノポン」となっているが、底本のテクストでは「クセノポン」が削除されている(クセノポンのことと註記しているが)。クセノポンはアテナイ人でソクラテスの弟子。ペルシア王キュロスの遠征に参加し、『アナバシス』『キュロスの教育』を、また『ギリシア史』や、『ソクラテスの思い出』をはじめとするソクラテス文書を著わした。

(6) 本書四八二―四八三(一〇頁)。

てはクセノポンも、語る価値なしと斥けることはなかった(1)。プロディコスの弁舌のほどは、クセノポンがそれを十分に描き出しているのであるから、このうえ私たちがその特徴を述べることはまったく必要ないであろう。

一三　ポロス

アクラガス出身のソフィスト、ポロスには、ゴルギアスが多額の金銭と引き換えに十分教え込んだと言われている。というのも、ポロスは、富裕な人間の一人だったからである。ところで、ある人々は、ポロスが初めて章句を均整のとれたものに揃えたり、対立させたり、末尾を同じに整えたりする文体(2)を発明したと言っているが、その言葉は間違いである。なぜなら、弁論をこのように飾り立てる方法はすでに発明されており、それをポロスが利用しただけなのだから。そういうことから、プラトンは彼のこのような虚栄に軽蔑を浴びせて、「おお、好人物のポロスくん――これは君の言い方をまねて呼びかけてみたのだが(3)」と言っているのである。

一四　トラシュマコス

カルケドンのトラシュマコスをもソフィストの一人に書き加える人たちがいるが、彼らは、プラトンが

「トラシュマコスに罠を仕掛けることはライオンの髭を剃るのも同然である」(4)と言っている意味を、誤解しているように私には思われる。というのは、プラトンのその言葉はおそらく、トラシュマコスが法廷弁論の代筆をしたり、でっち上げの罪で法廷での告発に明け暮れているのを非難しているのであろうから。

一五　アンティポン

498 ラムノス区(5)のアンティポンであるが、彼を優れた人と呼んだらいいのか、それとも劣悪な人間と呼んだら

(1) クセノポン『ソクラテスの思い出』第二巻一・二一―三三参照。

(2) 文体の構成において対置もしくは並置される節と節を均整のとれたものにする方法が挙げられている。すなわち、対応する節の長さを同じにして文のバランスをよくする均等法（παρίσωσις）、それぞれの節で対比的な字句を対応させる対置法（ἀντίθεσις）、それぞれの節の末尾の音節を同一の長さにしたり、同じか、もしくは類似した音の字句にして文のリズムをよくする方法である。この種の修辞については、アリストテレスが実例を挙げて分類説明している（『弁論術』第三巻一四〇九b三三―一四一〇b五）。

(3) プラトン『ゴルギアス』四六七B―C。「おお、好人物のポロスくん」は、原文の音では "ō lōste pōle" で、「オー」という音が繰り返されているが、これはポロスの表現法を真似て揶揄しているのである。

(4) プラトン『国家』三四一C。「罠を仕掛けること」にはσυκοφαντεῖνという語が当てられている。ここでは「相手のあら探しをして揚げ足をとる」の意味で使われているのであろうが、この語には「密告する」や「偽りの申し立てで告発する」の意味も含まれている。

(5) アッティカ（アテナイの支配地域）の区（デーモス）の一つ。

499
いいのか、私にはわからない。そのわけはこうである。彼は、次のような理由からすれば、優れた人と呼ばれてよいであろう。すなわち、彼は幾度となく軍を指揮し、そして幾度となく勝利を勝ち取ったし、またアテナイの海軍を完全装備された六〇隻の軍船で増強し、(1)さらに弁舌を振るうことにかけても弁論の糸口を見つけることにおいても、この世で最も有能な人物と評判されたのである。それゆえ、これらの理由から、私を含めて誰の目から見ても、彼は賞賛されてしかるべき人物なのである。ところがその一方で、次のような理由からは、彼は悪しき人物と思われて当然であろう。すなわち、彼は民主政を破壊し、アテナイの民衆を奴隷状態にし、初めのうちは目につかぬようにしていたけれども、後になると公然とスパルタと誼《よしみ》を通じ、四〇〇人の専制君主の集団をアテナイ人の国家に解き放ったのである。(2)

ところで、ある人々は、まだ存在していなかった弁論術をアンティポンが発明したと言い、他の人々は、すでに発明されていた弁論術を発展させたのだと言っている。また、ある人々は、彼は独学でその知識を身につけたのだと言い、他の人々は、彼は父親から教わったのだと言っている。というのも、彼にはソピロスという父親がいたが、この人は弁論術に基づいた弁論の仕方を教える教師をしており、有能な人々を多く教えたが、なかでもクレイニアスの子［アルキビアデス］を教育した人だったからである。

アンティポンは、並外れた説得力を身につけ、どんなことについて語っても聞き手を説得することができるところから、ネストルと渾名されていたが、(3)人が訴えてくる苦悩で、自分がその心から取り除いてやることができないほどひどいものは一つもない、という触れ込みで、自分は悲しみを消し去る講義を行なうと公言した。(4)

また、アンティポンは喜劇の中で槍玉にあげられている。すなわち彼は、裁判沙汰では抜け目なく立ち回り、最も不利な立場にある依頼人のために、多額の金銭と引き換えに正義に逆らった弁論を用意し、これを当の本人に売り渡しているというのである。この攻撃がどんな性質のものであるかを、次に説明することにしよう。

世の人々は、ほかの学問や技術の場合には、そのそれぞれにおいて卓越した人々に敬意を払う。すなわち、医者の場合で言うと、人々は技術の低い医者よりも優れた医者のほうを賞賛する。また、予言術や音楽術においても、その技術により精通している者を賞賛するし、建築術その他、通俗的な技術のすべてについても同様の票を投ずるのである。ところが、こと弁論術となると彼らは、一方ではそれを賞めそやしておきながら、他方では、それは悪賢く立ち回り、欲得ずくで、正義を無視して作られているかのように、疑念を抱いている。しかも、この術についてそのように考えるのは大衆だけではなく、優れた人々のうち最も高名な人々までもがそうなのである。いずれにせよ、問題を素早く呑み込み、これに周到な説明を与える能力がある

(1) ここで言われるアテナイ海軍増強の件は、偽プルタルコスの『十人の弁論家の生涯』を根拠にしたものであろう。

(2) 前四一一年にアテナイで四〇〇人による寡頭政権が成立し、民主政が廃止された。しかし、この政権は四ヵ月ほどで倒れて、民主政は回復した。トゥキュディデス『歴史』第六巻六八参照。

(3) ネストルはホメロスの『イリアス』で、温和で説得力のある老人として描かれている。

(4) ホメロス『オデュッセイア』第四歌二二一を念頭に置いた表現。そこでは、「悲しみを消す(νηπενθές)薬」を飲ませて、ヘレネがその場の人々の悲しみと怒りを消す、と謳われている。六頁註(2)参照。

者のことを、人々は抜け目のない弁論家と呼んで、その長所に対し聞こえの良い呼び名を与えようとはしないのである。このような事情であるから、私の思うに、アンティポンが喜劇の題材の一つとして取り上げられてもおかしくはなかったのである。なにしろ、喜劇が諷刺の対象とするのは、とくに取り上げるに値するものだけなのだから。

ところで、アンティポンはシケリアで僭主ディオニュシオスによって死刑に処せられたのであるが(1)、私は、彼が死刑に処せられた理由は、ディオニュシオスのせいというよりは、むしろアンティポン自身にあった、と書き添えたい。なぜならディオニュシオスは、自分が僭主の地位にあること以上に、自分の書いた悲劇を自慢の種にしていたのに、その悲劇をアンティポンがいつもこきおろしていたからである。また、僭主が良質の青銅を手に入れることに熱心で、侍臣たちに、本土でも島でも最高の青銅を産出するのはどこかと尋ねたとき、たまたまアンティポンが傍らでこれを聞きつけ、「私の知るところでは、アテナイにある青銅が最高のものです。ハルモディオスやアリストゲイトンの銅像がそれで造られているのですから」と言ったためでもある(2)。こういうことがあったために、アンティポンは、ディオニュシオスに対して陰謀を企み、シケリア人たちを僭主に刃向かわせていると見なされ、死刑に処せられたのである。

また、アンティポンは間違いを犯していた。すなわち、彼はまず第一に、母国で民主政のもとで生きることよりも、僭主のもとで暮らすことを選んでおきながら、その僭主と衝突したからであり、第二に、シケリア人たちを［僭主から］解放しようとする一方で、アテナイ人たちを［僭主に］隷属させようとしていたからである。さらにまた、アンティポンは、ディオニュシオスに悲劇の創作を思いとどまらせることによって、じつは、彼に安閑に暮らす途を思いとどまらせていたのである。というのは、この種の打ち込みは、安楽な気持ちを必要とするからである。だが、僭主たちが気持ちを緩めているときのほうが、張りつめているときよりも、被支配者たちには歓迎されるものである。もし彼らが気持ちを緩めるようになれば、めったに人々を死刑にすることもなくなるだろうし、人々から力ずくで奪うこともめったにしなくなるだろうからである。そう、悲劇の虜《とりこ》になっている僭主は、自分が病気に罹り、その自分を治療している医者になぞらえること

(1) 当時、アンティポンという名前で知られていた人物は複数おり、ディオニュシオスによって死刑に処せられたのはソフィストのアンティポンではなく、悲劇詩人のアンティポンである。ピロストラトスはこの事件を、前四一一年に寡頭政権樹立の首謀者としてアンティポンが処刑された事件と混同しているようである。ディオニュシオスが僭主の地位に就いたのは前四〇五年ころであるから、それより前の前四一一年にこの僭主がアンティポンを処刑することはありえない。また、前四一一年に処刑されたアンティポンについても、これは弁論家のアンティポンであって、ソフィストのアンティポンとは別人であるという意見もある。たとえば、ヘルモゲネスは『弁論の形態について』B二九九で、弁論家のアンティポンとソフィストのアンティポンとでは文体がまったく異なると言っている。さらにこのほかに占師のアンティポンもいたようで、これら複数のアンティポンに関する逸話がすでに古代において混じり合っていて、今日ではそれらを正確に分けることは困難である。

(2) ハルモディオスとアリストゲイトンは、前五一四年のパンアテナイア祭のときに、僭主ペイシストラトスの息子でその後継者の一人であったヒッパルコスを殺した。彼らのこの行為は、その後、アテナイを僭主の支配から解放に導いたものと見なされ、彼らは解放の英雄としてアテナイ人たちに賞賛されるようになったと言われている。ヘロドトス『歴史』第六巻一〇九参照。なお、アンティポンのこの逸話は、プルタルコス『いかにしてへつらい者と友人とを見分けるか』六八Aでも述べられている。

ができるだろう。なぜなら、物語の創作や、独唱歌や、合唱隊のリズムや登場人物の性格描写などは、そのほとんどが道徳的に優れたものを表現していなければならないので、それらは僭主たちを無慈悲で苛酷な気持ちから引き戻すことになるが、これは、薬の服用が病気から引き戻すのに似ているからである。

以上のことを、私たちは、アンティポンへの告発の言葉と見なしてはならない。むしろ、僭主政を呼び起こしたり、僭主の野蛮な性格を刺激して怒りへと導いたりしないよう、すべての人々に忠告する言葉と考えるべきである。

アンティポンには法廷弁論がかなり多くあり、その中には彼の弁論の才能やその技術のあらゆる成果が詰まっている。また、それとは別にソフィスト的な著作も多くあるが、ソフィストとしての特徴がひときわ目立っているのは弁論『心の一致について』であって、その中には輝かしい哲学的格言があり、荘重にして、詩的字句の飾りをまとった雄弁があり、そして、平原の滑らかな様にも似たのびやかな語りが繰り広げられている。

一六　クリティアス

ソフィストのクリティアスはアテナイの民主政を崩壊させたが、(1) そうだとしても、それだけではまだ彼を悪人とは言えないであろう。なぜなら、その民主政下の民衆は、法に基づいて治めるアルコンたち(2)の言うことにさえ耳を貸さぬほど思い上がっており、そのため、いずれ自らの手で崩壊したかもしれないからである。

彼を悪人とする理由は、むしろ、彼が公然とスパルタ側につき、神域を敵に引き渡し、また、リュサンドロス(3)の後ろ盾で［アテナイの］城壁を破壊し、さらに、亡命中のアテナイ人をかくまう者があれば相手を問わずスパルタが戦いを仕掛けることになろうと布告して、彼によって放逐されたアテナイ人たちからギリシアのどこかに居を定める可能性を奪い去ったこと、また、彼が、野蛮さと残忍さにおいて三十人政権をも越えており、スパルタ人たちの非道な意図に手を貸してアッティカ地方を人間の群れが消えた羊たちだけの牧草地になり変わらせようとしたことなどである。これらの理由から、彼は、悪名高い人間のすべてを見渡しても、最悪の人間だと私には思われるのである。

かりに、彼は教育がないためにそれらの非道に走ったのだ、というのであれば、彼の堕落はテッサリアという国とそこの人々との交際のせいだ(4)、と主張する人々の言い分も説得力を持ったことだろう。というのは、教育を欠いた性格というのは、どんな生き方でも気安く選びがちだからである。しかし実際は、彼は最高の

(1) ペロポネソス戦争敗戦の直後の前四〇四年に、敗戦処理のために三〇人の委員が選ばれて、スパルタの力を利用しながら独裁政治を行ない、民主政を廃止させた。これがいわゆる三十人政権で、その中心人物がクリティアスだった。

(2) アルコンはアテナイの国制上、最高の役職。任期一年の九人からなり、行政の最高責任者である筆頭アルコン、本来は軍事を担当したが後には外国人に関する裁判を担当するようになったポレマルコス、祭祀を担当するバシレウス、司法を担当する六人のテスモテタイで構成されていた。アリストテレス『アテナイ人の国制』五五－五九参照。

(3) スパルタの将軍。三十人政権は彼を後ろ盾としていた。

(4) プラトン『クリトン』五三Dでは、テッサリアでは無秩序や無節制が最も甚だしいと言われている。

教育を受けていたし、誰よりも多くの哲学的見解を表明したし、その家系も、ソロンの後でアテナイのアルコン職に就いたドロピデスに遡るものであったから、以上のような過ちを犯したのは生まれつきの性格の悪さが原因なのではないと言って、大勢の人々を前にして責任逃れをすることはできないであろう。それにまた、こういうこともおかしなことであろう。すなわち、ソプロニスコスの子のソクラテスは当時の人々の中では最も賢く、最も正しいと評判されていた人物で、クリティアスは誰をも差し置いてこの人といっしょに哲学を学んでいたというのに、自分をそのソクラテスに似せようとはせず、それどころか、傲慢と放逸が横行していて酒を飲むときでも僭主のような振る舞いがまかりとおるテッサリア人たちに、自分を合わせようとしたのである。しかし、そうは言っても、テッサリア人たちだって知識の習得に無関心だったわけではない。テッサリアの諸都市は、大小を問わず、こぞってレオンティノイのゴルギアスに目を向け、ゴルギアス流の語り方をしようと努めていた。だから、かりにクリティアスが彼らの間で自分自身の知恵を披露することがあったとしたら、彼らはクリティアスに鞍替えして、彼に倣って語るように努めたことであろう。ところが、彼はそのようなことにはまったく目もくれず、その代わりにかの地の権力者たちと語らい、民主政治のことごとくを攻撃したり、アテナイ人たちはこの世で最も大きな過ちを犯していると中傷したりすることによって、テッサリア人たちにとり、寡頭政支配がこれまで以上に抜き差しならぬものとなるようにしたのである。したがって、こういったことを考えに入れるなら、クリティアスは、テッサリア人たちがクリティアスを堕落させた以上に、テッサリア人たちを堕落させたと言っていいだろう。

彼は、ピュレから民主政を連れ戻したトラシュブロス[1]一派によって殺されたが、人によっては、彼は死に

503

際にはよい人間であったと考える者もいる。つまり、彼は、僭主政を自分の死装束(2)にしたからである。しかし私としては、正義に反した選択をしながら、それが原因で立派な死を迎えた人間など、この世に一人もいないと断言したい。じつにそのような理由から、私には、クリティアスの知恵と思索の成果とがギリシア人たちにはあまり重く取り上げられなかった、と思われるのである。というのは、もし発言がその人の人柄と一致したものにならないようなら、私たちは笛と変わるところはない、他人の舌を借りて声を出しているように見られようから。

弁論の形態について言うと、クリティアスは簡潔で箴言風な表現を駆使する語り手で、誰よりも荘重な語り方ができる人であった。しかし、それは、ディテュランボス風(3)の荘重さでもなければ、詩から借用した字句に頼る荘重さでもなくて、最も有効適切な表現で組み立てられた自然な姿の荘重さであった。また、私の見るところ、この人は簡潔に語る能力を十分に備え、また、弁明する立場で語っているときでも、係争相手にいつも手厳しい攻撃を加えることを忘れなかったし、さらに彼は、アッティカ風の言葉遣いをする際にも、

(1) 前五世紀から四世紀にかけて活躍した民主派の中心人物で、三十人政権（僭主政）を打倒し、アテナイの民主政を回復した。ピュレ（Φυλή）はアッティカ北境近くの区（デーモス）。三十人政権によって追放されたトラシュブロスら民主派はここを拠点として抵抗した。アリストテレス『アテナイ人の国制』三七―三八参照。ちなみに、カイザーは ἀπὸ Φυλῆς「ピュレから」の箇所を ἀπὸ φυγῆς「亡命先から」と読む。

(2) 生涯を僭主政と共にし、そのために命を落としたということ。同時に、僭主政を死出の旅路の道連れにした、という意味も含まれる。

(3) 本来はディオニュソス神に捧げられる賛歌（詩）であり、ギリシア悲劇もこれから生まれたと考えられている。

それが度を越すということもなければ、外国人風でもなく（というのは、アッティカ風の言葉遣いは、悪趣味であると外国人風になるからである）、その操るアッティカ語は、彼の弁論を通して太陽の光のような輝きを見せていたのである。そして、接続詞なしに他の文に移る手法[1]は、クリティアスの真骨頂であり、また、あえて意表をつくようなことを考え出し、意表をついた表現をすることも、クリティアスの心がけるところであった。さらに、彼の弁論はどちらかといえば力強さに欠けるものであったが、しかし、心地よく滑らかであって、まるで西風がもたらすそよ風に似ていた。

一七　イソクラテス

ソフィストのイソクラテスの墓の上に立つセイレンは、歌っている姿をして立っている[2]のであるが、これはこの人に説得力があったことを物語っている。彼はこの説得力を弁論術上の規則や慣習と一つに結びつけたのである。すなわち、均等法とか、対置法とか、末尾節の音をそろえる方法など[3]は彼が最初に発明したものではないけれども、彼はすでに発明されていたそれらの技法を巧みに使いこなしたのである。また、彼は論述を敷衍《ふえん》させる語り口や、話のリズム、構成、演出効果にも注意を払った。そして、おそらくはこれら
504 のものが、あのデモステネスの弁舌をも作り上げたのであろう。というのも、デモステネスはイサイオスの弟子であったのに、目標として憧れたのはイソクラテスであり、この人を越え出ていたのは、情熱や、激しさや、論述を敷衍させる語り口や、弁舌と思考の速さなどの点だけだったからである。また、文体の荘重さ

にしても、デモステネスのそれは一段と激しさを備えたものであるのに対し、イソクラテスの荘重さはもっと優美で当たりの柔らかいものであった。まず、デモステネスの荘重な文体の実例を示すことにしよう。

たとえ小部屋の中に閉じこもって見張っていようと、すべての人間には死という生の終わりがやってくる。されど、勇気ある者ならば、良き希望を前面に掲げて、いついかなるときも、およそ名誉ある行為は、あますところなくこれを手がけ、神がお与えになったことには、何によらず、気高き心もて耐えねばならぬ。(4)

これに対して、イソクラテスの荘重な文体は次のように飾り立てられている。

天空の下に横たわれる大地の全体は二つに分けられ、その一つはアジアと呼ばれ、いま一つはヨーロッパと呼ばれているが、彼［ペルシア大王］は協約に基づき、その半分［アジア］を手中にしている。あたかもゼウスと領

---

(1) 接続詞なしに他の文に移る手法（προσβολή）は接続詞省略法（ἀσύνδετον）の一種。二七頁註（3）参照。

(2) セイレンは上半身が人間の女性で下半身が鳥という姿をした神話上の存在で、人を魅惑する歌声を持っている。その数は二人とも三人とも、あるいは四人とも言われている。ここでは、イソクラテスの人を引きつける説得の力を、歌声で人を魅惑するセイレンになぞらえている。

(3) 三五頁註（2）参照。

(4) デモステネス『栄冠について』九七。

地を分け合ったかのようにである。(1)

ところで、イソクラテスは政治的な活動を敬遠し、民会にも出席しなかったが、その理由は、一つには彼が声量において見劣りすること、(2) そしていま一つには、アテナイでは、公の場で他人より少しでも賢明な発言をする人々に対しては、政敵からの嫉妬がとくに激しかったことであった。しかし、だからといって、彼に公共のことへの関心がなかったわけではない。というのも、ピリッポスに宛てた書簡の中では、彼は、ピリッポスとアテナイ人たちの関係を修復させようとしていたのだし、また、平和について書いた弁論の中では、海上政策ではアテナイ人の評判が悪いとの理由から、彼らにその政策を撤回させようとしていたのだから。また、彼には『民族祭典演説』という弁論があるが、彼はこれをオリュンピアで弁じ、内輪同士で咎め合うのはやめてアジアへ出兵するよう、ギリシアを説得しようとしたのである。ところでこの弁論は、彼の弁論の中でも最も優れたものであったにもかかわらず、ゴルギアスが同じテーマで論じた労作から寄せ集められたものにすぎない、という非難を許すことになった。

イソクラテスの作品のうち『アルキダモス』と『証人なし』(3) は最も巧みにまとめられている。というのは、両作品は次のような出来だからである。すなわち、まず前者においては、レウクトラでの敗戦(4)から人々の心を立ち直らせようとする意図が満ち溢れていて、用いられている言葉が的確であるばかりか、構成もまた目をみはるものがある。また、その弁論も法廷論争の形をとっていて、その中の神話が語られている部分、つまり、ヘラクレスと牡牛について語られている部分でさえ、勢いこめて述べられているほどである。他方、『証人なし』のほうは、リズムの上でよく抑制のきいた力強さを表わしている。というのは、その弁論は、

506 次々に出てくる考えを、それぞれ等しい周期をなす文節(5)にまとめ上げているからである。

この人には弟子が大勢いたが、その中で最も名が通っているのは弁論家のヒュペレイデス(6)である。というのは、ほかにもキオス出身のテオポンポスやキュメのエポロスという人たちがいるが、彼らについては私は

(1) イソクラテス『民族祭典演説(パネギュリコス)』一七九。この文では、*κειμένης, τετμημένης, καλουμένης* と同音で終わる分詞が続いている。文意は、ゼウスが天空を領有するのに対して、ペルシア大王が大地の半分を領有するということ。ヘロドトス『歴史』第七巻八γで紹介されている、ペルシア大王クセルクセスの言葉「(ヨーロッパを支配すれば)われわれは、ペルシアの領土がゼウスの領有する天空(アイテル)に境を接することを認めるようになるだろう」を参照。

(2) イソクラテス『ピリッポスに与う』八一参照。

(3) これは『エウテュノスを駁す』のサブ・タイトル。ニキアスという人物がエウテュノスに金を預けたが、エウテュノスがその一部しか返さなかったので、彼を告発するためにイソクラテスが代作した法廷弁論である。ニキアスが第三者の立ち会いなしに金を預けたために、証人がいないところから、この弁論はもっぱら論理のみに頼って行なわれた。それで、『証人なし』というサブ・タイトルがつけられた。

(4) 前三七一年にレウクトラの戦いでスパルタがテバイに大敗を喫したが、イソクラテスの子のアルキダモスがテバイに対する徹底抗戦を主張するという設定で書かれている。スパルタ王アゲシラオスの子のアルキダモスがテバイに対する徹底抗戦を主張するという設定で書かれている。

(5) すなわち長さの等しい文節による表現(*ἰσόκωλα*)。その実例としては、本書五一四(五九－六〇頁)のイサイオスの弁論を参照。

(6) 前四世紀のアテナイの著名な弁論家。雄弁で知られたが、後には、公的裁判で検察の仕事に携わったり、奴隷解放の法案を提出するなど、政治面でも活躍した。

非難も賞賛もできないからである[1]。また、喜劇が彼のことを笛作りだと言って槍玉にあげている、と考えている人たちがいるが、それは間違いである。というのは、たしかに彼にはテオドロスという父親があり、この人はアテナイでは笛作りで通っていたが、彼自身は、笛のことは言うに及ばず、卑俗な仕事などにはまったく心得がなかったからである。そうであろう、もしも彼が卑しい仕事に従事していたとしたら、オリュンピアに彼の像が建てられることはなかっただろうから[2]。

彼はアテナイで、およそ一〇〇歳になって死んだが、私たちは彼を、戦争で斃れた人々の一人と見なすべきであろう。なぜなら、彼はカイロネイアの戦い[3]の後に、アテナイの惨めな敗北の報せに耐えることができないで自殺したからである[4]。

古期ソフィスト第二期

一八　アイスキネス

私たちの主張では、第二期ソフィスト活動の口火を切ったのはアトロメトスの子のアイスキネスであるが、彼については、次のことを心得ておくべきである。

アテナイでは、当時、政治の全体が二つの党派に分かれていた。すなわち、一方の人々はペルシア王に対して友好的であり、もう一方はマケドニア人たちに好意を寄せていた。ところで、ペルシア王に好誼を抱く人々にあってその先頭に立つのはパイアニア区のデモステネスで、［マケドニアの］ピリッポスに心を寄せている人々のほうではコトキダイ区のアイスキネスがその先頭に立っていた。だから、彼ら二人の手元には、それぞれの王からいつも金銭が送り届けられていた。つまり、ペルシア王は、アテナイ人たちを味方にすることで、ピリッポスにアジアへ侵攻する余裕を与えまいとし、ピリッポスのほうは、アテナイ人たちの勢力をアジア進出の障害と見て、その力を骨抜きにしようと企てたわけである。

さて、アイスキネスとデモステネスがそれぞれ別の王のために政治活動をしたそのことが、両者の争いに火をつけたのであったが、私が思うには、彼らの気質が正反対であったこともまた、争いの因をなしていた

(1) テオポンポスとエポロスはともにイソクラテスのキオス時代の弟子。テオポンポスはヘロドトス、トゥキュディデスと並べられる歴史家。エポロスも歴史家で、イソクラテスの勧めによりギリシアと異邦の七五〇年にわたる争いの歴史を書いた。二人とも自分とはジャンルが異なるので、評価できないと言っているのであろう。

(2) イソクラテスの養子のアパレウスは、アテナイのオリュンピエイオン（ゼウス・オリュンピオスの神殿）の近くに父イソクラテスの像を建てた。パウサニアス『ギリシア案内記』第一巻一八-八。

(3) 前三三八年に、テバイとアテナイを中心とするギリシア連合軍が、南下してきたマケドニア軍とカイロネイアで戦った。

(4) 本書以外にも多くの古伝がイソクラテスの自殺説を採用している。しかし、カイロネイアの戦いの直後に彼はマケドニア王ピリッポス宛ての書簡（『書簡集』三）で、マケドニアによるギリシア統一を支持している。アテナイにはもはやギリシアをまとめる力がないと考え、マケドニアにギリシアを統一させてペルシアに対抗しようと思ったのであろう。したがって、彼がカイロネイアの戦いにショックを受けて自殺するということはありえない。この自殺説は、養子のアパレウスが当時のアテナイ人たちの反マケドニアの感情を配慮して作った作り話が広まったもののようである。

のである。なぜなら、対立し合う気質からは、ほかにこれといった原因がなくても憎しみが生まれてくるものだから。また、二人は次の点でも対立していた。すなわち、アイスキネスは酒好きで、陽気で、無頓着で、その魅力すべてはデュオニュソス神とのつき合い[1]から手に入れていたように思われたが（実際、彼はまだ少年のころ、深い溜め息をつく俳優の脇役として悲劇を演じた[2]）、これに対し、デモステネスのほうは、暗い表情をして眉間に皺を寄せ、水だけを飲み物にしていたのである（それゆえ彼は、気難しくて頑固な人間の仲間に数え入れられていた）。そして、この気質の違いが顕著に表われたのは、二人がほかの人たちといっしょに使節としてピリッポスの許に赴き、そろって食卓を共にした際に、アイスキネスが同行の使節たちに打ち解けて明るく振る舞うのに対し、デモステネスは堅苦しくて、いつも生真面目な対応を見せていたときである。

彼らの争いを激化させたのは、ピリッポスの面前で行なわれたアンピポリスをめぐる議論であって、このときデモステネスは弁論に行き詰まってしまったが、アイスキネスは……[3]アテナイ人がボイオティア人を打ち破ったあのタミュナイの戦い[4]のことを考えてみればわかるように、彼は一度たりとも盾を投げ棄てるようなことはなかった。彼は、他のこともさることながら、とくに勝利の吉報を信じられぬほど迅速に伝えたがゆえに、このときの勲功に対する褒賞として、国家の名において栄誉の冠を与えられたのである。また、デモステネスがアイスキネスをポキスの不幸[5]の責任者として非難したときには、アテナイ人たちはその責任を問おうとしなかった。しかし、アンティポンが有罪判決を下された[6]のと同じ形で、アイスキネスも裁判にかけられることなく有罪を宣告され、アレイオス・パゴス会議の議員たちは、自分たちといっしょにデロスの

509 神域のために弁ずる権利を、アイスキネスから奪い取った(7)。

アイスキネスはまた、ピュライの会議(8)に出席する代表に任命されてからは、そのまことしやかな言葉と物語によってピュライの会議を混乱させ、ピリッポスのエラテイア(9)奪取に自ら手を貸したのではないかという疑念を、多くの人々から拭い去ることができなかった。そこで、彼はひそかにアテナイを脱出したが、それは、国外追放を申し渡されたからではなく、デモステネスとクテシポンを有罪にするだけの票を獲得するこ

---

(1) ギリシア悲劇はディオニュソス信仰にその起源を持ち、大ディオニュシア祭の最重要行事は悲劇の上演であった。この悲劇にアイスキネスが俳優として関わっていたことを言っている。

(2) アイスキネスは第三俳優（*τριταγωνιστής*）にすぎなかった。デモステネス『栄冠について』二六二参照。

(3) 写本に致命的な欠落があって意味不明。

(4) 前三五四年。タミュナイはエウボイアにある町。

(5) 前三四六年、マケドニアの圧力に耐えかねたポキスの人々がピリッポスに対して戦いを挑み、ポキスの諸都市が壊滅したことを指す。

(6) アテナイの弁論家のアンティポン。マケドニア王ピリッポスと約束して造船所に火を放とうとした廉でデモステネスによってアレイオス・パゴスの法廷に引き出され、アテナイ市民に弁明することも認められぬまま死刑に処せられた。プルタルコス『デモステネス伝』一四参照。

(7) アテナイは、デロス島のアポロン神殿を管理する権利を守ろうとしていた。ここでは、アイスキネスからアテナイのために弁ずる権利を奪った、ということを言っているのであろう。

(8) ピュライで行なわれた隣保同盟（*Ἀμφικτιονία*）の会議を指す。これは同一の聖地を共有する宗教的・政治的同盟で、この種の同盟会議は各地で行なわれていた。

(9) ポキス地方にある町。

とに失敗したので[1]、それによって自分が被る不名誉を避けるためであった。彼の旅立ちの目的は、アレクサンドロスの許に行くことにあった。そのころアレクサンドロスは、ほどなくバビロンやスサに到着しようとしていたからである[2]。しかしエペソスに寄港したとき、アイスキネスは、アレクサンドロスが死に[3]、そのためアジアの情勢が混乱していることを耳にした。それで、彼はロドスに腰を落ち着けていた。この島は研究に打ち込むにはうってつけの地だったのである。そこで彼は、ロドスをソフィストたちの思索の場に衣替えし、この地で、平穏な暮らしとムーサの女神たちに感謝の犠牲を捧げつつ、ドリス式生活法にアッティカの生活習慣を混ぜ合わせた生活を送っていた。

　彼は、即席の弁論をいとも流暢に、神に魅入られたかのように弁じ、このことで賞賛を得た最初の人物であった。というのは、魅入られたように弁ずるということはまだソフィスト活動の様式として定着しておらず、アイスキネスからそれが始まったからである。つまり彼は、あたかも神託を吐き出す人たちさながらに、神がかりの衝動にかられて即席で語ったのである。また、彼はプラトンおよびイソクラテスの弟子であった[4]
510
が、彼の成功の多くは彼自身の生まれつきの資質に負うものだった。というのは、彼の弁論には明晰さの輝きや、魅力を湛えた荘重な話しぶりや、凄みを秘めた優美さが見られ、一言で言うなら、彼の弁論のスタイルは、他人が真似てその後を進もうとしても、とうてい及ばぬものだったからである。

　アイスキネスには弁論が三つあった。一部の人々によれば、これに四番目の弁論として『デロスについて』が加わることになるが、これは誤って彼の弁論とされたものである。なぜなら、かりにそれが真作だとしたら、キラ[5]の土地がアポロン神に捧げられる因となったアンピッサ[6]についての弁論[7]のほうは、デモステネスによればアイスキネスがアテナイ人たちに悪巧みをしているときの作だというのに、あれほどまことしやかに、魅力たっぷりに作り上げておきながら、一方の、神々の本質や神々の系譜、それに古代の物語を扱っているデロスに関わる物語のほうは、デロスの神殿の管理権を奪われぬことを重要な争点と考えているアテナイ人たちのために論じているにもかかわらず、あのように拙劣な扱い方をするなどということはなかったであろうから。したがって、アイスキネスの弁論は三つに限られるべきである。すなわち、『ティマルコス弾劾』『使節の弁明』『クテシポン告発』である。さらに、彼の第四の作品として書簡集がある。(8) これらは、数は多くないが、そこには彼の学識と人柄が満ち溢れている。そして、この人柄を彼はロドス人たちにも示してみせたのである。すなわち、あるとき彼が公の席で『クテシポン告発』を読み終えると、ロドスの人々

(1) 城壁修復に際してのデモステネスの貢献に対して、クテシポンが黄金の冠を授与することを提案した。しかし、アイスキネスはこの提案に反対し、クテシポンの非合法性を弾劾して裁判沙汰になったが、五分の一の法定投票数を得ることができず、軽々しく告訴した廉で罰金刑に処せられた。この事件のいきさつについては、デモステネスが後に書いた弁論『栄冠について』に述べられている。

(2) バビロンとスサはいずれもバビロニアの都市。アレクサンドロスは前三三四年に東征を始めていたが、前三三一年には、当時ペルシアの支配下にあったこれらの都市に進軍していた。

(3) アイスキネスがアテナイを旅立ったのは前三三〇年で、アレクサンドロスが死んだのは前三二三年であるから、その間に七年間の隔たりがあるが、ピロストラトスはそれを無視している。

(4) アイスキネスがプラトンの弟子というのは誤りである。

(5) パルナッソス山の麓にあるポキスの都市で、アポロンを祀っていた。

(6) アポロンに愛されたマカレウスの娘。

(7) 『クテシポン告発』のこと。

(8) これは現存しない。

は、どうして彼がこれほど優れた弁論で負けたのかと驚き、アテナイの人々はどうかしていると彼らを非難したが、それに対して彼は、「もしこの弁論に対してデモステネスが反論するのを聞いたなら、あなたがたはけっして驚くことはなかったでしょう」と言った。このように、彼は論敵を賞賛しただけではなく、［アテナイの］裁判官たちをも非難から解き放ったのである。

一九　ニケテス

511

私たちは、キリキアのアリオバルザネスとシケリアのクセノプロンとキュレネ出身のペイタゴラスは割愛することにする。これらの人々は、見たところ、新しく知る力も、知られたことを説明する力も十分ではなく、ただ、本物のソフィストが不足していたために、同時代のギリシア人たちが熱心に求めていただけのように思われるからである。おそらく、穀物の不足している人たちがヤハズエンドウを血眼で求めるのと同じことであろう。そこで、私たちはスミュルナのニケテスに話を進めるとしよう。というのも、このニケテスという人物は、弁論の知識が隘路《あいろ》に追い込まれているのを知ると、立派な道をそれに与えたからである。その道は、彼自身がスミュルナのために建設し、これによってこの都市をエペソスに面した城門と結びつけ、さらに、その壮大さゆえに、彼の実行力をその言論と同等のレベルまで高めることになった道路よりも、はるかに立派なものであった。

この人は、裁判沙汰を扱わせたら、他の誰よりも法廷弁論に長けており、また、ソフィストの術に関わることを手がけさせたら、誰よりもソフィストとして優れた能力を発揮すると思われていたが、これは、彼が巧みに両刀を使い分け、それらの両面で戦える適合力を備えていたからである。というのは、法廷弁論のほうは、ソフィスト術の敷衍して論ずる手法で飾り立て、ソフィストとしての弁論は、法廷弁論の鋭い舌鋒でこれを補強したからである。また、彼の弁論のスタイルは、旧来の政治的弁論を脱却しており、バッコスの影響を受けて、ディテュランボス風[1]の誇張されたものであった。そして、たとえば蜜についての「バッコスの杖」とか、「乳の群がり」[2]といった表現のように、彼独自の意表をついた思いつきを言葉にしているのである。

また、彼はスミュルナでたいへん高い評価を受け、驚嘆すべき人物であり弁論家であるとして、スミュルナの町は彼に対する大きな賞賛の声を惜しまなかった。ところが彼は、公の集会にはめったに顔を出さず、多くの人々に、彼は自分たちを恐れているのだと非難されると、こう言った、「そう、大衆が私を罵っているときよりも賞め讃えているときのほうが、私には恐ろしい」。また、かつて徴税人が、法廷で彼に対し傲慢な態度をとり、「わしに向かって吠え立てるのはやめろ」と言ったとき、ニケテスはきわめて機知に富ん

(1) 四三頁註(3)参照。
(2) 以下の、エウリピデス『バッカイ』七〇八―七一一参照（逸見喜一郎訳。『ギリシア悲劇全集9』所収、岩波書店）。

白い飲み物を求める女たちがいると、／指の先で地面をひっかくだけで／乳の湧き出る口を得た。木ヅタを巻いた／テュルソス（バッコスの杖）からは、甘い蜜が流れだし、滴り落ちていた。

だ言葉で、「神かけてぜひそうしましょうとも、あなたが私に噛みつくのをやめてくださるなら」と言った。

この人は、皇帝の命令でアルプス山脈とライン川を越えて旅に出ることになったが、それには次のような事情があった。すなわち、執政官をしているルフスという名前の男が、スミュルナ人たちに対し厳しくて容赦のない財務監査をしていた。ニケテスは、あることでこの男と衝突し、「ではお達者で」と言ったきり、二度と再び執政官の法廷に姿を現わそうとはしなかった。ところで、スミュルナ一都市だけを管理している間は、ルフスも、そのことでひどく不快な目に遭ったとはと思っていなかった。ところが、在ガリア軍の指揮官に任命されると、彼の記憶にニケテスに対する怒りが蘇ってきた。なにしろ、人間は幸運に恵まれると、なにかにつけてお高くとまるものであるが、とくに、幸運に恵まれる前には人並みの判断に従って我慢していたことも我慢ならなくなるからである。それで、ルフスはネロ皇帝に手紙を書き、ニケテスに対する多くの情容赦ない処置を申し出た。すると、皇帝は、「おまえが直接、彼の釈明を聞き、それで、彼に不正ありと判断したなら、自分で罰を与えるがよい」と返答した。皇帝は、このように書くことで、ニケテスを見殺しにしようとしたのではなく、むしろ、ルフスが寛大な処置を下せるよう配慮したのである。すなわち、皇帝は、ルフスとて、己の敵をわが手で裁く裁判官に任命してくれた者に非情な人間とは思われたくないから、ニケテスほどの人物を、すでに自分の手に委ねられている状況で、よもや死刑にしたりはすまいし、他のいかなる罰を加えることもあるまい、と考えたのである。

以上のような事情から、ニケテスは、ライン川はガリアの地へと赴いた。そして、釈明のために進み出ると、彼はルフスの心に深い感動を与えた。そのためルフスは、ニケテスに割り当てられた水[1]よりも多くの涙をニケテスのために流して、彼を無傷のまま帰しただけでなく、スミュルナ人たちの羨望の的とされている人々の中でも、とくに敬意を払われる人物として送り帰したのである。

この人の作品は、少し後になってリュキアのソフィスト、ヘラクレイデス(2)が修正を加え、これに『浄められたニケテス』という題を与えたが、ヘラクレイデスは、自分が巨大な像にピグミー族(3)の戦利品を当てがおうとしていることに気づいていなかった。

二〇　イサイオス

アッシリアのソフィスト、イサイオスは、若い時期は享楽に現《うつつ》を抜かしていた。すなわち、飲み食いの欲望に屈し、薄物の衣服を身にまとい、しょっちゅう人に恋し、人目も憚らずにどんちゃん騒ぎをしていたのである。しかし成人に達すると、彼はまったく別人になったと思われるほどの変身を見せた。すなわち、彼は、彼の表面を覆っているように思われたふざけ半分の調子を、顔からも心からも拭い去り、リュラ琴や笛の響きには、舞台の上のものであっても、近寄ろうとはしなかったし、薄い衣服やきらびやかなマントを

(1) 弁明のために割り当てられた時間を計る水時計の水のこと。
(2) ヘラクレイデスについては、本書六一二—六一五（二〇三—二〇七頁）参照。
(3) インド北部あるいはエチオピアに棲むと言われた矮小族で、体長は一フィートくらいで卵の殻で住居を建てていたと伝えられる。

脱ぎ捨て、食卓は質素にし、まるで以前の眼をなくしてしまったかのように、色事からもぴったり足を洗ったのである。一例を挙げると、弁論家のアルデュスが彼に、誰それは美しい女性と思わないか、と尋ねたとき、イサイオスはきわめて思慮深げに、「私はもう目脂《めやに》で眼がかすむことはなくなったのだ」と答えた。また、別のある人が彼に、鳥や魚の中で食べて一番おいしいのは何かと尋ねたところ、イサイオスは「私はもうそれらに夢中になるのはやめている。なにしろ、自分がタンタロスの果樹園[1]から収穫していることを知ったもので」と答えた。彼はおそらく、そのような質問をした人に、快楽というものはすべて影であり夢であるということを、示唆していたのであろう。

ところで、彼の弟子であったミレトスのディオニュシオスが、歌うような調子で弁論の朗誦練習をしていたとき、イサイオスは彼を激しく叱って、「イオニアの若者よ、私は君に歌うことは教えなかったぞ[2]」と言った。また、あるイオニアの若者がイサイオスの面前で、「アイギナを王の船に括りつけてしまおうではないか」という、『クセルクセス』におけるニケテスの大仰な表現に感嘆していたとき、イサイオスは大声で嘲笑し、「愚かな奴だ。それで、おまえはどうやって船出するつもりだ」と言った。

また、彼が練習していた弁論は即席のものではなく、夜明けから正午までかけて考え抜かれたものだった。だが、彼が心がけた弁論のスタイルは表現豊かなものでも無味乾燥なものでもなく、余分なところがなくて自然で、論題にぴったり適合するものであった。さらに、簡潔に語ること、そしてどんな弁論でも短く要約して述べること、これはイサイオスの発明であった。この点は、ほかのかなり多くの例にも見受けられるが、とくに次の例においてよく示されていた。すなわち、彼は、城壁の建築について協議しているスパルタ人たちが議論を戦わせる様を描くのに、ホメロスから詩句を借りて、次のように簡潔に述べたのである。

「されば、盾は盾と、兜は兜と、兵士は兵士と、身体をくっつけ合った[3]。スパルタ人諸君、どうかこのようにしっかと立ってくれたまえ。そうすれば、われわれの城壁はもう出来上がるのだ」。

また、イサイオスがビザンティオンのピュトンを告発したときのこと[4]、ピュトンは神託に基づいて反逆の廉で捕われ、ピリッポスが撤兵した後にその裏切り行為が裁判にかけられた。このとき、イサイオスはその

(1) ギリシア神話によれば、タンタロスは神に対する不遜の罰としてタルタロス(地獄)に落とされたが、彼の周りには果樹が生い茂っており、その枝から見事な果実が頭上近くまで垂れ下がっているのに、彼がそれを採ろうとするたびに風がそれを吹き上げ、いつまでも食べることができないで飢えに苦しみ続けた。イサイオスはこの譬えで、われわれの周りにある欲望の対象も、結局はわれわれを欲望の奴隷とするだけで、現実に充足感を与えることのない幻影のごときものである、と言っているのであろう。ホメロス『オデュッセイア』第十一歌五八八―五九二参照。

(2) イオニアの弁論家たちは音声による効果を重視し、好んでそのような弁論の仕方を採ったので、イサイオスはこう言ったのであろう。

(3) ホメロス『イリアス』第十三歌一三一、第十六歌二一五。

(4) ピュトンはビザンティオンの人で、親ピリッポス的人物。しかし、ここの記述はビザンティオンのレオンの事件であって、著者の混同が見られる。ちなみに、レオンは、ビザンティオンの代表的人物で、アテナイの支援でピリッポスに対抗しようとしていた。彼は学識人物ともに優れ、ピリッポスもその才能を高く評価し、彼がいるかぎりビザンティオンを服従させることは不可能と考えて、策を弄し、彼が金銭で祖国をマケドニアに売る約束を交わした、とする手紙を偽造して、彼を死に追い込んだ。

争点を三つの考えにまとめた。すなわち、彼の主張は次の三点に尽くされているからである、「私は、神託を下した神と、彼を捕えた民衆と、撤兵したピリッポスとを根拠に、ピュトンが裏切ったということを立証する。なぜなら、神は、もし裏切り者が誰もいなかったとしたら、神託を下すことはなかっただろうし、また民衆は、もし彼が国を売るような人間でなかったなら、彼を縛ることはなかっただろうし、さらにピリッポスも、もし自分が出兵するきっかけとなった人物を見出すことに失敗していなかったなら、撤兵することはなかっただろうから(1)」。

二一 スコペリアノス

私はソフィストのスコペリアノスについて語るつもりだが、その前に、彼に対し中傷を試みていた人々のことを取り上げておくことにしよう。というのは、それらの人々は、彼を熱狂的で締まりのない愚鈍な男と呼んで、ソフィストの一員とするに値しないと考えているからである。彼についてこんなことを言うのは、あら探し屋で、のろまで、即席弁論の息吹を与えられていない連中である。なぜなら、人間というのは、生来、嫉妬深いものだからである。たしかに、背の低い者は背の高い者の悪口を言うし、容姿の劣った者は見目よき者を、のろまで跛《あしなえ》の者は敏速で足の速い者を、臆病者は勇敢な者を、音楽の不得手な者は音楽に長けた者を、身体を鍛えていない者は体育場にたむろする競技者を悪く言うものである。だから、舌が言うことをきかず、沈黙の牛を舌にくっつけられた状態にあって(2)、自分でひとかどのことを考えつくこともできなければ、他の人が考えついてもそれに同意することもできないのに、そのくせ同じ世代のギリシア人たちの中で最も用意周到に、かつ最も大胆に、そして誰よりも堂々と語る人のことを嘲笑したり中傷したりするような者がいたとしても、べつに驚くにはあたらない。だが、彼らはスコペリアノスをよく理解していないのだから、私が、彼の人となりと、彼の家系がどうであったかを、はっきり伝えることにしよう。

彼は自分自身もアジアの祭司長となったが、彼の祖先たちもすべて、父から息子へと、代々祭司長を務めていた。この栄誉は絶大で、巨万の富すら凌ぐものであった。彼は、双子の一人として生まれた。二人の子は同じ揺り籠の中で育てられていたが、生まれて五日目に、そのうちの一人が雷に打たれた。ところがもう一人の子［スコペリアノス］は、雷に打たれた子といっしょに寝ていたのに、その感覚はどれも不具にならずにすんだ。しかし、その落雷の火というのは、激しく、かつ強烈なもので、近くにいた人たちのある者をその打撃で打ち殺し、ある者にはその聴覚や視覚に障害を与え、また別のある者の場合は、その心にひどい傷痕を残すほどのものだったのである。ところが、スコペリアノスはこれらの災難のどれにも捕まらなかった。なにしろ彼は、かなりの老齢に達するまで、どこといって悪いところのない健康の状態で生きながらえたのである。私がどうしてこの出来事に驚きを禁じえないのか、その訳を説明することにしよう。

かつてレムノスで、この島の角《つの》と呼ばれる場所の辺りで刈り入れの人夫が八人、大きな柏の木の下で食

（1）この推論では、対置法（ἀντίθεσις）と長さの等しい語句での表現（ἰσόκωλα）が使われている。

（2）沈黙を強制されることを言う諺。アイスキュロス『アガメムノン』三六参照。

事をしていた。この場所は細い角の形に曲がった入り江である。すると、雲がその柏の木を覆ってきたかと思うと、雷が木に襲いかかった。そのため柏の木は直撃を受け、刈り入れの人夫たちもその衝撃に襲われて、各人がたまたま行なっていたことをしている姿のまま死んでしまった。すなわち、ある者は盃を持ち上げ、ある者は酒を飲み、ある者はパンを捏《こ》ね、またある者は食べ物を口に運ぶなど、つまり、それぞれ思い思いのことをしている状態のまま絶命し、まるで煮えたぎる温泉の近くで噴煙のため黒くなった青銅の彫像のように、燻って黒くなっていた。しかしスコペリアノスの場合は、神の厚い御加護があったのか、農村労働者の中で最も頑健な者たちすら逃れられなかった落雷による死を免れ、感覚は無傷、意識はしっかりしたままで昏睡のかけらすらなく、麻痺の徴候もまったく見られなかったのである。

彼は、弁論の教授たちを訪ね歩いてスミュルナのニケテスの弟子となった。そのニケテスは弁論の朗誦を教えて頭角を現わしたが、それ以上に、法廷では一段と溌剌とした才を発揮する人物だった。あるとき、クラゾメナイの人々がスコペリアノスに、自分たちの国で弁論の実技教育をしてくれるよう要望し、彼のような有能な人物が自分たちのところで教えてくれるなら、クラゾメナイは大いに進歩することになろう、と考えたことがある。そのとき彼は、ナイチンゲールは籠の中では歌わないものだと言って、これを丁重に断わった。彼は、スミュルナこそ、いわば自分の声のすばらしさを試す聖なる杜であると見なし、そこでの響きこそ最も価値があると考えたのである。というのは、イオニアの全体がいわばムーサたちの神殿としてしつらえられているのではあるが、その中でもスミュルナは、あたかも弦楽器における駒のように(1)、最も肝心な位置を占めているからである。

517

ところで、彼の父親は、彼に対して以前は優しく穏やかであったのに、ひどい仕打ちをするようになった。そのわけはさまざまな形で語られ、ああだこうだと、かなり多くの理由が挙げられているけれども、ここで私が、最も真実の理由を明らかにすることにしよう。

スコペリアノスの母親が死んだ後、老いた父は法に基づかない内妻を家に入れようとしていた。このことを知ると、スコペリアノスは父親をたしなめて、思いとどまらせようとした。だが、とかくこういったことは、年老いた人たちにとっては不愉快なものである。そのうえ、この女がスコペリアノスを非難する話をでっち上げ、彼は自分に恋慕したがその恋が成就しなかったので我慢ならないのだ、と［彼の父親に］告げた。するど、老人の料理人をしているキュテロスという召使までも彼女の中傷に手を貸し、劇の中で見られるように、主人におもねてこう言った、「ご主人様、ご子息はあなたがすぐにも亡くなられることをお望みでして、あなたの老齢に、ひとりでに、それもさほど遠からず死が来るのに任せようとはしておられません。それどころか、あなたを亡き者にするという企てを自分で実行しようとされる一方で、金を払ってこの私の手も借りようとしておられます。と申しますのも、あの方はあなたを殺す毒薬をいろいろ持っておられて、その中で最も効き目の強いやつを料理の一つに入れるよう、私にお命じになったからです。その際あの方は、私を解放するだけでなく、農地でも家でもお金でも、あなたの家にあるもので私が欲しいものは何でも与えようと約束なさったのです。しかも、言いつけどおりにすれば、それらのものが私のものになるけれども、

（1）同様の比喩表現については、本書四八七（一八頁）参照。

従わなければ、笞《むち》打ちとか拷問とか、頑丈な足枷とか苛酷なさらし台などが私を待ち受けることになろう、とおっしゃるのです」。彼はこのように巧みな言葉で主人をうまくまるめ込んだが、それは主人がほどなく生を終えようかというころで、遺言の作成にかかっていたときのことだったから、彼は相続人として書き込まれることになり、遺言の中では、「わが息子」とか「わが眼《まなこ》」とか「わが魂のすべて」と呼ばれたのである。しかし、こういうことになったのはべつに不思議ではない。なぜなら、キュテロスが誑《たぶら》かしたのは愛に溺れている老人で、おそらくは老齢と、まさに恋していることとのために正気を失っている人間だったからである(なぜなら、若者たちですら、恋しているときに自分の心を正常に保っている者など一人もいないのだから)。驚くべきはむしろ、スコペリアノスが卓越した弁舌の才を有し、法廷ではそれが最大限に発揮されていたというのに、キュテロスのほうがそれより優勢であるように思われたことである。つまり、キュテロスは、遺言をめぐって法廷でスコペリアノスと争い、スコペリアノスの財産を使ってその卓越した才能に対抗したのである。なにしろ彼は、遺された財産に手をつけて、法外な金銭ですべての人々の舌と裁判官の票をそっくり買収し、その見返りに、すべての点で勝訴の票を手にしたのだから。そのため、スコペリアノスはいつも、アナクサゴラスの財産は羊たちの放牧地になったけれども(1)、自分の財産は奴隷の放牧地になった、と言っていた。

ところで、キュテロスは公共の場においても際立った人物になったのであるが、やがて年をとってみると、財産もめっきり減り、それに自分がひどく軽蔑されていることに気がついた。折も折、たまたま貸していた金の返却を求めていた相手に、彼が殴られるということもあり、彼はスコペリアノスに哀願して、自分から受けた悪事の記憶や怒りはそれとして、どうか父君の家屋敷を受け取ってほしい、ただ、自分のために広大な家の一部を割いて、そこで自分があまり惨めでない暮らしができるようにしてほしい、また、海の近くの畑のうち二箇所を譲ってほしい、と頼み込んだ。それで、今もなお、スコペリアノスが暮らしていたこの家の一部は「キュテロスの家」と呼ばれているのである。私が以上のことを述べたのは、人々がこれらの事実を知らずにいることのないためであり、また一つには、これらのことから、人間という存在は単に神の遊び道具であるのみか、人間同士の遊び道具でもある(2)ということを、知ってもらうためなのである。

さて、スコペリアノスがスミュルナで教えていたとき、彼の学校へは、イオニア人もリュディア人もカリア人も、マイオニア人もアイオリス人も、また、ミュシアやプリュギア出身のギリシア人たちも、大挙して通っていたが、このことはけっして不思議でも何でもない。というのは、スミュルナはそれらの人々と近接した都市であり、陸路にも海路にも格好の門戸をなしていたからである。また彼は、ほかにもカッパドキア人やアッシリア人を指導していたし、さらにエジプト人やフェニキア人、アカイア人のうちのかなり有名な人たち、およびアテナイ出身のすべての若者たちをも教えていた。ところで彼は、大衆には、やる気のない怠慢な印象を与えていた。というのは、彼は、弁論にとりかかるまでの時間は、ほとんどの場合、スミュル

---

(1) アナクサゴラスは父親から莫大な財産を譲り受けたが、財産には無関心で、それを放棄して身内の者に譲ってしまった。プルタルコス『ペリクレス伝』一六、プラトン『ヒッピアス(大)』二八三A、ディオゲネス・ラエルティオス『哲学者列伝』第二巻三—六参照。

(2) プラトン『法律』六四四D参照。

ナ人たちのうち国政に携わる有力者たちとともに過ごしていたからである。しかし彼は、自分の輝かしくて高邁な素質を存分に生かし、昼日中はあまり精を出していなかったものの、この世で最も眠ることのない人間であった。そして、「夜よ、じつにあなたは、神々のうちで最も多く知恵の分け前に与っている」[1]と言い、夜を自分の思索の協力者にしていた。とにかく、伝えられるところでは、彼は夕方から夜明けまでずっと勉学に励んでいたのである。

ところで、彼はあらゆる種類の詩に強い関心を払っていたが、とくに打ち込んだのは悲劇であった。それは、彼が先生の荘重な文体に対抗しようとしたからであった。つまり、この分野では、先生のニケテスは大いに世の賞賛を博していたのである。しかし、荘重な弁論ではスコペリアノスのほうがかなり先生の上を行き、『巨人族の詩』を作って、ホメロスの末裔たち[2]に詩作の題材を提供するほどであった。

彼は、ソフィストではレオンティノイのゴルギアスを、弁論家では世に鳴り響いている人たちを、とくに詳しく研究していた。しかし彼の魅力は、学習によって身についたというよりは、素質によるものであった。というのは、イオニア人たちにとっては、機知に溢れた話し方をするというのは生まれつきのものであるが、スコペリアノスの場合、その弁論の中にもユーモアが溢れていたからである。つまり、彼は、堅苦しいのはつき合い難く不愉快だと考えていたのである。

彼はまた、民会に出席しているときは、いつも寛《くつろ》いで機嫌よい顔つきをしていたが、人々が怒りを露わに議論を戦わせているときにはことさらそうで、表情の明るさで彼らを怒りから解き放ち、その気持ちを和らげていた。また、法廷内で示された彼の性格は、貪欲なものでもなければ、悪口雑言を浴びせかけるというようなものでもなかった。すなわち、彼は、生命の危険に曝されている人々のためなら無償でその弁護を引き受けたし、また、弁論の中で相手を罵倒したり激しい怒りをぶちまけてやろうとする人々のことを、酔って錯乱している老婆と呼んでいたのである。また、弁論を教えるのに報酬を要求したが、報酬の額は人によって異なっており、各人がその家に所有する財産に応じていた。また、聴講生の前に現われるときに、高慢だったり、勿体ぶった態度をとるということがなく、かといっておどおどしている者のようでもなくて、自分の栄誉のためにこれから戦うにあたり、万が一にも失敗はないと確信している人がとるような態度を保っていた。また彼は、椅子に掛けて語り合うときは穏やかな調子であったが、立ち上がって弁ずるときには、その弁論には熱がこもって迫力があった。また、与えられたテーマについては、自分ひとりになって考えるのでも、大勢の聴衆がいるところで考えるのでもなく、いつもちょっとその場を外して、わずかの間に論ずべきことの全体を見通してしまった。彼はまた、非常に調子のよい音声を持っており、その声は心地よさを備えていた。また、しばしば自分の太腿を叩き、こうして自分自身と聴講生たちの目を覚まさせていた。

(1) メナンドロス「断片」七八九 (Körte-Thierfelder) をもじったもの。
(2) スコペリアノスの詩を模倣していた当時の一部の叙事詩人を指すのであろう。これらの詩人たちは、皮肉をこめてこのように呼ばれていた。

ところで、彼は、それとなく仄めかして、黒白をはっきりさせない話し方をすることにきわめて長けていたが、それ以上に、論題の雄渾なものを扱うときには、もっと驚嘆すべき才を発揮し、とくに、ダレイオスやクセルクセスのような人物が登場するペルシア人の話題を扱うときには、それが顕著であった。というのは、私の思うに、ソフィストたちの中では彼が最もよくそれらを説明し、かつ、いかに説明すべきかを後継者たちに伝え、それに、そのテーマで語る際には、これら異邦人たちの性質に見られる傲慢さと軽薄さをうまく再現してみせたからである。このような弁論をするときには、彼はいつも、バッコスの祭りの狂気に取りつかれたかのように、いつもより身体が揺れ動くと言われていた。そして、ポレモンの弟子のある者がスコペリアノスについて、彼は太鼓を叩いている、と言ったとき、彼は、その嘲笑をとらえて、「そう、たしかに叩いている。でもそれはアイアスの盾だ(2)」と答えた。

ところで、彼が皇帝への使節として派遣されたことは数多くある。それは、彼が使節として赴いたときには、いつも何らかの幸運がついて回ったからである。だが、最も見事だったのは、葡萄の樹を擁護するための使節として出向いたときであった。というのは、これは、これまでの多くの使節派遣のようにスミュルナだけのためではなく、アジアの全域のためになされたからである。では、その使節派遣の意図が何であったのか、この点を説明することにしよう。

皇帝(3)は、葡萄酒を飲むから人々は反乱を起こすのだ、と考えたものだから、アジアから葡萄の樹をなくすべきである、すでに植えられているものは抜き去り、今後新しく植えてはならない、と判断した。そこで人々は、アジア地域の全体を代表し、自分たちに代わって皇帝を、あたかもオルペウスやタミュリスのように

521

魅了してくれる人物を使節として派遣する必要に迫られていた。このような事情から、彼らは満場一致でスコペリアノスを選任した。すると、彼は予想を上回る成功裡に使節の任を果たし、葡萄の樹を植える許可を手にして戻ったばかりか、なんと、植えない者に対する罰則まで持ち帰るほどであった。彼が葡萄の樹を擁護する御前弁論でいかに高い評価を受けたかは、彼の弁論がありのままに物語っている。じつに、この弁論は最も有名なものの一つに数えられているのである。また、その弁論の後の出来事からも、この点は明白である。なぜなら、彼はその弁論によって、宮廷のしきたりどおりの贈り物を手にした上に、多くの賛辞や賞賛を得たし、さらに、才能に輝く若者の一団が彼の知恵を慕い求めて、イオニアまで彼について行ったからである。

また、彼がアテナイに赴いたとき、ソフィストのヘロデスの父親アッティコスは、彼を賓客としてもてなした。それは、彼の弁論に対し、かつてテッサリア人たちがゴルギアスに対して抱いた以上の感嘆を覚えた

(1) 原語は σχηματίζειν (弁論に衣を着せる)。これは自分の主張や真意をあからさまに示さず、巧みに覆い隠してそれとなく仄めかすという表現法で、僭主に対して物申すときに身の安全を守るためや、批判をかわすために用いられた技法。次の ἐπαμφοτέρως εἰπεῖν (黒白をはっきりさせない話し方) はその同義語。この表現法は宮廷での弁論で用いられた。だが、ソフィストの弁論では、単によそよそしい誇示にすぎなかった。

(2) アイアスは、トロイア戦争においてアキレウスに次ぐ勇者とされたギリシアの英雄。アイアスの盾を叩くとは、バッコスの祭りやキュベレの祭りが太鼓や鉦を打ち鳴らして踊り狂うのに対して、勇を鼓舞する雄壮さを意味するのであろう。

(3) ドミティアヌス帝。

からであった(1)。そこで、アッティコスは、自分の家の回廊にある昔の弁論家たちの柱像を、石を投げつけて壊すように命じた。つまり、それらは自分の息子に悪影響を与えてきた、と考えたのである。

ところでヘロデスであるが、彼は当時はまだ弱輩で、父親の庇護下にあった。彼は即席で弁ずることだけに熱中していたが、しかし、それに自信を持つまでには至っていなかった。というのは、それまで彼はスコペリアノスの教えを受けたことがなく、即席弁論に必要な勢いとはどんなものかを知らなかったからである。それゆえ、スコペリアノスの逗留を彼は心から喜んだ。なにしろ、彼は、スコペリアノスが論じ始めて即席弁論を展開していくのを聴いてからというもの、そのおかげで翼を手にし、独り立ちする準備が整えられたのである。そこで彼は父親を喜ばせようと考え、この賓客のスタイルに倣って、弁論の朗誦練習を父親に披露してみせた。父親は息子の模倣ぶりをひどく褒め、五〇タラントンを息子に与えたが、肝心のスコペリアノスには一五タラントンしか与えなかった。すると、ヘロデスは、自分に贈られた額の中から上乗せして、父が自分に与えたのと同じ額をスコペリアノスに与え、そのうえ、この人を自分の先生と呼んだ。ヘロデスの口からこの呼び名を聞いたとき、スコペリアノスにはこれがパクトロス(2)の泉よりも快く響いたのである。

さて、たびたびの使節派遣で彼が巡り会ったという幸運は、次の事実にも見て取ることができる。すなわち、スミュルナ人たちはあるとき、自分たちのために使節の役目を果たすことのできる人を求めていた。この使節の仕事はきわめて重大な問題を処理することであった。ところが、スコペリアノスはすでに老齢に達しており、国外に旅立つには齢を取りすぎていたので、これまでに使節の経験が一度もないポレモンが選ばれた。それでポレモンは、幸運のあらんことを神に祈り、自分にもスコペリアノスの説得力が備わるようにと願った。そして、民会の席でスコペリアノスを抱きしめると、きわめて適切にも、この人に向かってパトロクロスの章から次の詩句を引用した、

私の両肩にあなたの武具を着けることをお許しください、
ことによると彼らが私をあなたと思うかもしれませんから。(3)

また、知恵にかけては人間の域を超えているテュアナのアポロニオスも、スコペリアノスを賞賛すべき人物の一人に数えている。

二二 ディオニュシオス

ミレトスのディオニュシオスは、一部の人が言うように、著名な家柄の両親から生まれたのか、それともある人々が言うように、単に自由人の両親から生まれただけなのか、この件は、彼の場合、問題とすべきで

(1) ゴルギアスがテッサリアで名声を博したことについては、プラトン『メノン』七〇A－B、ピロストラトス『書簡集』七三参照。
(2) パクトロスはリュディアの有名な川。欲に目が眩んで、自分が触れたものすべてが金になるように願ったミダス王が、その強欲の罪を洗い浄めたのがこの泉と言われる。
(3) ホメロス『イリアス』第十六歌四〇－四一。トロイア戦争でギリシア軍が劣勢になったときにも、アキレウスは、アガメムノンに対する怒りがまだ消えずに、出陣を拒み続けていた。それを見かねたパトロクロスは、自分が、戦場では最も恐れられていたアキレウスの武具を身につけて出陣することを申し出た。そのときの言葉が引用の詩句である。

はない。なにしろ彼は、彼自身の優秀性によって際立っていたのだから。そう、自分の祖先に避難先を求めるというのは、自分自身への賞賛を諦めてしまった人々のすることだからである。

彼はイサイオスの弟子になったが、このイサイオスは、先にも述べたように[1]自然な文体表現をする人物だったから、この文体を、ディオニュシオスもしっかり心に刻みつけた。これに加えて、考えを整然と述べることをも学びとった。というのは、これもまたイサイオスの特徴だったからである。またディオニュシオスは、自分の考えを述べる際には、誰よりも蜜の甘さを備えていたが、しかし、一部のソフィストのように快さに酔いしれることはなく、節度はわきまえていて、弟子たちに対してはつねづね、「蜜というものは、指先で味わうべきで[2]あって、掌《てのひら》一杯にして味わうべきものではない」と言っていた。そして、このことは、ディオニュシオスが行なったすべての弁論において、すなわち、雄弁を競うときにも、法廷弁論や道徳に関する論争の際にも、そしてとくに『カイロネイア哀悼歌』の中で、明らかに示されているとおりである。すなわち、彼は、カイロネイアの戦いの後に評議会で自分自身を糾弾した[3]デモステネスを描く際、次のような悲歌でその弁論を結んだのである、

おおカイロネイア、この邪悪な町よ、

そしてさらに、

おお、異邦人に国土を明け渡したボイオティアよ。泣き叫ぶがよい、地下の英雄たちよ。われらはプラタイアの近くで破れ果てたのだ。

さらにまた、アルカディア人が傭兵になった廉で裁かれているくだりでは、

　戦争が売り買いされている。ギリシア人の禍《わざわい》がアルカディアを養っている(4)

とか、

　いわれなき戦争が襲ってくる

と述べられている。

以上がディオニュシオスの弁論全般のスタイルであった。このスタイルに従って彼は弁論の朗誦を進めて
523
いたが、その際いつも、イサイオスと同じだけ時間をかけて問題をじっくり考えていた。

ところで、ディオニュシオスについては、彼がカルダイア人の技術(5)を用いて弟子たちに記憶術の教育をしていた、という話が言い伝えられているが、その話がどういうところから出てきたのかを、はっきりさせておこう。

そもそも記憶の技術というようなものは存在していないし、存在することもありえないであろう。というのは、記憶は技術を与えてくれるけれども、記憶そのものは、教えられるものではないし、どんな技術によ

---

(1) 本書五一四（五八頁）。

(2) これは諺。

(3) これは架空の状況を設定したもの。

(4) アルカディアはペロポネソス半島の中央部にある国。住民のほとんどは牧童で、戦士としても優れており、アルカディア人は傭兵になることで知られていた。クセノポン『ギリシア史』第七巻一-二三、ヘロドトス『歴史』第八巻二六参照。なお、ギリシア人の禍とはペロポネソス戦争を指す。

(5) カルダイアはティグリス川とユーフラテス川に挟まれたアジアの国で、バビロンがその首都。天文の知識が進んでいたことで知られる。後の文からすると、その技術は魔術と見なされていたのであろう。

っても手に入れうるものではないからである。なぜなら、それは自然が与えてくれる資質であるか、もしくは不死なる魂の一部をなすものなのだから。そうであろう、かりに記憶が人間の心に住み着いていないとしたら、人間は不死性を備えた存在とは見なされなかっただろうし、また、私たちが学んだことを人に教えるということもできなかっただろうから[1]（この記憶を時間の母と呼ぶべきか、娘と呼ぶべきか、そのことで詩人たちと言い争うのはやめよう、いや、彼らには呼びたいように呼ばせておいたらよい）。それにまた、知者の仲間に数えられていながら、弟子たちの間で魔術を用い、そのために正当な方法で教授されたことの評判まで落とすほど、自分の評判に無頓着な人間がいるだろうか。

では、どこから、彼の弟子たちに記憶の能力が備わってきたのだろうか。それはこうである。ディオニュシオスの弁論は弟子たちに味わい尽くせぬ喜びを与えるように思われていた。それで、彼のほうも、勢いそれらの弁論を幾度となく反復せざるをえなかった。というのは、彼らがそれらを聴くことに喜びを感じているのを、よく知っていたからである。そのようなわけで、これらの若者のうち物分かりの早い者たちは、それらの弁論を心の中に刻みつけ、記憶というよりはむしろ練習によって自分のものとし、これを他の人たちに弁じてみせた。このようなところから、彼らは記憶術に長けていると称され、記憶を技術に仕立てたと言われたのである。こういうことを見ているものだから、ある人々は、ディオニュシオスの弁論は落穂拾いによって作られたと言うのである。つまり、彼自身は簡潔に語ったのに、その弁論に各人が思い思いのものを持ち寄っている、というわけである。

ところで、彼は、その知恵に驚嘆する多くの国々からも大きな評価を受けていたが、その最大なるものは皇帝による評価であった。すなわち、ハドリアヌ帝はディオニュシオスを、かなり名の通った属州の総督に任命し、また、公費で養われる騎士たちや、ムセイオンで食事を給される人々の仲間に加えたのである。(ところで、ムセイオンとは、あらゆる国の著名な人々を招待したエジプトの食卓のことである。[2])

また、彼はきわめて多くの国々を訪れ、夥しい数の人々と親しくつき合ったが、彼がひときわ節度を守り、物事に動かされない人物であることは、誰の目にも明らかであったから、淫らであるとか傲慢であると非難されることはまったくなかった。また、『パンテイアの恋人アラスペス』[3]をディオニュシオスの作としている人々がいるが、彼らはディオニュシオスが持っているリズムに無知であるばかりか、それ以外の表現の方

(1) プラトンの想起説を念頭に置いているのであろう。想起説によれば、魂は前世においてすべてを学んでしまっており、学習とは、それを現世で想起することにほかならない。したがって、記憶がなければ想起が、したがってまた学習が、不可能となる。プラトン『メノン』八一C－D参照。

(2) ムセイオンとはムーサの神域のことで、もとは宗教的な意味を持っていたが、やがてムーサが司る学芸、教育に力点が置かれ学術研究の場をいうようになった。プラトンのアカデメイアやアリストテレスのリュケイオンにあるムセイオンがそのよい例である。ムセイオンの中で最も有名なのは、プトレマイオス一世がアテナイの学校に対抗して、アレクサンドリアの大図書館のそばに建てたもの。これは今で言う研究所の性格を持ち、常時一〇〇名ほどの研究員が住んで、プトレマイオスの庇護のもとで研究していた。ここではしばしば機知溢れる警句とか、問題の解決をめぐる話題が飛び交う会食や饗宴が行なわれ、これがムセイオンの一つの特色となっていた。ストラボン『地誌』第十八巻八参照。

(3) パンテイアはスサ王アブラダタスの美貌の妻。彼女はキュロス大王に捕われ、アラスペスの監督下に置かれた。

法についても無知であり、さらに、説得推論[1]の技術についてはまったくの素人なのである。すなわち、この作品はディオニュシオスのものではなく、弁論技術書の著者ケレル[2]の手になるものであったが、ところがこのケレルは、皇帝の文書を扱う秘書官としては優れていたものの、弁論朗誦の訓練は十分でなく、ディオニュシオスとも若いときから不仲だったのである。

また、次のことも見過ごしてはならない。私はそれを、私と同時代のギリシア人の中では最長老であり、ソフィストについて一番詳しく知っているアリスタイオスから直に聞いたのである。

ディオニュシオスは輝かしい名声のうちに老齢に達したが、そのころポレモンは、まだディオニュシオスには知られていなかったけれども、人生の真っ盛りに差しかかっていた。あるときポレモンは、百人委員会の法廷[3]に訴え出るためサルディス[4]に赴いた。リュディアでの訴訟はこの委員会の管轄だったからである。さて、夕方になってから、ディオニュシオスがサルディスにやって来て、彼自身の賓客である批評家のドリオンにこう尋ねた、「教えてください、ドリオン。ポレモンはここで何をしているのですか」。すると、ドリオンは答えた、「リュディア中で最も裕福な男が、財産を失う危険に曝されているものだから、二タラントンの報酬を支払うという約束で、ポレモンを弁護人としてスミュルナから連れてきたのです。彼はあす裁判で争うはずです」。そこで、ディオニュシオスは言った、「これは何という幸運でしょうか、ポレモンの弁論を聞けるなんて。なにしろ、私は、ポレモンの力量を判断する機会にまだ巡り会ったことがないのですから」。これに答えて、ドリオンは言った、「その若者は、おそらくあなたを動揺させることでしょう。なにしろ名声の点では、もう長足の進歩を見せているのですから」。すると、ディオニュシオスは言った、「それに、アテナにかけて申しますが、私はおちおち眠ることも許されません。それどころか、彼の賞賛者がいかに多いかを考えると、心臓を動悸させ、心をも動転させます。ある人々などは、彼の口からは一二の泉が湧き出ると思っているし、なかには、まるでナイル川の水位の上昇を測るかのように、彼の舌を腕尺で測る人までいるほどです。そこでお願いですが、私と彼の両方を見渡した上で、それぞれがどの点では優れ、どの点では劣っているかを言って、私のこの心配を癒していただけないでしょうか」。するとドリオンは、非常に慎重な態度で、「あなた自身のほうが、ディオニュシオス、自分自身と彼についてよりよく判定することができましょう。なにしろ、あなたは知恵があって、自分自身のことも知ることができるし、他人のことも見極めずには済まないのですから」と言った。さて、ディオニュシオスは、ポレモンが裁判で争うのを傍聴した。そして、法廷を立ち去るときにこう言った、「この競技者はたしかに強い。でも、それはレスリング場で見せられた強さではない」。この話を聞いたとき、ポレモンは、ディオニュシオスの家の戸口までやって来て、

(5) (6)

(1) 原語は ἐνθύμημα。これは、論理学における三段論法のように論理的証明を目的とする推論ではなく、推論の形式は用いるけれども、説得することを目的とするものであり、弁論術の方法の一つである。岩波文庫版のアリストテレス『弁論術』戸塚七郎訳、とくに訳者註二二三3参照。
(2) 彼はマルクス・アウレリウスの先生であったらしい。
(3) この百人委員会の法廷 (Centumviri) は、遺産相続などの民事訴訟を裁くために、三世紀後半にローマに設立された。
(4) 小アジアにあるリュディアの首都。
(5) 弁論の内容が豊かで多様であることを意味する表現。クラティノス『酒瓶』断片七参照。
(6) これも弁論の内容が豊かであることを意味する。ちなみに、腕尺(ペーキュス)は長さの単位で、一ペーキュスは肘から中指の先までの長さ(約四五センチ)である。

彼の前で弁論の朗誦をしてみせようと宣言した。そして、ディオニュシオスがその場に現われると、ものの見事に弁論を演じてみせ、それからディオニュシオスに近づくと、レスリングの一騎討ちに入る人たちのように肩を押っつけ合いながら、なかなか機知溢れる揶揄を飛ばして、こう言った、

かつては、そう、かつてはミレトス人も屈強だった。(1)

ところで、著名な人々にあっては大地の全体がその墓場であるが、(2)ディオニュシオスの墓はエペソスの最も目につきやすいところにある。すなわち、エペソスで最も重要な場所であるアゴラに埋葬されている。彼は、人生の最初の部分はレスボスで教育に携わっていたが、その後はエペソスで過ごしたからである。

二三　ロリアノス

エペソスのロリアノスは、アテナイにおける弁論教授の長に任ぜられた最初の人である。彼はまた、アテナイの重装兵指揮官の職に就いていたから、(3)アテナイ民衆をも監督していた。ところでこの役職は、昔は、兵士を徴集して戦場に連れていくのが仕事であったが、現在では、食糧の供給や食料品の市を管理することを仕事にしている。あるときパン屋地区で暴動が起き、アテナイ人たちはロリアノスに石を投げつけようと競《きお》い立った。そのとき、のちにイストモスで哲学研究をすることになるキュニコス派のパンクラテスが、アテナイ人たちのところにやって来て、「ロリアノスはパンを売っている人間ではない。彼は言葉を売り物にしているのだ」と言ってアテナイ人たちの気持ちを逸《そ》らせ、彼らが握りしめていた石を投げ捨てさせた。

また、テッサリアから穀物が入ってきたのに、国庫には代金を支払う金がなかったときのこと、ロリアノスは彼の弟子たちに命じて献金を集めさせた。すると、たいへんな額の金が集まった。これなどは、何でもよく思いつく、そして公のことに知恵の働く人に見られる工夫であるが、しかし、次のこととなると、公正にして寛大な人間の行ないと思われることだろう。すなわち、彼は受け取った聴講料を吐き出して、献金した人たちに、その金を払い戻したのである。

また、このソフィストは、その専門技術にきわめて明るく、誰よりも目先がきいていて、弁論術上の創意による推論を存分に展開することができるし、また、論述は周到で、考えることにも、考えついたことを秩序立てるのにも、一切無駄なところがないように思われた。また、彼の弁論には輝くような言葉がきらめき出てくるが、それはまた、まるで稲妻の閃きのように、たちまちにして消え去って行く。このことは、彼の

(1) ミレトス人は勇ましく戦って多くの植民都市をも建設したが、後には贅沢と享楽に耽るようになり、かつての勇ましさを失ったことから、このような諺が生まれた。なお、デュオニュシオスはミレトス人である。

(2) ペロポネソス戦争におけるアテナイ人戦没者の国葬で、ペリクレスが行なった追悼演説の中にこの言葉がある。トゥキュディデス『歴史』第二巻四三参照。

(3) 食糧管理官(curator annonae)に任命されたこと。この役職名は、ギリシア語では *στρατοπεδάρχης* とか *στρατηγὸς ἐπὶ τῶν ὅπλων* と称され、もとは幕営地とか要塞の司令官を意味する軍隊用語であったが、後には以下で述べられているような食糧に関する職務を担当するものに変わった。四世紀のソフィスト、プロアイレシオスもこの職に任ぜられている。エウナピオス『哲学者およびソフィスト列伝』(以下『列伝』)四九二(三三六頁)参照。

どの作品を見ても明らかであるが、とくに次の例によく表われている。

ロリアノスは、穀物が黒海からアテナイ人のところに入ってこないのをレプティネスの法律のせいであるとして、彼を糾弾していたが、(1) そのときロリアノスの舌鋒はこんなふうに最高潮に達した、「黒海の口は法律によって封鎖されている。わずかな文言がアテナイ人たちの食糧を妨げているのである。それゆえ、レプティネスが法律をもって戦うのは、リュサンドロスが軍船をもって戦うのと同じ威力を持っているのだ」(2)。また、財政が逼迫しているため島を売ろうと考えているアテナイ人たちに反対するときには、力をこめて、次のように述べた、「ポセイドンの神よ、あなたがデロスにお与えになった恵み(3)をお取り消しください、そして、売りに出されようとしているあの島が逃亡することをお許しください」。

彼は、即席の弁論では、先に教えを受けたことのあるイサイオスの方法に倣っていた。また、彼は、弁論の朗誦をするときだけでなく、弁論技術の講義をするときにも、弟子たちにかなり高額の報酬を要求していた。

ところで、アテナイには彼の像が二つあり、その一つはアゴラに立っており、いま一つは彼自らが植林したと伝えられる小さな森の中にある。

二四　マルコス

また、ビザンティオンのソフィスト、マルコスも忘れてはならないだろう。もし彼が、これからお話しす

528 るように、優れた人物であったにもかかわらず、まだ彼自身にふさわしい名声を手にしていないというのであれば、私は彼に代わってギリシア人たちを難詰することになるだろう。

さて、マルコスの家系は、古人のビュザス[4]まで遡るものであった。彼と同名の父親は、ヒエロンに多くの漁業奴隷を所有していた。ちなみに、ヒエロンは黒海の入口付近にある。彼の先生はイサイオスで、この先生から彼は自然な表現で述べることを学び、それを魅力溢れる温和の外衣で飾り立てた。マルコスのスタイルを最も明確に物語る例は、武器を捨ててスパクテリアから帰還した者たち[5]を迎え入れるべきではない、とスパルタ人たちに忠告している弁論『スパルタ人』である。彼は次のように弁論を切り出した、「老年になるまで盾を守り続けたスパルタ人として、私なら、武器を捨てて戻った者たちを喜んで殺したことだろう」。

---

(1) レプティネスはアテナイの弁論家で、アテナイ市民を税の重荷から解放しようとして、デモステネスと対立した。ここの話はデモステネスの『レプティネス』三〇に基づくもので、架空の話。

(2) リュサンドロスはスパルタの名将。キュロス二世の支持を得てペロポネソス海軍を再建し、アイゴス・ポタモイでアテナイ海軍を破った(前四〇五年)。なお、この話が歴史的な事実に基づいているのか架空の話なのかは不明。

(3) デロス島はもともとは浮き島だったが、ポセイドンによって固定されたとされている。オウィディウス『変身物語』第六巻一九一参照。

(4) ポセイドンがケロエッサとの間にもうけた子と言われている、ビザンティオンの伝説上の創設者。ビザンティオンは彼の名に因んでつけられたと言われる。

(5) トゥキュディデス『歴史』第五巻三四、パウサニアス『ギリシア案内記』第一巻一三-五、一五-四、第四巻五-六ほか参照。スパクテリアはメッセニアの都市ピュロスの沖にある島。ペロポネソス戦争が行なわれていた前四二五年、アテナイ軍がこの島に侵攻し、そこのスパルタ人兵士たちを捕虜にした。

また、この人が弁論にかけてどれほど優れていたかは、次の例から寄せ集めることができる。すなわち彼は、ソフィストの技術については、それが内容豊かで多様なものであることを教え、弁論を虹にたとえて、次のようにその弁論を切り出した、「虹をただ一色と見る人には、それがどんなに驚嘆すべきものかはわからないが、虹にはどれだけの色があるかを見ている人は、それ以上の大きな驚嘆を覚えるものである」(1)。この弁論をストア派のアルキノオスに帰する者もいるが、それらの人々は、彼の弁論のスタイルを曲解し、真実をまったく見誤っている。それに、彼らはこの世で最も不正な振る舞いをしている者どもである。なにしろ彼らは、このソフィストが自分の術について実際に述べていることまで、彼のものではないと言っているのだから。

また、マルコスの特徴のある眉と思案に耽る顔つきは、彼がソフィストであることをよく表わしていた。たしかに、彼はいつも心の中で何かの問題を考えており、即席の弁論にすぐ入れるように、さまざまな形で自分自身を鍛え続けていたのである。このことは、多くの場合自分だけの思索に集中していた彼の眼の坐り具合からも明らかであったが、その事実は彼自身も認めていた。すなわち、親しい友の一人が彼に、前日の弁論の朗誦はどうであったか、と尋ねたとき、彼は、「私自身としては十分満足のゆくものだった。だが、弟子たちにとってはそれほどでもなかった」と答えた。そして、友人がその答えに怪訝《けげん》な顔をしていると、マルコスは、「私は、黙っているときでも頭を働かせているし、人といっしょに一つの問題について議論を戦わせている間にも、他に二つか三つの問題を考えて自分を鍛えているのだ」と言った。

マルコスは、顎鬚《あごひげ》と髪の毛をいつもむさくるしくしていたので、多くの人たちには、賢い男というよりはむしろ、がさつな男と思われていた。ソフィストのポレモンが彼から受けた印象もそうであった。というのは、次のようなことがあったからである。彼の名声がすでに世間に知れわたっていたころ、彼はポレモンの学校にやって来たことがある。講義を聴きにやって来た者たちがみんな着席したとき、ビザンティオンに渡ったことのある男が彼を見つけて、隣の席の人に、あれがマルコスだと教えた。すると、教えられた人はその隣の人へというふうにして、次々に、彼がビザンティオンから来たソフィストであることが、その場のすべての人に知れわたっていった。そのようなわけで、ポレモンが、どんなテーマで講義をしてほしいかと尋ねたとき、一同は、マルコスにテーマを出してもらおうと、一斉に彼の方を見やった。そこでポレモンが、「なぜ君たちはその田舎者の方を見ているのかね。この男はテーマを申し出たりはしないだろうに」と言うと、マルコスはいつものように声を高め、頭をもたげて、「私がテーマを出そう、そして、私がその弁論を朗誦してみせよう」と言い放った。それでポレモンも、相手がドリス訛りで喋ったことからはっと気づき、彼がマルコスであることを知るや、よい機会とばかりに、壮大ですばらしい弁論を繰り出し、マルコスに向けて朗誦した。そして、自分の朗誦も済み、相手が朗誦するのも聴いた後、彼は相手に感嘆の意を示すと同時に、自分もまた賞賛を受けたのである。

---

(1) プラトンは『テアイテトス』一五五Dで、哲学が驚嘆（*θαυμάζειν*）から生まれるものであることを、女神イリス（虹）がタウマス（*Θαύμας*）の子であることになぞらえているが、このマルコスの演説にはそれが影響しているように思われる。

その後、マルコスはメガラを訪れた（もともとビザンティオンに入植したのはメガラ人なのである）。そのころ、メガラ人たちはまだアテナイ人との抗争に気持ちを高ぶらせていた。それは、まるで自分たちに対する例の法令[1]が制定された当初のようであった。そのため、彼らは、ピュティアの小競技会にやって来るアテナイ人たちを受け入れようとはしなかった。そこでマルコスは、メガラ人たちの間に入っていって彼らの気持ちを変えさせ、その説得により、メガラ人たちが家の戸を開け放ち、アテナイ人たちを迎え入れて、妻や子供たちと交際させるように持っていったのである。

彼がビザンティオンを代表して使節としてやって来たとき、ハドリアヌス帝も彼を賞め讃えた。それは、これまでの皇帝の中ではハドリアヌス帝が最も、徳性を涵養することに関心を寄せていたからである。

二五　ポレモン

ソフィストのポレモンは、多くの人々が信じているようにスミュルナ生まれなのでもなければ、一部の人たちが考えているようにプリュギア出身なのでもない。彼が生まれたのはカリアのラオディケイアで、この都市はリュコス川沿いにあり、内陸部にありながら海岸地域の諸都市以上に要衝をなしていた。

ポレモンの家は今なお多くの執政官を輩出し続けている家系である。彼に敬愛の念を抱く都市は数多くあるが、なかでもとくにスミュルナがそうであった。というのも、彼がまだ少年であったころから、スミュルナの人々は彼の中に偉大な資質があるのを認めていたので、国内で羨望の的となっている栄誉を彼とその一

531 族に与える票決をして、国中のありとあらゆる栄冠をポレモンの頭上に積み上げたからである。たとえば、ハドリアヌス帝が設けたオリュンピア競技(2)を主宰したり、神聖な三段櫂船に乗る権利を、彼らは、ポレモンとその子孫に与えたのである。つまり、アンテステリオンの月(3)には、帆をいっぱいに張った一隻の三段櫂船が行列を組んでアゴラに運び込まれ、この船をディオニュソスの神官が、舵取りよろしく、ちょうど海から戻ったかのように、張り綱を緩め、舵を操ることになっているのである。

彼はスミュルナで活発な教授活動をすることにより、次のような利益をこの都市にもたらした。まず第一に、彼はこの都市を、見た目にも以前よりずっと賑やかな町にした。それは、若者の一団が、それもふしだらな群衆ではなく、選り抜きの純粋なギリシア人が、大陸［小アジア］と島々からこの都市にどっと流れ込んできたからである。第二に、政治体制を協調的で党派争いのないものにした。というのは、それまではスミュルナは党争に明け暮れ、山手に住む人々と海岸地域に住む人々とが敵対していたからである。また彼は、使節としてもこの都市にとってかけがえのない人物であることを実証していた。すなわち、彼は、歴代の皇

(1) 前四三二年ころ、ペリクレスがメガラに対して定めた禁令。これにより、メガラの船舶がアテナイ支配下の港に入ること、およびメガラ人がアテナイのアゴラに出入りすることが禁止された。トゥキュディデス『歴史』第一巻六七、一三九－一四〇、一四四など、また、アリストパネス『アカルナイの人々』五三〇－五三四参照。

(2) オリュンポスのゼウスを祀るこの競技はオリュンピアのものが有名であるが、ハドリアヌスが設けたものはスミュルナで行なわれた。

(3) アッティカ暦の八番目の月。現在の二月から三月にかけての時期にあたる。

帝の許に出向いては、スミュルナ市民の生活様式を守るために弁護論を振るったからである。とにかく彼は、それまでエペソス人たちにばかり向けられていたハドリアヌス帝の関心を、スミュルナ人たちの方に向け変えさせ、その結果、皇帝は一日のうちに一千万ドラクマもの大金をスミュルナのために注ぎ込むようになり、その金で、穀物の市場や、アジア中で最も壮大な体育場や、岬に聳え立ちミマス(1)と肩を並べるかに思えるほどの、遠目にも鮮やかな神殿が建設されることになったのである。さらに彼は、スミュルナ人が公の仕事で過ちを犯したときには、彼らに叱責を与え、また、多くの場合は賢明な忠告を与えて、彼らのためになるように図り、同時に、彼らから傲慢と尊大をすっかり取り除いてやったが、イオニア人にこの古い性癖をやめさせることは困難であるだけに、それを成し遂げたということはいっそう大きな成果であった。さらにまた、彼は次の点でもスミュルナ人たちを助けていたと思う。すなわち、彼は、スミュルナ人相互の訴訟を他の国に持ち込むことを許さず、国内で処理するようにした。ただし、私が言っているのは金銭に関する訴訟のことである。というのは、姦通者、神殿荒らし、殺人者に対する訴訟は、放置されたままでいると遺恨が根づくので、彼は、そのような訴訟をスミュルナから持ち出すというだけでなく、国から閉め出すことをも勧告したからである。つまり、そのような訴訟には剣を手にした裁判官が必要だ、というわけである。

また、彼には多くの人々から浴びせられた非難があった。それは、彼が旅行をするときには、多くの荷物運搬用の家畜や、多くの馬や、多数の召使を供に引き連れ、また、狩猟の種類に応じたいろいろな種類の犬を伴い、自分自身は、馬勒に銀をちりばめたプリュギアないしはガリア製の馬車に乗って行く、というものであった。だが、彼はこのことでもスミュルナに名声をもたらしたのである。なぜなら、国に輝きを与えるのは、アゴラの賑わいとか建物が立ち並ぶ壮観もさることながら、市民の家が豊かであることもまたそうであるからだ。つまり、国が人に名声を与えるだけではなく、国も人のおかげで名声を得るものなのである。ポレモンはまた、生国ラオディケイアのことにも深く心を用いており、しばしば生家を訪れては、自分にできることでこの国の利益を図っていた。

　ところで、皇帝たちが彼に与えた特権は次のようなものであった。トラヤヌス帝が与えたのは、通行税なしで陸路や海路を旅する権利であり、また、ハドリアヌス帝はその特権を彼のすべての子孫たちにまで拡げ、
533
彼にはムセイオンのメンバーに加えてエジプト式の会食に与る権利を与えた(2)。また、ポレモンがローマ滞在中に二五万ドラクマを要求したときにも、ハドリアヌス帝は彼が要求した額より多くの金子《きんす》を与えた（ポレモンはそれだけの金額が必要だとは言わなかったし、皇帝も、それだけ与えようと前もって言いはしなかったのに）。また、スミュルナの市民が、皇帝から自分たちに与えられた金銭の多くをポレモンが彼自身の享楽に費消しているという理由で、彼を告発したとき、皇帝は次のような趣旨の手紙を送った、「ポレモンは、私がおまえたちに与えた金銭の明細書を私に提出している」。これを寛大すぎる処置と言うこともできようが、そうだとしても、その他の徳において彼が卓越しているのでなければ、金銭のことで寛大な処置を手に

(1) ホメロスによって「風吹き交う（ἠνεμόεις）ミマス」と呼ばれた岬で、キオス島に対峙する位置にある。ホメロス『オデュッセイア』第三歌一七二参照。なお、この神殿は地震によって崩壊したが、マルクス・アウレリウスによって再建された。

(2) 七五頁註（2）参照。

入れることは、おそらくできなかったであろう。また、アテナイのゼウス・オリュンピオスの神殿が五六〇年の歳月を経て完成を見たので、[1]皇帝は、この神殿を時が作り出した偉大な成果として神に奉献するにあたり、ポレモンにも供犠の式典で賛美演説をするように命じた。すると、彼はいつものように、前もって心に温めていた考えをじっと見据えた上で、すっと弁論に取りかかり、神殿の土台の上から長大ですばらしい弁論を展開したが、その際、彼は、この弁論の前置きとして、神々のお力添えなしにはこの課題で論ずる意欲が自分に湧いてこなかった、と述べた。

ハドリアヌス帝は、王笏《おうしゃく》を譲り渡して死すべき人間から神になったとき、[2]ポレモンと自分の息子アントニヌス[3]を和解させた。それはどのようなものであったのか、説明の必要があろう。

アントニヌスは地方総督としてアジアの全域を一手に支配していたが、あるとき、ポレモンの家で旅装を解いた。それは、この家がスミュルナ中で最も良い家であり、かつ最も優れた人物の家だったからである。ところが、夜になってポレモンが旅行から戻り、戸口で大声を上げて、「おかげで私は自分の家から締め出され、とんだ災難だ」と叫び、そのためアントニヌスも他の家に宿替えせざるをえない破目になった。皇帝はこの事件を知っていたけれども、古傷には触れまいと、それについては何も尋ねなかった。しかし、自分の死後のことを慮り、また、煽り立てられたり唆されたりすれば、生まれつき穏やかな人でもつい魔が差すことがままあるものだと考えたとき、ポレモンの身の上が心配になり、そこで、帝国の諸事を指示した遺言の中に「ソフィストのポレモンも私のこの考えの助言者であった」と書き記した。つまり、彼が恩恵者として感謝され、これにより、彼に対して有り余るほどの寛容が与えられる道を用意したのである。また、アン

535

トニヌスのほうもポレモンに対し、スミュルナでのことについてしゃれた冗談を口にし、完全に忘れたわけではないことを示しはしたものの、その一方では、おそらくは根に持つまいと心に誓っていたのであろうが、事あるごとに名誉を与えて彼を大いに賞め讃えていた。ところで、その冗談とは次のようなものであった。ポレモンがローマ市に来たとき、アントニヌスは彼を抱きしめてこう言ったものである、「彼の宿舎を用意せよ。だが、何人も彼を追い出すようなことがあってはならぬぞ」。また、ポレモンが主宰していたアジアでのオリュンピア競技に参加したある悲劇俳優が、ポレモンを訴えると言ったことがある。その理由は、劇が始まったときにポレモンに追い出された、というものであった。そのとき、アントニヌス帝はその俳優に、彼が舞台から追い出されたのは何時のことかと尋ねた。そして彼が、それはちょうど正午でしたと答えると、皇帝はたいへん機知溢れる言葉でこう言った、「だが、この私を彼が家から追い出したのは真夜中だった。それでも、私は彼を訴えなかったぞ」。

(1) ゼウス・オリュンピオスの神殿（Ὀλυμπίειον）は、もともとは僭主のペイシストラトスが前五三〇年ころ建設を始めたが、僭主政が倒れたため完成させることはできなかった。その後、アンティオコス・エピパネスが、前一七四年ころ、この建設を再開したが彼の死によってまたも建設は中断し、最終的にはハドリアヌス帝の手で一二九年に落成した。この神殿はギリシアの神殿では最大級のものの一つであった。パウサニアス『ギリシア案内記』第一巻一八-六―八参照。なお、建築に五六〇年を要したというのはピロストラトスの勘違いであろう。

(2) 皇帝がその役目を立派に果たしたと元老院で認められれば、その皇帝は神であると宣言された。

(3) のちのアントニヌス・ピウス帝。本書五五四―五五五（一二〇頁）参照。

以上のことだけでも、皇帝がいかに穏和であり、ポレモンがいかに傲慢であったかを明らかにするのに十分であろう。たしかに、ポレモンはきわめて傲慢であって、国々に対しては見下す態度で、また、皇帝たちに対しては自分は従属者でないという態度で、神々に対しては対等の態度で、ものを言うほどだったのである。

たとえば、彼は初めてアテナイへやって来たときに、アテナイ人たちに即席弁論を披露した。ところが、アテナイ人たちのために挙げうる賛辞は山ほどあるのに、彼はあえてこの町を賞賛しようともしなかったし、また、弁論の披露では長広舌のスタイルを取るほうがソフィストには有利なのに、自分の名声のために長広舌をふるうということもしなかった。むしろ彼は、アテナイ人たちの気質には、賞賛するよりもむしろ抑えつけることのほうが必要だということをよく知っていたので、次のように述べたのである、「アテナイ人諸君、世間では諸君のことを、弁論の聞き手としてはなかなかの目利きだと言っている。私にもまもなくそれがわかることであろう」。

また、ボスポロスの支配者でギリシア的な教養全般を身につけたある人が、イオニアのことをよく調べたいという名目でスミュルナに来たとき、ポレモンはその人を歓待する人々の仲間に入らなかったばかりか、先方が彼との面会を求めてくると、会うのを何度も先延ばしし、あげくの果ては、この王に(1)一〇タラントンの授業料を持って戸口まで来るよう要求した。

また、彼が関節を患ったときのこと、ペルガモンにやって来て神殿で眠っていたところ、アスクレピオスが彼の枕元に現われて、冷たい飲み物を飲まないように指示した。(2) するとポレモンは、「でも、最も優れた方よ、これが牛の治療をしているときだったら、どうなさるのですか」と言った。

彼のこの尊大で自信たっぷりな気性は、哲学者のティモクラテス譲りのものであった。というのも、彼は、ティモクラテスがイオニアに来ていたとき、四年間、彼とつき合いがあったからである。

ここでそのティモクラテスのことを紹介するのも悪くはないだろう。この人はポントスの出身であったが、その生地はヘラクレイア(3)で、ここは住民がギリシアの文化を賛美するお国柄であった。彼は最初、医学の諸学説について研究し、ヒッポクラテスとデモクリトスの教説によく通じていたが、ひとたびテュロスのエウプラテス(4)の講義を聴くやこの人の哲学を目標に、帆をいっぱいに張って漕ぎ出した。このエウプラテスは並外れて激情に走りやすい性格で、議論するときには、髭や頭髪が、獲物に襲いかかるライオンさながらに逆立つほどであった。またその弁舌も、溢れ出んばかりで活気と意欲に満ちていた。ポレモンがエウプラテスに最大の評価を与えたのも、じつは弁論のそのような激しさを好んでいたからであった。それはともかく、

(1) 当時ボスポロスには、ローマの庇護のもとに王が存在していた。
(2) アスクレピオスは医神で、エピダウロスがその崇拝の中心地であったが、アテナイ、ペルガモン、ローマなどにも分祠されていた。当時の人々は病気になるとその神殿を訪れて神殿内で眠り、病気の治療について夢のお告げを受けた、と伝えられている。
(3) 黒海南岸の都市。
(4) 本書四八八（一八頁）参照。

スコペリアノスが瀝青《れきせい》パックや毛抜き女(1)に現《うつつ》を抜かしてきたという理由で、ティモクラテスとスコペリアノスとの間にいさかいが生じたとき、スミュルナにいた若者たちは二派に分裂したが、両者いずれの弟子でもあったポレモンはティモクラテス派の一員となり、ティモクラテスを自分の弁論の父と呼んでいた。また、パボリノスを攻撃した弁論のことでティモクラテスにその弁明をしたときには、ポレモンはびくびくして、へりくだった態度で恐縮しきっていた。それはまるで、言いつけを守らなかったときに教師からぶたれることを恐れている子供のようであった。

このへりくだった態度は、少し後に、スコペリアノスに対しても見せていた。それは、彼がスミュルナ人のために使節に任命され、スコペリアノスの説得力を、あたかもアキレウスの武具を身に着けるかのように、自分も身に着けたいと切に望んだときのことである(2)。ところが、アテナイ人のヘロデスに対しては、ある点ではへりくだった態度で、またある点では昂然とした態度で接していた。それがどのようなものであったかを、私は説明したいと思う。なにしろそれはすばらしい話で、言及するだけの価値があるのだから。

じつのところヘロデスは、自分が執政官とか執政官の子孫と評判されるよりは、むしろ即席弁論を巧みにこなすことのほうを切に望んでいた。それでヘロデスは、ポレモンのことをまだ見知っていなかったころ、彼の教えを受けようとしてスミュルナにやって来た。それは、ヘロデスがアジアの自由な諸都市を自ら監督しているときのことであった(3)。ヘロデスはポレモンを抱擁し、心からの敬愛の情を表して彼の口に口づけし終えると、直ちにこう切り出した、「師よ、いつ私はあなたから弁論を拝聴できましょうか」。そのときヘロデスは、ポレモンが、貴方ほどの人の前で危険を冒すのはためらわれる、と言って弁論の朗誦を先送りすることだろうと思っていた。ところが、ポレモンはそのような素振りは少しも見せず、「本日ただ今、聴いてください。では、すぐにも始めましょう」と答えた。ヘロデスが言うには、これを聞いたとき彼は、ポレモンという人は弁論も考えも即座にまとめることができるのかと、すっかり感服してしまったとのことである。

以上のことは、ポレモンが昂然としていたということと、彼にはまぎれもなくある知恵が備わっていて、これを用いて聴衆を驚かせていたということをよく物語っている。これに対して、次のことは、彼に思慮分別があり節度を守っていたことを表わしている。すなわち、ある人が、ポレモンが弁論を披露するのを聴くためにやって来たところ、彼は、ヘロデスの言行についての長くて適切な賞賛演説でその者を迎えたのである。

ポレモンが弁論の朗誦のために利用した演出効果のことは、ヘロデスからも聞くことができる。じつは、ヘロデスがバルバロスに宛てた手紙の一通の中でそのことが述べられているのである。そこで私も、このことをその手紙によって説明することにしたい。

ポレモンが弁論を披露しようと進み出るとき、その表情はリラックスしていて自信に溢れていたものの、

(1) 瀝青を何のために、どのように使用するか定かでないが、おそらくは美容上の処置であろう。瀝青の採取については、ヘロドトスの『歴史』第四巻一九五にザキュントスでの例が見られる。毛抜き女とは体毛を除くことを専門にしている女奴隷。いずれも柔弱な男性が用いたものと思われる。

(2) このことについては、本書五二一(七〇–七一頁)参照。

(3) 彼がアジアの自由諸都市を統治していたことは、本書五四八(一一〇頁)の逸話から知ることができる。

彼の関節はすでに病に冒されていて、いつも輿《こし》に乗って運ばれてきた。また彼は、テーマが与えられると、それをどう述べるか聴衆を前にして考えるのではなくて、少しの間、聴衆から離れて一人で考えるのが常だった。彼の声は朗々として張りがあり、まこと絶妙なる響きがその舌から響きわたった。

また、ヘロデスが言うには、ポレモンは自分の弁論が最高潮に達すると、よく椅子から跳び上がったが、それほどに、彼には衝動の激しいところがあったとのことである。また彼は、周期的な文体(1)で弁論を仕上げる段になると、いつでもその最後の部分を笑みを浮かべながら語り、自分はなんの雑作もなしに語りうるのだということをはっきり見せつけていたし、弁論のここかしこでは、ホメロスの馬(2)に劣らず、かっかっと足を踏み鳴らしていたとのことである。そして、ヘロデス本人は、ポレモンの最初の弁論朗誦には裁判官のような態度で耳を傾け、二回目の朗誦は恋い慕う者の気持ちで、三回目の朗誦は感嘆惜しまぬ者として聴いた、と語っている。つまり、ヘロデスは三日間ポレモンの弁論朗誦を傾聴したというわけである。ヘロデスはまた、自分が傾聴した弁論のテーマも記録している。その一回目のテーマは、『五〇タラントンの収賄は犯していないと宣誓するデモステネス』であった。この収賄罪は、アレクサンドロスがダレイオスの出納簿からその事実を見つけ出し、これをアテナイ人たちに伝えたところから、デマデス(3)がデモステネスをその廉で訴え出たというものである。二回目のテーマは、ペロポネソス戦争が和解に達した以上、『ギリシア人の手になる戦勝記念碑は取り壊すべし』と主張するものであった(4)。また弁論の三回目のテーマは、アイゴス・ポタモイの戦い(5)の後で、アテナイ人たちに、それぞれ自分の区に帰還するよう説くものであった。

ヘロデスの言葉によれば、これらの弁論朗誦を聴くために、彼は、これは聴講料だと言い添えて一五万ドラクマをポレモンに送ったが、ポレモンがそれを受け取らなかったので、彼は自分が軽蔑されたものと思った。ところが、批評家のムナティオス（この人はトラレス出身であった）は、彼といっしょに酒を飲んだとき、次のように言った、「ヘロデスよ、私が思うには、ポレモンは二五万ドラクマを夢見ていたため、それに比べると手にした額が少ないと思ったのだろう。なにしろ、君はそれだけの金額を送らなかったのだか

(1) 周期的な文体（περίοδος）とは文体構成の修辞の一つで、文の初まりと終わりがはっきりしていて、長さも全体を見渡せるほどである文を言う（アリストテレス『弁論術』第三巻一四〇九a三五―b六）。これは、ヘロドトスや初期の誌家に見られるような、接続詞によって結ばれただけの文においては個々の節が無関係であるのに対し、文の構成部分である節が、節相互に対しても、文全体に対しても密接な関わりを持ち、あたかも丸天井を構成する石のように、全体として関わり合いながら完結している。周期という呼称は、円に見られるようなこの完結性から来ている。

(2) ホメロス『イリアス』第六歌五〇六―五一一、第十五歌二六三―二六八参照。

(3) 前四世紀のアテナイの政治家で雄弁家。アテナイとマケドニアの調停に尽くした。

(4) ペロポネソス戦争はギリシア人同士の間で行なわれた戦争であるから、その勝利の記念碑を永久に建てておくべきではない、という主張。

(5) ペロポネソス戦争末期の前四〇五年、ヘレスポントス海峡の北側にあるケルソネソス半島のアイゴス・ポタモイで、ペロポネソス艦隊とアテナイ艦隊が対決し、その結果、アテナイ艦隊のほとんどが拿捕された。これ以後アテナイ軍は窮地に立たされ、翌年、ペロポネソス戦争はアテナイの敗北によって幕を閉じた。

ら」。それで、ヘロデスの言うには、彼が一〇万ドラクマをつけ加えたところ、ポレモンは当然の金額を受け取るかのように、躊躇することなくそれを収めたとのことである。またヘロデスはポレモンに、自分が終わった後に弁論を披露するために登場することも、自分の弁論を受けて論ずることもしなくてよいという許可を与え、そして、そのようなことを強制されないよう、夜の間にスミュルナから立ち去ることを許した。というのは、ポレモンは強制を傲慢な仕打ちと考えていたからである。ヘロデスはそれ以後もずっとポレモンを賞め讃え、感嘆の気持ちを抱き続けていた。たとえば、アテナイで戦勝記念碑をめぐる論争を堂々と戦わせ、その論の運びが絶賛の的となったとき、ヘロデスはこう言った、「ポレモンの弁論を読んでごらんなさい。そうすれば、あなたがたは偉大な人物というものを知ることができましょう」。また、オリュンピアの競技会でギリシア中が叫び声を上げて「あなたはまるでデモステネスのようだ」と賞めちぎったとき、彼は「願わくは、かのプリュギア人のようでありたいものだ」と言った。すなわち、ラオディケイアは当時プリュギアに含まれていたから、彼はポレモンのことをそのように呼んだのである。また、マルクス帝がヘロデスに「ポレモンのことをどう思うか」と尋ねたところ、ヘロデスはじっと一点を凝視した後、

「駿馬の蹄の音が耳元に響いてきます(1)」。

と答えた。この言葉で彼は、ポレモンの弁論が朗々として高らかに鳴り響く様を表わしたのである。また、執政官のバルバロスが彼に、どんな教師に就いて学んだのかと尋ねたときも、彼は「教わっている間は、あれこれいろいろな先生に就きましたが、人に教えるようになってからは、もうポレモンだけです」と答えた。

ポレモンによれば、彼自身、ディオンの講義をも聴講し、そのためにビテュニア人の国まで旅をした、と

のことである。また、ポレモンは、［ソフィストとしてやっていくには］書庫から散文作家の本を両脇いっぱい
にして持ち出さなければならないが、詩人の本は荷車で運び出す必要がある、とよく口にしていた。
　ポレモンに名誉をもたらしたものには次のような例もある。スミュルナは、神殿とその権利とを守るため
に争っており、そのころすでに人生の終盤に達していたポレモンを弁護人の一人に任命した。ところが、正
当な権利を守るために旅立とうとしている矢先に彼が死亡したため、スミュルナ市は他の弁護人たちの手に
540 委ねられることになった。しかし、皇帝の法廷における彼らの弁護があまりにお粗末だったので、皇帝は、
スミュルナ人の代弁者たちのほうを見やって、「おまえたちはポレモンをこの裁判の弁護人として任命しな
かったのか」と尋ねた。すると彼らは「はい、任命しました。おっしゃっているのがあのソフィストのこと
でしたら」と答えた。そこで皇帝は、「それなら、きっと、おまえたちの権利を守るために、彼は弁論も書
き記したことだろうな。何といっても、彼は私の面前で、しかも、これほど重大な事柄のために弁論を戦わ
せることになっているのだから」と言った。彼らは「そうかもしれません、皇帝陛下。でも、私たちの知る
かぎりでは、手元にはございません」と答えた。そこで皇帝は、その弁論が運ばれてくるまで、裁判を延期
することにした。そして、その弁論が法廷で朗読されてから、皇帝はそれに沿って判決を下したのである。
このようにしてスミュルナは勝訴を勝ち取り、市民たちは、ポレモンが彼らのために生き返ってきてくれた
と言いながら、その場を立ち去っていった。

(1) ホメロス『イリアス』第十歌五三五。

ところで、著名な人たちについては、彼らが真面目に語ったことだけでなく、冗談混じりに語ったことも記録に留めておく価値があるから、ポレモンの機知溢れる言葉も、無視されているなどと思われないために、書き記しておくことにしよう。

あるイオニア人の若者がスミュルナで、イオニアの習慣を超えた放蕩生活を送っており、その莫大な富がこの若者を堕落させつつあった。なにしろ、豊かな富というのは、歯止めのきかない性質にとっては悪しき教師なのだから。その若者は名前をウアロスといったが、追従《ついしょう》者たちによって甘やかされ、自分でも、われこそは美男子中の美男であり、偉丈夫中の偉丈夫であって、レスリング場に出入りする者の中では、気品の面でも技量においてもまったく他を寄せつけず、歌う気になればムーサたちですら自分より甘美に歌うことができまい、と信じ込んでいた。これと同じような思いを、彼はソフィストたちに対しても持っていた。すなわち、弁論を朗誦するとなれば、自分は彼らの弁舌をも凌駕しうるだろう、と考えていた。実際、彼はいつも弁論の朗誦に精を出し、彼からよく金銭を借りていた者たちは、彼の朗誦に耳を傾けることを利子の一部に数え入れていたのである。ポレモンもじつのところ、まだ若くて病気に冒されていなかったころ、この年貢を支払う破目になったことがある。というのは、ポレモンは彼から金銭を借りており、もし彼のご機嫌取りをしなかったり、彼の朗誦を聴きに通わなかったりしようものなら、この若者は腹を立てて、令状を出すぞ、と脅しをかけていたからである。令状とは、債務不履行者に対し欠席裁判で判決を下すと通告する公文書のことである。このことでは、若者の身内の者は、ポレモンを気難しくて頑固だと非難した。つまり、ポレモンが若者に好意的にうなずいてみせれば、借金の返済を催促されずにすむし、若者の金で甘い汁を吸うこともできるのに、それをしようとはせず、かえって彼を挑発して怒らせている、というのである。そういう噂を耳にしたので、ポレモンは彼の弁論の朗誦を聴きに出向いた。しかし、夕方もかなり遅くなったのに、若者の朗誦は先へと進むばかりで、弁論の停泊地がまったく見えてこないうえ、彼の弁論全体が語法の誤りや外国語まがいの言葉遣いで溢れかえり、それに矛盾だらけであったため、ポレモンは席から跳び上がるや、両手を突き上げてこう叫んだ、「ウアロス、さあ令状を持ってこい」。

また、属州総督が、多くの罪を犯して捕えられた盗賊を拷問にかけ、この男にはどんな罰がその罪状にふさわしいだろうか、と考えあぐねていたとき、ポレモンはたまたまその場に居合わせていて、こう言った、「昔の古くさいものを暗記するよう彼にお命じなさい」。というのも、じつはこのソフィスト自身、きわめて多くのものを諳《そら》んじていたにもかかわらず、さまざまな修練の中では、この手の暗記を最も辛いと感じていたからである。

また、剣闘士が冷や汗を流して、命懸けの競技に恐れおののいているのを見たとき、彼は、「おまえの苦しみようは、まるで、これから弁論を朗誦しようとしているかのようだ」と言った。また、あるソフィストがソーセージや小魚の塩漬けその他、安い食料品を買い込んでいるところに出くわしたときには、「ねえ君、そんなものを食べているようでは、ダレイオスやクセルクセスの驕り高ぶった様をうまく演ずることはできまい」と言った。また、哲学者のティモクラテスが彼に、パボリノスはおしゃべりになった、と言ったとき、彼は機知たっぷりに、「そう、老婆はみんなそうですね」と言い、こうしてパボリノスの宦官《かんがん》のような性格をからかった。また、スミュルナでのオリュンピア競技会で、ある悲劇俳優が大地を指して「おお、ゼウスよ」という言葉を発し、天に手を差し伸べて「そして、大地よ」と言ったとき、[1]このオリュンピア競技会を統括していたポレモンは、「この男は手で言葉遣いを誤った」と言って、その俳優を競演から追い出した。ポレモンの機知については、これ以上語る必要はないだろう。なぜなら、以上のことだけでも、この人の魅力を説明するには十分であるから。

さて、ポレモンの弁論のスタイルは、熱気がこもって、論争的であり、オリュンピア競技のラッパのように鋭い響きを持っていた。そしてそのスタイルには、自分の考えをデモステネス風に整える手法がよく釣り合っており、その重々しい語り口は、鈍重ではなく、光輝いて霊気に満ち、まるで三脚台から発せられているかのようであった[2]。しかし、一部の人々は、ポレモンは弾劾演説を手がけさせればソフィストの誰よりも優れているが、こと弁明に関してはぐっと見劣りがすると主張しているけれども、彼らはこの人のことを誤解しているのである。なぜなら、彼が弁明を試みている弁論のあれこれは、彼らの言い分が真実ではないことを証明しているからである。なかでも弁論『五〇タラントンの収賄は犯していないと宣誓するデモステネス[3]』がとくにそうである。というのは、このように難しい弁明をまとめ上げるとき、彼は、華麗な修辞と巧みな技法を駆使してその弁論に対処したからである。

同じ間違いは次の人々の場合にも見受けられる。じつにその者たちは、ポレモンは仮想の論題で弁論を展開するのが不得手であって、足場の悪いところを走る馬のように、定められた走路からはみ出す、と考え、ポレモンがほかならぬホメロスのあの格言

　私には、あ奴が冥界の門と同じくらい気にくわないのだ、

奴は心に隠し持っている思いと、口で言うことが違うのだから[4]を口にしているのは、そういう論題を立てることに異を唱えているからだ、と信じているのである。これを誤りとするわけは、おそらく彼は、この言葉を口にすることで、それに隠れた意味を含ませ、そのような課題で論ずることがいかに扱い難いものかを仄めかしていたに違いないからである。そうは言っても、実際には、彼はこのような論題でもものの見事に論じてみせたのである。このことは、『仮面を剥がされた姦夫』とか、『ソクラテスを追って死ぬべきだと考えるクセノポン』とか、『ペイシストラトスが護衛を手に入れたとき、自分の制定した法律が撤回されるよう要求するソロン[5]』、さらには、三つのデモステネス弁論、すなわち、カイロネイアの戦いの後にデモステネスが自分自身を糾弾するという弁論[6]や、デモステネスが、ハル

(1)「おお、ゼウスよ、そして、大地よ」は、エウリピデス『オレステス』一四九六の台詞。

(2) 三脚台（τρίπους）とは、デルポイのアポロン神殿の内陣に納められたものを指すのであろう。デルポイの巫女はこの台の上に座し、大地の裂け目から立ち上る霊気を吸って、忘我の状態で神託を伝えたと言われる。トゥキュディデス『歴史』第一巻一三二、パウサニアス『ギリシア案内記』第一巻二〇・一参照。

(3) 本書五三八（九四頁）参照。

(4) ホメロス『イリアス』第九歌三一二―三一三。

(5) ペイシストラトスは自分で自分の身体を傷つけておいて、アテナイ人たちには、敵に襲われて傷を負ったので護衛をつけてほしいと申し出た。そして、その申し出どおりになると、彼は護衛たちを引き連れて蜂起し、アテナイを支配し、前五六一年に僭主政を樹立した。ソロンはこの計略を前もって察知し、ペイシストラトスに護衛をつけることに反対したが、聞き入れられなかった。アリストテレス『アテナイ人の国制』一四、ヘロドトス『歴史』第一巻五九参照。

(6) 本書五二二（七二頁）参照。

パロス事件の廉で自分は死刑を科せられるべきだと主張するというものや、アイスキネスが「戦争を口にした者は死刑に処す」という法案を成立させていたにもかかわらず、ピリッポスが進攻してきたとき、デモステネスは軍船に乗って逃げるようアテナイ人たちに勧告する、というものなどが、それを明らかにしている。なぜなら、これらにおいては、課題に沿って彼が作り上げた弁論の中でも、ひときわ論がのびのびと繰り広げられ、考えも、事柄の両面によく目配りが保たれているからである。(1)

彼は、手足の関節が硬化するため、しばしば医者の治療を受けていたが、そのようなとき彼は医者たちに、ポレモンの石切り場を掘って石を切り出してほしい、と指示していた。彼はヘロデスに宛てて手紙をしたため、この病気について次のように書いて送った、「私は食べないわけにはいかない。でも私には手がない。私は歩かなければならない。でも私には足がない。私は嫌でも苦痛に苛まれる。そしてそのときには、私には手も足もあるのだ」。

彼はほぼ六五歳で死んだが、この年格好は、他の専門技術にとってはすでに老齢の始まりであるが、ソフィスト術にとってはまだ青年の段階である。というのは、この技術は、年齢を重ねるにつれてその知識が深められるからである。

彼の墓はスミュルナには一つもなかった。もっとも、彼の墓と称されるものはかなりたくさんあるのだが。すなわち、ある人々は、アレテの神殿の庭に彼は埋葬されていると言い、またある人々は、この神殿からさほど遠くない海辺に彼は埋葬されており、そこには小さな神殿があって、その中には三段櫂船の上で秘儀を執り行なっている姿のポレモンの像が収められ、この像の下に彼が横たわっていると言っているし、さらに

544

ある人々は、彼は自宅の中庭に、立ち並ぶ銅像の下に埋葬されていると言っている。しかし、これらの話はいずれも真実ではない。なぜなら、もし彼がスミュルナで死んだのであれば、かの地の目を奪うばかりの神殿で、そこに彼を埋葬するのはふさわしくないと考えられるものは、一つもなかったはずだから。

それよりは、次の説のほうがより信憑性がある。それによれば、彼が埋葬されているのはシリアの城門に近いラオディケイアであり、そこには彼の祖先の墓もあるとのことである。また、彼はまだ息のあるうちに埋葬された。すなわち、彼は近親者にそのことを依頼し、墓の中に横たわっても、墓を塞ぐ者たちに「急げ、早くしろ、物言わなくなった私を太陽に見られたくないから」と指示したというのである。また、親しい者たちが彼のために悲しんでいると、彼はその者たちに向かって、「私に肉体を与えてくれ。そうしたら、私は弁論の朗誦をしてみせよう」と叫んだ。

ポレモン家の栄光はポレモンかぎりで終わった。というのは、彼の子孫は、血のつながりはあるものの、彼の卓越した才とは比較すべくもない者たちだったからである。ただし、一人の人物だけは例外である。その者(2)についてはもう少しあとで語ることになろう。

(1) デモステネスは、マケドニアの財務官であったハルパロスのアテナイ亡命を助けたが、その際、ハルパロスから金銭を受け取ったと言われる。このためデモステネスは罪を問われ、彼自身が亡命することとなった。

(2) ポレモンの曾孫であるヘルモクラテスのこと。この人については、本書六〇八–六一二(一九八–二〇三頁)で述べられる。

二六　セクンドス

われわれは、アテナイのセクンドスのことも忘れてはならないだろう。彼は大工の息子だったので、人々は彼を「木釘」と呼んでいた。ソフィストとしてのセクンドスは、工夫の点ではきわめて多彩であったが、こと陳述となると、余分がなく簡潔であった。彼はヘロデスを立派に教育したが、そののちに、すでに教授活動に入っていたヘロデスと仲違いをするようになった。それゆえ、ヘロデスは次の詩句を借りて、セクンドスを冷やかしたのである。

　陶工は陶工を憎み、大工は弁論家を憎む[1]。

しかし、セクンドスが死んだときには、それが老齢に達してからの死であったにもかかわらず、ヘロデスは彼を惜しんで弔辞を述べたのみか、彼に涙を注いだのである。

545 　セクンドスには言及されるべき弁論がたくさんあるが、なかでもとくに顕著なのは次の弁論である――『内乱を引き起こした者は死刑に処せられるべきであり、内乱を鎮圧した者は褒賞を与えられるべきである。しかるに今や、同一人物が内乱を引き起こし、これを鎮圧して、褒賞を要求している』。彼はこの弁論を次のように要約した、「しからば、それらのうちどちらが先になるのか。それは内乱の扇動である。では、何が二番目であるのか。それは鎮圧である。されば、まず、汝の犯せし悪事への罪を償い、しかる後、叶うものなら、善き所業に対する褒賞を受け取るべきである」。

この人は以上のような人物であった。彼はエレウシス近郊の、メガラへの道の右側に埋葬された。

（1）ヘシオドス『労働と日』二五、「陶工は陶工を憎み、大工は大工を憎む」の「大工を」を「弁論家を」に置き換えたもの。大工であるセクンドスが弁論家であるヘロデスを憎んでいることを皮肉って言ったわけである。

第二巻　新ソフィスト列伝

一　ヘロデス

アテナイ人ヘロデスについては以下の事柄を知るべきである。ソフィストのヘロデスは、父方の家系では、二度執政職を務めた家に属し、また、アイアコス一族の系統にまで遡る。じつにこのアイアコス一族は、かつてギリシアがペルシアと戦ったとき、その同盟軍に加えられた人々である。(1) 彼はまた、ミルティアデスやキモンをも誇りとすることを忘れなかった。(2) というのは、こ

546

(1) ギリシア人はサラミスの海戦に先立って、神々に祈ると同時にアイアコス一族の霊に救援を求めた、と言われる（ヘロドトス『歴史』第八巻六四）。アイアコスの子テラモンやその子アイアスはサラミスの王であったと言われ、サラミスなどで崇拝の対象にされていた。したがって、ギリシア人は戦いの場であるサラミスの守護神として、テラモンやアイアスの霊に戦いの救援を求めたのである。

(2) ミルティアデスとその子キモンはアテナイの有名な政治家で、ともにアイアコスの流れを汲む。この一文は、プラトンがこの二人を、市民を優れた人間にしなかったという理由で、ペリクレスやテミストクレスのような優れた政治家ではない、と主張しているのに反論しているのであろう。プラトン『ゴルギアス』五一五C－五一六E参照。

の二人はともに優秀な人物であって、ペルシア戦争のときには、アテナイ人や他のギリシア人たちのために多大の貢献をしたからである。すなわち、ミルティアデスは、初めてペルシア戦争を勝利に導いた人物であったし、キモンは、その後に行なわれた暴虐な振る舞いに対し、異国人どもに懲罰を加えたのである。(1)

ヘロデスは、世の人々の中で、自分の富を最も有益に使った人である。このことは、誰にでもたやすくできるというものではない、いや、きわめて難しくて骨の折れることと考えるべきである。なにしろ、己の富に酔いしれている者は人々に対し横暴のかぎりを尽くすものであるから。また、人々はプルトスを盲目だと(2)非難している。しかし、この神は、たとえ他のときには盲目と思われたにしても、ヘロデスの場合には、その視力を取り戻したのである。なぜなら、ヘロデスは友人たちのほうにも目を向ければ、諸都市にも、また国民すべてにも目を向けたからである。つまり、ヘロデスは、それらのすべてに十分目配りをし、自分と富を共有する人たちの心の中にその富を蓄えていたのである。すなわち、彼は、正しく富を使おうとするなら、困窮している人たちには彼らが困窮の状態にないように、一方、困窮していない人たちには彼らが困窮することのないように、富を分け与えるのがよい、と言っていたからである。また、彼は、まったく世の役に立てられることのない、吝嗇の金縛りにあっている富を「富の屍」と、一部の人々が財貨を溜め込んでいる蔵を「富の牢獄」と呼び、また、溜め込まれた財貨に対し供犠をもって讃えるべきだと考えている人たちを「アロエウスの後裔」と称していた。というのは、アロエウスの後裔たちはアレスを縛った(3)後に、彼に犠牲《いけにえ》を捧げたからである。

彼の富の源泉は数多く、多数の家々に由来していたが、最も大きかったのは父と母から受け継いだ富であ

548

った。すなわち、彼の祖父のヒッパルコスは独裁政治を企てた罪で財産を没収されたが（というのは、アテナイ人たちはその罪を追及しなかったけれども、皇帝がこれを見逃さなかったからである）、しかし、運の女神は、ヒッパルコスの息子で、ヘロデスの父であるアッティコスが、富裕な身の上から貧乏になり果てたのを見過ごしにはせず、彼が劇場の近くに持っていた家のうちその一軒の中から、言い尽くせぬほどたくさんの財宝を彼に出してみせたのである。だが、その量があまりにも莫大なので、彼は有頂天になるより先に慎重になり、皇帝に宛てて次のような書状をしたためた、「皇帝陛下、私は自分の持ち家で財宝を見つけました。陛下はその財宝についてどうせよとお命じになりますか」。すると、皇帝（その当時、皇帝の地位にあったのはネルウァであった）は、「おまえが見つけたものだ、おまえが使うがよい」と答えた。しかし、アッティコスが用心に用心を重ねて、宝物の量は自分には不相応ですと手紙に書くと、皇帝は「幸運の授かりものだ、思うままに使い果たすがよかろう。それはおまえ自身の運なのだから」と答えた。このようなことがあって、アッティコスは裕福になったのであるが、ヘロデスはそれ以上に裕福になった。というのは、父から受け継いだ財産のほかに、母方からの財産も、これに劣らぬほどたくさん、彼の手に転がり込んだか

(1) ミルティアデスは、前四九〇年、マラトンの戦いでアテナイ軍を指揮しペルシア軍を敗走させ、キモンはその後、エーゲ海の北岸からペルシア人たちを追い出し、前四六七年には、小アジアの南にあるエウリュメドン川での戦いでペルシア軍を敗っている。

(2) 富の神。

(3) アロエウスの後裔とはオトスとエピアルテスのこと。この二人は一三ヵ月間軍神アレスを鎖で縛りつけ、甕の中に閉じ込めたが、ヘルメスが彼を秘かに救い出した。ホメロス『イリアス』第五歌三八五―三九一参照。

らである。

　ところで、このアッティコスについては、その度量の大きさもまた際立っていた。たとえば、こういうことがあった。ヘロデスはアジアの自由諸都市を治めていたが、そのとき、トロイアが水浴の水にも事欠く状態で、住民が井戸から泥水を汲み上げたり、雨水を溜める水槽を掘ったりしているのを目にした。そこで彼は、ハドリアヌス帝に手紙を書き、次のように言った、「海に恵まれた古くからの都市が干魃《かんばつ》のために滅びていくのを見過ごされることなく、水を確保するために三〇〇万ドラクマを彼らにお与えください。これまでにも、陛下は、他の村々にさえその何倍もの金額をお与えになったのですから」。すると皇帝は、手紙の趣旨は自分の気持ちとまったく同じであるとして、これを承認し、ヘロデス自身を水源監督官に任命した。ところが、その費用が七〇〇万ドラクマにまで跳ね上がったため、アジアの財務を司る役人たちが皇帝に書状を送り、五〇〇の都市から集められた税金が一都市の水源のために費やされるのは由々しきことだ、と申し出た。それで、皇帝がアッティコスに向かってこのことを咎め立てたところ、アッティコスは誰にも負けぬ大きな度量を見せて、こう答えた、「皇帝陛下、こんなわずかな金額のことでお腹立ちにならないでください。三〇〇万ドラクマを超えた分の出費は、この私が息子のために拠出いたしますし、息子もまた、この都市のためにそうするつもりなのですから」。

　また、アテナイの人々に毎年一人につき一ムナを遺贈するという遺言も、この人の度量の広さを世に示していたし、そのほかのことでも、彼はこの性格を発揮していた。そう、彼はしばしばアテナ女神に一日で一〇〇頭もの牛を犠牲として捧げてみたり、供犠式の宴会ではアテナイの民衆を部族ぐるみや家族ぐるみでもてなしたり、さらには、ディオニュシア祭の時期になって、アカデメイアにディオニュソスの座像がやって来ると、(1)町の者であれ他国の客であれ、誰にも同じように、ケラメイコスで、(2)蔦で編んだ寝椅子に横にならせ、酒を振る舞ったりしていたのである。

アッティコスの遺言のことに言及したのであるから、ヘロデスがアテナイ人たちと衝突した理由も書き記しておかなければなるまい。つまり、それはこういうことである。その遺言の内容は私が述べたとおりのものであったが、アッティコスはそれを彼の周りの解放奴隷たちの助言によって書いたのである。すなわち、彼らは、ヘロデスの気性が解放奴隷や奴隷たちに対し苛酷になりがちなのを見ていたものだから、上の遺贈の件は自分たちのおかげであるという口実で、アテナイの民衆に自分たちの逃げ場を用意しておいたのである。解放奴隷たちとヘロデスがどんな関係にあったかは、彼らに対するヘロデスの非難が物語っていると言ってよいだろう。じつにその非難を、彼は、自分の舌が持ち合わせているありとあらゆる矛先を結集させて、彼らにぶつけたのである。

さて、その遺言が読まれたとき、アテナイ人たちはヘロデスとのあいだで、彼が各市民に五ムナの一時金

(1) 毎年決まった日に、エレウテライからディオニュソス像がアカデメイアのディオニュソス神殿に運び込まれることになっていた。パウサニアス『ギリシア案内記』第一巻二九-二参照。

(2) アテナイの北西部にある区域で、城壁により市内と城外の二つの地域に分かれており、市内の地域に陶工(ケラメウス)が多く居住していたため、これにちなんでケラメイコスの名がついた。城外地域には国のために斃れた人々の墓地があり、また、ここの聖なる門からは、エレウシスに至る聖なる道が通じていた。

を支払うことによって、彼は、いつまでも支払いを続けない権利を買い取る、という取り決めをした。ところが、同意された金額を両替商に要求したとき、彼らは、自分たちの父や祖父たちがヘロデスの両親に借金をしているという借用証書を読んで聞かされた。それで、彼らはその返済の義務を負っているため、彼らのある者にはわずかな額しか支払われず、またある者は一銭も受け取れなかったし、ある者などは、返済するためにアゴラに足止めを食ってしまった。このような措置に、アテナイ人たちは、遺贈された金を奪われたと思って激昂し、いつまでもヘロデスを憎み続け、その憎しみは、ヘロデス自身が彼らに最大級の恩恵をもたらしたと思っているときでさえ、止むことはなかったのである。そんなことがあったため、彼らは、「パンアテナイア競技場」とはよく名づけられたものよ[1]、なにしろそれはアテナイ人のすべてから絞り取った金で建設されたのだから、と言って憚らなかった。

また彼は、アテナイの筆頭アルコン[2]と全ギリシアの祭典の運営委員長の務めとを果たした。そして、パンアテナイア祭の世話役となる栄誉を与えられると、彼は次のように宣言した、「アテナイ人諸君、私はあなたがたを、それから、各地からお見えになるギリシア人の方々や、競技に参加する競技者たちをも、純白の大理石でできた競技場に迎え入れることでしょう」。そして、その言葉どおり、彼はイリソス川の向こう岸にある競技場を四年以内に完成させ、どんな驚異をも凌ぐほどの作品に仕上げた。なにしろ、それと肩を並べうるような劇場は一つも存在しないのである。また、このパンアテナイア祭については、私は次のようなことも聞かされていた。すなわち、その行列の船にはアテナの衣が掛けられていたが[3]、この衣は、襞がそよ風を孕んで、どんな絵画よりも華麗であった。また、この船は、軛《くびき》に繋がれた家畜に引かれて進むのではなく、船底にある仕掛けによって滑り進むもので、一〇〇〇挺の櫂でケラメイコスを船出してからエレウシスの神殿に至り、そこで折り返してペラスギコン(4)の横を通り過ぎ、人々に付き添われてピュティオン(5)の傍らに到着した、ということである。この場所には今なおその船が繋がれている(6)。ところで、競技場のもう一方の側には運の女神テュケの神殿とその象牙の像が立っていたが、それは、この女神が全競技を司っていることを示しているのである。

ヘロデスはまた、初めてアテナイの青年たちに白いコートを身に着けさせ、彼らの服装を今の様式に変え

(1) パンアテナイア競技場とは、後述のように、パンアテナイア祭のためにヘロデスが建設した競技場のことであるが、そのパンアテナイア祭の παναθηναϊκός という語はアテナイ人すべて (πάντες Ἀθηναῖοι) に通ずるところから、アテナイ人すべての金で作られた競技場だからよく命名されている、と言ったのであろう。

(2) 原語は ‹ἄρχων ἐπώνυμος›(一年がその人の名で呼ばれたアルコン)。アテナイの行政は任期一年の九人のアルコンによって行なわれていたが、そのアルコンの中の最高の地位にあるのが筆頭アルコンで、その年はこのアルコンの名で表わされたのでこの名がある。

(3) アテナイ人たちは毎年、刺繍入りの衣(ペプロス)をアテナ女神に捧げ、それで祭礼行列の船を飾った。

(4) アクロポリスの西斜面に構築された城壁。ペラスゴイ人たちが作ったのでこのように呼ばれた。ヘロドトス『歴史』第六巻一三七参照。

(5) このピュティオンはゼウス・オリュンピオスの神殿の南西にある「城壁の上の」ピュティオンではなく、アクロポリス北壁西端の下にあるアポロンの聖所を指すものと思われる。パウサニアスは、パンアテナイア祭の祭礼行列の船がアレイオス・パゴスの近くで見物できると言っているが(『ギリシア案内記』第一巻二九-一)、年代から言って、パウサニアスがこの船を実際に見た可能性もある。

(6) パウサニアス『ギリシア案内記』第一巻二九-一参照。

た。それまでは、一団となって民会に出席しているときでも、また、ヘラクレスの子供たちを無理やり祭壇から引き離そうとしたためアテナイ人自身の手で殺された伝令使コプレウス[1]に対し、アテナイ人たちがその死を悼んで公式に行なう祭礼行列に加わるときにも、青年たちは黒いコートを身にまとっていたのである。

また、ヘロデスはアテナイ人たちのためにレギラ記念音楽堂[2]も建て、その屋根を杉材で仕上げたが、この材木は彫像を刻む材料としてもたいそう高価なものであった。これら二つの建造物はアテナイに建てられたものであって、ローマ人の支配地では、他のどこを探してもこれに匹敵するものはなかった。ただ、彼がコリントス人たちのために建てた屋内劇場のことには言及しておかなければなるまい。これはアテナイにあるものと比べるとかなり見劣りしてはいたものの、他の土地で賞賛の的となっているさまざまなものを見渡しても、これと肩を並べるものはごくわずかでしかなかった。また、彼には、イストモス［コリントス地峡］にある彫像群や、イストモスの神ポセイドンの巨大像や、アンピトリテ[3]の巨大像、そのほか彼がこの神殿をいっぱいにした奉納品の数々があった。それに、メリケルテスを運んだイルカ[4]の像のことも忘れてはなるまい。

彼はまた、デルポイの神アポロンにはデルポイの競技場を、ゼウス神にはオリュンピアに敷かれた水道を奉納し、テッサリア人とマリアコス湾[5]付近に住むギリシア人のためには、病人の治療用にテルモピュライ[6]にある温浴場を寄贈した。また、彼はすでに荒廃していたエペイロスのオリコン[7]に植民を送り、水不足のひどいイタリアのカニュシオン[8]にも、灌漑によって住みやすくした上で入植させた。また、エウボイアやペロポネソスやボイオティアの諸都市にも、それぞれしかるべき恩恵を与えた。

しかし、これほどの大事業を成し遂げていながら、彼は、自分ではまだ大事なことは果たしていないと思っていた。というのは、コリントス地峡を切り開いていなかったからである。つまり、彼は、陸地を切り分けて二つの海を結びつけ、航行する海の長さを二六スタディオンに短縮することこそ輝かしい事業と考えて(9)

(1) ミュケナイ王エウリュステウスの伝令使。エウリュステウスがヘラクレスに課した十二の難業も彼によって伝達された。彼はヘラクレスの子供の引き渡しを要求する命を携えてアテナイに赴き、祭壇にすがりつく幼子たちを無理やり連行しようとして、これに怒ったアテナイ人たちと戦いになり、殺された。

(2) レギラはヘロデスの亡くなった妻で、この音楽堂はその妻を偲んで建てられた(パウサニアス『ギリシア案内記』第七巻二〇-六)。

(3) ポセイドンの妻。

(4) メリケルテスの母イノは、海に身を投げたとき、メリケルテスを道連れにした。しかし、彼の屍はイルカによってコリントス近くの海辺まで運ばれ、ここに埋葬された。イストミア競技会は彼を供養するために開催されるようになったと言われる。パウサニアス『ギリシア案内記』第一巻四四-七―八、第二巻一-三参照。

(5) テルモピュライの東方に横たわる湾で、テッサリアの南、プティオティスの町マリスからその名を得た。

(6) テッサリアからロクリス、ポキスに通ずる険しい峠。これについてはエウナピオス『列伝』四七六(二九〇頁)および二九一頁註(5)参照。近くに温泉があるためテルモピュライ(温かい門)の名がついた。

(7) エペイロスはマケドニアとテッサリアに接し、イオニア海に面した国。オリコンはその北西部に位置する良港。

(8) イタリア南東部のアプリアにある都市。羊毛と織物で有名。

(9) コリントス地峡はギリシア本土とペロポネソス半島を結ぶ要衝で、北西からイオニア海がコリントス湾を深く食い込ませているため、エーゲ海側のサロニカ湾との間はわずか五、六キロメートルの狭い地形をなしていた。このため、二つの海にわたって航行する船は、ペロポネソス半島を大迂回せねばならず、古くから地峡の掘削が望まれていた。運河を通す考えはコリントスの僭主ペリアンドロス(前六二五―五八五年頃)にまで遡るが、その後、ギリシアやローマの支配者たちによって、この事業は周期的に復活されていた。なお二六スタディオンは約四・六キロメートルに当たる。

いたのである。彼はこの事業を切望してはいたが、ネロでさえ歯が立たなかったことを企てる、と思われて非難されるのを恐れ、皇帝にその許可を求めるほど大胆にはなれなかった。ところが彼は、そのことをうっかりこんなふうに洩らしてしまった。私がアテナイのクテシデモスから聞いたところでは、ヘロデスは、クテシデモスを同乗させて、コリントスに向け馬車を走らせていたが、コリントス地峡に到着したとき、彼はこう口にしたのである、「ポセイドンよ、私は切に望んでいるのですが、誰もそれを許してはくれないでしょう」。クテシデモスはヘロデスの言葉に驚いて、なぜそんなことを言うのか、と彼に尋ねた。するとヘロデスは、「私は長い間、私という人間を世に示すような志を抱いていたことの証しを、後世の人たちに遺したいと努力してきたが、まだそのような名声を手に入れていないように思われるのだ」と答えた。そこで、クテシデモスは、ヘロデスの弁論や言動を讃えて、それらは誰にも越えることのできないものだ、と持ち上げた。だがヘロデスは、それに答えてこう言った、「君が挙げているものはどれも、やがて滅びていくものだ。そう、そういったものは時の手中にあり、私の弁論などは、他の人々が、時にはここ、時にはそこと非難を加えて、すっかり掠奪してしまうだろうから。これに対して、コリントス峡を切り開くということは永遠に残る事業であって、人間の力では考えられぬほど大きなものなのだ。なぜなら、イストモスを切断するには、人間よりむしろポセイドン神を必要とするように思われるからだ」。

ところで、多くの人たちが「ヘロデスのヘラクレス」と呼んでいた男のことであるが、この者は、髭が生えそろったばかりの若者で、大柄なケルト人と同じくらい大きく、身長は八プースに達しようとしていた。(1)この若者のことを、ヘロデスは、イウリアノスに宛てた手紙の一通で次のように記している。「彼は髪をほ

553 どほどに伸ばし、眉毛は濃く、それらはまるで一本であるかのように、くっつき合っている。また、両眼からは、きらきらした眼光を発していて、それは彼の気性の激しさを表わしている。その鼻は鉤鼻で、首は太く逞しいが、これは食生活によるのではなく、労働によって得られたものである。また、彼の胸はがっしりとして若々しく引き締まっており、脚は少し外側に曲がっていて、これが、大地に根を下ろしたように立つことを可能にしている。また、彼は狼の毛皮を縫い合わせた外套に身を包み、猪やジャッカルや狼や荒れ狂う牡牛を相手に戦い、いつもその戦いで負った傷を人目にさらしていた」。ある人々の言うには、このヘラクレスは大地の子としてボイオティア地方で生まれたとのことであるが、ヘロデスがヘラクレス本人から聞いたところでは、彼の母親は力が強くて家畜の世話をするほどの女性であり、父親はマラトンという名で、マラトンには彼の像が立っており、田舎の英雄だった、ということである。

このヘラクレスに向かってヘロデスが、おまえは不死なのか、と尋ねたところ、彼は、「私はただ、死すべき人間よりは長生きだ、というだけです」と答えた。そこで、いつも何を食べているのかと尋ねると、彼はこう答えた、「ほとんどの場合、私はミルクを主食にしています。山羊とか、出産したばかりの牛や馬などの家畜が私の育ての親です。また、驢馬《ろば》の乳首からも、飲みやすくて消化のよい乳を貰っています。大麦の料理が出されたら、それを一〇コイニクス(2)食べます。このご馳走はマラトンやボイオティアの農夫たちが

(1) アッティカの一プースは二九・六センチメートルに当たるから、優に二・三メートルを越える。

(2) 一コイニクスは約一リットルで、これが普通人の一日の摂取量とされていた。

私に提供してくれます。なにしろ、彼らは私のことをアガティオン[1]と呼んでいますが、それは、彼らには私が幸運をもたらす者のように思われているからなのです」。「それでは弁論のことだが」、ヘロデスは尋ねた、「君はどのようにして、また、誰から教育を受けたのだね。というのも、私には君が、その教育を受けていない人間とは思えないからだ」。すると、アガティオンは答えた、「人と話せるようになりたいと望む者には、アッティカの内陸部が良い学校です。というのは、都市部のアテナイ人たちは、トラキアやポントス、およびその他の異民族からどっと流れ込んでくる青年たちを雇い入れているために、彼らがその外来者たちの言葉をいささかなりと改善するより先に、自分たちの言語のほうがそれら外来者たちのためにひどく乱されてしまっていますが、これに反して内陸部のほうは、外来者に汚染されていないので、人々の言語は健全なままで、その言葉は最も純粋なアッティカ方言の響きを備えているからです[2]」。

また、ヘロデスが「おまえは国家的な祭典に参加したことがあるか」と尋ねると、アガティオンはこう答えた、「はい、ピュトでの祭典に参加しました。しかし、群衆の間には入らないで、パルナッソス山の山頂から、音楽の競演者たちの演奏に耳を傾けていました。それはパンメネスが悲劇で大好評を博したときでした。そのとき私は、賢明なギリシア人ともあろう人々が、ペロプスやラブダコスの末裔[3]の呪われた所業を楽しみながら聞いたりして、不道徳なことをするものだと思いました。なにしろ、このような物語は、われわれがそれに疑いを持たなければ、非道な行ないの助言者となるのですから」。

ヘロデスはまた、その若者が哲学に心寄せているのを知ると、体育競技について彼がどう考えているかということも質問した。すると彼はこう答えた、「いや、考えるどころか、私はそういう人々のことにはつい笑ってしまいます、人間同士がパンクラティオン[4]やボクシングや徒競走やレスリングで競い合い、そのことで勝利の栄冠を戴いているのを見ますとね。冠を与えるというなら、鹿や馬より速く走ったランナーにこそ与えられるべきですし、もっと厳しい訓練を積んだ者が、牡牛や熊と格闘したことで与えられるべきです——じつは、これこそ私が毎日やっていることなのです、何分にも、運命が私から大きな試合を奪い去ったものですから。なにしろ、アカルナニアにはもうライオンが棲息していないもので」。これにはヘロデスも驚嘆し、彼に食事を共にしたいと申し出た。すると、アガティオンは、「明日の正午、カノボス[5]の神殿にあなたをお訪ねしましょう。そのときあなたには、その神殿にある一番大きい混酒器を用意して、それに、女の手を経ずに搾られたミルクを一杯にしておいていただきましょう」と言った。さて、アガティオンは、次

(1)「アガティオン（Ἀγαθίων）」は「よい（ἀγαθός）」から派生した語で、「いい奴」くらいの親しみをこめた言葉。
(2) 本書六二四（二一九頁）参照。
(3) ペロプスはタンタロスの息子で、神に対する不遜な振る舞いのため、子孫は不幸の連鎖の中に置かれ、悲劇に格好の材料を提供している。子孫には、アトレウス、アガメムノン、エレクトラ、イピゲネイア、オレステスらがいる。また、ラブダコスはテバイの王家の出で、ディオニュソスの教えに逆らったため子孫が代々悲劇的不運に見舞われた。ライオス、オイディプス、アンティゴネらがその子孫である。
(4) ボクシングとレスリングを併せたような総合的格闘技。
(5) カノボス（Κάνωβος）またはカノポス（Κάνωπος）は、メネラオスの船の舵取りの名前（彼が埋葬されたナイル河口の都市には、その名がつけられた）。カノボスの祭儀はしばしばセラピス信仰と混同されるが、ここで言われれいるカノボスの神殿とは、コリントスにあったセラピスの神殿を指している可能性がある。パウサニアスは「（コリントスには）セラピス神の像も二体あって、その片方は『カノボスにましま す神』と呼ばれている」と伝えている（『ギリシア案内記』第二巻四-六）。

の日、約束した時間にやって来た。だが、鼻を混酒器に近づけると、「このミルクは浄らかなものではありません。女の手の臭いが私の鼻をつきます」と言った。そして、こう言い終わるや、彼はそのミルクを飲み干すことなく、立ち去っていった。そこで、ヘロデスは、女の手の臭いがするという話が気になって、事実を確かめる者を農家に派遣した。そして、それが事実であったことを知るや、彼は、この男には人間離れした資質があると覚ったのである。

ところで、イデ山でアントニヌス[1]に手を上げたという理由でヘロデスを告発していた人々がいる。この事件は、ヘロデスが自由諸都市を治め、アントニヌスがアジアの全都市を統治していたときのことである。だが、これらの人々は、デモストラトス[2]のヘロデスに対する訴訟のことを知らなかったのだと思う。つまり、その訴訟でデモストラトスは夥しい罪状を挙げているが、しかし上のような狼藉は実際にはなかったのだから、訴状のどこでもそれには言及しなかったのである。というのは、足場の悪い場所や狭い場所でよく起こるように、ちょっとした小突き合いが生ずることはあっても、相手に手を上げて法を犯すようなことはまったくなかったからである。それに、デモストラトスにしても、ヘロデスが世の人々から賞賛を博していた業績まで非難するくらい、彼を手厳しく攻撃したのに、彼に対する訴えの中で、そのような不法行為を述べ忘れたなどということは、考えられないであろう。

ヘロデスに対しては殺人の訴えも起こされたが、訴えの内容は次のようなものであった。すなわち、彼の妻レギラはたしか妊娠八ヵ月であったが、ヘロデスは、些細なことで、彼女を笞打つよう解放奴隷のアルキメドンに命じた。そして妻は、腹を打たれたため早産して死んでしまった、というのである。レギラの兄弟のブラドゥアスは、これが事実であると思い込んで、ヘロデスを殺人罪で告訴した。ブラドゥアスという人は執政官の中でも最も名声の高い人物で、名門の出であることを示す目印をサンダルにつけていたが、その目印というのは三日月形をした象牙製の留め金であった。

さて、ローマの法廷に出頭すると、ブラドゥアスは、申し立てている罪状について納得のいく説明は一つも述べないで、自分の一族についての自画自賛ばかり長々と述べていた。それゆえ、ヘロデスは彼をからかって、「あなたの生まれのよさは、足の指の関節(3)にあるのですね」と言った。また、この告訴人が、イタリアにある一都市のために貢献したことについても自慢すると、ヘロデスはぐっと威儀を正して、「私だったら、この大地のどこで裁かれたとしても、自分自身についてそのようなことを数多く述べることでしょう」と言った。

ヘロデスの弁明に力を与えていたのは、まず第一に、彼が、レギラに対する、言われているようなひどい仕打ちはまったく命じていないという事実であり、第二に、彼が彼女の死をひどく悲しんだということである。これらのことも、ただそう装っているだけだ、と非難されはしたが、それでも真実の力は優勢であった。

(1) 後の皇帝アントニヌス・ピウス。本書五三四―五三五(八八―八九頁)では、彼とポレモンの争いが述べられている。なお、イデ山(イダ山)は小アジアの北西、トロアスにある山。

(2) アテナイの弁論家。

(3) 取り上げて言うほどでもないものを指す。彼がサンダルに名門の印をつけていることにかけているのであろう。

すなわち、この件で彼が潔白でなかったとしたら、彼女を記念してあのように立派な音楽堂を建てることも(1)、自分の二度目の執政官職のために票を投ずるのを、彼女のために見合わせることもなかっただろうし、さらに、彼が殺人で穢れていたとしたら、彼女の衣類を自ら運んで、エレウシスの神殿に奉納することもなかったであろう。なぜなら、そのようなことは、エレウシスの女神たちを、彼の罪を赦すどころか、かえってその殺人に対する復讐者に変えて当然だから。また彼は、彼女の喪に服して、部屋の華やいだ彩りを、カーテンや塗料やレスボス産の大理石（この石は沈んだ感じで黒っぽいのである）を使って黒くしたが、このことでは、知者のルキオスがヘロデスに対して忠告に努めても、説得で彼の気持ちを変えることができなかったため、彼を嘲笑したと言われる。

だが、この出来事も、そのままやり過ごしてはならない。なにしろ、優れた人々の間では言及に値することとされているのだから。すなわち、このルキオスという人は有名な知者の一人に数えられる人物で、テュロスのムソニオスのもとで哲学の研究を積んだから、受け答えのつぼを外すということがなく、機知に富んだことをタイミングよく話すよう心がけていた。彼はヘロデスときわめて親しかったので、ヘロデスが悲しみに打ちひしがれているときには、そのそばにいて、次のようなことを言ってたしなめていた、「ヘロデス、十分とされているものも、そのすべては『中』(2)によって規定されているのだ。このことでは、私はムソニオスが論ずるのをしばしば聞いているし、私自身も幾度となく論じてきた。そのうえ私は、君がオリュンピアでギリシア人たちに向かってこの『中』を勧めているのも、そして、君が川に両岸の中央を流れるべしと命じていたあのときも、それを聞いていた。ところが今はどうだ、その言葉はどこに行ってしまったのだ。君らしさを失ってしまい、われわれの嘆きをさそうようなことをして、その名声を危険に曝すなんて」。ほかにも、彼はいろいろと言って聞かせた。しかし、ヘロデスを説得することができなかったので、彼は腹を立ててその場を立ち去っていった。だが、家にある湧き水で召使の奴隷たちが大根を洗っているのを目にすると、それは誰の食事に供するのか、と彼らに尋ねた。すると、召使たちは、ヘロデスのために食事の準備をしているのだと答えた。そこですかさず、ルキオスは言った、「黒い家の中で白い大根を食べたりして、ヘロデスはレギラを冒瀆しているではないか」。その話が伝わってくると、ヘロデスは、優れた人たちの物笑いの種にされてはなるまいと、家から悲しみのベールを一切取り払ったのである。

このルキオスについては、あの言葉もまたすばらしいものである。マルクス帝はボイオティア出身の哲学者セクストス(3)にひどくご執心で、彼の教室に頻繁に通ったり、家に出入りしたりしていた。ルキオスがローマに出てきたばかりのころ、彼は外出しようとしている皇帝に、どこへ何をしにお出かけですか、と尋ねた。すると、マルクスは「年老いた者にとっても学ぶのはすばらしいことだ(4)。だから、私は、哲学者のセクスト

(1) 本書五五一(一一四頁)参照。

(2)「中(μεσότης)」を守るべきことは古来より賢者たちの説くところで、アリストテレスの倫理学では重要な概念をなしている。これは、一口で言うと、過度を避けて、その時々の状況に対応した「ほどよい」状態(行為)を指す。すなわち、それは両極端の単なる算術的平均ではなく、価値的に最善の状態を意味する。アリストテレス『ニコマコス倫理学』第二巻第六―九章参照。

(3) カイロネイア出身のプラトン派の哲学者で、プルタルコスの甥。マルクス・アウレリウスに教えた。

(4) アイスキュロスの「断片」二七八に「老人にとっても知恵を学ぶのはすばらしいこと」という言葉がある。

スの許へ、私がまだ知らないことを学ぶために出かけるのだ」と答えた。これを聞くと、ルキオスは片手を天に差し伸べて、「ゼウスよご覧あれ、このローマ人の皇帝はもう年老いているのに、まだ書字板を首から下げて先生の許に通っております。われらが大王アレクサンドロスは三二歳で死んだというのに」と叫んだ。ルキオスが研鑽を積んでいた哲学がどのようなものかを示すには、以上の話だけで十分であろう。なぜなら、一口の味見が葡萄酒の香りを明らかにしてくれるように、以上の話だけでもルキオスという人物を十分明らかにしてくれるからである。

さて、レギラに対する悲しみはこのようにして消えうせ、また、娘のパナテナイスを亡くした悲しみは、アテナイ人たちが彼女を町に葬り、彼女が死んだ日を一年から取り除くという決議をしたことによって、和らげられたのであるが、しかし、エルピニケと名づけられたもう一人の娘まで死んだときには、ヘロデスは床に横たわり、大地を叩いて、「娘よ、おまえにどんな供物を捧げればいいのだ。何をおまえの傍らに埋葬したらいいのだ」と叫んだ。すると、たまたま彼のそばにいた哲学者のセクストスが、「彼女のために嘆くのを控え目にするなら、君の娘さんには大きな贈り物になるだろう」と言った。彼がこれほどまでに激しく娘たちの死を悲しんだのは、息子のアッティコスのことを腹立たしく思っていたからである。彼は息子について、愚かで読み書きもままならず、物覚えの悪い男だ、と非難の言葉を聞かされてきた。それはともかく、この子が自分のアルファベットを覚えられなかったときには、ヘロデスは、彼を二四人のアルファベット順に名づけられている同年齢の子供たち（1）といっしょに育てることを思いついた。つまり、子供たちの名前と馴染むうちに、否応なしに自分のアルファベットを覚えるよう、配慮したのである。また、ヘロデスは、息子

559

が酔っ払いで分別なしに色事に耽りやすいことをよく知っていた。こういうところから彼は、生きている間は、自分自身の家について、いつも次の有名な詩句

まだ一人愚かな者が、広い家に残されているようだ、(2)

を引いて予言めいたことを口にし、死ぬときには、母方の財産は息子に渡したけれども、自分の遺産のほうは、相続を他の相続人たちに移し変えたのである。しかしながら、アテナイ人たちは、このような行為を非情だと考えた。それは、彼らが「ヘロデスの里子である」アキレウスや、ポリュデウケスや、メムノンのことに考え及ばなかったからである。じつに、ヘロデスは、これらの者たちが里子であったにもかかわらず、実の子の場合と同じように、その死を嘆き悲しんだのであるが、それは、彼らが際立って品性優れ、気品があり、学問を愛し、彼の手許で養育されるにふさわしい者たちだったからである。それゆえ、彼は、これらの子が狩りをしている姿や、狩りを終えた姿や、これから狩りに出かけようとしている姿を模した彫像を作り、そのあるものは植え込みに、あるものは広場に、またあるものは泉のほとりに、そしてあるものはプラタナスの木陰に据えたのである。これらの像は、人目に触れぬように置かれていたわけではなく、それを打ち壊

(1)ギリシア語のアルファベットは二四文字である。

(2)これは、ホメロスの『オデュッセイア』第四歌四九八「まだ一人、たしか生きていて、広い海に足止めされているようだ」のパロディー。『オデュッセイア』のこの箇所は、メネラオスがオデュッセウスの息子テレマコスに、エジプトに漂流したとき海の老人プロテウスからオデュッセウスの消息を聞いたという話を、語って聞かせる場面である。

そうとか動かそうとかする者への呪いの言葉が刻み込まれて、堂々と建てられていた。もし彼らを賞賛に値する者と認めていなかったなら、彼は、このようにしてまで彼らを賞め讃えることもなかったであろう。また、キュンティリオス兄弟(1)がギリシアを統治しているとき、兄弟は、これら若者たちの像は行き過ぎであるとの理由から、これを建てたことでヘロデスを非難したが、そのとき彼は、「私が自前の大理石で楽しんでいるのに、それがあなたがたにどんな関わりがあるというのですか」とやり返した。

ところで、ヘロデスとキュンティリオス兄弟とのいさかいは、多くの人々が言うには、ピュティア祭がきっかけだったようである。つまり、コンテストの音楽を聴いて両者が異なった見解を示したからだ、というのである。だが一部の人々によれば、その原因は、ヘロデスがマルクスに向かって言った兄弟についての冗談にあった。すなわち、ヘロデスは、兄弟がトロイア人であるのに皇帝たちによって重用されているのを見て、「私はホメロスのゼウスをも責めます。なぜなら、ゼウスはトロイア人たちを愛しているからです」と言った、というのである。しかし、それ以上に真相に近い原因はこうである。この二人がギリシアを治めていたとき、アテナイ人たちは彼らを民会に招き、暗にヘロデスに言及して、自分たちは専制的な圧力のもとに置かれているという趣旨の発言をし、自分たちの言葉は一言一句そのまま皇帝の耳に届けられるよう、懇請した。そして、キュンティリオス兄弟が人々に同情して、自分たちが聞いたことを直ちに皇帝に報告したとき、ヘロデスは、兄弟がアテナイ人たちを惑わして彼に疑惑を抱かせているとして、自分は彼らに仕組まれたのだ、と主張した。事実その民会以降は、デモストラトス、プラクサゴラス、マメルティノスらとその同調者たち、その他もっと多数の、政治的にヘロデスと対立する人々が台頭したのである。そこで、ヘロデスは、兄弟が共謀して民衆を自分に対立させたとして、彼らを告訴し、裁きを属州総督の法廷に持ち出した。ところが、彼らは、マルクス帝の性格がどちらかといえば民衆寄りであることと、今がそのよい時であるということに確信を持って、密かに皇帝の許に身を寄せた。というのも、マルクス帝が自分の共同統治者となったルキウス(2)に陰謀の疑いをかけたとき、皇帝は、その件ではヘロデスを、この企てに加担していないとして放免することはなかったからである。

さて、皇帝はパンノニア(3)の諸族の間に陣を張り、シルミオンを前進基地としていた。デモストラトスとその仲間たちは皇帝の陣営の近くに旅装を解いた(4)。すると、マルクス帝は彼らに生活物資を供給し、幾度となく、何か不足しているものはないかと尋ねていた。彼は、自分自身も、彼らに対し親身な扱いをするよう自分に言い聞かせていたし、妻やまだ片言しかしゃべらない娘からも、そうするように説得されていたのである。

(1) アレクサンドリア・トロモス出身のコンディアスとマクシモスの二人。アテナイオスによると、彼らは『農耕』を著わしたとのことである(『食卓の賢人たち』第十四巻六四九e参照)。

(2) ルキウス・ウェルス帝(一三〇―一六九年)のこと。彼は、アントニヌス・ピウス帝の養子となり(一三八年)、アウレリウス家に入ってからはマルクス・アウレリウスとともに育てられた。後に、マルクスによってアウグストゥス(正帝)に任ぜられ、ローマ帝国を共同統治した。

(3) テキストではパイオニアであるが、これはパンノニアのこと(パイオニアはマケドニア内の国でシルミオンとは関係がない)。パンノニアは、東はメシア、南はダルマティア、西はノリクム、北はドナウ川に接するヨーロッパの国(現在のハンガリー辺り)。首都はシルミオン。

(4) 裁判でアテナイ人を代弁するために出向いてきたのであろう。

る。そう、とりわけそのあどけない娘などは、甘えて父親の膝の中に収まっては、お願いだからアテナイ人たちを助けてあげて、といつも頼んでいたのである。

一方、ヘロデスのほうは郊外に宿営していた。それは大小さまざまな塔がいくつも建っている場所であった。さらに彼は、容姿の美しさで目をみはるような結婚適齢期の双子の娘を伴って旅していた。ヘロデスは彼女らを、まだ幼いころから手塩にかけて育てて、自分だけに酌をしたり、料理を作ったりしてくれる者に仕立て、いつも「いとし娘《ご》」と呼んで、その呼び名どおりに可愛がっていたのである（じつは、彼女らはアルキメドンの娘で、そのアルキメドンはヘロデスの解放奴隷であった）。ところが、彼女らは、いくつかある塔のうち最も頑丈なものの中で寝ていたところ、夜中に、雷に打たれて死んでしまった。この不幸にヘロデスは気が狂わんばかりになり、皇帝の法廷に出頭しても、正気を取り戻すことができず、死ぬことばかり望んでいた。実際、彼は前に進み出ると、皇帝に対する非難を述べ始め、弁論を上手に取り繕って語るということはなかった（この種の弁論の訓練を積んできた人なら、当然、自分の怒りをうまく処理できたであろうに）。それどころか、彼は誰憚ることのない、歯に衣を着せぬ語り方でこう言い続けたのである、「そのことは、私のルキウスに対する当然のもてなしなのだ。彼は、あなたが私の許に遣わした者ではないか。ところが、あなたは、そのことを理由に私を裁き、私を女や三児《みつご》の慰みものにしているのだ」。そして、皇帝の信任厚い侍従長バッサイオスが、ヘロデスは何としてでも死にたいと考えているのだ、と言うと、ヘロデスは答えた、「ねえ君、年寄りにはあまり恐いものがないものなんだよ」。そう言い終えると、彼は割り当てられた水(1)の多くが流れ出ているのを尻目に、法廷から立ち去っていった。だが、われわれは、この裁判で見せ

562

たマルクスの態度も、哲学研究の中で培われた彼の目覚ましい成果の一つと見なすべきであろう。すなわち彼は、世の裁定者なら経験したことがあるような、眉をひそめるとか、顔色を変えるなどということが少しもなく、アテナイ人たちの方に向き直ると、「弁明を始めたまえ、アテナイ人諸君。ヘロデスの同意がなくても構わない」と言った。そして、彼らが弁明するのを聞くと、顔には出さないものの、彼はその多くの件で心に痛みを覚えたが、しかし、アテナイ人たちがヘロデスに対し「ギリシアの執政官たちを弁論の夥しい甘い蜜でまるめ込もうとしている」と公然と攻撃を加えた民会決議が、彼の前で読み上げられ、彼らが「ああ、この蜜の何と苦いことか」と叫び、さらに「疫病で死ぬ人は幸せである」と続けたときには、マルクスは、耳に入ってくる言葉の数々にひどく心を揺さぶられて、人前も憚らずに涙を流すほどであった。また、アテナイ人たちの弁明は、ヘロデスに対する告発だけでなく、同時に彼の解放奴隷たちへの告発も含まれていたから、マルクスはそれらの解放奴隷たちにも怒りを向けたが、その処罰はできるだけ穏やかなものを用いた。というのは、彼は自ら自分の裁定の特徴を「できるだけ穏やかな」と表現していたからである。ただ、アルキメドンだけは、彼には子供を亡くしたという不幸だけで十分であると言って、彼に対する処罰を免除した。このように、以上の問題は、マルクスの手で、哲学者にふさわしい仕方で処理されたのである。

ある人々は、ヘロデスが実際には国外追放になっていないのに、彼の国外追放のことを書き記し、彼はエ

---

(1) 裁判において、発言者に定められた発言時間は水時計(クレプシュドラ κλεψύδρα)で計られた。アリストテレス『アテナイ人の国制』八七-二参照。

ペイロスのオリコンに住んだが、じつにこの都市は、彼が自分の身体に合った暮らしができるように建設したものだった、(1)と言っている。ヘロデスはたしかにこの場所に居を構え、この地で病気になり、その病気の平癒を感謝して犠牲を捧げはしたが、しかし、国外追放を命ぜられたのでも、その刑罰を受けたわけでもなかった。この主張の証人として、私はあの神のごときマルクスを立てることにしたい。

パイオニアでの出来事の後、ヘロデスは、アッティカ地方のマラトンやケピシアなど、最もお気に入りの区で暮らしていた。そこには、あらゆる都市から来た若者が彼を頼りに集まっていた。これらの若者は、ヘロデスの弁論に憧れてアテナイに通ってきたのである。一方、ヘロデスは、法廷であいうことがあったのでマルクスが自分に腹を立てていないかを確かめる意味で、マルクスに、そのことを弁解するどころか非難をこめた手紙を送った。つまり、その中で彼は、それ以前は頻繁に手紙を書いてよこし、一頃は日に三人もの郵便配達人が踵《きびす》を接するように自分の家まで来ていたほどであったのに、もう手紙を送ってこなくなったのはどうしてなのか、不思議でならない、と述べたのである。すると皇帝は、いつもより長い、そしてさまざまなことにわたってしたためられた、しかし、驚嘆すべき品位が行間に滲み出ている手紙を彼に送った。私は、それらの言葉のうち、私の今の話に関わりのあるものをその手紙から抜き出して、紹介することにしよう。

この手紙の書き出しは「ご機嫌よう、親愛なるヘロデス」で始まった。ついで、当時彼が滞在していた戦場の冬期宿営地のことを述べ、また、つい先ごろ死別した彼の后(2)のことを嘆き、さらに、自分の身体が病弱であることに少し触れた後、それに続けて次のように書いている。

563

「あなたにはぜひ健康であってほしいと、そして、私があなたにどれだけ好意を寄せているかをぜひ心に留めてくれるようにと、私は祈っています。また私が、あなたの家の者の誰かが過ちを犯したのを見つけ出して、その者たちにできるだけ穏やかな処罰を加えたとしても、不当な扱いを受けているなどと思わないように祈っています。ですから、このようなことで私に腹を立てないでください。しかし、もし私があなたを苦しめるようなことがあったか、あるいは、現に苦しめているというのであれば、あなたの町にあるアテナの神殿で秘儀が行なわれたときに、私に償いを要求してください。というのは、戦火が激しく燃えさかったとき、私も秘儀に入信することを誓いましたし、また、あなたの手でその秘儀が授けられるように望んでいるからです」。

マルクスの弁明は以上のとおりであったが、それはこれほどに慈愛に満ち、それでいて毅然としたものであった。そもそも、自分が国外追放の憂き目に遭わせた者に、このように話しかける者がどこにいるであろうか。あるいはまた、このように語りかけるに値する人物と認めている者に、いったい誰が国外追放を命じたりするだろうか。

（1）本書五五一（一一四頁）参照。

（2）后のファウスティナはマルクス帝の出陣に同行し、その途上、一七六年に小アジアのタウロス山脈の麓のある村で病死した。

さらに、ここに一つの話がある。それは、東方の属州を統治していたカッシオス[1]がマルクスに対して謀反を企てたとき、ヘロデスが手紙でこの者をひどく非難したというもので、それはこう書かれていたというのである、「ヘロデスからカッシオスへ。君も気が狂ったか」。われわれはこの手紙を、単なる非難の言葉と見るのではなく、皇帝を守るために知という武器を手にした者の力の表示と受け取るべきである。

ところで、デモストラトスがヘロデスを槍玉にあげて述べた弁論は賞賛すべきものの一つであるように思う。弁論のスタイルについて言うと、この弁論の性格は全体を通して一定しているが（つまり、前置きから結びに至るまで重厚感が行きわたっているのである）、その表現様式は多様であって、一つとして同じ様式は見られない（しかし、そのどれを取っても賞賛に値するものばかりである）。この弁論は、ヘロデスを相手取ったものということで、中傷好きな人々の間で評判になったと言っていい。なぜなら、彼のように有名な人物が弁論の中で悪し様に言われているのだから。しかし、ヘロデスが悪口に対していかに力強く耐えたかは、彼がかつてアテナイでキュニコス派のプロテウスに向かって言った言葉が明らかにしてくれるであろう。すなわち、このプロテウスは確信をもって哲学の道を歩んだ者の一人で、オリュンピアでわが身を火中に投じたほどの人物であったが[2]、いつもヘロデスの後をつけ回しては、外国語混じりのギリシア語で彼の悪口を言っていた。そこで、ヘロデスは後ろを振り向いて、「私の悪口を言うのは、まあよしとしよう。だが、何のためにそのように妙なギリシア語で話すのだ」と言った。だが、プロテウスがなおもしつこく悪口を言い続けたところ、彼は、「私たちは年を取ってしまったではないか、おまえは私の悪口を言ってうるうちに、そして、私はそれを聞いているうちに」と言った。この言葉によって彼は、おそらくは、事実に反する非難は耳より先まで入り込むことはないと確信しているから、おまえの悪口を耳で聞いてはいるが、心では嘲笑っているのだ、ということを仄めかしたのであろう。

ではヘロデスの弁舌についても説明を加えることとし、彼の弁論の特徴に言及することにしたい。

彼がポレモンやパボリノスやスコペリアノスを自分の先生に数え入れていたこと、また、アテナイのセクンドスの許にしげく通ったことは、すでに述べたとおりであるが、(3) 弁論のうち批判的分野のものはクニドスのテアゲネスやトラレス出身のムナティオスの許で、またプラトンの教説に関してはテュロスのタウロスの許で研究した。

彼の弁論の構成は十分に抑制がきいており、その迫力は、ぐっと迫ってくるというよりは、じわじわと忍び寄ってくるといったものであった。また、彼が打ち鳴らす弁論は文体の簡素さを伴っており、それにはク

(1) シリアの弁論家ヘリオドロスの息子で、マルクス・アウレリウス治世の初期に執政官となり、後にシリアの総督を務めた。彼はシリア軍団を強化し、一七五年に自ら皇帝を宣言したが、三ヵ月後に暗殺された。

(2) このプロテウスはペリグリノス・プロテウスのことで、彼がわが身を犠牲として捧げた(一六五年)事件については、ルキアノスが『ペリグリノスの昇天』で扱っている。また、ドイツの小説家クリストフ・ヴィーラントも、彼を小説の題材にして、『哲学者ペリグリノス・プロテウスの秘話』を書いている(一七九一年)。

(3) ポレモンについては本書五三七(九二—九三頁)、パボリノスについては四九〇(一三頁)、スコペリアノスについては五二一(七〇頁)、セクンドスについては五四四(一〇四頁)参照。

リティアス風の響きがあった[1]。また、その着想も他人には思いつかないようなものであったし、喜劇詩人に見られるような軽妙な語り口も、とってつけたものではなく、論題に応じておのずから湧き出たものであって、その話しぶりは心地よく、多彩で、かつ優雅であった。また、朗誦の息つぎにも、巧みな工夫で変化がつけられており、勢い込むようなところがなく、穏やかで安定した調子を保っていた[2]。つまり彼の弁論のスタイルは、全体として、白銀の渦なす川底に光り輝く金粉さながらだったのである。というのも、彼はあらゆる古代作家の研究に打ち込み、なかでもクリティアスには強く心を奪われたばかりか、これまで顧みられることなしに見過ごされてきたクリティアスを、ギリシア人の心に親しみ深いものにしたからである。そして、ギリシアが彼に対する賞賛の声を高め、彼を「十人衆[3]の一人」と称したとき、その賞賛は彼には大きいものに思われたが、それにも気後れすることなく、賞賛した人たちに向かって、非常に洗練された調子で「そう、アンドキデス[4]よりはまだましだろう」と言った。

彼はこの世の誰よりも物覚えが速かったが、勉学に励むことをおろそかにすることもなく、酒を飲んでいる間でも、夜も夢見の合間には、熱心に勉強していた。そういうところから、無頓着で浅薄な人々は、彼のことを「腹いっぱい詰め込んだ弁論家」と呼んでいた。ところで、人はそれぞれ異なったところに長所を持っており、他人より優れている点は、人によってさまざまである。たとえば、ある者は即席で弁ずることにおいて賞賛を博し、またある者は、入念に練り上げた弁論を作ることで絶賛されているのである。だがヘロデスは、それらすべての点で、数あるソフィストたちの中で最も抜きん出ていた。また彼は、聴衆の感情をゆさぶる要素は、悲劇作品のみならず、広く人間の日常的営みの中からも拾い集めた。

ヘロデスには、非常に多くの手紙や、論説、日記、および古代の豊富な知識からその粋を簡潔な形に集めた小詞華集などがある。ところで、彼がまだ若かったころ、パンノニアで皇帝を前にしての弁論に失敗した、といって彼を非難する人々がいるが、それらの者は、デモステネスもピリッポスの面前で論じたときこれと同じ経験をしたことを知らなかったのだと思う。しかも、デモステネスの場合は、アテナイ人たちの手許にアンピポリスが戻ってこなかったにもかかわらず(5)、アテナイに戻ると名誉と栄冠を要求したというのに、ヘロデスは、この屈辱を味わったとき、身投げをするつもりでドナウ川まで行ったのである。なぜなら、その失敗は死に値すると思うほど、彼にあっては、弁論において名だたる者でありたいと願う気持ちが非常に強かったからである。

彼は肺病に罹ってほぼ七六歳で死んだ。彼はマラトンで息を引き取ったが、解放奴隷たちには、自分の亡骸《なきがら》はこの地に葬るよう指示してあった。ところが、アテナイ人たちは、若者たちの手で彼の屍を奪い、

---

(1) 本書五〇二―五〇三（四三―四四頁）参照。
(2) アリストパネス『蛙』一〇〇三、「風（πνεῦμα）が穏やかになり、落ち着いてきたとき」に基づく表現と思われる。
(3) アッティカ十大弁論家のこと。前一二五年ころ、ペルガモンの人たちによってアッティカ十大弁論家のカノン（規範）が決められたと言われている。
(4) アッティカ十大弁論家の一人。前四一五年のヘルメス柱像破壊事件で連座。弁論には欠点が多く、批評家の評価はあまり芳しくなかった。
(5) アンピポリスは、前三五七年にマケドニアのピリッポスによって占領されていた。デモステネスが使節として赴いたが交渉に失敗したことについては、本書五〇八（五〇頁）でも触れられている。

アテナイの町に運んで行った。すると、アテナイのあらゆる年代の人々は、涙を流し、悲しみの叫びを上げながら棺の輿を出迎えたが、それはよい父親と死に別れた子供たちと同じ嘆きであった。彼らはパンアテナイア競技場に彼を埋葬し、彼のために次のような短くて堂々とした碑文を刻んだ。

アッティコスの息子ヘロデス、マラトンの人。彼の亡骸はすべてこの墓に眠る。されど、その名声は世のいたるところに湧き上がる。

以上が、アテナイのヘロデスについて語るべきことのすべてである——それには、すでに誰かが語っていることもあるし、他の人には知られていなかったことも含まれているが。

二　テオドトス

論述の求めに応じて、私は話をソフィストのテオドトスに進めよう。

アテナイ人たちがヘロデスと衝突していたとき、テオドトスはアテナイ民衆の指導的地位にあった(1)。彼は、ヘロデスに対してあからさまに敵意を表わすことまではしなかったが、事態を処理することに長けていた彼は、密かにヘロデスに対して策を弄していた。たしかに、彼は通俗的な人間の一人だったのである。とにかく、彼は、これまでデモストラトス一派ときわめて親密な交流を持ってきた関係で、すぐに彼らと弁論を作ることで結託し、ヘロデスを攻撃する弁論を練り上げた。

テオドトスはまた、皇帝から一万ドラクマの報酬を受け取るという条件で、アテナイの若者たちを指導する弁論教授に任命された最初の人であった。しかし、このことは、取り立てて言うほどのことではない。というのは、その椅子に上りつめる人の誰もが語るに値するわけではないからである。取り上げられるべきは、むしろ、マルクス帝が、プラトン派の人々や、ストア派や、ペリパトス派や、エピクロス派などの哲学者を選び出す仕事はヘロデスに命じてやらせ、テオドトスのことは、マルクス自身が、この人についての自分の判断に基づいて若者たちのために選び出し、彼を政治的弁論の先生とか弁論術の精華と呼んだ、という事実である。

567

この人はロリアノスの弟子であったが、ヘロデスの講義をも聴講した。ところで、彼は五〇歳すぎまで生きたが、その間の二年間は弁論教授の椅子を占め、また、法廷弁論においても、最もソフィスト的な弁論においても、その弁論のスタイルには非の打ちどころがなかった。

三　アリストクレス

ペルガモン出身のアリストクレスもソフィストたちの間では名が知れわたっていた。では、彼について、私が年長者たちから聞いたことをすべて述べることにしよう。

この人は執政官を出す身分の家系に属していた。少年時代から成人に手が届くころまではペリパトス派の

（1）そのとき彼はアテナイの筆頭アルコンであった。

哲学を勉強していたが、その後、ソフィストたちに方向転換し、ローマでは即席弁論を教えているヘロデスの許に通った。そして、哲学を学んでいたころは、身なりは無頓着でだらしなく、服装も薄汚れていたのが、今ではすっかり垢抜けて、無頓着ぶりをさっぱりそぎ落とし、竪琴や笛や美しい歌声がもたらす楽しみのすべてを生活の中に取り入れるようになった。それはあたかも、それらの楽しみのほうから彼の門口に寄り集まってきた[1]かのようであった。というのは、彼は、それまではあれほど禁欲的であったのに、今ではとめどなく劇場に通いつめ、その喧騒に浸っていたからである。

さて、彼がペルガモンで有名になり、かの地のギリシア人すべてが彼に傾倒したとき、ヘロデスはペルガモンまで足を運び、自分の弟子もすべて彼の許に送り込んで、アリストクレスの名声を讃えた。それはまるで「アテナの一票」[2]のようであった。

彼の弁論のスタイルは明快でアッティカ風であり、法廷で争うよりも論述するのに向いていた。というのは、彼の弁論には怒りとか突発的な衝動というものがなく、また、そのアッティカ風スタイルにしても、ヘロデスの弁舌と比べてよく調べてみるなら、拍手や歓声で構成されているというより、むしろ緻密に論を進めているように思われるだろうからである。

アリストクレスは、老齢の域に達してほどなく、白髪まじり[3]のころに死んだ。

四　アンティオコス

ソフィストのアンティオコスはキリキアのアイガイの生まれで、彼の子孫は今なお執政官に任ぜられるほどの名門に属している。彼は、民会にも出席しなければ国政に携わろうともしないという理由で、臆病者の譏《そし》りを受けたとき、「私が恐れるのは、君たちではなく私自身なのだ」と言った。彼はおそらく、自分は怒りだすと激しくて抑えがきかないということを、よく知っていたのであろう。しかしそうは言っても、彼は、人々が穀物に不足しているとわかると穀物を提供し、また、建造物の荒れ果てたものには修復の費用を提供するなど、自分の財産をはたいて、できるかぎり町の人たちのために尽くしていたのである。

彼は幾夜となくアスクレピオスの神殿に行って寝ていた。それは、そこで見る夢と、寝もやらず互いに語り明かす人々に見られる話し合いのためとであった。というのは、彼が目覚めている間は、アスクレピオス

(1) 同様の表現がプラトンに見られる(『国家』四八九B－C、『パイドロス』二三三E参照)。

(2) アイスキュロスの『エウメニデス』によれば、オレステスの母親殺しに関する裁判で、裁判官(陪審員)たちが有罪無罪の投票をした。最後に、裁判長を務めた女神アテナが、有罪無罪の票が同数であった場合は被告の勝ちとすると宣言した上で無罪に投票したため、その一票が決定的となって、オレステスは無罪となった。

(3) もはや若くはないことの形容。ホメロス『イリアス』第十三歌三六一参照。

(4) キュプロス島に面した小アジアの国。

神が彼の話し相手をされたからである。つまり、神はアンティオコスを病気から守ることをもって、ご自身の技術の輝かしい成果と考えておられたのである。

アンティオコスは、子供のころはアッシリアのダルダノスの弟子であったが、長じて若者[1]になると、そのころすでにエペソスに居を構えていたミレトス出身のディオニュシオスの弟子になった。彼は議論を戦わすことはあまり得手でなかった。しかし、彼はなかなかに抜け目のない人間だったから、自分はその方面で後れを取っているのではなく、むしろそれを見下しているのだと思われるように、その分野の技術を子供じみていると非難していた。しかし、弁論の朗誦に関しては非常に高い名声を得ていた。すなわち、彼は、仮想テーマで様式どおりに展開される弁論においてはまったく危なげのない腕前を見せ、非難や攻撃をするときは激しく、一方、弁明に当たってはまったくそつがなく、その性格描写は的確であった。一言で言えば、弁論のスタイルは、法廷弁論としてはよりソフィスト的であるが、ソフィストの弁論としては、どちらかといえば法廷弁論的であった。

また、彼はソフィストたちの誰よりも人の感情を巧みに操った。すなわち、彼は、哀悼詩や女々しい嘆きを長々と繰り出すことはせず、それらを簡潔な言葉で、だが言い表わせないほどのすばらしい工夫を凝らして語った。このことは、彼が扱った他の弁護においてもそうであるが、とくに次の弁論から明らかである。ある少女が強姦されるという事件が起こり、その少女は強姦した男の死刑を選択した。[2]ところがその後、その強姦によって子供が生まれ、双方の祖父が、この子がどちらの手許で育てられた方がよいかを争った。するとアンティオコスは、子供の父方の祖父のために弁護に立ったとき、こう言った、「その子をこちらに渡しなさい。今すぐ渡しなさい、その子が母親の乳の味を知らないうちに」。

また、ほかにもこんな事件があった。ある専制君主が体力の衰えのためにその地位を退いたとき、その君主を、彼によって宦官《かんがん》にされた男が殺害し、殺人の罪で法廷に立たされていた。この裁判のとき、君主と人々との契約の話が持ち出されると、アンティオコスは、この男の辛い苦しみによく計算しつくされた考えを混ぜ合わせて、告発の最も強力な論拠をなしているこの話を斥け、こう言ったのである、「されば、君主は誰とそのような合意をしたというのか。子供たちとであり、女たちとであり、若者たちとであり、老人たちとであり、成年男子たちとである。しかし、この私の名は契約書の中にはないのである」。また、すばらしいといえば、ゼウスの墓の件(3)で裁判を受けているクレタ人たちのために、自然哲学や神学のすべてを華々しく総動員して弁護しきったというのもそうである。

彼は即席弁論の朗誦も行なったが、練り上げられた著述をすることにも関心を抱いていた。その点は、彼の著作の多くのものが明らかにしているが、とくに『歴史』がそうである。というのも、この著作の中で、彼は言語表現と思考の力量を存分に発揮し、そのうえ、美しさを尽くすことにも専心しているからである。

(1)「若者(μειράκιον)」は二〇歳くらいを指す。

(2)彼女にはその男と結婚するという選択肢も与えられていた。これは強姦された女性が結婚できなくなる可能性があることを考慮したものであろう。

(3)クレタ人がゼウスの墓はクレタ島にあると主張したことを指す。これは、レイアがゼウスを産み落としたとき、大地の神ガイアがこの子をクレタ島に運んで育てたという伝説に由来するものであろう。

この人の死については、彼は七〇歳で死んだと言う人もおれば、そんな年にならないうちに死んだと言う人もいる。また、彼は生国で死んだと言う人もいるし、他国で死んだと言う人もいる。

五　アレクサンドロス

多くの人たちが「粘土製のプラトン」と渾名していたアレクサンドロスであるが、彼の生国はセレウケイアというキリキアの有名な都市であった。彼の父親は、彼と同名で法廷弁論にきわめて有能な人物であり、母親は、彼女のいくつかの肖像画が物語るように、並外れて美しい人で、エウメロスのヘレネ像に生き写しであった（つまり、エウメロスによって、ローマの広場に掲げても恥ずかしくないようなヘレネ像が描かれているのである）。噂によれば、この婦人を愛していた者はほかにも大勢いたが、なかでもテュアナのアポロニオスは彼女を誰憚ることなく愛し、また彼女も、他の者たちは退けたが、アポロニオスの愛は受け入れた、とのことである。つまり、彼はこの世の誰よりも神に似た素質を備えていたので、彼女が、彼によって立派な子を得たいと心から願った、というのがその理由である。しかし、どれほどの根拠でこの話が信じるに値しないとされるかは、アポロニオスに関する著作の中ではっきりと述べておいた(1)。だがアレクサンドロスは、実際に、神にも似た姿をし、その優雅な美しさで衆目を集める存在であった。すなわち、彼の髭は巻き毛で適度に伸び、眼は優しくて大きく、鼻は均整がとれ、歯はどこまでも白く、指はほどよい長さで弁論の手綱をとるのに適していた。その上、彼には、文句のつけようがない楽しみに費やされる富もあった。

571 成人に達してから、彼はセレウケイア市のためにアントニヌス帝の許に使節として赴いた。だが、あまりにも容姿を若作りにしていたため、彼についてよからぬ噂が飛び交った。ところで、皇帝は彼にあまり関心を向けていないように思われた。それで、アレクサンドロスは大声を上げて、「私にご注目いただきたい、皇帝陛下」と言った。すると、皇帝は、注意を喚起する仕方があまりにも不躾《ぶしつけ》だったので、彼に腹を立ててこう言った、「おまえのことは注意して見ているし、よく知っている。そう、おまえという人間は、髪の毛を入念に整え、歯をぴかぴかに光らせ、爪を磨き上げ、いつも香油をぷんぷんさせている男だ」。

彼は生涯の大部分を教授活動に費やした。その活動はアンティオケイア、ローマ、タルソス(2)、そして、なんとエジプトの全土にわたって行なわれた。つまり、彼は裸の賢者たちが住んでいた地域(3)にも赴いたのである。彼がアテナイに滞在したことはあまり多くなかった。だがそれは、かの地の滞在を無視してもよいと思っていたからではない。それには、こういう事情があったからである。

彼はマルクス帝に呼び寄せられてパンノニア族の地域に出向いたことがある。皇帝はそこで軍の指揮をとっており、アレクサンドロスをギリシア人たちに書簡を送る秘書に任命したのである。さて、アレクサンド

(1)『テュアナのアポロニオス伝』第一巻一三、第六巻四二。解説三九一頁参照。

(2) 小アジアのキリキアの都市で、著名人を輩出したことで知られる。

(3) 裸の賢者はもともとインドに住み、裸で修行していた知者たちであるが、その後、エジプトやエチオピアに移住したと思われる。本書四八四(一三―一四頁)参照。

ロスがアテナイに着いたとき、その道のりの長さは、東方の国[1]から馬を走らせて来た者にとっては尋常のものではなかったので、彼は「ここで膝を曲げて一休みしようではないか」と言った。そして、そう言い終えると、彼は、アテナイ人たちに向かって、諸君は即席弁論を聴くのが大好きだから、自分がひとつそれをやってみることにしよう、と告げた。しかし、ヘロデスがマラトンに住んでいて、若者たちはみんな彼について行った、と聞くと、彼はヘロデスに手紙を書き、ギリシア人の若者たちを戻してくれるよう頼んだ。すると、ヘロデスは「ギリシア人の若者といっしょに私自身も行くつもりだ」と返事した。こうして、若者たちは、ケラメイコスにあるアグリッペイオン[2]と呼ばれている劇場に集まってきた。だが、その日はすでに時間も経ち、ヘロデスの到着も遅れているため、アテナイ人たちは、講義はもう取りやめなのかとぶつぶつ不平を言い、これも一つの手なのだろうと思っていた。そんなことで、アレクサンドロスは、ヘロデスが着く前に弁論に入らざるをえなくなった。ところで、その弁論というのはこの町の賛辞であり、それまで彼らを訪れなかったことに対するアテナイ人への弁明であったが、その長さは意を尽くすに足るだけのほどよいものであった。というのも、それは、パンアテナイア祭の祝典弁論を要約した程度のものだったからである。また、彼は身なりがとても端正であるとアテナイ人たちの評判になり、彼がまだ一言も発していないうちに、アテナイ人たちの間には、彼の身なりの美しさを賞賛するどよめきが起こるほどであった。

ところで、人々の間で大勢を占めた論題は、『スキュタイ人が都市の生活で健康を損ねたので、彼らを以前の遊牧生活に戻そうとする』というものであった。彼は少しばかり間を置いてから、明るい表情ですっくと椅子から立ち上がった。その様子は、あたかも彼がこれから述べる言葉に耳を傾けようとしている人々に、よい報せをもたらすかのようであった。ヘロデスが姿を現わしたのは、アレクサンドロスの弁論が進行しているときであった。彼は、夏の季節にアテナイで流行しているアルカディア風の帽子を被って、頭を日差しから護っていたが、それは、ひょっとしたら、長い道のりを経てやって来たことをアレクサンドロスに見せつけようとしてのことであったかもしれない。すると、アレクサンドロスは、それに気づくや、印象深く響きのある言葉で、待望の方が到着したことに話をもっていった。それから、ヘロデスに対して、すでに論じられつつある弁論を聴きたいと望むのか、それとも、自分で新たに論題を出そうと考えているのか、どちらかと尋ねた。すると、ヘロデスは聴衆の方を見やって、何でも彼らが決めたとおりにしようと言い、また聴衆は、異口同音に『スキュタイ人』の弁論を聴くことで同意した。というのも、アレクサンドロスはこの弁論をものの見事に演じていたからである。このことは、彼の逸話が物語るとおりである。

彼はまた、それに続く次のことにおいても驚くべき力量を披露した。というのは、ヘロデスが到着する前に彼が鮮やかに語ってみせた見解を、今度はヘロデスのいるところで、前とは違った語り口や違った調子で扱ってみせたが、それは、再度聴いた者にも、彼が同じ見解を繰り返して述べているとは感じられぬほどだったからである。たとえば、ヘロデスが顔を見せる前に述べられたものの中で最も好評を博した、「動かな

(1) 彼の故郷であるセレウケイアは、上述のように、キュプロス島の北方にある小アジアの国キリキアであった。

(2) アウグストゥス帝の補佐官であるアグリッパが奉建したために「アグリッペイオン」と呼ばれた。この劇場は「オデイオン(音楽堂)」とも呼ばれている。パウサニアス『ギリシア案内記』第一巻八-六参照。

いでいると、水も病む」という表現を、彼はその後、ヘロデスのいる前では別の言葉に置き換えて、「水も動いているもののほうが旨い」と表現した。また、アレクサンドロスの『スキュタイ人』にあるあの言葉、すなわち、「ドナウ川が凍っているときには、私はいつも南に向かい、氷が解けると北に場所を移していた、身体は健康そのもので、今のように病に臥せったりはせずに。そうであろう、季節の動きに従って暮らしている人間が、どんな害悪に冒されるというのだ」というのもそうである。そして、その弁論の最後の部分で、この町を息の詰まる住処《すみか》だと非難し、締めくくりの言葉を大声でこう叫んだ、「さあ、扉を広く開け放ってください。(1)私は大きく深呼吸をしたいのです」。それから彼は、ヘロデスのところに駆け寄って、彼を抱きしめると、「私にお返しのもてなしを」と言った。すると、ヘロデスは、「もちろん、するとも。君がこんなに立派なもてなしをしてくれたんだから」と答えた。

アレクサンドロスの弁論が終わると、ヘロデスは、自分の弟子のうち上級の者たちを呼んで、彼らにはこのソフィストがどんな人物に見えるか、と尋ねた。そして、コリントス出身のスケプトスが、粘土は見つけたが、プラトンのほうはまだ探し求めているところだ(2)と言うと、ヘロデスはその言葉を遮って、「そんなことは、他の誰にも言ってはならない。さもないと、君は自分で自分を無学な批評家と非難することになるだろうから。私はむしろ、彼を素面のスコペリアノス(3)だと思うが、君も私の考えに従いなさい」と言った。ヘロデスがアレクサンドロスをそのように性格づけたのは、このソフィストが抑制のきいた論じ方をソフィスト流の考え方に見られる大胆さとほどよく両立させていることを、見抜いていたからである。

さて、ヘロデスは、アレクサンドロスに自分の弁論を披露するとき、弁論の響きを一段と高めた。それは、

574 このような調子にアレクサンドロスが最も快さを覚えるということを、彼は知っていたからである。また、彼は笛や竪琴以上に多彩なリズムをその弁論に導き入れた。それは、アレクサンドロスが多彩な変化をつけることにもかなり堪能である、と判断したからである。ところで、聴衆がヘロデスに懇望したテーマは、『シケリアで負傷した人々は、そこから退却するアテナイ人たちに、彼らの手で殺してくれるよう嘆願する』(4)であった。この弁論の中で、ヘロデスは目に涙を浮かべながら、あのよく引き合いに出される嘆願の言葉を口にした、「ニキアスよ、わが父よ、あなたの願いどおり、再びアテナイを目にしますように」。するとアレクサンドロスは、それに対して「ヘロデス、私たちソフィストは、束になってもあなたの切れ端でしかない」と叫んだとのことである。ヘロデスはこの賛辞にすっかりご満悦になり、彼本来の気前のよさを出して、アレクサンドロスに、一〇頭の運搬用家畜、一〇頭の馬、一〇人の酌取り、一〇人の速記者、二〇タラントンの金、夥しい量の銀を贈り、さらに、コリュトス区(5)生まれの、まだ舌のよく回らぬ二人の子供をも贈ったと言われる。これは、アレクサンドロスは幼い言葉を聴くのが好きだ、と聞かされていたからである。以上

(1) エウリピデス『フェニキアの女たち』二九七の言葉。

(2)「粘土製のプラトン」という渾名にかけて、粘土の部分（つまり外見）はプラトンのようだが、中味までプラトンかどうかまだわからないということを言っている。

(3) クラゾメナイ出身のソフィスト（本書五一四－五二一（六〇－七一頁）参照）。その文体についてはとくに六六頁参照。

(4) ペロポネソス戦争の折、アテナイは国力の拡大のために、シケリアへの遠征を企てた（前四一五年）。しかし、この計画は失敗し、アテナイ軍は壊滅した（前四一三年）。トゥキュディデス『歴史』第六巻七五参照。

(5) アッティカの区（デーモス）の一つ。

が、アレクサンドロスのアテナイでの出来事である。

さて、私は、他のソフィストたちについても、その記憶に残るような彼らの言葉を読者に提供してきたのであるから、アレクサンドロスの場合も、その言葉をもっと多く引いて、読者にこの人のことを理解させるべきであろう。なぜなら、ギリシア人の間では、彼の名声はまだその力量に見合うところまで達していないからである。

彼がいかに格調高く、しかも快い響きをもって論じていたかは、その弁論の次の言葉が明らかにしている、「マルシュアスはオリュンポスに恋し、そしてオリュンポスは笛を吹くことに恋した(1)」。

また、

「アラビアは樹木の多い土地、木陰に恵まれた平野、不毛の地などはどこにも見当たらず、大地は一面草木に覆われ、花が咲き乱れている。あなたはアラビアに育った葉を一枚たりと捨て去ることはないだろうし、そこに生えた一本の茎も投げ捨てたりはしないだろう。それほどに、この土地は汗を流す者には幸多きところである」。

さらに、

「私はイオニア出身の貧しい男、されど、イオニアは異邦人の土地に入植せしギリシア人の国」。

ところがアンティオコスは、この弁論のスタイルをからかい、アレクサンドロスは言葉の快い響きを浪費することに溺れきっている、と軽蔑していた。それで、アンティオケイアにやって来たときに、彼は次のように弁論を切り出した、「世のイオニアというイオニアよ、リュディアというリュディアよ、マルシュアスというマルシュアスよ、そして愚かさという愚かさよ、(2)私に論題を出したまえ」。

弁論の朗誦におけるアレクサンドロスの卓越した才は、以上の引用の中でもすでに明らかにされているが、他の論題で語られた弁論についてもこの点を明らかにすることとしたい。たとえば、彼が『ピュトの神アポロンがスパルタ人たちに神託を下し、助勢を求められようと、求められまいと、彼らに加勢しようとお告げになった後でも、(3)なお戦争の継続を促すペリクレス』という論題で論じたときには、彼は、次のように述べて、その神託に立ち向かった。「しかし、ピュトの神がスパルタ人に加勢しようと約束しているとのことであるが、その言葉は偽りである。かりに約束があったとしても、神は彼らにテゲアを与えることも約束していたではないか(4)」。

また、イストロス［ドナウ］川に橋を架けるよう(5)ダレイオスに進言した人のことを語るときには、彼はこ

(1)マルシュアスはプリュギアの笛の名手として知られるが、アポロンと音楽の競技をして負けたという。オリュンポスも笛の名手で、マルシュアスの父（または子）と言われる。
(2)この文では、イオニア、リュディアなどの国名や地域名、マルシュアスという人名、愚かさという抽象名詞がすべて複数形で表わされている。これは日本語では表現し難いが、大袈裟な表現の例として用いられているのであろう。
(3)トゥキュディデス『歴史』第一巻一一八参照。
(4)スパルタ人はアルカディアの攻略を考えて、アポロンにお伺いを立てたところ、アポロンは、それは無理であるとして許さなかったが、代わりにテゲアを与えることを約束した。ところが、スパルタ人たちはテゲアに敗れ、テゲア人を捕虜にするはずが、逆に自分たちが捕虜にされてしまった。ヘロドトス『歴史』第一巻六六参照。
(5)ドナウ川（イストロス川）架橋については、ヘロドトス『歴史』第四巻八九参照。

う述べた、「スキュタイ人たちのイストロス川にあなたの足下を流れさせてやってください。そして、川があなたの軍隊を容易に渡した場合には、川の水を飲んで、川を褒めてやってください」。

また、クセルクセスに再度のギリシア遠征を思いとどまらせようとしているアルタバゾス(1)を擁護して争うときには、彼は簡潔な言葉で次のように語った、「ペルシア人やメディア人たちの事情は、王様、もし王様がこのままこの地に留まっておられるかぎり、いま申し上げたとおりなのですが、しかし、ギリシア人たちのほうはと言うと、土地はやせ細り、海は狭く、男たちは無鉄砲で、神々は嫉み深いのです」。

また、平地の暮らしで健康を損ねた人たちに、山地に移住するよう説得するときには(2)、彼は自然の理をこう説明した、「私の思うに、万物の創造者は、平地を、さほど価値のない素材からできているものと見て下の方に投げ、山を、大切なものとして高いところに持ち上げたのだ。太陽が最初に挨拶をするのは山であるし、最後に別れを告げるのも山である。このようにどこよりも一日の長い場所を愛さぬ者がいるだろうか」。

アレクサンドロスの教師はパボリノスとディオニュシオス(3)であった。しかし、彼は、ディオニュシオスの許からは学業半ばで去った。それは、病気の父親に呼び戻されたためである。そして父が世を去ると、パボリノスの生え抜きの弟子となった。彼は、とくにこのパボリノスからは、弁論の魅力的な美しさを吸収した。

アレクサンドロスの死については、ある人々は、彼がまだ皇帝秘書の職にあったときにガリアで死んだと言い、またある人々は、皇帝秘書をすでに辞めてからイタリアで死んだと言っている。また、彼は六〇歳で死んだと言う人もおれば、まだ六〇歳になっていなかったと言う人もいる。さらに、彼は息子を残して死んだと言う人もいるし、娘を残して死んだと言う人もいる。しかし、これらの点については、私は語るに足るだけのことを何も見出せなかった。

六　ウアロス（ペルゲの）

ペルゲ[4]出身のウアロスも言及に値する人物と考えるべきである。ウアロスの父はカリクレスで、この人はペルゲ人たちの中では最も有力な人物の一人であった。また、彼の教師は執政官のクアドラトゥスで、この人は哲学的議論の対象となるテーマについて即席で弁論を行ない、そのソフィストとしての活動はパボリノスの流儀に従っていた。

多くの人々はウアロスを「こうのとり」の渾名で呼んでいた。それは、彼の鼻が真っ赤で嘴《くちばし》のような形をしていたからである。この気のきいた渾名が見当違いでなかったことは、ペルゲの女神アルテミスの神殿に奉納されている彼のいくつかの像と見比べてみればよくわかる。

（1）クセルクセスの叔父。彼がクセルクセスを思いとどまらせるために説得する様子については、ヘロドトス『歴史』第七巻一〇参照。ただし、ヘロドトスでは、「アルタバゾス（Ἀρτάβαζος）」ではなく「アルタバノス（Ἀρτάβανος）」と呼ばれている。

（2）本書五七二―五七三（一四四―一四六頁）のスキュタイ人についての弁論を参照。

（3）アルル出身の哲学者パボリノスについては本書四八九―四九二（二〇―二五頁）、ミレトスのソフィスト、ディオニュシオスについては五二一―五二六（七一―七八頁）参照。

（4）ペルゲはパンピュリア（リュシア、キリキア、ピシディアに接する小アジアのローマ属州）の都市。

577 彼の弁論の特徴は以下の言葉によく表われている、「ヘレスポントスに着いたら、君は馬を要求するだろうか。また、アトスに着いたら、君はそこから船を漕ぎ出そうと思うだろうか。[1] 聞くが、君はそれらの行路を知らないのか。ヘレスポントスにこんなわずかな土を投げ入れて、それがいつまで残っていると思うのか、数々の山でさえ残っていないというのに」。このような弁論を、彼はすばらしい、よく鍛えられた声で述べると言われていた。

彼は、まだ老齢に達していないうちに、故郷で子供たちを残して死んだ。彼の子孫は皆、ペルゲで名声を博した人たちばかりであった。

七　ヘルモゲネス

タルソスが生んだヘルモゲネスは、一五歳にしてすでにソフィストの誉れきわめて高く、マルクス帝まで彼の講義を聴きたいと切望したほどであった。実際、マルクスは彼の講義を聴くために足を運び、ヘルモゲネスの型どおりの弁論を楽しむ一方で、彼が即席で論ずるのにひどく感嘆し、彼に数々のすばらしい贈り物を与えたのである。ところがヘルモゲネスは、成人に達すると、別にこれといった病気でもないのに、なぜかその技量が失われてしまった。そのため彼は、彼をやっかむ連中に冗談口をたたく口実を与えることになった。すなわち、連中は、彼の言葉には、ホメロスの言葉そのまま、翼がある、[2] その証拠に彼の言葉はまるで羽毛のように彼から抜け落ちてしまったではないか、と言いふらした。また、ソフィストのアンティオコスも、かつて彼をからかって、「おやおや、このヘルモゲネスという男は子供たちの間では老人だが、年寄りの間では子供だ」と言った。

彼がいつも行なっていた弁論の性格は次のようなものであった。すなわち、マルクスの前で論じているときに、彼はこんなふうに言ったのである、「ほれ、ここにこうして来ていますよ、皇帝陛下。まだ送り迎えの必要な幼い弁論家が、一人前の齢《とし》になるのを待ち受けている弁論家が」。彼は、ほかにももっと多くのこの種のことを述べ、こんなふうにおどけていた。

ヘルモゲネスはかなりの高齢で、一般大衆の一人として世を去った。というのは、技量が彼を見捨ててしまうと、世間からはまったく見向きもされなくなったからである。

八　ピラグロス

キリキアのピラグロスはロリアノスの弟子であった。彼は、ソフィストの中で最も短気で怒りっぽかった。

---

(1) ペルシア大王クセルクセスが、ギリシア遠征でヘレスポントス海峡を渡るとき、海峡に橋を架けて軍勢を渡らせ、また、アトスを通過するときには、アトス山を迂回しなくてすむように運河を掘った、という史実を念頭に置いて語っているのであろう。ヘロドトス『歴史』第七巻参照。とくに、ヘレスポントスの架橋については三六節、アトスの開鑿については二二節参照。

(2) ホメロスの叙事詩では、「翼がある（πτερόεις）」という形容詞が「言葉（ἔπος）」の枕詞としてよく使われる。ただし、本文の「言葉」は λόγος の訳である。

たとえば、あるとき弟子がうとうとしていたら、彼はその横っ面に平手打ちを食らわしたとのことである。また、彼はまだ少年のころから輝かしい飛び出しを見せたが、その勢いは年を取っても衰えず、それどころか、ますます進歩を見せて、教師の模範と見られるようになったほどである。彼は夥しい国の人々と交流を持ち、その間では弁論を巧妙に操るという評判を立てられていたが、アテナイでは、自分の激情をうまく処理することができず、自分からヘロデスに喧嘩を売って、まるで、そのためにアテナイに出てきたかのような有様であった。

　事の次第はこうである。ある日の午後、彼は四人の男といっしょにケラメイコスを歩いていた。その者たちは、アテナイでソフィストたちの後を追い回しているような連中であった。そのとき彼は、一人の若者が数名の者と連れだち、右手の方を、彼を振り向きながら歩いて行くのを目にした。彼には、どうやらその者が自分のことを噂して冗談を言っているように思われた。そこで彼は、「はて、君は誰だったかな」と声をかけた。その若者は答えた、「私はアンピクレスです。そういうカルキス人のことは耳にされていると思いますが」。するとピラグロスは、「では言っておくが、私の講義には近づかないでくれたまえ。君には健全な心があるように思えないから」と言った。それで若者が、「そんなお布令《ふれ》を出すなんて、あなたはどこのどなたなんですか」と尋ねると、ピラグロスは、どこであろうと、自分が知られていないというのは屈辱的な仕打ちだ、と言った。するとアンピクレスは、怒りのあまり知らず知らずのうちにピラグロスの口をついて出る耳慣れない異邦の言葉をとらえて、これを咎めた。というのも、アンピクレスは、たまたまヘロデスの弟子の中で首席に据えられる人物だったからである。(1) そのとき彼は、「著名な人々のうち、誰の言葉にそう

579 いう言い方が出てくるのですか」と質《ただ》した。するとピラグロスは、「ピラグロスの言葉にだ」と答えた。

さて、このたわいのない喧嘩騒ぎはここまでで一応収まった。ところが次の日、ピラグロスは、ヘロデスが郊外に住んでいるのを知ると、彼に宛てて手紙を書き、彼は弟子たちの礼儀作法をないがしろにしていると詰《なじ》った。するとヘロデスは、これに答えて、「あなたの前置きの論じ方はあまり有効ではないように思われる」と言い、聴衆の好意を手に入れることが弁論における前置きの仕事と考えるべきなのに、ピラグロスはそれを手に入れようとしない、と非難したのである。しかし、ピラグロスは、まるでその謎を理解できなかったのか、それとも、理解はしていたが、ヘロデスの見解を、じつはきわめて優れたものであったにもかかわらず、これを一笑に付したのか、とにかく、ピラグロスに好意を抱いているとは言えない聴衆の前に進み出ていったため、演示は人々の期待を裏切る結果となった。すなわち、私が年長者たちから聞いたところによると、彼の前置きの話は、流行の響きばかり追っているように見え、その発想にも一貫した関連性がないために、聴衆の反感を買い、そればかりか稚拙であるとさえ思われたのである。というのも、アテナイ人への賛辞の中にイオニアで死んだ自分の妻への哀悼詩が折り込まれていたからである。そこで、あるとき彼の弁論朗誦の際に、次のような計略が企てられた。

---

(1) ヘロデスは二世紀のソフィストの中にあって、劇場性の少ない、ギリシアの古典的文体に忠実だった人である。その第一の弟子であるアンピクレスが異邦の表現を咎め立てたのも当然であろう。

彼はそれまで、アジアで『要請されてもいない人たちからの同盟の申し出を断わる人々』(1)というテーマで弁論を戦わせてきた。この弁論はすでに公刊されていて、彼はこれで人々の関心を集めた。そう、彼はその弁論ですでに高い声価を得ていたのである。ところが、ヘロデスの弟子たちの耳にある噂話が入ってきた。それは、ピラグロスは、論題が初めて提示されたときにはそれを即席で論ずるけれども、同じ題が再度出されると、もはや即席で論じようとはせず、自分が以前に語ったことのある二番煎じの弁論を朗誦する、というものであった。これを聞くと、ヘロデスの弟子たちは、あの『要請されてもいない人たち』という論題を彼に提示し、即席で論ずるふうを装っているピラグロスの横で、彼の弁論を高々と朗読してみせた。すると、多くのざわめきと笑いで講義がかき消されたため、ピラグロスは大声を上げて、自分の弁論を自分で語ることができないなんて、とんでもない仕打ちだ、と叫んだが、これほどまで証拠のはっきりした告発を免れることはできなかった。

さて、この出来事はアグリッペイオン(2)で起きたのであるが、その四日ほど後に、彼は舞台芸術家組合の会議場に出向いてきた。この会議場はケラメイコス門の近くの、乗馬像(3)からはあまり離れていないところに建てられていた。そして、彼が『デモステネスはペルシア寄りであるがゆえに、またアイスキネスはピリッポス寄りであるがゆえに、糾弾されるべきであると主張するアリストゲイトン』(事実、デモステネスとアイスキネスは、そのことで互いに告訴し合っていたのである)というテーマで弁論を戦わせ、大いに名声を高めたとき、彼の発声は怒りの感情によって押し消されてしまった。というのは、胆汁質で怒りっぽい人の場合には、発声のための気息が、とかく声を抑えて聞き取りにくくしがちだからである。彼は、ほどなくローマの弁論教授の椅子に就いたけれども、アテナイでは、今述べたような理由で、彼が本来受けるべき名声はすっかり消え去っていた。

ピラグロスの弁論の特徴は、前置きの議論における次の言葉がよく表わしている、

「それで君は、太陽が宵の明星を羨んだり、天にある他のどんな星であれ、それを気にしたりするとでも思っているのだろうか。いや、この強大な火にかぎってそのようなことはない。なぜなら、私の思うに、太陽は、かの詩人に倣って『汝には北を、汝には南を、そして汝には西を与えん。されど、わが目の届かぬところ、すべての者は、さようすべての者が、夜の闇に沈む(4)』と語り、それぞれにその分け前を与えているからである、

やがて、太陽はきわめて美しい海を離れて昇った(5)。


そして、星はもうどこにもなかった」。

また、彼の朗誦のリズムがどのようなものであったかは、『要請されてもいない人たち』の弁論が明らか

(1) ペロポネソス戦争が行なわれていた前四一一年、サモスのアテナイ民主派に対して、アルゴス人たちが援助を申し出たが、サモスにおける指揮官であったアルキビアデスはその申し出を断わった。トゥキュディデス『歴史』第八巻八六参照。
(2) 一四五頁註(2)参照。
(3) ディオゲネス・ラエルティオス『哲学者列伝』第七巻七一一八二にも、この乗馬像についての言及が見られる。
(4) ホメロス『イリアス』第十五歌一九〇―一九五参照。そこでは、ポセイドンが、世界をゼウスとハデスとポセイドンの三人で分担し、それぞれその職分に満足すべきだと提案する場面が謳われている。
(5) ホメロス『オデュッセイア』第三歌一。

にしてくれるであろう。というのは、聞くところでは、その中で用いられたリズムに彼はご満悦だったとのことであるから。

「友よ、今日、私は君という人をとくと見届けた。今日君は、武具をまとい、剣を手にして私に語りかけている」。

さらに、

「人々の集会から生まれた友情を、私は唯一の友情と心得ています。ですから親愛なる諸君、どうかお引き取りください。友情というこの名前を、私たちはあなたがたのために守り持ち続けますから。そして、もし私たちがいつか同盟者を必要とするようになったなら、あなたがたの許へ使いを送るでしょうから。そう、いつの日にかそういうことになったら」。

ところで、身体の大きさでは、ピラグロスは標準より小さいほうだったが、眉は険しく、眼には一分の隙も見せず、すぐにもいきり立たんばかりであった。しかし、自分の中にある気難しい気性には彼自身も気づいていた。だから、友人の一人が彼に、何があって子供を育てるのを嫌うのか、と尋ねたとき、彼は、「私は、自分自身にさえ喜びを感じないのだから」と答えたのである。

彼は、一説では海で死んだとのことであるが、ほかに、初老のころにイタリアで死んだと言う人々もいる。

九　アリステイデス

アリステイデスは、彼がエウダイモンの息子であったにせよ、彼自身がエウダイモンと呼ばれていたにせよ[1]、いずれにせよその生国はアドリアノイであった（このアドリアノイはミュシアにあるあまり大きくない都市である）。彼に教育を授けたのは、ヘロデスの活躍が頂点にあったころのアテナイ市であり、アリストクレスの弁論教育が一世を風靡していたころのアジアのペルガモンであった。

彼は子供のころから病気がちであったけれども、勉学の手をけっして休めなかった。その病気の種類や彼の筋肉がひどく痙攣したというようなことは、『聖なる書』の中で彼自身が語っている。これらの論文は彼にとり一種の日記の役割を果たしているが、この日記は、どんなことについても適切な議論を進めるための優れた教師となっている。彼は、即席で論ずるにはその素質に恵まれていなかったので、いつも正確であることを心がけ、古代の作家たちに関心を向けた。また、生まれつき豊かな才能に恵まれており、その弁論からは中味のない饒舌を取り除いた。

アリステイデスはあまり外国旅行をしなかった。それは、彼が、大衆に迎合するような講義をすることも、彼の講義を賞賛しない聴衆に対して怒りを抑えることもしなかったためである。彼が実際に訪れた国は、イ

（1）「エウダイモン（εὐδαίμων）」は「幸福な人」という意味であるが、ライトは、これを単なる言葉遊びと見ている。

タリア、ギリシア、それにエジプトのデルタ地帯近くに位置する地方である。これらの国の人々はスミュルナ市の広場に彼の銅像を建てた。

アリステイデスをスミュルナの建設者であるとするのは、誇張された賛辞ではなく、きわめて正当で真実の賛辞である。というのも、それには次のような事情があったからである。すなわち、この都市は地震による地割れによって壊滅したことがあった。そのとき、彼はこの嘆きを哀悼詩を通してマルクス帝に切々を訴えたために、皇帝は他の詩行にすらしばしば悲しみの呻きを発するほどであったが、「無人と化した荒廃の町を西風が吹き抜ける」という詩行に至ると本の上に涙さえ落とし、アリステイデスの意向を汲んで、この町の再建を承認することになったのである。

ところで、アリステイデスはそれ以前に、イオニアでたまたまマルクス帝と出会ったことがあった。すなわち、私がエペソスのダミアノスから聞いたところでは、皇帝は、スミュルナに滞在してすでに三日目になるのに、アリステイデスの姿をまだ見ていないので、ひょっとして自分を歓迎する群衆にまぎれて彼を見過ごしてしまったのではないか、とキュンティリオス兄弟(1)に尋ねた。すると、兄弟は、自分たちも彼を見ておりません、見ていたら皇帝にお引き合わせしないはずはありません、と答えた。そして翌日、彼らは二人してアリステイデスに付き添ってやって来た。皇帝は彼に話しかけて、「なぜ私たちは、君に会うのにこれほど待たされるのか」と尋ねた。するとアリステイデスは、「私はある問題を考察していて暇がなかったのです、皇帝陛下。心が何かの考察に入っているときには、探究している対象から引き離されてはならないのです」と答えた。皇帝は彼の心構えがきわめて純粋で学究的であるのをひどく喜び、「いつそなたの講義を聴くことができるのか」と尋ねた。するとアリステイデスは、「今日テーマをお出しください。そうしたら明日にも、講義をお聴かせしましょう。なにしろこの私は、その場で弁論を吐き出すというタイプではありません、むしろ弁論を正確に作り上げるタイプの人間なのですから。それから、皇帝陛下、私の弟子たちにもその講義に出席することをお許しください」と言った。「許そうとも。そのほうが民主的だから」とマルクスは言った。そしてアリステイデスが、「陛下、彼らが存分に叫んだり拍手したりすることもお許しください」とつけ加えると、皇帝は微笑みながら、「それはそなたの出来次第だ」と答えた。

私はその弁論の題名を記さなかった。それは、伝える人によって題名がそれぞれ違うためである。しかし、あのことだけはすべての人の同意を見ている。それは、アリステイデスがマルクスの前で最高の出来を見せたこと、そして、はるか以前から運命が、このようにすばらしい人物の手でスミュルナが再建されることを準備していた、ということである。また、私はこんなことを口にしてはいるが、それは皇帝が、この町が健在だったときにはそれを賞め讃えていたのに、いざ崩壊してしまうと、自分の手でそれを再建しようとはしなかった、ということを指して言っているのではない。ただ、皇帝らしくて常人を超えた性質も、忠告と弁舌によって鼓舞されるときには一段と輝きを増し、本気になって優れた行為へと進むものだ、ということを言っているのである。

私はダミアノスからこんなことも聞いている。すなわち、このソフィストは、講義のときには即席で弁論

(1) 本書五五九(一二六頁)および一二七頁註(1)参照。

をする人々を非難していたが、実際は、即席弁論を高く評価しており、密かに小部屋に閉じこもっては内緒でその練習に励んでいたほどであって、詩句から詩句を、考えから考えを展開させながら努力していたのである。だが、この行為は、どちらかというと、食べる行為よりは噛む行為に属すると見なすべきであろう。なぜなら、即席弁論というのは流暢な舌先が勝ち取る成果なのだから。

ある人々は、アリステイデスが『土地の返却を要求される傭兵』[1]で語った前置きは安易でなんの役にも立っていない、と言って彼を非難している。つまり、彼はこの弁論を次のように切り出したからだというのである、「この者たちはわれわれに、いつまでも面倒をかけることをやめないであろう」。また、ある人々は、『スパルタの城壁建築に反対する人』[2]における彼の弁論の迫力にさえ攻撃を加えているが、彼はそこでは次のように述べていたのである、「われらはけっして、鶉《うずら》の性《さが》を身にまとい城壁の陰で怯えているようであってはならないのだから」。これらの人々はまた、アリステイデスの諺を用いた表現についても、彼は低俗になるくらい所構わずそれを投げつけているとして、これを攻撃している。というのは、アレクサンドロスを、事を処理する際の父親の有能ぶりをなぞっているだけだ、と攻撃するとき、彼は、アレクサンドロスのことを、やはり父親の子だ、と言ったからである。さらに、この同じ人々は、彼が一つ眼のアリマスポイ族はピリッポスの同族だと言った[3]とき、その冗談にさえ非難の矛先を向けたのである。しかしながら、あのデモステネスでさえ、ギリシア人たちに向かって自説の擁護をしたのは、彼自身も「悲劇の人まね猿」とか「田舎者のオイノマオス」と呼んでいる人物[4]に対抗してのことだったのだ。

しかし、以上の話からアリステイデスを判断してはならない。彼の力量をはっきり示しているのは、むし

西洋古典叢書

―第Ⅱ期第15回配本―

月報 30

2001年11月
京都大学学術出版会

ソフィストをめぐる哲学史の屈折

納富信留

「ソフィスト」という言葉に私が出会ったのは、はじめて手にした哲学の入門書においてであった。私はそこで、この語が「哲学者」とはおよそ反対の、「詭弁」を事とする人々を指すことを知った。ギリシア哲学史に登場しやがて歴史の舞台から姿を消す思想家、中世以降にはメタファーとしてしか機能しなくなったこの職業人の呼び名に、多くの人々は私と同じく否定的な仕方で出会ったにちがいない。

　ソフィストとして有名な紀元前五世紀の知者たち、プロタゴラス、ゴルギアス、ヒッピアスらが哲学者ソクラテスと対話し論駁される姿は、彼らの名を冠した前四世紀のプラトン対話篇で活きいきと描かれている。また、『エウテュデモス』篇では、兄弟の争論家エウテュデモスとディオニュソドロスが、ソクラテスと若者たちにむかって矢のように詭弁を浴びせかけている。プラトン対話篇が哲学の古典として評価され、時代と場所を問わず広く読まれる程度に応じて、「ソフィスト」への低評価は定着し悪印象も際立つ。彼らは、ソクラテスの哲学者としての立派な生き方や議論にたいする引き立て役でしかないように思われてくる。

　しかし、歴史的な検討はソフィストの別の姿も垣間見せる。古典期に、民主政アテナイを中心としたギリシア各地で、市民教育、政治参加、弁論技術、一般教養といったさまざまな面で社会の期待に応えるべく登場したのが、「ソフィスト」と呼ばれる職業的教師であった。プロタゴラスら初期ソフィストが活躍した前五世紀後半について言っても、悲劇作家エウリピデスや歴史家トゥキュディデスらへのソフィストの顕著な思想的影響が、しばしば指摘されている。また、ソフィストたちが理論化に貢献した弁論術（レトリック）は、イソクラテスらを通じて後世へと受け継がれ、西洋文明の一潮流をなすにいたっている。やや詳しい哲学史では、ソフィストたちの活動のこのような肯定面も叙述されることが多い。

他方で、現代における西洋の「哲学」への根本的な反省の文脈では、むしろソフィストたちが民主主義・相対主義・多元主義の擁護者として積極的に評価され、プラトン哲学（プラトニズム）に対抗する「反哲学」の英雄として奉り上げられる傾向さえ見られる。ソフィスト評価も、「プラトンの呪縛」と同様、また、それに相即して大いに揺れ動いているのである。

ソフィストたちにとって不運であったのは、もっとも手強い敵であるプラトンが彼らについてもっとも多くの影響力ある報告を残したことであろう。その点で、歴史の流れのなかで多くはかき消されてしまったソフィストたちの活躍が、紀元後三世紀にピロストラトスによってまとめられ後世に伝えられたことは幸いであった。今日でも、ソフィストについての基本史料（ディールスとクランツが編集した『ソクラテス以前の哲学者断片集』第七十九―九十章）のいくつかの重要な証言は、彼の『ソフィスト列伝』に拠っている。

では、プラトンはなぜ、それほど手厳しくソフィストたちを攻撃しつづけたのであろうか。「ソフィストとは何か」という問題に正面から挑んだ後期の代表作『ソフィスト』篇は、「哲学（フィロソフィア）」を確立するために、その対概念としてソフィストの思考・立場と対決する必要性を明らかにしている。プラトンは、ソフィストを「似而非の知者（ソフォス）」として批判することによって、「知を愛する者（フィロソフォス）」としての自らの理念を示そうとしたのである。彼は、決してソフィストたちを取るに足らない二流の思想家、あるいは、不道徳なペテン師と見なしていたわけではない。むしろ、哲学と相反する真に強力な思想的基盤を有するソフィストといかに対決するかが、プラトンが直面した課題であったのである。

そして事実、ソフィストたちの播いた種子は、プラトンらの痛烈な批判によっても簡単に根絶やしにされることなく、古代社会においても哲学史においても強力な影響力をもちつづけた。プラトンのライバルで弁論家・教育者であったイソクラテスは、自らがソフィストとして人々から授業料を徴収して教育に従事することに、一抹のやましさも覚えてはいなかった。むしろイソクラテスにとって、真の哲学者とはソフィストのことであり、プラトン的な「哲学」こそ非実用的な学問にこりかたまった歪んだ理念にほかならなかったのである。時代が下ってローマ期にこの「ソフィスト」という呼び名のもとに再び大きな文芸思潮がおこるのも、イソクラテスら反プラトン的な思想潮流がソフィストの精神を伝えたからにほかならない。

哲学者とソフィストのイメージは、歴史のなかで、緊張と対立、時に融合と混同をへて複雑に絡まり反転してきた。そこで彼らの評価は錯綜し、今日にいたるソフィスト像の屈折を生んできたのである。

ここで一つの典型的なケースを見てみよう。前五世紀末の政治家で文人でもあったクリティアスは、ヘルマン・ディールスが二十世紀初頭に「ソクラテス以前の哲学者」の断片集を編纂するにあたり、「ソフィスト」の項目に含まれた。その影響のもと、彼は今日でもしばしばその一人として「ソフィスト思潮（the sophistic movement）」の一端に紹介されている。

プラトンの親族でソクラテスの弟子でもあったクリティアスは、前四〇四－四〇三年にアテナイで民主政を覆した「三十人政権」と呼ばれる寡頭政権の首領として、多くの政敵や一般市民、そして仲間を粛清し、最終的に民主派の反撃に敗れて戦死した。その政治行為ゆえに「僭主」の悪名をうけたこの人物について、ピロストラトスも「悪人のなかの悪人」という厳しい人物評とその文才への高い評価という相反する態度を示している（『ソフィスト列伝』五〇一－五〇三）。しかし、「ソフィスト」という呼称をプラトンが定義したような厳密に職業的な、つまり、金銭をとる知識人・教育家・弁論家と解するかぎり、クリティアスはいかなる意味においてもその定義には当てはまらない。そして実際、現存するギリシア語文献においてクリティアスを「ソフィスト」と呼ぶ例は、ピロストラトス以前には見られないのである。

では、ピロストラトスはなぜ彼を『ソフィスト列伝』に取り上げ、プロタゴラスやゴルギアスらと同等の栄誉をあたえたのか。これはおそらく、ピロストラトスが深く畏敬した第二次ソフィスト思潮の中心人物ヘロデス・アッティコス（後二世紀）が、それまで顧みられることが少なかったクリティアスをアッティカ散文の模範的な作家として称揚したことに由来するのであろう（同書五六四）。ヘロデスを受けてピロストラトスも、ギリシア古典期には決して「ソフィスト」とは見なされなかったクリティアスを、立派な文人という肯定的な意味で「ソフィスト」と呼び、彼の列伝に収めたのではないか。第二次ソフィスト思潮において、「ソフィスト」とは優れた語り手を意味していたからである。これを受けたアレクサンドロス（後二－三世紀）やピロポノス（後六世紀）といったアリストテレス註釈家たちは、混乱して、「ソフィストになったクリティアス」が「僭主クリティアス」と別人であるかのように考えてしまう（DK88A22）。

しかし、歴史の屈折はさらに続く。ソフィストへの肯定的評価を復活させたローマ期を遥かに隔てて近代に入ると、プラトン的批判の影響下に「ソフィスト」は完全に否定的な像をむすぶ。そのなかで、アテナイ民主政を転覆させた「悪人」クリティアスが「ソフィスト」に数えられることは、不道徳な悪人というソフィスト像にとって好都合であったにちがいない。事実、クリティアスの作品とも推測される『シシュポス』というサテュロス劇の断片（DK88B25）は、人間が意図的に神々を作り上げたという「無神論」の証拠として、しばしば哲学史のソフィスト記述において紹介されるのである。しかし、まずこの作品がクリティアスのものであることは確定しておらず、伝統的にはエウリピデスの作に帰す研究者もいる。そして何より、劇中の人物が語る発言をそのまま著者クリティアス＝ソフィストの無神論宣言と見なすことには飛躍があろう。ともかく、クリティアスはそうして、破壊的で社会に有害な影響をあたえる「ソフィスト」の典型例として、哲学史の記述に名を留めることになった。ピロストラトスらの当初の意図は反転して、クリティアスはソフィストに対する悪印象を補強する役割を果たすことになったのである。

ソフィストとは何かをめぐっては、哲学との関係において、このように屈折した歴史が展開されてきた。ソフィスト思潮の意義については、資料の慎重な検討から、再度、根本的な見直しが必要であるように思われる。

（西洋古代哲学・九州大学助教授）

エウパリネイオンの知的風土(6)

内山勝利

さきに「知的功名心」と呼んだものは、その内実をやや敷衍して「知的好奇心」と言い換えることにしたい。両者は表裏しつつ、まさにこの時代のギリシアにおいて、新たに胎動した心的活動のかたちであり、それこそが、最も根本的なところで古代ギリシア文化の独自性を大きく左右する原動力となったように思われる。とりわけ「哲学」というギリシア的パラダイムの成立は、サモスのトンネルにみなぎっているような知的風土に負うものが大きいのではないか。もともと「フィロソフィア」(よりギリシア語風には「ピロソピアー」)という言葉には、「知的好奇心」を直訳として充ててもけっして見当外れではないようなニュアンスが込められている。むしろ、この新たに見いだされた心的活動に対して新たに造語されたのが「ピロソピアー」という言葉(より正確にはその動詞形や形容詞形が先行している)であった、と言っていい。その語感は、文字通りの「学」としての哲学を大成したプラトンやアリストテレスにおいても、鮮やかに息づいている。期せずして両者がともに強調しているように、「哲学は驚きの念に始まる」のである。この意味において、サモスのトンネルは、この時代にさまざまな仕方で芽生えつつあった「ピロソピアー(知的好奇心・愛知)」の精神の最も具体的な現われの一つと見なすべきであろう。

そして、エウパリノスと同様の知的好奇心をさらに旺盛に、さらに適切に発揮してみせたのが、ちょうどサモスの対岸に位置するミレトスにおいて、すでに一時代前に活動したタレス(前六世紀前半)にほかならなかった。もしあえて彼を「哲学の創始者」と呼ぶべきであるとすれば、理由はそこにある。タレスは、けっしてわれわれの「哲学者」イメージの中にあるような学者然とした存在ではなかった。むしろ「七賢人」の一人に数えられるような、すぐれた国政の立案者であるとともに、エウパリノスにも何らひけをとることのない、卓越した技術者でもあった。

タレスほど逸話に富んだ人物もまれである。もっとも、おそらくその半ば以上は、当代きっての「知者」としての彼に仮託されたものであろうが、ほぼすべての逸話にわたって同質の「知的好奇心」の動きが見てとられ、その全体がくっきりとした一個の人物像を描き出している。とくに当面注目しておきたいのは、彼の知的活動が、明らかにサモスのトンネルの背後にうかがわれる意思と同じベクトルをとっていることである。よかれあしかれ（と言うべきだろうが）、事柄への対処において、実際的な対効果性を度外視してでも原理的着眼の卓抜さに固執し、したがって意表をついた着想であればあるほどそれをよしとする性向は、タレスにおいても通有の気質のようなものになっている。やや類似した領域でのエピソードを拾ってみよう。

「技術者」タレスは、当時の先進文明国たるエジプトに赴いて、「土地測量術」を習い覚えたという。むろん本来それは土地を区画するための、まったくの実用的な技術であった。しかし、タレスがそれを用いて行なったのは、ピラミッドの高さを測ったり、海上を航行している船同士の距離を測ったりすることだった（プロクロス、プルタルコスなどによる。DK11A20, 21）。明らかに彼の関心は実益性を越えたところに向けられている。ピラミッドの高さや海上の船までの距離を測ってみても、当座の役に立つことは見込まれないだろう。しかし、そこで計測されているのは、平地での測量とはちがって、空中や海上など、われわれが実際に歩むことのできない空間である。つまり、けっして歩測することのできない距離の計測へと転じられているのである。それによって、「土地測量術」の持っている方法的原理はいっそう顕在化させられている。あるいは、タレスによって、それは土地の測量術から空間一般の測量術へと拡張されたのだ、と言うこともできよう。

タレスにおけるこうした知的好奇心のありようが、やがてギリシアにおける幾何学の成立を促すことになる。事実、彼自身がその創始者に位置づけられてもいる。「幾何学（geometria）」は、よく知られているように、「土地（gē）」の「測量術（metria）」から名称を引き継いだものであり、両者は同じ一つのギリシア語を共有しているのである。なるほど、それは、タレスが当の技術を拡大適用してみせた空間一般をさらに一歩越え出たところにある抽象的な思考空間、すなわち空中や海上にも増してわれわれがけっして現実に歩むことのできない絶対空間の測量術にほかならない。（つづく）

（『西洋古典叢書』編集委員・京都大学教授）

リレーエッセー　15

トゥキュディデス　歴史 ★1, 2　藤縄謙三他 訳

ペロポンネソス戦争を実証的に考察した古典的歴史書。

ピロストラトス他　哲学者・ソフィスト列伝★　戸塚七郎他 訳

ギリシア哲学者やソフィストの活動を伝える貴重な資料。

ピンダロス　祝勝歌集／断片選★　内田次信 訳

ギリシア四大祭典の優勝者を称えた祝勝歌を中心に収録。

フィロン　フラックスへの反論 他★　秦　剛平 訳

古代におけるユダヤ人迫害の実態をみごとに活写する。

プルタルコス　モラリア 2☆　瀬口昌久 訳

博識家が養生法その他について論じた倫理的エッセー集。

プルタルコス　モラリア 6★　戸塚七郎 訳

生活訓や様々な故事逸話を盛り込んだ哲学的英知の書。

リュシアス　リュシアス弁論集★　細井敦子他 訳

簡潔、精確な表現で日常言語を芸術にまで高めた弁論集。

●ラテン古典篇

スパルティアヌス他　ローマ皇帝群像 1　南川高志 訳

『ヒストリア・アウグスタ』の名で伝わるローマ皇帝伝。

ウェルギリウス　アエネーイス★　岡　道男他 訳

ローマ最大の詩人が10年余の歳月をかけた壮大な叙事詩。

ルフス　アレクサンドロス大王伝　谷栄一郎他 訳

大王史研究に不可欠な史料。歴史物語としても興味深い。

プラウトゥス　ローマ喜劇集 ★1, ★2, ★3, 4　木村健治他 訳

口語ラテン語を駆使したプラウトゥスの大衆演劇集。

テレンティウス　ローマ喜劇集 5　木村健治他 訳

数多くの格言を残したテレンティウスによる喜劇集。

西洋古典叢書 第Ⅱ期全31冊

★印既刊　☆印次回配本

●ギリシア古典篇

アテナイオス　食卓の賢人たち ★3，4　柳沼重剛 訳
グレコ・ローマン時代を如実に描く饗宴文学の代表的古典。

アリストテレス　魂について★　中畑正志 訳
現代哲学や認知科学に対しても豊かな示唆を蔵する心の哲学。

アリストテレス　ニコマコス倫理学　朴　一功 訳
人はいかに生きるべきかを説いたアリストテレスの名著。

アリストテレス　政治学★　牛田徳子 訳
現実の政治組織の分析から実現可能な国家形態を論じる。

アルクマン他　ギリシア合唱抒情詩集　丹下和彦 訳
竪琴を伴奏に歌われたギリシア合唱抒情詩を一冊に収録。

アンティポン／アンドキデス　弁論集　高畠純夫 訳
十大弁論家の二人が書き遺した政治史研究の貴重な史料。

イソクラテス　弁論集 2　小池澄夫 訳
弁論史上の巨匠の政治論を収めた弁論集がここに完結。

クセノポン　小品集★　松本仁助 訳
軍人の履歴や幅広い教養が生かされた著者晩年の作品群。

セクストス　学者たちへの論駁　金山弥平他 訳
『ピュロン主義哲学の概要』と並ぶ古代懐疑主義の大著。

ゼノン他　初期ストア派断片集 ★1，2，3　中川純男他 訳
ストア派の創始者たちの広範な思想を伝える重要文献。

デモステネス　デモステネス弁論集 3，4　北嶋美雪他 訳
アテナイ末期の政治情勢を如実に伝える公開弁論集。

585

ろ、以下の弁論だと考えるべきである。それらは、『アテナイ人たちを海上覇権から引き離そうとするイソクラテス(5)』、『十人の将軍を埋葬しなかった件でカリクセイノスを弾劾する(6)』、『シケリアの事態について審議する人々』、『ケルソブレプトスから食糧を受け取らなかったアイスキネス』、『子供たちが殺された後で同盟協定を拒否する人々』などがそうである。以上の弁論のうちとくに最後のものにおいて、彼はわれわれに、

---

(1) 傭兵たちには報酬の代わりに土地が与えられていたのであるが、その土地に都市が建設されると、彼らは、報酬を受け取ってその土地を返却するように命じられた、ということをテーマにしたもの。

(2) この弁論はスパルタ人が城壁の建設をめぐって議論を戦わせたことをテーマにしたものであるが、反対論は、ホメロスを引用して、人々の強い団結こそ国の城壁であると論じた。本書五一四(五八―五九頁)参照。

(3) ピリッポスは前三五二年のメトネ包囲のとき片目を失った。片目のアリマスポイ族については、ヘロドトス『歴史』第四巻二七参照。

(4) デモステネスのライバル、アイスキネスのこと。アイスキネスは少年のころ第三俳優をしていたが(本書五〇七(五〇頁)参照)、彼が田舎町コリュトスで、ソポクレスの悲劇『オイノマオス』(現在では断片しか残っていない)のオイノマオスを演じたとき、戦車競走の場面で、誤ってぶざまに戦車から落ちてしまった。このため、彼は「悲劇の人まね猿」とか「田舎者のオイノマオス」という渾名をつけられた。デモステネス『栄冠について』二四二参照。

(5) このテーマは、イソクラテス『平和演説』六四に基づくものと思われる。

(6) このテーマ自体はフィクションであるが、次の事件がもとになっている。すなわち、ペロポネソス戦争末期の前四〇六年、アルギヌサイ島沖で海戦があり、アテナイ軍はスパルタに勝ちはしたものの、折からの悪天候のため、海に落ちた味方の兵士たちを救助できないままに帰国した。そのため、一〇人の将軍たちがその責任を問われることになったのである。クセノポン『ギリシア史』第一巻七参照。

どうすれば大胆で悲劇にあるような着想を失敗することなく扱うことができるかを、うまく教えているのである。

私は、ほかにもこの人の教養のすばらしさと力量と人柄をよく表わしている弁論をたくさん知っている。彼を評価するのは、むしろこれらの弁論に基づいてなされるべきであって、彼がいささか不注意で名誉欲にはしっている弁論があっても、そのような弁論で判断してはならない。また、アリステイデスは、居並ぶソフィストの中で最も弁論の技術に精通し、また、テーマを周到に考察することにも秀でていた。彼が即席弁論に手をつけなかったのはそのためである。というのは、何ごともじっくり考えてから進めようとすると、心がそれに忙殺されて、とっさの機敏さを奪われるからである。

ある人々は、アリステイデスは自分の国で死んだと記述しているが、ある人々は、イオニアにおいてであるとし、その年齢も、六〇歳であったと言う人もいれば、七〇歳近かったと言う人もいる。

一〇　ハドリアノス

フェニキア人のハドリアノスはテュロスの生まれで、アテナイで弁論教育を受けた。すなわち、彼は、私自身の先生たちから聞かされたところでは、ヘロデスが一世を風靡していたころにアテナイに出てきて、そこで、生来のソフィストとしてのすばらしい力量を発揮し、将来大物になるであろうことは誰の目にも明らかだった、とのことである。

彼は、おそらく一八歳になったころ、ヘロデスの許に通うようになった。そして、またたくまにスケプトスやアンピクレス[1]と並ぶ評価を与えられ、クレプシュドリオン[2]の聴講生にも登録された。クレプシュドリオンは次のように行なわれていた。すなわち、誰もが聴講できる一般の講義が終わった後に、ヘロデスの弟子のうちで学業優秀の評価を受けた一〇人だけが、一〇〇行の詩に合わせて調節された水の流れの間、講義のご馳走に与ることになっていた。そのときには、ヘロデスは、聴講生たちの賞賛の言葉すら許さず、語ることだけに集中して、その一〇〇行の詩を詳しく説明していたのである。

586 また、ヘロデスは弟子たちに、酒を飲む場合でも気を緩めることなく、そんなときでさえ、酒に飲まれずに、なんらかの勉学に励むよう申しつけていた。それゆえ、ハドリアノスが水時計クラスの弟子仲間と酒を飲むときはいつも、彼らと大きな秘儀を共にしている者のようであった。あるとき彼らの議論がソフィストたちそれぞれのスタイルに及んだところ、ハドリアノスは彼らの間に進み出て、こう言った、「私がソフィストたちの特徴について概略を話すことにしよう。ただし、記憶を辿って彼ら自身の短い文言とか、気のきいた着想とか、弁論の一節とか、韻律などを例示するというのではなく、私自身が彼らを模倣して、ソフィスト全員のスタイルを平易な言葉の流れで、しかも私の舌には手綱をつけて、再現するということにしよう」。ところがその折、彼がヘロデスを素通りしていったので、アンピクレスが、「どうしてわれわれの先生

(1) ともにヘロデスの弟子。スケプトスについては本書五七三(一四六頁)、アンピクレスについては五七八(一五四頁)参照。

(2) クレプシュドリオンとは水時計のこと。講義名の由来は本文の説明にあるとおり。

を省略するのだ、君自身もヘロデスの文体を愛しているし、われわれも愛しているのを知っているというのに」と尋ねた。すると、ハドリアノスは答えた、「なぜなら、ここにいる者は、酔っ払い相手でも弁論の模倣をしてみせようかという連中だが、弁論の王であるヘロデスは、私が酒を飲まずに素面《しらふ》で彼の模倣をするときに、初めて心から敬愛できるからだ」と答えた。このことがヘロデスに伝えられると、彼は相好をくずして喜んだ。というのは、彼はよい評判にはことのほか弱かったからである。

ハドリアノスは、まだ若かったころ、自分の即席弁論を聴いてほしいとヘロデスに頼み込んだことがある。するとヘロデスは、一部の人々が非難するときのように、悪口を言ったり、からかったりすることはなく、いつもと変わらぬ親切な態度で聞き終えると、この若者を励まし、その上で最後に一言、「これは巨大な像の大切な一部と言ってよいだろう」と言った。つまり、この言葉で、ヘロデスは、ハドリアノスの文体が若さのためにまだばらばらで、十分な組み立てができていない、と正す一方で、同時に、彼の表現と着想が壮大であると賞賛したのである。ヘロデスが死んだとき、ハドリアノスは、この人にふさわしい葬送演説を述べたが、そのためアテナイ人たちは、弁論を聴いている間、心を動かされて涙にくれた。

アテナイの弁論教授の席に就いたとき、彼はきわめて自由闊達な話しぶりを見せていたため、アテナイ人たちに向けた彼の弁論の前置きが、アテナイ人の知恵ではなく、むしろ彼自身の知恵を讃えるものになるほどだった。すなわち、彼は次のように前置きを切り出した、「再びフェニキアから文字が到来した」(1)。じつにこの前置きは、アテナイ人たちを上から見下し、彼らから恩恵を受けている者というよりは、むしろ彼らに与えている者が口にするものであった。また、アテナイでの教授の仕事を遂行する際、彼はできるだけ豪華に振る舞っていた。すなわち、服装は非常に高価なものを身にまとい、とびっきりの宝石で飾り立て、また、講義に出向くときには銀張りの手綱がついた馬車に乗り、講義が終わると、今度は羨望のまなざしを浴びながら、全国からやって来たギリシア文化愛好家たちの行列を引き連れて帰るのが常だった。というのは、それらの人々は、今や心から彼に心酔していて、ちょうどエレウシスの諸部族が、聖なる秘儀を厳かに執り行なうときに、それを務める祭司に心酔するのと同じ状態だったからである。また彼は、遊びや、酒宴や、狩猟や、ギリシアのさまざまな祭典を共にするなど、相手によりそれぞれ違ったことでその若さに調子を合わせながら、彼らを自分に心服させた。その結果、それらの若者たちは、まるで楽しくて優しく、自分たちといっしょにギリシアの激しい踊りもつき合ってくれる父親に対して子供たちが抱くような気持ちを、彼に対して抱いたのである。実際に私は、彼らの何人かの者がこの人の思い出に耽っているときに涙にくれたのを知っているし、また、彼の声の抑揚をまねている者、彼の歩き方をまねている者、さらに彼の服装の優雅さをまねている者がいるということも、知っている。

ハドリアノスが殺人の罪に問われたとき、彼は次のようにしてそれを免れた。

アテナイに、ソフィストの教程で訓練を受けたはずなのに、まったく取るに足りない人間がいた。この男には葡萄酒の瓶や、料理や、衣服や、銀をあてがっておきさえすれば、まるで、空腹の家畜を、若い小枝を

(1) ここでは、フェニキア人である自分が弁論をアテナイに持ってきたことを言っているのであるが、「再び」と言われているのは、ギリシア語のアルファベットがフェニキアに由来したことを念頭に置いているためである。

鼻先でちらつかせながら連れて行くように、[1]彼を思いどおりに扱うことができたが、しかし、放ったままにしておこうものなら、悪態のつき放題で、犬のように吠えたてていた。さて、この男は、言動が軽薄であると言われたためハドリアノスと衝突していたが、ビザンティオン出身のソフィスト、クレストスには従順であった。ハドリアノス本人は、その男のすることなすことすべてをじっと耐えて、彼のような者からの悪口は蚤の咬み傷のようなものだと言っていたけれども、しかし、彼の弟子たちはどうにも我慢がならず、自分たちの奴隷どもに彼を打ちのめすように命じた。これがもとで、この男の内臓は腫れ上がり、三〇日目に死んでしまった。だが、その死には本人にも責任の一端があった。というのは、彼は、まだ病んでいるというのに、薄めてない葡萄酒をがぶ飲みしたからである。ところが、死んだ男の身内の者は、このソフィストの部族と区がアテナイにあったところから、彼をアテナイ市民の一人と見なして、ギリシアの属州総督に殺人罪で訴え出た。しかしハドリアノスは、死んだといわれるその男を殴ったと言うけれども、それは自分が手を下したわけでも、自分の奴隷に手を下させたわけでもないと申し立てて、その罪状を否認した。そして、彼の弁明の後押しをしたのは、まず第一にギリシア人のすべてが、彼のために、涙ながらにありとあらゆる陳情をしたということ、そして第二に、葡萄酒の件での医者の証言であった。

さて、皇帝マルクスが秘儀に入信するためにアテナイへ旅立ったころ、[2]この人はすでに弁論教授の席に君臨していた。マルクスがアテナイで調べてみたいと思っていたことの一つには、ハドリアノスの力量のほどをとくと見極めることも組み込まれていたのである。というのも、じつのところマルクスは、この者の講義を聴いてその力量を審査するということなしに、ただ彼についての世評だけで承認を与え、彼を若者たちの教師として任命したからである。ところでそのころ、執政官を務めていたセウェルスが、(3) ハドリアノスはもともと法廷弁論の力に優っているため、ソフィスト本来の弁論を感情の激しいものにしすぎる、と彼を非難していた。それでマルクスは、この点を確かめようとして、彼に『ピリッポスがエラテイアにいるときには、デモステネスの意見だけに注意を払っているヒュペレイデス』(4) というテーマを提示した。すると、ハドリアノスは、弁論の勢いではポレモンにも劣るまいと思われるほど見事な手綱さばきで、弁論を思うがままに操ってみせた。皇帝はひどく感銘を受けて、彼に特権と贈り物を与えて大いに賞め讃えた。私が特権と呼んでいるのは、国費により食事を支給されること、公の競技会で貴賓席を与えられること、税金を免除されること、祭司の地位に就くこと、その他、人に輝きを添えるものなどのことであり、また、贈り物というのは、金、銀、馬、奴隷など、マルクスがハドリアノスとその一族すべてに満ち足りた暮らしを授けた富のことである。

上席弁論教授の地位(5) に就くと、彼は全ローマの目をすっかり自分の方に向け変えさせ、ギリシア語のわか

---

(1) この比喩は、プラトン『パイドロス』二三〇Dにも見られる。そこでは、パイドロスが、リュシアスの恋についての話を聞かせると言って、ふだんアテナイの町の中からめったに出ないソクラテスを、城壁の外にあるイリソス川のほとりまで誘い出した場面で用いられている。

(2) 本書五六三(一三一頁)参照。

(3) これはマルクス帝の教師クラウディウス・セウェルス(Claudius Severus)のことと思われる。

(4) デモステネスらとともに、反マケドニア派に属するアテナイの弁論家。このテーマで言われているような事実はない。仮想のテーマであろう。

(5) ローマの弁論教授の地位のこと。

らない人たちをも、彼の講義をぜひ聴きたいという気持ちにさせたほどであった。そして、彼らは、美しい声で歌うナイチンゲールに聴き惚れるかのように彼の講義に耳を傾け、その流暢な弁舌、声が巧みに調子を変え反転するさま、散文や詠唱(1)におけるリズムなどに心打たれていた。そのようなわけで、人々が大衆受けのする出し物（それらはたいてい踊り子が演じていた）に夢中になっているときに、ハドリアノスの講義を知らせる者が舞台近くに現われようものなら、たちまちにして、元老院の議員たちも席を立てば、騎士階級の人々も、それもギリシア文化に打ち込んでいる者ばかりか、ローマで別の言語［ラテン語］を学んでいる者まで立ち上がり、聴講の熱意に胸ふくらませながら、ゆっくり歩いている者を叱りつつ、アテナエウム(2)に急行したのである。

彼がローマで病に倒れ、臨終の床にあったとき、コンモドゥス帝は彼を皇帝秘書に任命する決定を下し、あわせて、もっと早くにそうしなかったことを弁明した。すると、ハドリアノスは、いつものようにムーサの女神たちを呼び入れてから、皇帝の勅裁書に恭しく拝礼し、これを目の前にしたまま、この名誉を自分の死装束にして息を引き取った。彼はほぼ八〇歳で死んだが、人々からたいへんな尊敬を受け、多くの人々に彼は魔術師だと評判を立てられるほどであった。ところで、私はディオニュシオスについての説明の中で(3)、たしかな教養を身につけている者はけっして魔術師の術などに誘い込まれることはないだろうということを、十分に述べておいた。しかし、私が思うには、彼が弁論の中でマゴスたち(4)の生活習慣に触れていつも不可思議なことを話していたので、マゴスたちに因んで魔術師の渾名を得たのであろう。

また、人々は彼を、性格的に恥知らずであると非難している。つまり、彼らの言うには、弟子の一人が、魚を金の浮き彫りで飾られた銀の皿に載せて、彼に贈ったところ、彼は、皿のほうがすっかり気に入ってしまって、それを返そうとはせず、贈り主には次のような礼状を書いたというのである、「魚まで贈ってくれて、かたじけない」。しかし、これは、自分の弟子のある者が持っている富をけちけち使っているという話を聞いて、ハドリアノスがその弟子に当てこすって冗談でしたことであり、この気のきいたやり方で弟子をとっちめた後は銀の皿を返したとのことである。

このソフィストは、着想の上では豊かで輝いており、弁論の構成においてはきわめて多彩であって（この点は悲劇から取り入れたのである）、ただ型どおりに配列するとか、弁論術のきまりに忠実に従うということはなく、語法の調達は古代のソフィストたちから行ない、これに騒がしい音ではなく、韻律の朗々たる響きをまとわせたのである。ところが、彼は、無際限に悲劇を取り入れたため、いたるところで荘重な弁論から逸脱してしまった。

（1）とくにエピローグなどで、感情を最高に高める効果を狙い、自分の韻律に合わせて詠じられた。アジア風の弁論スタイルではこれが顕著だった。

（2）ハドリアヌス帝がローマに建設した高等教育施設。

（3）本書五二三（七四頁）。

（4）二九頁註（4）参照。

一一　クレストス

さて、ビザンティオンのソフィスト、クレストスであるが、ギリシアは彼に対し不当な扱いをしている。というのは、ヘロデスからギリシア人の間では最高の教育を受け、また自らも多くの賞賛すべき人材を育て上げた人物を、ギリシアはないがしろにしていたからである。クレストスから教育を受けた人々の中には、ソフィストのヒッポドロモス、ピリスコス、悲劇詩人のイサゴラス、また、著名な弁論家としては、ペルガモン出身のニコメデス、東方はガラティア出身のアキュラス、ビザンティオンのアリスタイネトス、さらに、著名な哲学者の中では、アテナイのカライスクロス、祭壇監督官のソスピス、その他、枚挙に値する多くの人たちがいた。彼はソフィストのハドリアノスが活躍していた時代に教育活動をしていたが、彼に、授業料を払った弟子は一〇〇人に及び、その中でとくに優れていたのが、いま挙げた人たちである。

ハドリアノスがローマの弁論教授に据えられた後のこと、アテナイ人たちはクレストスをアテナイの弁論教授の席に就任させる許可を皇帝から取りつけるため、彼のための使節を派遣する決議をした。ところが、クレストスは、アテナイ人たちが民会を開いているところにやって来て、その使節派遣を中止させてしまった。そのとき、彼は世の語り草になるようなことをあれこれと述べたが、その終わりに一言、「一万ドラクマが人を作るのではない」[1]と締めくくった。

彼は酒に弱かった。しかし、酒が人々の心に持ち込む、酔いの上の無礼、狼藉、傍若無人ぶりなどはいつ

592 も抑制し、雄鶏が鳴くまで酒宴が続いたときでも、仮眠をとる前に勉強に手をつけるほど素面であり続けることができた。だが、大言壮語する若者に対しては、彼はとりわけ手厳しかった――こういう連中は、授業料の徴収という面では他の者たちより都合がよかったのだが。たとえば、アマストリス(2)のディオゲネスが、若いころから、地方総督の地位に思いを馳せ、宮廷や皇帝の傍らに立つことを思い描いて、夢想に胸ふくらませてきたことを知り、そのうえ、さるエジプト人がそれらのことを彼に予言したのだ、と語っているのを目にしたとき、クレストスは自分自身の打ち明け話までして聞かせ、彼をよくたしなめたのである(3)。

　彼の弁論のスタイルは、ヘロデスのすばらしいところを取り入れて、華やかなものになっていたが、生き生きした意欲が現われているという点ではそれよりも劣っていた。それはちょうど、絵画における色のない輪郭だけの模写図のようであった。しかし、彼がもし五〇歳で世を去らなかったなら、彼のすばらしさもヘロデスと同じところまで進んでいたことであろう。

---

(1) これはアテナイにおける弁論教授の報酬の額。

(2) 黒海の南岸に位置する国パプラゴニアの都市。

(3) この箇所には欠落があり、底本はカイザーの提案に従って *Χρῆστος ἐνουθέτει*（クレストスは諭した）を補っている。本訳もこれに従った。

一二　ポリュデウケス

ナウクラティス[1]のポリュデウケスについて、彼を教育のない男と呼ぶべきなのか、それとも教育ある人間と呼ぶべきなのか、あるいはまた、不合理なことに思われようが、無教育でかつ教育のある人間と呼ぶべきなのか、私には見当がつかない。というのは、彼が用いる語句のことを考えると、その弁舌はアッティカ言語の訓練を十分積んできているように思えるが、その一方で、彼の朗誦のスタイルをつぶさに調べてみると、アッティカ言語の言い回しに関して、彼がとくに他の人間より秀でていることはなかったからである。それでは、彼について次のようなことを知っておかなければならない。

ポリュデウケスは、批判的な言論に通じている父親とともに暮らしていたので、批判する術には十分な修練を重ねていた。しかし、ソフィスト流の弁論のほうは、生まれつき物怖じしない性《たち》だったので、技術というよりはむしろ大胆さでまとめ上げていた。つまり、彼はじつに優れた資質に恵まれていたのである。彼はハドリアノスの弟子であったが、ハドリアノスの長所と短所のいずれからも等距離を置いて中間の立場を保っている。すなわち、彼はけっしてそれ以下に落ち込むことはないが、それより上に抜きん出ることもない。ただし、その弁論の隅々にまで甘美さの流れが行き渡っているところは別である。彼が論ずる際のスタイルは、たとえばこういうものである。

「パロス島のプロテウス[2]、ホメロスが謳うかの驚異なるもの——この海神は多くのさまざまな姿を備えている。すなわち、水となって盛り上がれば、火と化して燃えさかりもするし、ライオンとなって哮《たけ》り立つかと思えば、野猪となって突進するし、蛇となって這い進めば、豹となって跳び上がりもする。そして樹になり変わるときには、葉の髪を生やす」。

彼の朗誦の特徴を表わすものとして、われわれは『税金を払うために子供を売りに出す島民』という議論を挙げることにしたい。というのも、この弁論は、最も見事に語られているとされているからである。その結びの言葉は次のように述べられている。

「本土に住む子供が、島に住む父親にバビロンから手紙を書いている――『私は太守からの贈り物として、王様の奴隷になっております。私はメディアの馬に乗ることも、ペルシアの弓を手にとることもありません。いいえ、男子として戦いの場や狩りに行くこともなく、ただご婦人がたの部屋に坐って、王様の愛妾たちに仕えているのです。それでも、王様が私に腹を立てられるということはありません。なにしろ、私は去勢されておりますから。私は、彼女たちの間では覚えがめでたいのです。それは、私がギリシアの海のことを詳しく説明してさしあげたり、ギリシア人の立派な行事のこと、たとえば、エリスの人たちは国の祭典をどの

(1) ナイル川のカノプス河口左岸にあるエジプトの都市。
(2) プロテウスは、ホメロスが海の老人と呼んでいる海神で、自由に姿を変える力を備えていた(ホメロス『オデュッセイア』第四歌四五六以下参照)。ポリュデウケスは、多くの姿を持つプロテウスという表現でソフィストの多才ぶりを示しているのであろう。この引用文は、原文では短い文節が次々に調子よく重ねられ、語末には同じ音が配置されていて、プロテウスの多様さにも比すべきポリュデウケスの文体の特徴をよく表わしている。なお、パロス(Φάρος)はアレクサンドレイア湾に浮かぶ小さな島。

ように執り行なっているか、とか、デルポイではどのようにして神託が授けられているのか、とか、アテナイにある慈悲の女神の祭壇はどういうものであるか、などをお話ししたりするからです。お願いですが、お父さん、私に手紙で教えてください。スパルタのヒュアキンティアの祭り[1]や、コリントスのイストミア競技会、デルポイのピュティア競技会などはいつ行なわれるのか、また、アテナイ人は海戦で勝っているのかどうかを。ではご機嫌よろしゅう。どうか兄弟にもよろしく伝えてください——まだ売られていないようでしたら』」。

ここに挙げられたこの者の弁論がどのようなものであるかは、公平に耳を傾ける者なら見当がつくであろう。私が公平な聞き手と呼ぶのは、論者に対し好意も悪意も抱いていない者のことである。ポリュデウケスはこの弁論を甘美な響きを持つ声で聴衆の耳に届けたと言われる。じつにこの声によって、彼は皇帝コンモドゥスをも魅了し、かくて、彼は皇帝からアテナイでの弁論教授の椅子を勝ち取ったのである。

彼は五八歳まで生き、嫡出ではあるが無教養な息子を残して、世を去った。

一三　パウサニアス

カッパドキアの、アルガイオス山に隣接しているカイサレイアは、ソフィストのパウサニアスを生んだ地であった。パウサニアスはヘロデスの教育を受け、また、世の人々が「知に渇いている人々」と呼んでいたクレプシュドリオン[2]聴講生の一員であった。だが、ヘロデスの優れた点の数々を受け継ぎ、とりわけ、その即席弁論の技術を身につけはしたが、彼はそれらを、カッパドキアではごく普通のことであるが、重くて粗野な口調で述べていた(3)。つまり、彼はアルファベットの子音をぶつけ合わせ、長い音節は短く縮めて、短い音節は長く伸ばして喋っていたのである。そのため、世の人々は彼のことを、高価な料理を無様に盛りつける料理人と呼んでいた。

彼の朗誦スタイルはやや緩慢気味であったが、それでも力が張っていて、古代の雰囲気を漂わせることに失敗することはなかった。このことについては、彼の弁論からその証拠を拾い集めることができる。というのは、パウサニアスがローマにおいて朗誦した弁論の多くが残存しているからである。

彼はローマで余生を送り、すでに老齢に達してから、弁論教授の席を占めたまま死んだ。彼はまた、アテナイの弁論教授の席をも占めていた。それゆえ彼は、かの地を離れるとき、アテナイ人たちに向けて語りかけた言葉の最後に、いかにも適切にエウリピデスの次の言葉をつけ加えたのである、「テセウスよ、町が見

---

(1) スパルタのアミュクライで行なわれたヒュアキントスとアポロンを祀る祭典。ヒュアキントスはアミュクライに生まれた眉目秀麗な少年で、アポロン神に愛されていたが、ある日、アポロンの投げた円盤が頭に当たって生命を落とした。彼の死とそれを悲しむアポロンを偲んで、毎年三日間にわたって祭りが執り行なわれた。

(2) クレプシュドリオンについては本書五八五(一六五頁)参照。

(3) カッパドキア人のアクセントのひどいことは有名で、ルキアノスは、「名だたる弁論家をカッパドキア人に求めるより、白い烏や空飛ぶ亀を見つけるほうが簡単だ」と述べている(『碑文集』四三(Jacobitz))。

えるように、もう一度私を振り返らせてください[1]」。

一四　アテノドロス

ソフィストのアテノドロスは、祖先が立派であるという点ではアイノス[2]の住民の中で誰よりも有名であったが、一方、彼の先生や受けた教育という点では、ギリシア人の中で最も際立っていた。というのは、まだほんの子供のころにアリストクレスの教えを受け、また理解力がつくようになってからはクレストスの教えを受け、それゆえ、これら二人の先生からほどよく調合された弁舌を手に入れて、アッティカ風文体を用いると同時に、華麗に飾り立てた文体でも表現していたからである[3]。彼はアテナイで教えていたが、それは、ポリュデウケスがその地で教えていたのと同じ時期であった。それで彼は、いつも論文の中でポリュデウケスのことを子供じみているといってからかい、彼を「タンタロスの果樹園」[4]と呼んでいたのである。私の思うに、ポリュデウケスの弁論が軽薄で皮相的なことを、ありもするが同時にあらぬものでもある幻影になぞらえていたのであろう。アテノドロスは重厚な性格の持ち主であったが、まだ初々しい若者であるうちに世を去り、運命のいたずらで、名声をさらに大きく高めるという夢を奪われてしまった。

一五　プトレマイオス

ナウクラティスのプトレマイオスもまた、ソフィストの中では輝かしい名声を轟かせた人である。というのも、これはナウクラティス市民のごく少数の者にしか許されなかったことだが、彼はナウクラティスの神社で公費の食事に与りうる人間の一人だったからである。彼はヘロデスの弟子であったが、この人を目標にしようとはせず、心はむしろポレモンの方に惹かれていた。すなわち、弁論の一気に迸《ほとばし》る勢いや、華麗に飾り立てた語り口などは、ポレモンの舞台から取り入れたものなのである。また、彼は即席弁論も驚くほど流暢にやってのけたと言われる。彼は裁判沙汰や法廷にも手を染めてみたが、それで名を挙げるには至らなかった。

彼は「マラトン」と呼ばれていた。ある人々の話では、彼がアテナイのマラトン区に登録されていたためだとのことであるが、別の人々から聞いたところでは、アッティカに関わりのあるテーマで弁論をする際に、

(1) エウリピデス『狂えるヘラクレス』一四〇九。ただし、エウリピデスの原文では「子供たちが見えるように」とあり、パウサニアスはこの部分を「町が見えるように」と改めたのである。

(2) トラキアのヘブロス川東河口にある独立都市。

(3) アッティカ風の簡潔な表現と、アジア流の華美な文体の折衷を完成させたということ。

(4) タンタロスの果樹園については五九頁註（1）参照。

彼がマラトンで勇敢に戦った人々のことを頻繁に口にしていたためだということである。

プトレマイオスについて、時に、彼は弁論のテーマを十分に理解できないので、自分の議論とテーマがどこで一致を見せ、どこでずれているかがよくわからない、と非難する人々がいる。彼らはそのような非難の証拠として、次のテーマによる弁論を引き合いに出している——『テバイの人々はメッセニア人たちを、恩知らずな行為をとったという理由で告訴する。テバイがアレクサンドロスに征服されたとき、メッセニア人たちはテバイから逃亡する人々を受け入れなかったからである』。つまり、この弁論は彼によって、誰の目にも見事に、しかも能うかぎりの巧みさで論じられたのに、彼らは、「もし、アレクサンドロスがまだ生きているうちにメッセニア人たちが裁判にかけられたとしたならば、メッセニア人たちに有罪判決を下すほど無謀な者はどこにもいないだろうし、もしアレクサンドロスが死んだ後のことであったとしたら、その責めから無罪放免にするほど宥和な人はどこにもいないだろう」(1)と言って、これに難癖をつけたのである。というのも、このような咎め立てをしている人々は、メッセニア人の弁明が、アレクサンドロスと、ギリシアの他の国々がまだ味わったことのない彼の恐ろしさとを前面に掲げて、相手の許しを乞うために用意されているということを、理解していないからである。

以上のことを、プトレマイオスが不正な扱いや、悪意で仕組まれた告訴を受けないように願う私の、プトレマイオスになり代わっての弁明とさせていただきたい。というのも、彼はソフィストの中でも最も穏健な弁論をする人だったからである。だから彼は、非常に多くの国を訪ね、非常に多くの都市の人々と親しくつき合ったけれども、どこにいても自分の名声を傷つけたり、自分が予想したより低く見られたりすることはなかった、いやそれどころか、言ってみれば賛辞という輝かしい車に運ばれて、多くの町々を通過していったのである。

彼はかなり年をとってからエジプトで死んだが、彼はそのとき、頭の体液の流れが原因で、視力が完全に奪われるところまでは行っていなかったものの、眼はひどい打撃を受けていた。

一六　エウオディアノス

スミュルナのエウオディアノスは、生まれの上ではソフィストのニケテスを先祖に戴き、一門が得た数々の名誉という点では、多数の司祭長や武器管理官の栄誉に浴した人々に遡る人物であった。彼自身も、その弁舌に対する褒賞としてローマへ、そしてかの地での弁論教授の椅子へと導かれた。彼はまた、ディオニュソス神を取り巻く職人たち(2)の監督に任命された。この集団は気位ばかり高く、御し難い連中であったが、彼は、この職務にきわめてうってつけの人間で、どんな非難にも屈することがないように思われた。

---

(1) これは、エレアの論法を用いて、いずれにしてもメッセニア人のために弁明することは無益であるから、プトレマイオスの弁論は無意味だ、ということを言ったものであろう。なお、このテーマはディオドロスの『世界史』第十五巻六六の記述に基づくと思われるが、ディオドロスの記述にはここで述べられているようなことは出てこない。

(2) 悲劇や喜劇の役者とか音楽家などのグループは、当時のギリシアでは「ディオニュソスの職人」と呼ばれていた。ゲリウス『アッティカ夜話』第二十巻四参照。

彼の息子がローマで死んだとき、彼は婦人たちが見せるような嘆きや見苦しい叫び声は一言も発することなく、ただ、「おお、わが子よ」と三度叫んだだけで埋葬に付した。だが自分がローマで死を迎えようとしていたとき、その枕元に親しい人々がみな顔を揃えて、彼の亡骸《なきがら》をローマに埋葬すべきか、それとも、腐敗しないようにして船でスミュルナへ運んだほうがよいか、と相談していたところ、エウオディアノスは大声を上げてこう言った、「息子だけを一人にしていくことはしないぞ」。このようにして彼は、息子といっしょに埋葬されるよう、はっきり言い置いたのである。

彼はアリストクレスの弟子となって、式典用弁論の修得に専念したが、これにより彼は、言ってみれば甘い泉の水を、混酒鉢の辛い酒に混ぜ合わせたのである。(1) だが一部には、彼はポレモンからも教えを受けたと主張する人々もいる。

一七　ルポス

ペリントス(2)出身のソフィスト、ルポスを著名な人物として記録するのは、その財産によるのでも、彼の一族が多くの執政官を輩出していることによるのでも、また、彼がアテナイで行なわれたパンヘレニア祭を取り仕切って名声を博したということによるのでもない。というのは、このようなことは、たとえもっと数多く挙げられようとも、この人の知恵にはとうてい比べるべくもないからである。いや、彼を世に知らしめているのは、むしろその雄弁と、仮想のテーマにことよせて論ずる際にとくに発揮された聡明さである、と考

598

えるべきであろう。彼が世の賞賛を集めたのは、この文体においてである。その理由は、まず第一に、この種の弁論は口頭で弁ずるのが難しいということにある。というのは、仮想議論の形でまとめられた弁論にあっては、実際に口に出される言葉には轡《くつわ》を嚙ませ、一方、語られずにいる言葉には拍車をかける必要があるからである。第二に、彼が賞賛されたのは、思うに、彼自身の持って生まれた素質のゆえであろう。というのは、彼自身の性格は明けっぴろげで裏がなかったにもかかわらず、自分の生まれつきとは違う性格をも巧みに描いてみせたからである。また、彼が最も富裕な人間とされたのは、ヘレスポントスやプロポンティス地域に住む人々の間においてであり、即席弁論で彼が大きな名声を手にしたのも、アテナイにおいてであり、同じくイオニアやイタリアにおいてであったというのに、彼はどこにおいても、都市であると個人であるとを問わず、他の人々からの敵意にわが身を曝《さら》すということはなく、その当たりの柔らかい人柄で財をなしたのである。

　彼は常々運動によって身体を強化し、いつも厳しい食事管理や、世の競技者と同じような身体の鍛練をしていたと言われる。子供のころは、彼はヘロデスの弟子であった。そして、青年に達してからはアリストクレスの教えを受け、彼から高い評価を得たが、しかし、むしろヘロデスのことを誇りに思い、彼を「ご主人」とか、「ギリシア人の舌」とか、「弁論の王」とか、その他この種の多くの名で呼んでいた。

(1) 不快な話を快い話で洗い浄めるという、プラトン『パイドロス』二四三Dの譬えに倣った表現か。

(2) トラキアのプロポンティス（現在のマルマラ海）沿岸にある都市。

彼は六一歳になって、子供たちを残して生国で没した。だが、これらの子供たちについては、彼の子供であったということ以外、とりたてて語るべきことは何もない。(598)

一八　オノマルコス

アンドロス島出身のソフィスト、オノマルコスは、さほど世にもてはやされていなかったが、しかし、けっして軽蔑されるような人ではなかった。彼が教授活動をしたのは、ハドリアノスやクレストスがアテナイで教えている時期であった。

彼はアジアとほど遠からぬところに住んでいた関係で、そのころとくにエペソスでもてはやされていたイオニア風の弁論スタイルにとりつかれた。それはまるで、はやり目に罹ったかのようであった。このようなことから、一部には、彼はヘロデスの教えを受けなかったと信じている人々もいるが、これらの人々は、オノマルコスについて誤ったことを言いふらしているのである。というのは、彼の語り口は、上に述べたような理由で、いくぶんヘロデスのものより変質してはいたものの、考えていることを多くの同義語を駆使して表わすところなどはヘロデスそのものであり、それは口では言い表せないほど心地よいものだったからである。若者ぶって気障《きざ》と見られることはまずないと思うが、彼の文体はその弁論『彫像に恋する男』の中でとくに観察することができる。そこでは次のように述べられている。

「おお、生命なき身体に宿れる生命溢れる美よ。そもそも、いかなる神霊がそなたを創り出し給うたのか。

599

そは説得の女神の類なるか、それとも雅びの女神、はたまた、美の父たるエロス神その方なるか。けだし、そなたには、かんばせのたたずまい、華やぐ肌、食い入るがごときまなざし、愛くるしい微笑み、ほんのり赤味がかった頬、わが声の届いたことを合図するしぐさなど、まことすべてが備わりおれば。そなたにはまた、いまにも語り出さんばかりの声がある。おそらくは、いつの日にかそなたが語り出すこともあろう。されど、そのとき私はその場にはいない。この恋心を心得えぬ意地悪きものよ、そなたの誠実な恋人に不実な振る舞いをするものよ。そなたはこれまで、私に一言の言葉もかけなかった。されば私は、よき人々の誰がいつでも最も震るえ上がるような呪いを、そなたにかけよう —— 汝に老齢の忍び寄らんことを」。

彼は、ある人々によればアテナイで、またある人々によれば故郷で死んだと言われるが、そのときの彼は、白髪が目立ち始め、老齢に手が届かんばかりであって、その容貌も、やや農夫然として、ビザンティオンのマルコスのように、薄汚れた感があった、とのことである。

一九　アポロニオス（ナウクラティスの）

ナウクラティスのアポロニオスは、弁論の教育では、当時アテナイで弁論教授の席を占めていたヘラクレイデスに対抗する関係にあった。彼は、ほどよく抑制のきいた政治的弁論の修練は十分積んでいたが、討論のほうは見劣りしていた。というのも、この種の弁論には、修飾をあれこれ拡げて論じたり語勢を強めたりすることなどは無縁だからである。

彼は恋愛沙汰に関してはふしだらだったため、多くの不当な密通の結果、ルピノスという名の子をなしている。この子はアポロニオスの後を追ってソフィストになったが、何一つとして自分自身の成果と言えるもの、自分の心から生まれたものはなく、ただ父の短い章句や思想の切れ端にすがりついているだけであった。この点をある識者に突かれると、彼は、「法は私に、父から受け継いだものを自由に使ってよいと認めているではないか」と答えた。すると、相手は言った、「たしかに認めてはいる。だが、それは合法的に生まれた者だけにだ」。

また、彼が雇人となって、それもあまり生活の芳しからぬ家に雇われてマケドニアに行ったことを攻撃する人々がいる。しかし、このような攻撃からは彼を放免すべきである。というのは、かなり知識のある人々の中にも、金銭のために多くの自由人らしからぬ行為をした者を見出すことはできるけれども、当のアポロニオスに限ってそのようなことはなかったからである。なにしろ彼は、自分の財産を共有のものとしてギリシア人の困っている人々に提供したし、それに彼は、授業料を得るための契約に不自由することはなかったからである。

アポロニオスは、全アテナイ人からの好意という死装束を身にまとい、七〇歳でアテナイ市で没した。彼は、ソフィストたちのうちハドリアノスとクレストスの教えを受けたが、彼らの教えを受けなかった人たちと同じように、二人とは距離をおいていた。彼はいつも、世間一般の見方から一歩離れて弁論の論題をよく見据え、それに並々ならぬ時間を費やしていた。

二〇　アポロニオス（アテナイの）

アテナイのアポロニオスは、ギリシア人の間では、法廷弁論に練達であり、朗誦の面でも相当なものであるとして、その名が認められた。彼は、俸給一タラントン(1)で政治的弁論の教授の席に就き、ヘラクレイデスや彼自身と同名の人(2)と同じ時期にアテナイで教えた。彼はまた政治の場でもずば抜けた能力を示した。すなわち、最も重要な問題で派遣された使節団に加わったときは言うまでもないが、アテナイ人たちが最も重要視している国家公共の職務のうち、筆頭アルコンや食糧管理官(3)の職を任されたのである。また、高齢になってからは、神殿(4)で神のお告げを伝える役を委ねられたが、声の響きではヘラクレイデスやロギモスやグラウ

---

(1) タラントンは、もともと重量の単位であったが、その重さの金や銀の価値をもとに貨幣の単位とされるようになった。その価値は国により時代により異なるが、アッティカに例をとると、一タラントンは六〇ムナ、一ムナは一〇〇ドラクマであるから、一タラントンは最も基本的な通貨ドラクマで表わすと、六〇〇〇ドラクマとなる。二〇ドラクマは金八・六グラムと言われるから、これはまた金二一・五八キログラムの価値に相当する。

(2) 前出ナウクラティスのアポロニオスのこと。

(3) 食糧管理官職の原語は τὴν ἐπὶ τῶν ὅπλων（武器を管理する職の意）。もとは重装兵を統率する将軍の職のことで、徴兵し、戦場に連れていくことを仕事としていたが、後に食糧確保や食糧市の管理を司る職を指すようになった。本書五二六（七八頁）参照。

(4) 秘儀が執り行なわれたエレウシスの神殿を指す。ここの秘儀では、よくソフィストが神のお告げを伝えていた。

601 コス、その他この種の祭司たちよりも見劣りはしたものの、厳かで、堂々とし、華麗である点では、先人たちの多くと比べても、優れているように思われた。

ローマの皇帝セウェルスの許へ使節として出向いたとき、彼はソフィストのヘラクレイデスと弁論の朗誦を競う相手をさせられた。そして、ヘラクレイデスは税金免除の特権を剝奪されて、一方のアポロニオスは褒美の贈り物を手にして、退出したのである。また、ヘラクレイデスがアポロニオスについて偽りの噂を流し、彼が今にもリビア[1]に向け出立するかのように言ったことがある。それは、皇帝がリビアに滞在していて、あらゆる国から卓越した人材を集めているときであった。そして、ヘラクレイデスがアポロニオスに向かって、「君にとっては弁論『レプティネスを駁す』[2]を朗誦するまたとない機会だ」と言うと、アポロニオスは答えた、「いや、むしろ君にとってだろう。なぜなら、あの弁論は税金免除の特権のために書かれているのだから」。

アポロニオスはハドリアノスの弟子であったから、自分の弁論の出発点を、ハドリアノスの文体を基礎に置いて固めていた。だが、それなのに、彼は韻を踏んだ短々長格のリズムへと横すべりしている――このリズムを避けるよう注意を払っているときには、彼の文体は威厳のある、足取りのしっかりしたものとなっているように思われるのだが。このことは、他の多くの弁論においても見出されるが、とくに『アテナイ人たちに火葬をやめさせるカリアス』という弁論において見てとることができる、

602 「炬火を高く掲げよ、君。なぜ火に無理強いし、その鼻を大地にこすりつけ、責め立てるのか。火は天のものであり、天空に住居なすものであって、自分と同族の許へ向かおうとする。それは屍を地下に導くもの

にあらず、神々を天に導くものなのである。ああ、プロメテウスよ、炬火を掲げる者、火を運ぶ者よ、そなたの贈り物はいかに辱められていることか。それは心なき骸《むくろ》によって穢されている。火に救いの手を差し伸べたまえ。助け出したまえ。叶うなら、そなたのいるその地からも、この火を盗み出したまえ」。

私は、彼の気まま放題なリズムを大目に見てもらうために、この一文を引いたのではない。いや、彼がもっと節度のあるリズムをも知らなかったわけではない、ということを知ってもらうためである。ところで、彼は、アテナイの民衆の間で弁論家として大いに気を吐いた後、ほぼ七五歳で世を去り、エレウシスに通ずる街道沿いの郊外に埋葬された。その郊外の名は「聖なる無花果《いちじく》の木」(3)で、エレウシスからの聖物がアテナイの町へ運ばれるとき、その行列はここで休息をとるのである。

(1) リビアは通常、東はエジプト、西はキュレナイカに接する地域を指すが、ここではアフリカに対する古名として用いられている。ここの記述は、皇帝のエジプト訪問時のことを言っているのであろう。

(2) レプティネスはアテナイの弁論家で、人々を重税の苦しみから救うために努力した。この計画には、税金免除の特権を廃止することも含まれていた。なお、ライト（Wright, W. C.）はレプティネスという語に皇帝の生地であるアフリカの都市レプティスとの語呂合わせを想定している。

(3) 聖なる無花果の木のことは、アテナイオス『食卓の賢人たち』第三巻七四dでも言及されている。アテナイからエレウシスへの聖なる道に入ると、政治家、軍人その他功績のある著名人の墓が数多くあった（パウサニアス『ギリシア案内記』第一巻三六－三七）。

二一　プロクロス

私はナウクラティスのプロクロスのことも記録しておこうと思う。というのも、私はこの人のことをよく知っているからである。なにしろ、彼は私の先生たちの一人なのだから。

603 さて、プロクロスは、エジプトではかなり名の通った人物の一人であったが、ナウクラティスが内紛のさなかにあり、法秩序に反した支配のもとに置かれているのを目の当たりにして、アテナイでの平穏な生活を憧れ、密かに船出して、かの地で暮らしていた。その際、彼は多くの財産と、多数の召使、その他豪華に飾りつけられた家財道具を携えていった。

彼は、まだ若者だったころも、アテナイでの評判はよかったが、成人してからはなおいっそうその名を高めた。それは、まず第一に、彼が選んだ生き方によるのであるが、ついで、私の思うには、彼が示した善意溢れる行為のためでもある。この行為は、アテナイに住む一人の市民に対してなされたものであったが、それが、彼の品性が高潔であることを世に知らしめたのである。その事情はこうである。彼はペイライエウスに入港したとき、土地の者の一人に、某は達者でアテナイに住んでいるか、幸せに暮らしているか、と尋ねた。この問いは、彼のある客人について尋ねたもので、その客人とは、彼がまだ若いころ、ハドリアノスの許に通っていた折にアテナイで親しく交際していた人物であった。そして、その人はまだ生きていて、アテナイで暮らしてはいるが、家を抵当に借りていた一万ドラクマの金のため、家がアゴラ［市場］で競売にかけられているので、すぐにも立ち退くことになっている、と聞かされると、彼は、まだアテナイの町に入らぬうちに、その人に一万ドラクマの金を送り、それに次のような伝言を添えたのである、「家を自由にしてやってください、うなだれているあなたを見るのは嫌ですから」。だが、こういうことは金持ちだからできたのだ、とのみ考えてはなるまい。むしろそれは、教育を十分身につけていて、友情に必要なことは何かを知り尽くしている人にして初めてなしうることなのである。

彼は家を四軒手に入れた。そのうち二軒はアテナイ市内にあり、あと一軒はペイライエウス、もう一軒はエレウシスにあった。彼の許には、エジプトから乳香や象牙、香料、パピロス、書籍、その他この類の必要物資のすべてがいつも送り届けられていて、この種の品物を並べて商売している人々にそれを提供していた。しかし彼は、どんな場合にも、貪欲な人間であるとか、自由人らしからぬ者であるとか、強欲とか、利得の亡者などと見られることはなかった。いや、彼はいつも元手さえ戻れば満足していたのである。

彼には、闘鶏用の鶏とか、鶉《うずら》とか、犬、子犬、馬などの飼育に親の財産を浪費している息子がいたが、彼はその息子を叱責するどころか、いっしょになって若者の楽しみに耽っていた。そして、多くの人々にそのことを非難されると、こう言った、「年寄りといっしょに遊ぶことのほうが、同じ年格好の者と遊ぶことより、早くやめられるだろう」。

彼の息子が、ついで妻もこの世を去ってしまったとき、その老衰した眼まで惹きつけられたためであろうか、彼は情婦のところに入り浸りであった。そして、その女がきわめて魅惑的であったために、彼女に手綱をすっかり任せっきりにしてしまい、財産の番人としてはお粗末であるという評判を立てられた。

彼の朗誦レッスンに関する決まりは、次のように定められていた。すなわち、一度一〇〇ドラクマを支払えば、いつでも聴講が自由であった。また、彼は自宅に書庫を持っており、そこの書物は弟子たちの利用も許されていて、これが講義の補充をなしていた。また、ソフィストたちの学校によくありがちな、互いに非難を飛ばし合ったり、からかったりすることを禁止するため、われわれが一堂に呼び出されたことがある。呼び出しに応じて、われわれは、まず子供たち、それから付き添いの養育係たちが中央に、ついで、付き添いなしで若者、というふうに席についた。プロクロスがこのように公式の形で話をするのはごく稀なことであった。だが、話に取りかかってしまうと、その語り口はヒッピアスやゴルギアス張りであった。彼はまた、話をする前の日に弁論を用意し、それにはいつも再検討を加えるのが常であった。彼の記憶力は、九〇歳の老齢に達しても、シモニデス(1)をも凌ぐ強さを誇っていた。また、彼の弁論スタイルは天性のものであったが、同義語をふんだんに使って考えを述べるところは、ハドリアノス的であった。

二二 ポイニクス

テッサリアのポイニクスは、尊敬に値するほどの人物でもないが、そうかといってまったく無視されるべき人でもない。というのは、彼はピラグロスのところに通う弟子の一人であったが、雄弁に語るというよりは、むしろ弁論の考案に優れた才を持っていたからである。すなわち、彼の着想は順序よく整えられており、発想に適切さを外したものは一つもなかったが、しかし、いざそれを論ずる段になると、もう支離滅裂で、弁論のリズムをまったく欠いているように思われていたのである。彼は、若者のうちですでにある程度自分のものを身につけている者に教えるよりも、初心者に教えるほうが適している、と見られていた。なぜなら、弁論の素材となっている事柄が飾りなしに並べ立てられるだけで、話し方の上で、これに修辞的な装いをまとわせるということがなかったからである。

彼は七〇歳になってアテナイで没し、人目につきやすい場所に埋葬された。すなわち、アカデメイアに通ずる道の右側で、戦没者たちの墓の近くに彼は眠っている。

二三 ダミアノス

では、話を最も有名な人物、エペソス出身のダミアノスに進めることにしよう。そして、私の話からはソテロスや、ソソスや、ニカンドロスや、パイドロスや、キュロス、それにピュラクスなどに類する人々のことは割愛させていただきたい。というのも、これらの人々は、名の通ったソフィストというよりは、どちらかといえばギリシア人のなぐさみものと呼ばれるのがふさわしいからである。

さて、ダミアノスは、その先祖も非常に有名で、エペソスで最も尊敬を集めた人たちが顔を並べていたが、彼の子孫もまたきわめて評判の高い者ばかりであった。すなわち、子孫はみな元老院議員の身分を与えられ、

(1) シモニデス(前五五六―四六八年)はケオス島出身の叙情詩人で、強記の人として知られていた。

そのすばらしい評判と金銭に恬淡《てんたん》なことで世の賞賛を集めていたからである。またダミアノス自身も、さまざまな種類の膨大な富に恵まれていたが、彼はそれをエペソスの困窮している人々の救済に喜んで役立てたばかりか、一方では、多くの財産を寄付したり、公共建造物の荒廃したものを修復したりすることで、国家への最大の貢献をしていた。また彼は、マグネシア門を抜けて走る道をアルテミス神殿まで延ばし、神殿をエペソス市と結びつけた。この道は全体が一スタディオン[1]に及ぶ大理石の柱廊をなしていたが、この建造物の狙いは、雨が降っているとき、神殿に詣でる人々が足留めを食わないようにすることにあった。この事業が多額の費用を費やして完成したとき、彼はそれに自分の妻の名を奉納者として刻み込んだ。だが、神殿内の迎賓館は彼自身の名で奉献し、規模の点では、他の場所にあるすべてのものをいっしょにしても、それを凌駕する壮大なものに作り上げ、言語を絶する美しい装飾をそれにまとわせた。すなわち、それは、これまで切り出されたことのないようなプリュギア産大理石で飾り立てられていたのである。

富を有益に使うことは、彼がまだ若いころから始めていた。そう、たとえば、アリステイデスとハドリアノスの二人のソフィストが、前者はスミュルナに、後者はエペソスに君臨していたとき、彼は一万ドラクマを払って二人の教えを聴講し、このようなことに金を使うことは、一部の人々のように美少年や美少女に注ぎ込むよりもずっと気持ちがよい、と言った。ところで、私がこれら二人のソフィストについて書いていることはすべて、二人のことをよく知りつくしているダミアノスから聞いて述べたものである。ダミアノスの富については、次の事実もまた、それをよく表わしている。まず第一に、彼が所有していた土地のすべてには、たわわに実をつけ、よい陰を作ってくれる樹が植えられており、海辺にある土地には人工の島、そして入出航する商船に投錨地を確保してくれる港の突堤が作られ、また、郊外にある家も、あるものは市中での生活様式が保てるように、またあるものは洞窟さながらのものに、しつらえられていた。

次に、アゴラにおいて示されたこの人自身の人柄であるが、それは、利益であれば何でも後生大事に考えるような人に見られるものでも、取れるものならどんなものからでも取るのをよしとする者に見られるものでもなかった。いやその反対で、人の困っている様子が目に留まると、謝礼抜きでその人の代弁を買って出ようかという人の人柄そのままであった。これは教師として弁論を教える場合でも同じであった。つまり、遠く離れた土地からやって来て、金に困っている弟子を見つけると、いつでもその者たちに聴講料を返却し、気を許して金を使いすぎることのないように注意していた。

彼は、法廷弁論家として見れば、並以上にソフィスト的であり、ソフィストとして見れば、かなり法廷弁論家的であった。(2) 年をとって老境に入ると、彼は、心の働きというよりも、むしろ肉体のほうが弱ったため、これらの仕事は二つともやめてしまった。それはともかく、彼の名声を慕ってエペソスに通ってくる弟子たちに対し、彼は何でもその求めに応じ、この私にも、一度ならず、二度目、三度目と、言葉を交わす栄誉を

---

(1) 距離の単位で、一スタディオンは、長さの基準となるプースで表わすと六〇〇プースに当たる。この基準は国によりその長さに差異があるが、アッティカに例をとれば、一七七・四二メートルに当たる。この長さが競技場の長さとなっている。

(2) これと同様の記述は、ニケテス(本書五一一(五四―五五頁)参照)、アンティオコス(本書五六九(一四〇頁)参照)についても見られる。

与えてくれた。そしてそのとき私が目の当たりにしたのは、ソポクレスに出てくる馬(1)によく似た人物であった。というのは、彼は年齢のため動きは鈍くなっているが、いざ議論をする段になると若さ溢れる活力を取り戻したからである。

彼は生まれ故郷で、七〇年の生涯を閉じた。そして、彼が所有する郊外の土地のうち、彼がそれまで一番長く暮らしてきたところに埋葬された。

二四　アンティパトロス

ソフィストのアンティパトロスの生地はヒエラポリスであった。これは、アジアで繁栄している町の一つに加えられてよい都市である。彼の父は、この町で最も著名な人物の一人ゼウクシデモスであった。

彼はハドリアノスとポリュデウケスから教えを受けたが、その文体は、どちらかといえばポリュデウケスに倣っていた。というのは、発想の迸る勢いを、彼は陳述のリズムによって緩和していたからである。彼はまた、アテナイのゼノンからも教えを受け、弁論技術の詳細な部分を教わった。彼は即席弁論に長じていたが、想を練って書く弁論をもおろそかにはせず、われわれにオリュンピアの祭典やパンアテナイア祭用に用意された祝典弁論を朗誦してくれたり、皇帝セウェルスの事績を歴史的記述にまとめるなどしていた。なにしろ彼は、皇帝の格別の取り立てで皇帝秘書(2)に任ぜられ、この職務で輝かしい名声を轟かせるに至ったからである。というのも、私の考えを言わせてもらえば、歴史的物語の朗誦と記述をこの人以上に立派に成し遂げた人は大勢いるけれども、彼以上に見事に手紙を書いた者は一人としていなかった、いや、彼は、ちょうど名声輝くばかりの悲劇俳優が舞台上の役柄をよく呑み込んで演ずるのと同じように、いつも皇帝という役柄にふさわしい発言をしていたのである。つまり、彼の言葉はいつも明快で、それには心の大きさが漂い、文体もその時々の状況に応じた述べ方をしていたが、とくに手紙の場合には、文章に輝きを与える効果のある接続詞省略法[3]が、快い響きをもって用いられていたからである。

彼は執政官に列せられてビテュニア人を支配したが、すぐに剣を使いたがると見られたため、その職を解かれた。

アンティパトロスは六八歳の生涯を送った後、生まれ故郷に葬られた。一説によれば、彼は、病気というよりも、むしろ強い意志で断食を続けたために死んだとのことである。というのは、彼はセウェルスの息子たち[4]の教師に任ぜられたのであるが（それでわれわれも、彼の講義に賛辞を送るときには、彼を「神々の教

（1）ソポクレス『エレクトラ』二一五参照。年で動きが鈍くなっているが、肝心のときにはしゃんとする。

（2）皇帝秘書は、皇帝の書簡や公用文書、布告などを代筆する職で、ハドリアノス（本書五九〇（一七〇頁）参照）やニュンピディアノス（エウナピオス『列伝』四九七（三五一頁）参照）のように、しばしばソフィストが任命されていた。

（3）接続詞省略法（*ἀσύνδετον*）は、クリティアスがよく用いていた（本書五〇三（四四頁）参照）。

（4）カラカラとゲタ。一九八年、パルティアのニシビス侵攻の際の勲功で、カラカラは正帝に、弟のゲタは副帝に即いた。その後、ゲタも正帝の座に即いたが、父セウェルスの死後、兄弟の仲が険悪となり、ゲタは兄に暗殺されるに至った（二一二年）。

師」と呼んでいたのである）、それらの息子のうち弟のほうが、兄に対して陰謀を企てているという理由で死に追いやられたとき、アンティパトロスは兄に対し、哀悼詩や挽歌で包み込まれた手紙を書いて、「君には今や目も、そして手も、二つのうち片方だけしかない。私はお互いに助け合うために武器をとるようにと教えたのに、聞くところでは、君たちはお互いに向けて武器をとったというではないか」と言ったためである。これらの言葉に、皇帝[1]が激怒したことは容易に想像がつく。実際の話、市井の人間であっても、少なくとも自分に対する陰謀の噂を信ずる気になっているとしたら、これらの言葉には腹を立てたことであろう。

二五　ヘルモクラテス

608 ポカイア[2]のヘルモクラテスもまた、ソフィスト仲間にあって、本書で挙げられている誰よりも、持って生
まれた能力を存分に発揮して、その力量のほどを謳われている。というのは、彼は、世に盛名を馳せている
ソフィストからはまったく教わろうとしないで、ソフィストの術を万事そつなくこなすというよりは、むし
ろ大胆に実践していたスミュルナ出身のルピノスに師事したのに、ギリシア人の中で誰よりも多彩に弁を操
609 ったり、非常に多彩な発想をしたり、それを多様に配列してみせたりしたからである。だがそれも、ある種
の弁論だけに限られていて、他の弁論はそうでなかったというのではなく、彼が心がけていたありとあらゆ
る弁論において例外なくそうであった。なにしろ彼は、仮想のテーマを借りて論ずることも巧みにこなして
いたし[3]、夥しい数の両義的な言い回しを考案したり、ベールで覆ったような表現の中に自分の真意をそっと

610 忍ばせたりしていたのである。

ヘルモクラテスの祖父は、ソフィストのポレモン(4)の子アッタロスで、父はポカイア出身のルピニアノス。この人はアッタロスの娘カリストを妻に迎え、執政官の職にあった人だった。

父の死後、ヘルモクラテスは自分の母親と修復不可能な不和の状態に陥った。その状態は、彼がまだ若い盛りのうちに他界したとき、カリストは彼に一滴の涙すら注がなかったほどひどいものであった――このような場合、その若さでの死は、最もいがみ合っている者にとってさえ憐れに思われるものなのだが。だが、これだけのことを聞いただけでは、母親でさえ彼の死になんの悲しみも感じなかったのだから、この若者のほうに落度があったに違いない、と考えたくなることであろう。しかし、その本当の理由をいろいろ推し量って、母親が奴隷に邪な恋をしたために、若者はもう彼女を愛せなくなったのだ、という結論に達するなら、息子が法にかなっているのはもう明らかとなることだろう。そして、その法は、上のような理由なら母親を殺すことすら彼に認めているのである。それにもかかわらず、母親は、彼女自身と息子のいずれにも汚名を被せるような行為をしたのであるから、身内以外の人々にさえ爪弾《つまはじ》きされて当然なのだ、と思うようにな

(1) カラカラ。
(2) イオニア地方のキュマイとスミュルナ両市の間に位置する港町で、アテナイ人の植民によって建設された都市。
(3) このような論じ方については、本書五九七(一八二―一八三頁)参照。
(4) ポレモンについては本書五三〇―五四四(八四―一〇三頁)参照。

るだろう。

だがヘルモクラテスは、以上の非難は免れても、もう一つの非難は、これと同じように躱《かわ》すことはできないだろう。というのも、彼は父親から莫大な財産を受け継いでいたが、その財産を、馬の飼育に注ぎ込むでもなければ、自分の名を高めることになるような公共の奉仕に使うでもなく、ただ、生《き》の酒をあおったり、喜劇に話題を提供するような飲み仲間と楽しく騒ぐことに使い果たしたからである（たとえば、かつてヒッポニコスの息子のカリアス[1]に媚びを売っていた連中が、そのような話題を提供していた）。

アンティパトロスがすでに皇帝秘書に抜擢されていたとき、彼は、容貌の芳しからぬ自分の娘をぜひヘルモクラテスに妻《めあわ》せたいと望んだ。ところがヘルモクラテスは、アンティパトロスの羽振りのよさに与りたいと跳びつくどころか、結婚の取り持ち女が、彼の目をアンティパトロスが現に所有している財力のほうに向けさせようとすると、彼は、自分はたくさんの持参金や舅の尊大さの奴隷となることはないだろう、と答えた。そして、親戚の者たちが、アンティパトロスのことを「ゼウスの子コリントス[2]」のように思って、この結婚に踏み切らせようと彼を急《せ》き立てたが、彼はそれに屈しなかった。それで、ついにセウェルス皇帝が彼を東の国に呼び寄せ、彼にその娘を娶らせたのである。そういう話になってから、あるとき親しい友の一人が彼に、いつ花嫁のベールを取り除く式が行なわれるのか、と尋ねた。するとヘルモクラテスは、たいへん機転のきいた返事で、「いや、ベールを被せる式だろう、あのような娘を妻にするのだから」と言った。彼はほどなく結婚を解消したが、それは、相手の容貌が快くない上に、性格までうまく折り合わないことがわかったからである。

また、皇帝は、ヘルモクラテスの弁論を聴いたとき、ヘルモクラテスの曾祖父[3]に対して抱いたのと同じくらい彼に感銘し、何なりと望みの贈り物を遣わそうと言った。するとヘルモクラテスは答えた、「冠も、税金免除の特権も、国費による食事も、高官の紫衣も、祭司を務める名誉も、みな曾祖父がわれわれ子孫に遺してくれました。ですから、これほどの長きにわたって所有しているものを、どうして今また陛下に求めたりいたしましょう。しかし私は、ペルガモンにましますアスクレピオスによって、乳香の香りを焚き込めた山鶉を食べるよう指示されております。ところが、この香り高い香辛料は、現在われわれの国では非常に稀少でして、神々のために香を焚くにも大麦粉と月桂樹の葉で間に合わせている始末です。ですから、私は、神々に相応のお仕えをし、かつ一方では、私自身も治療を受けられるように、五〇タラントン分の乳香をお願いしたいと思います」。すると皇帝は、賛辞とともに乳香を彼に与え、些少なものしか要求されなかったので赤面するばかりだ、と言った。

弁論を演示する際、ヘルモクラテスの力となっていたのは、第一に曾祖父の名声である。なぜなら、人間

(1) カリアスはソフィストたちのパトロンであった金持ち。この箇所は、前五世紀のアテナイの喜劇作家で、当時の不道徳な行為を激しく攻撃したエウポリスの『へつらい者』を念頭に置いているのであろう。この喜劇については、アテナイオスも言及している(『食卓の賢人たち』第五巻二一八b－c、第十一巻五〇六e)。

(2) コリントス人が自分たちの名はゼウスの子コリントスから来ていると自慢したことから、この表現は空しい自慢話とか、意味のない繰り返し言葉のように解されているが、ここでは「時の氏神」のような、アンティパトロスを誇大に讃える誉め言葉として用いられているのであろう。

(3) ポレモンのこと。

の性《さが》というのは、父親から子供に譲られた有能性のほうを余計に讃えるものであるから。それなればこそ、同じオリュンピア競技の勝者でも、多くの勝者を輩出している家の出身者であるほうが、栄光により箔がつくものであるし、兵士にしても、多くの従軍兵士を送り出している家の出身者のほうが、名誉により重みがあると思われるのである。また職業も、父や祖父が従事していたもののほうが喜びを感じられるし、そしておそらくは、技術もまた、親譲りのもののほうがより優れている、とされるのである。

さらに、彼に力を与えていたものというと、彼の容姿に漂う美しさもそうである。たしかに、彼には、初々しい若者が備えているような魅力と、彫像を彷彿とさせる美しさがあった。そのうえ、大勢の聴衆を前にしたときのこの若者の物怖じしない態度も、多くの人々の間に驚嘆のざわめきをもたらした。それは、大きな仕事を事もなげにやってのける人々に対して人間が経験するような驚きであった。さらにまた、淀みない話しぶりや、言葉が打ち出す力強い響きや、一瞬のうちに論ずべきことを読みきってしまう能力、それに、彼が朗読したり朗誦したりした弁論は、まだ若い人のものというよりは、頭髪が白くなった人が着想し、陳述したもののように思われたという事実も、彼に力を与えていたのである。

ところで、ヘルモクラテスの弁論は、おそらく八篇もしくは一〇篇が、それにポカイアでのパンイオニア親愛の盃祭に寄せた短い演説一篇が残っている。だが、これだけはぜひ断言させていただきたいのだが、もし彼が、嫉みの女神の手に落ちて成人に到達する芽を摘み取られるようなことがなかったとしたら、この若者の弁舌を凌ぐほどの者は一人もいなかったことであろう。彼は、ある人々によれば、齢二八歳にして没したとのことであるが、一説では、二五歳のときだったとも言われている。そして、父祖伝来の土地と先祖代々の墓が、彼を迎え入れた。

二六　ヘラクレイデス

613

リュキア(1)出身のヘラクレイデスもまた、非常に名声の高い人物であった。まず彼の家柄がそうであった。というのも、彼は多くの優れた祖先の末裔であったうえ、自分もまたリュキアの祭司長となったからである。この祭司長の職はさほど大きくない国のものではあったが、私の思うに古くからの同盟関係によるのであろうか、ローマ人が高く評価している地位である。しかし、ヘラクレイデスは、それ以上にソフィストの仕事で名声を鳴り響かせた。というのは、彼は、弁論を考案する能力に長じている一方で、それを雄弁に語る能力をも十分に備え、法廷弁論では単純明快であり、同時に、国家的行事での演説において、とりつかれたように思いを熱狂的に語るということもなかったからである。

さて、ナウクラティスのアポロニオスの弟子たち(その先頭であり、中心であり、締めくくりであったのは(2)

(1)小アジアのカリア、プリュギア、パンピュリアの諸国に接する、地中海沿岸の国。

(2)この表現はエウリピデスの『アウリスのイピゲネイア』一一二五から借りたものであろうが、その表現は、クリュタイメストラが自分の不安な話をどこから話そうかと案じている傍白の中で、「話の初め、最後、その間のこと」という意味で用いられており、本文とはまったく関連性がない。

ドリケ出身のマルキアノスであった)が結束して反対したため、ヘラクレイデスがアテナイでの弁論教授の椅子から追われたとき、彼は、諸国の中でとりわけソフィストのムーサに敬神的犠牲を捧げているスミュルナに向かった。ところで、イオニアやリュディア、プリュギア、カリアなどの若者の一団が、この人に師事するために大挙してイオニアに集まったという事実は、まだ大したことではない。というのは、スミュルナはこれらの国々すべてと隣り合わせているからである。しかし、彼はヨーロッパからギリシア人を引き寄せ、東方の若者を集め、またエジプト人で彼の教えを受けたことのある多くの人々をも集めたのである。というのも、彼はエジプトでナウクラティスのプトレマイオスと知の優劣を競ったことがあるからである。このようにして、彼は、スミュルナを輝かしい人々の群れでいっぱいにし、ほかにも、次に述べるような多くの利益をこの地にもたらしたのである。

他国人、とりわけ知識を愛する人々が大勢往来している都市は、事を諮《はか》るにも思慮深さを見せることであろうし、市民の集会で論ずるにも節度を守るようになるであろう。公正でないことが大勢の優れた人々のいるところで暴かれることがないよう、いつも注意を怠らないだろうから。また、そのような都市は、集まってくる人々の群れに十分な満足を与えていると思われるように、神殿や体育場や泉や柱廊などの手入れが行き届いていることであろうし、それに、もしその都市が、スミュルナがそうであったように、海上貿易をしているのであれば、海がそれらの人々に多くの尽きることのない物資を提供することになろう。彼はまたアスクレピオスの体育場に、屋根を黄金で葺いたオリーブ油を塗るための泉を作って、スミュルナの美観にも貢献した。また、彼はこの町で冠を戴く祭司の職をも務めたが、スミュルナの人々は、毎年、これらの祭司の名をとってその年を呼んでいるのである。

彼は、宮廷の雰囲気と衛兵たちに恐れをなしたため、セウェルス皇帝の前で即席弁論に失敗したと言われている。もし法廷弁論家がそんな失態を演じたなら、おそらく批判の矢面に立たされることだろう。なにしろ、法廷弁論家という人種は、向こう見ずの自信家ばかりだから。だがソフィストであっても、一日の大半を若者たちといっしょに研鑽しているのであるから、動揺せずにすむということはありえないだろう。なぜなら、即席弁論の論者は、聴衆の誰かが尊大な顔つきをしていても、賞賛の声が遅くても、拍手がいつもどおりでなくても、狼狽してしまうものだから。ところが、そのうえ敵意まで自分を待ち伏せしているとわかると(ヘラクレイデスが、その時、アンティパトロスの敵意をそれとなく感じとっていたのがそうである)[1]、論者は回転のよい発想を妨げられ、淀みない言葉の流れも滞りがちになることであろう。この種の疑念は、心を曇らせ、舌を縛りつけてしまうからである。

彼は聖なるヒマラヤ杉を切り倒したという理由で、財産の大半を国庫に没収されたと言われている。そのとき、弟子たちが裁判所から立ち去る彼につき従って、彼を慰め、かつ元気づけていた。そして、彼らの一人が、「しかし、ヘラクレイデス、あなたの弁論の才能も、それで勝ち取った名声も、奪い取ることのできる者など一人もおりません」と言い、彼のために吟誦して、「どうやら一人だけ抑留されているらしい、こ

(1) アンティパトロスはセウェルスの皇帝秘書を務めていたから(一九七頁註(2)参照)、この弁論の場に居合わせたのであろう。

の広い……」[1]と謳ったところ、彼は口を挟んで「国庫の中に」と言った。このように、じつに機知溢れるジョークで自分の不幸を紛らせたのである。

彼は、ソフィストのうちの誰よりも、勉励の末に知識を手に入れたように思われる。なにしろ、彼の本性が勉学をなかなか受けつけようとしなかったからである。彼にはよく考え抜かれた、かなり楽しい作品があるが、これは手頃な大きさの本で、『勉励賛歌』という標題がつけられている。彼がこの本を手に歩いていたところ、ナウクラティスでソフィストのプトレマイオスとばったり出会った。すると、プトレマイオスは、彼に、何を熱心に勉強しているのかと尋ねた。それで彼が、これは刻苦勉励の賛歌だと答えると、プトレマイオスはその本をちょっと見せてくれるように言って、〝ピィ（π）〟の文字を消すと、「さあ、君の賛歌の標題を読んでみたらいい[2]」と言った。また、ナウクラティスのアポロニオスがヘラクレイデスを攻撃して行なった講演も、彼のことを鈍重でのろのろしていると非難している。

ところでヘラクレイデスの先生であるが、ヘロデスは、本当に彼の先生だったのかどうか確証されていない人の一人である。これに対しハドリアノスとクレストスは、彼の正真正銘の先生と呼ばれる人々に含まれていた。また、彼がアリストクレスから教えを受けたことも、信じてよいであろう。

一説によると、彼の胃袋は底なしで、非常に大量のご馳走を詰め込んだが、この大食ぶりも健康に支障をきたすことはまったくなかったとのことである。とにかく、彼は八〇歳を越えてから死んだのであるが、身体はいたって健康そのものだった。彼が埋葬されたところはリュキアだと言われている。彼は娘と、数名のあまり誠実とは言えない解放奴隷たちを後に残したが、これらの人々によって「弁論術」も相続された。この「弁論術」というのは、スミュルナの近くにある、値一〇タラントンばかりの小さな土地で、彼が得た聴講料で購入されたものであった。

二七　ヒッポドロモス

テッサリアのヒッポドロモスも、これまで挙げられたソフィストたちにいささかもひけをとらない、と見るべきである。というのは、彼はソフィストのある者たちよりは明らかに優っていたし、また一部の者と比べても、彼が劣っているようなところは、私には見当たらないからである。ところで、ヒッポドロモスの生地は、テッサリアの繁栄している都市ラリサであった。彼の父親はオリュンピオドロスで、馬の飼育ではテッサリア人の誰よりも抜きん出た人であった。

テッサリアでは、一度でもピュティアの競技を主宰するのは大変なことと見なされていたが、ヒッポドロ
616
モスは二度もピュティア競技会を主宰し、富の上でも、彼の主宰した競技会が壮麗であったことでも、また

(1) ホメロス『オデュッセイア』第四歌四九八。原文では「この広い海の中に」とあるが、ヘラクレイデスは「海」を「国庫」に置き換えた。本書五五八（一二五頁）参照。

(2) 本の標題は、原語では "Πόνου ἐγκώμιον" である。この πόνου（勉励の）の 'π' を消すと ὄνου（驢馬の）となり、標題は「驢馬賛歌」となる。驢馬が一般に鈍重なものに譬えられるから、こうすることにより、ヘラクレイデスが知識の修得に苦労していることをからかっているのであろう。

審判として正しさを判定するときの心の寛大さと公正さにおいても、先人たちを凌駕した。一例を挙げれば、悲劇の役者のことで彼がとった行動は、その公正さと判断の的確さで、他の誰にも彼の右に出ることを許さなかった。その事情はこういうことである。

ビザンティオンのクレメスは悲劇役者で、演技の上で彼と肩を並べうる者は一人もいなかったほどの名優だったが、ビザンティオンが包囲下にあったときは(1)、彼は、競演で優勝しても、いつも勝利の褒賞を与えられることなしに立ち去っていた。つまり、ローマ人に対して武器をとった都市が一市民の勝利によって自分の勝利宣言をしている、と思われたくなかったからであった。だから、クレメスがアンピクテュオンの競技で最優秀賞を勝ち取ったときも、アンピクテュオンの人々は、上述のような理由を危惧するあまり、彼の勝利を取り消す票決をしようとしていた。するとヒッポドロモスは、凄まじい勢いで立ち上がるなりこう言った、「ここにいる連中はさっさと立ち去らせ、誓いを破ったり、公正に反した判定をしたりしてわが身大事にさせておくがよい。しかし、この私はクレメスに勝利の一票を投ずる」。そして、他の役者がこれに抗議して皇帝に訴え出たとき、ヒッポドロモスのこの一票は改めて賞賛を受けることになった。というのは、ローマの舞台でも、このビザンティオンの役者は勝利の賞を攫《さら》ったからである。

しかし、群衆に対してはこのように確固たる態度をとったが、弁論を演示する場合には、彼は驚くほど穏和な態度を見せていた。すなわち、彼は、自分を売り込んだり、尊大になったりしがちな技術を取り入れてはいたものの、けっして自己礼賛にはしることはなく、むしろ、自分に対する賞賛が行き過ぎるのを抑えていたのである。一例を挙げれば、かつてギリシア人たちが彼の気に入るような賞賛の叫びを上げ、あるときなどは彼をポレモンになぞらえることすらしたことがあるが、そのとき彼は、「何ゆえこの身を不死なる神々になぞらえるのか」[2]と言って、神のごとき人物とする世評をポレモンから奪い去ることをしないのみか、同時に、自分をそのように卓越した人物になぞらえることを許そうともしなかった。また、ナウクラティスのプロクロスが、アテナイで教鞭をとっている人々すべてを攻撃対象とした、老齢には不釣り合いな品のない諷刺を物して、ヒッポドロモスをもこの悪口雑言の対象に加えたときのこと、われわれとしては、言われている悪口のこだまに反論を加える弁論をヒッポドロモス自身の口から聞けるものと思っていた。ところが、彼は下品な言葉を一言も口にすることはせず、賞め言葉がどれほど孔雀の翼を拡げさせているかという話に始まって、人を賞めることのすばらしさを諄々と語ったのである。

さて、自分より年長の人々や、年齢の上下を問わず目上の人々に対する彼の態度は以上のとおりであったが、同年配の人々に対して彼がとった態度については、われわれは次のような事実からそれを知ることができる。

あるイオニア出身の若者がアテナイに出てきて、聞く者がうんざりしてしまうほど、いつもヘラクレイデスの賞賛ばかりしていた。するとヒッポドロモスは、自分の講義のときにその若者を見つけるなりこう言った、「ここにいる若者は自分の先生に恋をしている。それゆえ、愛する者のことでこの若者に力を貸してやるのがよいであろう。そうすれば、彼は人の賞め方を学んで、思いがけぬ儲けものをして立ち去ることができ

（1）皇帝セウェルスによる一九三年から一九六年にわたる包囲。

（2）ホメロス『オデュッセイア』第十六歌一八七参照。

きようから」。そして、こう言い終わるや、彼はヘラクレイデスに対する賛辞を述べ始めたのであるが、それは、彼についてこれまで述べられたことがないほどの立派な賛辞であった。また、カッパドキアのディオドトスのために彼が流した涙や、弁論の朗誦にその優れた資質を示しながら、春秋に富む身で世を去ったこの人を惜しんで、黒い衣服に身を包んだという事実など、これらのことは、ヒッポドロモスがギリシア人学生の父であり、自分の死後も傑出した人物が輩出するよう先々まで気遣っていた人であることを、広く世に示したのである。この点を、彼はオリュンピアできわめてはっきりと示してみせた。すなわち、自分の弟子で二二歳になっていたレムノスのピロストラトスが(1)、かの地で即席の弁論に挑戦しようとしていたとき、彼は、公の祭典での賞賛演説では何を言い、何を言うべきでないか、その注意点をできるだけ多く、ピロストラトスの賞賛演説の技術に授けてやった。そして、ギリシアの全体がヒッポドロモスにも、すぐこの競技に参加するよう求めると、「私は、自分自身の内臓と正面切って戦う気はない」と言った。そして、そう断った上で、自分の弁論を、犠牲を捧げる日まで遅らせたのである(2)。これらのことは、十分な学識を身につけ、人柄も恩情に溢れて温和な人物をよく表わしている、と言うべきである。

ヒッポドロモスはアテナイで四年ほど弁論教授の席を占めていたが、妻の求めと財産のことが原因でその職を退いた。というのは、妻は女性としてはとくに活動的な人で、金銭のよき番人でもあったが、夫婦が二人とも留守にしているうちに財産状態が悪化してきたからである。それでも、彼はギリシア人の公の祭典に足を運ぶことをおろそかにはせず、弁論の演示をするためと、人々に忘れられないために、それらにはいつも顔を出していた。そして、そのような場合でも、彼は、他の人々より優れていることを証明していた。教えることをやめた後も絶えず精進を続けていたからである。事実、カッパドキアのアレクサンドロス以降のギリシア人で記憶に残る好運に恵まれた人々は数多くいるが、その中でもヒッポドロモスは、最も多くを学び、また最も広く本を読んだのである（ただし、ペリパトス派のアンモニオスは別である。なにしろ、この人より博学の人は、これまで私は見たことがないのだから）。また、ヒッポドロモスは、田舎で過ごしているときでも、陸路を旅するときでも、海路を行くときでも、弁論の修練を怠ることがなく、エウリピデスやアンピオンの賛歌を引用して、修練を安楽な暮らしに優る財産と呼んでいた。

彼は、容貌はいささか田舎者然としていたが、その眼光からは計り知れない高貴のきらめきを発し、その視線は俊敏で活力に満ち溢れていた。これらの性格は、スミュルナのメギスティアスも、彼の相貌のうちに見てとったと言っている。この人物は、人相学者の中では誰にもひけをとらないと信じられていた人である。その話はこうである。ヘラクレイデスの死後、ヒッポドロモスはスミュルナにやって来た。彼はそのときまで、スミュルナに来たことはなかったのである。船を下りると、彼は、ひょっとして当地の弁論スタイル(3)を身につけている人に会えるのではないかと考えて、アゴラに向かっていった。すると、神殿があって、その辺りに子供の付き添い人たちが腰を下ろし、お供の奴隷が本の大荷物を肩掛け鞄に入れてしっかと抱えているのを目にした。そのとき彼は、誰か有名な人がこの中で教えているのだ、と察した。そこで、彼は中に入

(1) 本書の著者ピロストラトスの女婿で、彼より若い「レムノスのピロストラトス」のこと。解説三八四―三八五頁参照。

(2) 犠牲を神に捧げるのは、祭りの最後の日であった。

(3) イオニア風スタイル。

っていって、メギスティアスに挨拶の言葉をかけると、何も尋ねることなしに席についた。メギスティアスは、彼はおそらく子供たちの父親か養育係であって、弟子たちのことで自分と話をするつもりなのだろうと思った。それで彼に向かって、どんな用でここに来たのか、と尋ねた。すると彼は、「それは、われわれ二人だけになったらおわかりになりましょう」と答えた。そこで、メギスティアスは終業の鐘を鳴らして子供たちを帰すと、「さあ、どういうご用件ですか」と尋ねた。するとヒッポドロモスは、「お互いに上に着ているものを取り替えっこしましょう」と答えた。じつにそのとき、ヒッポドロモスは半コートの旅仕度であったのに対し、メギスティアスは公共演説用の外套を身にまとっていたのである。「それはどういうことでしょうか」、メギスティアスは尋ねた。すると彼は答えた、「いや、私はあなたに弁論の朗誦をしてお目にかけたいのですよ」。メギスティアスは、こんなことを正面切って言ったりして、彼は正気を逸脱しているのだろうと思った。だが、その目配りの鋭さをとくと観察し、彼には分別があり、正常な状態であるのを見てとると、彼と外套を取り替えた。そして、彼が論題を出してほしいと頼むと、メギスティアスは、「不義密通した呪術師を殺すことができなかったのだから、自分は死んだほうがましだ、と考えている呪術師」という題を示した。だが、ヒッポドロモスが講師の席につき、少し間をおいてから急に跳び上がったときには、メギスティアスの心に、前以上にはっきりと、ヒッポドロモスは狂気に取り憑かれているのだ、という考えがよぎり、彼の熟練の技術というのは一時の錯乱状態であろう、と思った。しかし、彼がその論題について論じ始め、「でも相手が私自身だったら、この手で殺すことができる」という言葉を口にしたとき、メギスティアスは、感嘆のあまりわれを忘れ、彼のところに駆け寄ると、あなたはどなたなのか教えてほしいと頼んだ。すると彼は、「私はテッサリアのヒッポドロモスです。私は、あなたのように学識豊かな一人の人物からイオニア風弁論のスタイルを学びとろうと思い、あなたに稽古をつけてもらいにやって来たのです。さあ、今の弁論の全体から、この私をとくと見てください」と答えた。ところが、この弁論が終わりにさしかかったころ、スミュルナの知識人たちがメギスティアスの学校の戸口に殺到していた。というのも、ヒッポドロモスが自分たちの町に逗留しているという噂がたちまち町中に拡がったからである。するとヒッポドロモスは、同じその論題をもう一度取り上げ、先に話されたのと同じ考えを前とは違った形で取り扱ってみせたのである。(1) 後に、彼はスミュルナの公共の場にも出席したが、そこでも、彼は、まこと驚嘆に値する人物で、彼以前の人々と肩を並べてもおかしくない、と思われた。

彼の場合、前置きの議論のほうはプラトンやディオン(2)に忠実であったが、弁論はポレモンに倣った力強いもので、しかも、おそらくはポレモンよりずっと耳当たりのよいものでもあった。また、言葉の淀みない流れのほどは、すっかり慣れ親しんでいる本を苦もなしに朗読する人のそれに似ていた。かつてソフィストのニカゴラスが悲劇を「ソフィストの母」と呼んだとき、ヒッポドロモスはその言葉を改めて、「だが私は、

(1) 本書五七二(一四五頁)でも、同じ趣旨のことを文体やリズムを変えて話してみせるという記述がある。これは弁論家としての力量を示す得意の演示だったのであろう。

(2) プルサのディオン・クリュソストモス。本書四八六—四八八(一七—二〇頁)参照。

ホメロスをソフィストの父と呼ぶ」と応じた。彼はまたアルキロコス(1)からも熱心に学んで、ホメロスのことをいつも「ソフィストの声」と呼び、その一方で、アルキロコスのことを「ソフィストの命」と呼んでいた。ヒッポドロモスの弁論は約三〇篇残っており、その中でとくに優れているのは『カタナの人々(2)』、『スキュタイ人(3)』、『インドに駐留するアレクサンドロスから離反することに同意しないデマデス』などである。また、彼のリュラ琴にのせた旋律(4)というのも、今なお歌われている。じつに彼は、リュラ琴によるこの種の旋法をも手がけていたのである。

彼はほぼ七〇歳になって、自分の生国で一人の息子を残して死んだ。この息子は、田舎の土地や家のことを世話するのには間に合うが、いささか狂気じみて正気を欠くところがあり、ソフィストの職に就くための教育は受けていなかった。

二八　ウアロス(ラオディケイアの)

ラオディケアのウアロスを言及に値する人物と考えている人々は、その人自身が何の言及にも値しない者たちである。というのは、ウアロスは、とるに足らない、間抜けで、愚鈍な人間であって、自分が持っていた声の魅力さえも、無軌道な人間がそれに合わせて踊るような歌を取り込むことによって、醜悪なものにしたからである。では、そのような者の先生とか弟子のことを、どうして私は書き記すことができよう、どうして話すことができよう――そのような教育をしようとする者は一人もいないだろうし、教えてもらった人にとっても、そんな教えを受けたことは恥になるだろう、ということをよく知っているのだから。

621

二九　キュリノス

ソフィストのキュリノスの生国はニコメディア(5)であった。彼の一族は、有名というほどでもなかったが、さりとてまったく無名でもなかった。しかし、彼の資質は教えを吸収するだけの優れた能力を備え、それ以上に、それを人に授ける能力に秀でていた。すなわち、彼はよく覚え込むだけでなく、明確に表現する修練をも積んでいたのである。

このソフィストは簡潔に話す人で、論題が議論を必要とするものについてはさほど見るべきところはなかったが、しかし、力強くて、活力が漲り、聴衆の耳を惹きつけることに巧みであった。そう、たしかに彼は、即席弁論も手がけてはいたものの、その性格はむしろ法廷での訴追に向いているように思われたため、皇帝によって国庫を代弁する職を委任され、これにより、なにがしかの権力を手にするまでになったが、それに

(1) パロス生まれの詩人で、年代は前七世紀とも八世紀とも言われ、定かでない。
(2) この弁論は、前四二五年のエトナ山噴火の折、カタナの人々が移住を真剣に論じたことを背景にしたもの。
(3) このテーマは、セレウケイアのアレクサンドロスによっても取り上げられた(本書五七二―五七三(一四四―一四六頁)参照)。
(4) 神々の賛歌に用いられる旋法。
(5) ビテュニアの、プロポントスに面した都市。ニコメデス一世によって建設されたのでこの名がある。

もかかわらず、彼には相手に圧力を加えたり、尊大に振る舞ったりするところはまったく見られなかった。むしろ、相変わらず穏和で、人柄は以前の彼とまったく同じであったし、金銭に卑しいということもなかった。アテナイの人たちはアリステイデス(1)を讃えて、彼は、貢租の査定や島々の問題を処理し終えた後には、前と同じ着古した外套に身を包んで彼らのところに戻ってきた、と謳っているが、それと同じように、キュリノスもまた、貧しさに誇りを抱いて自分の故郷に戻ったのである。

アジアにいる密告者たちが、キュリノスは、人を訴追するに当たって、自分たちが通報した事実に見合う処罰よりもずっと穏便な処置をした、と彼を非難したとき、彼は言った、「しかし、私が君たちの苛酷さを咎めるよりは、君たちが私の穏便さを咎めるほうがずっとよいことだ」。また、彼らが、あまり大きくない都市まで数万ドラクマを支払わされているという事実を指摘したときには、キュリノスは、まったく不本意ながらその訴訟に勝ちはしたものの、密告者たちが彼のところへやって来て、「これが皇帝の耳に達したなら、この裁判はきっと君の名声を高めることだろう」と言うと、彼は答えた、「いや、私ではなくて君たちに似つかわしいだろうよ、町を暮らしの立たぬ状態にしたことで賞められるのは」。親戚の者が、息子を亡くしたことで嘆き悲しんでいる彼を慰めたとき、彼は言った、「今でなければ、いつ私は人の子と見てもらえるのだ」。

彼はハドリアノスの弟子であったが、ハドリアノスのすべてに賛同していたわけではなく、表現が正しくないとして削除した箇所もいくつかあった。彼は七〇歳で生涯の幕を閉じた。その墓は彼の故郷にある。

三〇　ピリスコス

622
テッサリアのピリスコスは、血筋の上ではヒッポドロモスとつながりがあった。彼はアテナイで七年間、弁論教授の席を占めたが、この席に付帯する公共奉仕免除の恩典は奪い取られた。どうしてそのようなことになったのか、その訳を話さなくてはなるまい。

マケドニアのヘオルダイオス人(2)たちは、自分たちの都市の奉仕活動のためにピリスコスを召集した。母方にヘオルダイオス人を持つ者には、そのすべてに対してそうすることが、彼らに認められていたのである。ところが、ピリスコスがこれに応じなかったため、彼らはこの件を訴えて出た。それで、この裁判が皇帝の前で行なわれることになった。皇帝は学問好きなユリア(3)の子アントニヌスであった。ピリスコスは自分の言い分を申し立てるためローマに出立した。彼はそこで、ユリアを取り巻く天文学者(4)や哲学者の仲間に加わり、彼女の肝入りで皇帝の許しを得て、アテナイの弁論教授の椅子を手に入れた。ところで、ホメロスの謳う神

(1) 前六世紀末のアテナイの軍人にして政治家。マラトンの戦いでは将軍としてアテナイ軍を指揮した。誠実なことで世の賞賛を受けた人物で、清貧のうちに死んだと言われる。
(2) マケドニアの西方、アクシオスとストリュモンの二つの川の中間地帯（エオルダイア）に住む種族。
(3) 解説三八八—三九〇頁参照。
(4) 原語は γεωμέτρης（幾何学者もしくは測量術士）であるが、このころは ἀστρολόγος（占星術師）の意味に用いられていた。ユリアの東洋の神秘思想への傾倒が窺われる。

々は、いつの場合も互いに喜んで与え合っているわけではなく、時には渋々与えていることもあるように、皇帝もこれに似た快からぬ気持ちを抱き、自分を素通りして事を運んだという思いで、ピリスコスに対し憤りを覚えていた。そして、彼に裁判沙汰が生じており、自分がその裁判を傍聴することになっていると聞くや、裁判の衡に当たる役人に命じ、ピリスコスに、他人の手を借りず自分の力で裁判を争うように言い渡させた。

さて、ピリスコスが法廷に出頭してきたとき、まずその歩き方が、ついでその態度が人々の怒りを買った。また、服装もその場にはふさわしくなく、声は女々しく、口をついて出る言葉は平板で、しかも当面の問題とはかけ離れたことに向けられているように思われた。このようなことから皇帝はピリスコスに腹を立ててしまい、彼の発言時間中にその弁論のいたるところで口を挟んだり、些細な質問を発したりして、彼の邪魔をしていた。しかし、ピリスコスの返答が尋ねられたことには答えていなかったものだから、皇帝は、「この男はその髪の毛そのままだし、弁論家としても、まったく声そのままだ」と叫んだ。そして、さんざんこのような邪魔をした上で、ヘオルダイオス人の側に与《くみ》してしまった。それでピリスコスが、「私に公共奉仕免除の恩典を与えたのはあなたではありませんか、アテナイでの椅子を与えてくださったのですから」と言うと、皇帝は声を大にして、「お前も、他の教師たちも、一人として免除されることはない。とるに足らぬ安っぽい演説のために、公共奉仕をすべき人々を諸都市から奪い去ることなど、できるものか」と叫んだ。だが実際は、そういうことがあったにもかかわらず、その後、当時二四歳であったレムノスのピロストラトス(1)には、その弁論を讃えて公共奉仕の免除を決定したのである。ピリスコスが免除の恩典を剝奪された経緯はこのようなことであって、その顔つきや、声や、容姿が見劣りするために弁論家最高の地位を奪われたのだ、と考えてはならない。その地位は、標準ギリシア語で語り、弁論を巧みにまとめる彼の能力にはうってつけのものだったのである。

彼の弁論スタイルは、法廷弁論調というよりは口語調であったが、そこには純粋なギリシア語がちりばめられ、彼独自の新しい響きが見られた。

彼は、娘と、何の取り柄もない息子とを残して死んだ。六七年が彼の人生の長さであった。彼はアテナイに気持ちのよい小さな土地を所有していたが、そこには葬られず、アカデメイアに埋葬された。それは、ここに埋葬されている戦没者を讃えて、ポレマルコス(2)が競技会を開く場所である。

三一　アエリアヌス

アエリアヌスはローマ人であったが、まるでアッティカの内陸部に住むアテナイ人のように(3)アッティカ言

(1) 二一一頁註(1)参照。この後も、若いピロストラトスへの言及が再三出てくる。

(2) ポレマルコスは、九人いるアルコンの一つの職名で、アルテミスやエニュアリオスへの犠牲を捧げたり、在留外国人(国賓扱いや市民待遇の外国人を含む)の訴訟を担当したりするのと並んで、戦没者の墓地で毎年行なわれる競技会を司った。

(3) 内陸部が純粋なアッティカ言語のよき学校であったことについては本書五五三(一一八頁)参照。

語をよくこなした。この人は賞賛に値する人物であると私は考える。というのは、第一に、違う言語を用いる都市に住んでいながら、努力の末、そこの純粋な言語を自分のものにしたからであり、第二に、彼に敬意を示そうとする人々によってソフィストの呼称を与えられても、そのような栄誉をまともに信じようとはせず、自分自身の見識におもねることもなければ、これほどに大きな呼び名を鼻にかけることもなく、自分の才能をよく調べつくした上で、自分は弁論の朗誦には不向きであると悟って、史実の記述に専念し、この分野の仕事で世の賞賛を博したからである。この人の文体全般にわたって見られる特徴は簡潔なことであって、それは、ニコストラトスが持っていた優雅さをなにがしか漂わせていたが、時としてディオンに目を向け、この人の力強い調子を手本としていた。

かつてレムノスのピロストラトスは、手に本を持ったまま怒ったように声を張り上げて読んでいるアエリアヌスに出会ったことがある。そのとき、ピロストラトスは彼に、何を勉強しているのかと尋ねた。すると彼は、「私の『ギュンニスの告発』がやっと完成したのだ。じつは、放縦のかぎりを尽くしてローマ帝国の名誉を汚したため、先ごろ粛正された専制君主のことを、私はこう呼んでいるのだ(1)」と答えた。するとピロストラトスは、「彼が生きているうちに告発したのだったら、私は君を賞賛したのに」と言った。つまり、生きている専制君主を咎めるのが男子のすることで、倒れているところを踏みつけることなら誰でもできる、ということを言ったのである。

この人は、イタリア領土を離れて、地上のどこかに旅したことも、船に乗ったこともないし、海を見たこともない、と言っていた。それゆえローマでは、自分たちの生活習慣を大事に思っているという理由で、彼はますます賞賛すべき人物とされていたのである。

ところで、彼はパウサニアスの弟子であったが、ヘロデスに尊敬の念を抱いていた。それは、ヘロデスが弁論家の中で最も多彩な才能の持ち主だったからである。彼は六〇歳過ぎまで生き、子供のないまま世を去った。というのも、けっして結婚しようとはしないで、子作りを避けたからである。だが、それが幸運であったのか、それとも不幸であったのかを詮索するのは、今なすべきことではない。

三二 ヘリオドロス

運というのは、人間界のすべてのことに対し非常に大きな力を持っているのであるから、ヘリオドロスの場合も、彼はソフィストの仲間に加えるに値しない、と考えてはならない。なにしろ彼は、運がかちとった

(1) 題名にあるギュンニス(γύννις)は「女々しい男」の意味。ここで名指されている専制君主とはヘリオガバルスと呼ばれたバッシアヌスのこと。彼は後に帝位に即いてマルクス・アウレリウス・アントニウスと称された。ヘリオガバルスの名はフェニキアの太陽神(ヘリオス)を信仰していたことによる。彼は一五歳で皇帝の位に即いたが、邪教の信仰に耽るばかりでなく、放蕩三昧の無軌道な生活に明け暮れ、宮廷を不道徳の館に変えたため、人民の不快を招き、兵士の反乱を引き起こすことになって、二二二年三月、首を刎ねられて死んだ。彼をギュンニスと呼ぶのは、彼が母親を頼りにし、反乱の際も兵営の糞尿の中に隠れ、母親の腕に抱かれた格好で捕えられたこととか、彼が自分は女であると公言し、士官の一人に身を委ねたと言われることなどが原因なのであろう。

勝利の桁外れな実例だったのだから。

彼は他の人といっしょに、ケルト人諸族の中に置かれている祖国の代弁者に選任された。だが、もう一人の代弁者が病に倒れたとき、皇帝が訴訟の多くを取りやめさせていると聞かされたので、ヘリオドロスは自分が関わる裁判のことが不安になり、前線の本営まで急行した。そして、思ったよりも早く中へ呼び入れられると、彼は、病人がいることを理由に裁判を延期させようとした。ところが、裁判の召集をした役人は高慢な男で、この申し出を認めようとはせず、嫌がる彼を、鬚《ひげ》を引っ張って無理やり法廷に引きずり出した。だが法廷の中に入ると、彼は臆することなく皇帝の方を見やり、弁論に割り当てられる水時計の時間を要求すると、巧みに肝心の弁護論を展開しにかかった。その際、彼は次のように述べた、「最も偉大なる皇帝陛下。陛下のご命令がないのに、たった一人で弁護をして、自分自身の訴訟をふいにする者がいるとしたら、陛下は奇異に思われることでありましょう」。これを聞くと、皇帝は席から跳び上がり、ヘリオドロスのことを「これまで私の知らなかったような男、私の時代が生んだ掘り出し物」とか、他のその種の表現で呼び、手と外套の襞《ひだ》をひらひらさせた。(2) ところで、最初のうちはわれわれも、皇帝が彼を愚弄しているのだと思い、笑いたい衝動が走ったのであるが、(3) しかし、皇帝が彼と彼の子供たちすべてに騎士の位を公式に授けるに及んで、運というのは、このように意外な出来事によってその力を見せつけるものなのか、と驚嘆した。そして、この力は次の出来事によっていっそう明らかにされたのである。すなわち、このアラビア人は、よき神霊の御加護で事が自分に都合のいいように動いている、と覚ったとき、まるで順風のときに帆をいっぱいに張る船長のように、皇帝の衝動的な気分を存分に利用して、こう言った、「皇帝陛下、私に弁論を披露する時間をお与えください」。すると皇帝は、「私も聞きたい。では次のテーマで話してみよ。『ピリッポスの前に敗れ去り、臆病のそしりに対して弁明するデモステネス』というのはどうか」と言った。そして、ヘリオドロスが弁論を展開している間じゅう、彼に好意を示していたばかりか、賞め讃えようとしない聴衆がいれば恐ろしい目つきで睨みつけて、ほかの聴衆からの賞賛まで用意したのである。さらにまた、彼が法廷や訴訟事務に誰よりも適しているところから、皇帝は彼をローマにおける法律顧問の仕事のうち最も重要な職の長に任命した。だが、皇帝が没するや、彼はある島への追放を申し渡された。しかし、島で殺人の罪を着せられたので、彼は、近衛軍団の指揮官たちの前で申し開きをするためローマに送り還された。だが、この罪状については潔白であると認められたため、島での追放生活からも解放された。彼は、格別に尊敬を集めることも、まったく無視されることもなしに、ローマで老年を送っている。

(1) セウェルスの息子のカラカラ。
(2) この動作は同意を表わすもので、エウナピオスの『列伝』四八四(三一六頁)でも、裁判におけるプロアイレシオスの弁論に対し、地方総督がこのしぐさで賞賛の意を示したことが描かれている。
(3) この一文は、著者のピロストラトスがこの裁判を傍聴していたことを示している。

二三 アスパシオス

ソフィストのアスパシオスの生国はラベンナ(1)であった。ラベンナはイタリアの都市である。彼を教育したのは、弁論の批判的分野に精通している父親のデメトリアノスであった。アスパシオスは広く学び、広く教えを聴いた人で、斬新さを大切にしていたが、新たに考案した成果はほどよく用いたので、悪趣味に陥ることはまったくなかった。この点は音楽においても最も重要なことであろう。というのは、リュラ琴や笛に音を与え、われわれに旋律を教えてくれたのは、楽音の適切なリズムだからである。彼は、誰もが納得するように、しかも簡潔に語る修練は積んだけれども、大仰に修辞的誇張をする話し方にはまったく無関心であった。また、生まれつき即席弁論で話す能力は持ち合わせていなかったが、努力によってそれを補っていた。彼は、皇帝(2)の供をしたり、独りで巡り歩いたりして、地上の多くの地域を訪ねて回った。彼はまた、若いころには、ローマの弁論教授の椅子を占めてたいへんな賞賛を手にしたが、年をとるにつれ、他人にその椅子を譲って勇退しようとはしない、と非難されるようになった。

ところで、アスパシオスとレムノスのピロストラトスとの間に起きたいさかいであるが、これはローマで始まり、イオニアで、ソフィストのカッシアノスとアウレリオスの二人の間で助長されて、ますます激しさを増していった。これら二人のうち、アウレリオスは、居酒屋の中でも、そこの酒を前にして弁論の朗誦をしようかという人物であり、もう一人のカッシアノスのほうは、機会があったら厚かましくもアテナイの弁

628

論教授の椅子を狙おうか、というような人間で、実際にその機会を活かしたのではあるが、しかし、リュディアのペリゲス以外には誰にも教えなかった、という人物である。

しかし、このいさかいの様子についてはすでに述べておいたので、(3) 十分明らかにされているものを改めて説明するようなことはするまい。だが、「敵からも役に立つことを得ることができる」(4) ということは、人間界の多くの営みの中で実証ずみであるが、とくにこれら二人の場合にはそれが顕著である。というのは、二人が争っている間に、アスパシオスのほうは、ピロストラトスがその分野でも評判が高かったところから、自分も流暢に即席弁論ができる力を身につけたし、一方ピロストラトスのほうも、それまでは奔放にはしりがちであった自分の弁論を、相手が持っている正確さを目標にして矯正したからである。

ピロストラトスが「いかに手紙を書くべきか」について書き記した手紙は、アスパシオスに向けられたものである。それを書いたのは、アスパシオスが皇帝の秘書に任命されていたとき、ある手紙はあまりにも論争的な調子で書き、あるものは明確さを欠いていて、そのいずれも皇帝にはふさわしからぬものだったからである。というのは、皇帝が手紙を書く場合には、説得推論(5)も論理的推論も不要で、ただ皇帝の判断だけが必要なのであるし、さらにまた、それは曖昧なものであってはならないからである。なにしろ、皇帝の発言

（1）アドリア海に面する良港を持った都市。
（2）カラカラのことであろう。
（3）どこでどのような形で述べたのかは定かでない。
（4）アリストパネス『鳥』三七五参照。
（5）説得推論（ἐνθύμημα）については七七頁註（1）参照。

は法の声であるが、法の声を伝達するのは明確さなのであるから。

さて、アスパシオスはパウサニアスの弟子であったが、ヒッポドロモスからも教えを受けた。そして、かなり年をとってから、ローマで人に教えていた。それは私がこの本を執筆していたころである。

アスパシオスについては以上のとおりである。だが、レムノスのピロストラトスについて、この者が法廷ではどうであったか、民会における演説ではどうであったか、論文を書くことではどうか、弁論の朗誦ではどうか、そして即席弁論においてはどの程度の力量を示したか、ということ、また、エレウシスの神殿で伝達者を務める栄誉を与えられたアテナイのニカゴラス(1)に関すること、またフェニキアのアプシネス(2)が記憶力と正確さにおいてどれだけ他に秀でていたかという――これらについてはここで書き記すべきではないだろう。というのは、そのようなことをしたら、私は、彼らに友情を抱いているから依怙贔屓《えこひいき》している、と不信感を持たれようから。

(1) ニカゴラスは著者ピロストラトスの後半生に当たるころアテナイで教えていた。

(2) アプシネスはガダラ出身で、二三五年頃アテナイで弁論教授となった。

エウナピオス

哲学者およびソフィスト列伝

戸塚七郎 訳

前おき

哲学者クセノポンは、数ある哲学者すべての中で、言葉と実践の両面で哲学を飾り立てた特筆すべき人である（言葉に関して言えば、彼は今なお文字の中に生きて、倫理的徳について書き著わしているし、実践面でも、彼自身が品性抜群の人物であったばかりか、多くの優れた実例を示すことによって、多数の将軍たちを輩出させたのである。例えばアレクサンドロス大王であるが、かりにクセノポンがいなかったとしたら、彼は偉大な王とはならなかったことだろう）。そのクセノポンは、優れた人物については、日頃のなにげない些細な事柄をも書き留めておくべきである、と言っている。だが私の論述の狙いは、優れた人のであっても、その意図せぬ些細なことにまで筆を進めることではなく、彼らの主たる業績を述べることにある。なぜなら、徳の余技に当たるものに言及されるだけの価値があったとしても、徳が真摯に求めているものが沈黙の中に置かれるようでは、どう見ても不敬な扱いを受けていることになるからである。

また、私の論述は、ぜひ読みたいと望んでいる人々を対象に語りかけられることになるだろう。ただし、すべてのことについて全く間違いなしにという訳でもなければ（なぜなら、すべての典拠を全く正確に拾い集めるというのは不可能なことだから）、また、哲学者や弁論家の中からそれぞれ特に際立った者だけを選び出して述べるというのでもなく、彼らの一人一人について日頃の営みを列挙するという仕方で語ることになろう。

ところで、この論述によって描き出されている者が最も際立った人物であったということについては、筆者はその判定を、ここに提示されている証拠をもとにして判定しようと望む者の手に委ねたい——なにしろ、それが筆者の意図なのであるから。また、筆者はこれまで多くの精確な註解に目を通してきた。それゆえ、それらの解釈のために、筆者がもし真実を誤るようなことがあれば、それは、真面目な生徒が悪い教師にめぐり合ったのと同じようなことで、その誤りは他人のせいにすることができようし、正しく導かれているようなら、筆者は、他人を批判するにも真実を味方につけ、尊敬に値する者を指導者として持つことになるであろう。このようにして、筆者自身の作品は全く非の打ちどころがなく、批判の余地を残さぬものとなるだろう。なにしろ、当然従わねばならぬ者の後につき従ったのだから。

また、これらを題材にして書いている人々は、数が多くなかったか、もしくは、これだけは言っておきたいのだが、ごく限られた少数の人でしかなかった。だから、先人たちによって書かれたものであれ、伝聞で今日まで言い伝えられていることであれ、それらが読者諸君の耳目に触れずに終わるということはまずないであろう。そのいずれの資料に対しても、それに見合うしかるべき扱いがなされることになるだろう。すなわち、書かれた資料については、何一つこれに変更が加えられないことによって、他方、時の経過とともに揺れ動いて混乱しがちな伝聞資料については、これを書き留めることによって、それらを固定し安定させ、いつまでも変わらぬ揺ぎない資料にするという方法がとられることになるだろう。

哲学の歴史を編纂した人たち

ポルピュリオスとソティオンは哲学の歴史と哲学者たちの生涯を編纂した。[1] しかしながら、ポルピュリオスのほうはたまたまそうなったということなのか、プラトンとその時代で論述を終えているのに対し、ソティオンは、周知のようにもっと後の時代にまで及んでいる——年代的にはポルピュリオスのほうがずっと後であるというのに。ところが、この二人の中間に登場する哲学者やソフィストの収穫については、彼らそれぞれの長所に含まれている重要性とか多面性に見合った記述はなされていなかったので、特に傑出したソフィストたちの生涯のほうは、レムノスのピロストラトスが、[2] 小気味よい書きっぷりで、さっと手短に述べたが、[3] しかし哲学者たちの生涯については、誰一人として正確に書き留めた者がなかった。だが実のところ、それら哲学者たちの中には、とりわけて神的な人プルタルコスの先生であった、エジプト出身のアンモニオスも含まれていたし、哲学全体の魅力であり、リュラ琴であったプルタルコスその人も、エジプト出身のエウプラテスも、ビテュニア出身で「黄金の口の」と渾名されていたディオンも、テュアナ出身のアポロニオスも含まれていたのである。ところでそのアポロニオスであるが、彼はもうただの哲学者ではなかった。いや、彼は神々と人間の中間に位置する存在だったのである。というのも、彼は、ピュタゴラス派の哲学を会得せんと努めた末、この哲学の神性に満ち溢れ、人に活力をもたらす性格を大いに世に広めたからである。しかし、レムノスのピロストラトスは、アポロニオスに関して十分な説明を尽くし、その本には『アポロニオスの生涯』[4]という標題をつけた——『人間界への神の訪れ』と呼ばれるべきであったのだが。

また、カルネアデスもこの時期の人であった。[5]彼は、キュニコス主義を実践する人々の中にあって、キュニコス派のことに何か言及しなければならぬ場合には、いつも名前が挙がる存在だった。だが、キュニコス派にはムソニオスもいたし、デメトリオスやメニッポスも、その他にも多くの人々がいて、実際にはこれらの人々のほうがもっと有名であった。だが、これらの人々については、その生涯をはっきりと正確に記述したものを見つけ出すのは不可能であった。なにしろ、われわれの知る限りでは、それを書き留めた者が一人もいなかったからである。

しかし彼らの場合には、彼ら自身の書物が、その生涯の記録として十分その役割を果たしていたし、現在

(1) ソティオンはペリパトス派の哲学者で、前二世紀末に哲学諸派の学頭の系譜をまとめた。彼の著書は三世紀の学説誌家ディオゲネス・ラエルティオスによっても引用されている。ポルピュリオスは三世紀の哲学者で、アテナイのロンギノスの下で学び、三世紀後半にはローマでプロティノスの献身的な弟子となり、『エンネアデス』を編集した。彼はプラトンまでの哲学の歴史を著わしている。なお、ここでエウナピオスがディオゲネス・ラエルティオスに言及していないのは、注目に値する。

(2)『ソフィスト列伝』の著者プラウイオス・ピロストラトスのこと。

(3) ソティオンとポルピュリオスの間というと前二世紀から後三世紀に当たるが、この時期には新アカデメイアの創設者カルネアデスが登場する。しかしピロストラトスは、ソフィストのように思われていた哲学者の一人としてごくわずか(三行)言及しただけで、ディオン・クリュソストモスやパボリノスら後一、二世紀の人々に重点を置いている。

(4)『テュアナのアポロニオス伝』のこと。

(5) 年代的に見て、このカルネアデスは新アカデメイア派のカルネアデスとは別人と思われるが、詳細については不明。

も果たしている――書物自体は、あれほど優れた学識に満ち溢れ、倫理的徳への考察とか、彼の考察につき従うことのできる者には、その者の無知を、あたかも霞を払うかのように消し去って、事物の本質へと探究の目を高めてくれる考察が、一杯に詰まっているというものなのだが。そういえば、あの神の息吹きに触れているプルタルコスであるが、彼なども、自分自身の生涯と先生の生涯を、あちこちに散在した形ではあるが、自分の書物の中に書き留めている。そう、彼は、『生涯』と銘打ってはいないが、師のアンモニオスがアテナイで生涯を終えたということまで、書き留めているのである。もっとも、行動と事績の面で特に傑出した人物の生涯を描いた『対比列伝』と称される作品は、彼の著作の中でも際立って見事なものなのだから、これは当然のことと言えるかも知れない。しかし彼は、彼自身の生涯や先生の生涯を、その著作の随所に断片的にまき散らしているから、もしこれらの言及を目ざとく見つけ、それらがひょっこり姿を現わすのに応じてその跡を追いかけ、個々に述べられていることを知性を働かせて次々に読んでいきさえすれば、彼らが生きた足どりの大半は知ることができるようになるのである。また、サモサタ出身のルキアノス(1)は人を笑わせることに真剣に取り組んでいた人であるが、彼もまた、同時代の哲学者デモナクス(2)の生涯について書き留めた。けれども、当の本は言うに及ばず、他のごくわずかしかない本の中では、一貫してあの真剣な努力は続けたのである。

そこで、私は、これらの言及を記録に留めておこうというのである。勿論、そのようなものの中には、恐らくわれわれの目に触れなかったものもあろうし、はっきり目に留まったものもあるということは、よく弁えた上でのことである。だが、特に優れた人士のうち哲学者や弁論家について、その生涯を連続性のある、明確な記述に仕上げるという先の目的に向けて多くの配慮と努力を重ねながら、それでいてその望みを果たせなかったのであるから、私は、狂おしく恋い焦がれている人間と同じような状態にあったのである。なぜなら、恋い焦がれている人々は、恋する女性本人や、彼女の容姿に溢れ出ている愛くるしい美しさを目にすると、頭を低く垂れ、気弱になって自分が求めているものを直視することができず、そのまばゆい輝きに身がすくんでしまうけれども、しかし、彼女のサンダルとか首飾りとかイヤリングなどを目にする場合には、それらによって勇気を取り戻して、食い入るようにそれらを見つめ、こうして眺めていることにわれを忘れるものであるが、つまり、彼らにとっては、美しさそのものより美しさを象徴するもののほうが、見ることにも耐えられるし、また愛着も覚えるものであるが、この私もまた、伝聞によって、あるいは読書を通して、あるいはまた同世代の人々に問い質すことによって知りえたことを、黙って見送ったり、悪意から無視したりするようなことはせず、真実への入口や門にはできるだけの敬意を払い、このようにしてこの著述に取りかかったのである。それは、最も立派に生きることを目標にして、ぜひその言葉に耳傾けたいと望んでいるか、もしくは、これに導かれて進むことができるかする次世代の人々に、これを手渡すことが狙いなのである。

(1) ルキアノス(一二〇―一八〇年?)は八〇近い対話篇を遺しているが、その生涯は、彼自身の作品による以外、知るすべがない。広い教育を受けたが、四〇歳の時アテナイに出て、弁論術を捨てて哲学の道に進んだ。なお、サモサタは、ユーフラテス川に近く、タウロス山の麓に位置するシリアの都市。

(2) 二世紀のキュプロス出身のキュニコス派哲学者。その生涯はルキアノスの記録によってのみ知られるが、エピクテトス、ティモクラテス、アガトブロス、デメトリオスらを師とし、裕福な家の出でありながら貧困の中で生きる道を選んで、キュニコス主義を実践した。

ところで、私の取り上げようとする時代には、国家の災いのために、一種の分断と亀裂が出現した。[1] それでも、人々の第三収穫期は（つまり、プラトン以降の第二収穫期は周知のことである）クラウディウスやネロの時代に現われた。かく言うのも、不運で一年ともたなかった皇帝たちのことは、書き記すには及ばないからである（ガルバ、ウィテリウス、オトなどがそういった人たちである。また、これらの後に続くウェスパシアヌスやティトゥス、その他、彼らの後で支配の座についた人々もそうである）。こういう人たちのことにも強い関心を寄せていると思われてはいけないので、一言しておく。ともあれ、取り急ぎ手短に言うと、特に優れた哲学者たちの種族はセウェルスの時代まで続いていたのである。[2] しかし、歴史の記述においては、なんと言っても皇帝たちには幸運がついて回っている。なぜなら、徳の上で他に抜きん出ていることが運の強さで抜きん出ていることによって数え上げられるのである。[3] だから、われわれがこうして、事実の証を立てたり、叙述の恰好のきっかけを求めたりするための拠り所となっている年代を記録し、それらをもとに論述に入っていくことになっても、誰一人これを不満としてはならない。

プロティノス

プロティノスはエジプト出身の哲学者であった。しかし、いま「エジプト出身」と言ったけれども、私はそれに彼の生地をも書き加えることにしよう。彼の生地はリュコと呼ばれている。[4] ところが、あの神のごとき哲学者ポルピュリオスは、彼の生地のことは書き留めなかった――自分はプロティノスの弟子となって、自分の全生涯を、あるいはその大部分を彼の下での研究に費やしてきた、と語っているのではあるが。プロティノスを祀る祭壇は今なお香の温もりが絶えず、彼の著作も、ひとり教育ある人々だけがプラトンの対話篇以上に親しく手にしているというだけではない、大多数の人々までも、いくぶんその教えを取り違えている向きはあるが、やはりそれに強く心を惹かれているのである。

プロティノスの全生涯は、ポルピュリオスがこれを公にしたが、その完璧さは、誰一人としてこれにつけ加える余地のないほどであった。さらにまた、彼がプロティノスの著作の多くのものに註解を与えていることもよく知られている。ところが、ポルピュリオス自身の生涯となると、私の知る限り、誰一人として書き記した者はいない。しかしながら、私は、読書を通して与えられた証拠の数々から拾い集めることによって、

(1) ネロの没後、ローマ市以外でも皇帝を擁立できるという気運が生じ、六八年から六九年にかけて一種の無政府状態を招いたことを言う。すなわち、ガルバが近衛兵の支持で帝位に即いたが、ほどなくその近衛兵がこれを斃して、スペインの一属州の知事であったオトに帝位を委ねた。これを機に、外地に駐留していた軍団も次々に皇帝を立て、ライン方面の駐屯軍は将軍ウィテリウスを皇帝に擁してローマに進み、オトを破って政権を握ったが、それも束の間、今度はウェスパシアヌス率いるダニューブ派遣軍団がローマに攻め上ってウィテリウスを倒し、戦火は全イタリアに拡がった。

(2) セプティミウス・セウェルス(在位一九三—二一一年)のこと。

(3) 優れた人たちであった哲学者の年代が、皇帝の在位期間に基づいて記録されることを言う。

(4) 上エジプトのリュコポリスのこと。ここには夥しい数の狼が棲んでいて、これらがエチオピア軍を追い払ったと言われ、そこで、狼(*λύκος*)に因んでこの名を得た。

彼について次のような事実を手にしたのである。

ポルピュリオス

ポルピュリオスの生国は古代フェニキア人の第一の都市テュロスで、彼の祖先はいずれも一廉の人物であった。彼はしかるべき一般教育を受けたが、またたく間に長足の進歩を見せたので、ロンギノス(1)の弟子に加えられ、短期間のうちに師に光彩を添える存在となった。その頃のロンギノスは、生きた図書館であり、歩く博物館であった。そのうえ、彼以前にも他の多くの人々がそうであったように(それらの中ではカリア出身のディオニュシオスが最も有名である)、古代の作家を批評する仕事を任されていた。

ポルピュリオスは、シリア人の都市では初めマルコスと呼ばれていた(これは王を意味する言葉である(2))。ところが、ロンギノスが、呼称を衣服の色の上で王を表わすものに移し変えて、ポルピュリオス［紫色の］と呼んだのである。ロンギノスの許で、彼は最高の教育を身につけた。すなわち、文法術と弁論術の全般にわたって、彼は最高のところまで到達したのである(もっとも、彼は、この分野の研究に甘んじようとはしなかったが。つまり、彼が深い感銘を受けていたのは、どんなタイプのものであれ、とにかく哲学だったのである)。というのも、ロンギノスは、当時の人々の中にあって、学問のすべての領域で傑出しており、その著書も大量に出回っていて、公刊された本はたいへんな好評を博していたからである。なにしろ、誰かが古代作家の誰かを槍玉に挙げる場合でも、その意見は、ロンギノスの判断がそれを完全に支持するまでは、公認されることがなかったのである。

　ポルピュリオスは、最初の教育をこのようにして受け、すべての人々の注目を集めていたのであるが、やがてその目でぜひ世界に君臨するローマを見たいと望むようになった。つまり、彼は、その知識によってこの都市を制圧しようと思ったのである。そして、直ちにかの地に赴いて、そこで偉大なプロティノスに出会い、親しく交わるようになると、他のことは一切忘れてしまって、献身的にプロティノスに師事した。彼は、貪欲にその教えを吸収し、あの魂の底から湧き出てくる、神の息吹きに満ちた議論によって充たされて、しばらくの間は、彼自身も言っているように、教えを受けていることの満足感に浸っていた。だがその後、師の教えの偉大な力に打ちひしがれて、自分の肉体と、自分が人間であることに憎悪を抱くようになり、オデュッセウスが航行したと言い伝えられる海路をとって、(3)海峡とカリュブディスの渦(4)を抜けてシケリアに渡った。だが彼は、あえて都会を見ようとも、人々の声を聞こうともせず(それほどに、苦しみや悦びを自分か

(1)三世紀の著名な弁論家で、アテナイで教えていた。
(2)ポルピュリオス自身、彼の『プロティノスの生涯』の中で、自分には別名「バシレウス」(王の意)があり、これが生国のシリアでは、そこの言葉でマルコスと呼ばれていた、と述べている(一七)。
(3)これはトゥキュディデス『歴史』第四巻二四の表現に倣ったもの。
(4)この海峡は切り立った絶壁によって作られ、一方の絶壁には六つの口を持った怪物スキュラが棲むと言われ、これに面したもう一方は、日に三度潮を吸い込んでは吐き出すカリュブディスの渦があって、この渦に呑み込まれたら海神さえ救い出すことはできないと言われていた難所(ホメロス『オデュッセイア』第十二歌七三―一一〇参照)。正確な位置は確認できないが、イタリアの海岸の沖にあると言われる。

ら遠ざけていたのである)、ただまっしぐらにリリュバイオンに突き進んだ(ここは、シケリアの三つの岬の一つで、リビアに向かって突き出ていて、それを見渡せるところである)。ここで彼は、肉体があることを嘆き悲しみながら横たわり、これを餓死させようとして、食物を全く摂ろうともせず、「人間の通る道を避けて」[1]いたのである。だが偉大なプロティノスは、これらのことに対し「目の見えぬ見張りをしていた」[2]訳ではない。彼の足どりを辿ってか、……………[3]または逃げた若者の安否を人々に尋ねてか、とにかくかの地に横たわっているポルピュリオスを見つけ出した。そして、つい今しがたまで肉体から逃げ出そうとしていた魂を呼び戻す夥しい言葉を浴びせかけ、同時に、肉体に力を与えて、魂をその中に引き留めるようにしたのである。[4]このようにして、ポルピュリオスは再び息を吹き返して立ち直り、プロティノスは、その時語られた言葉を自分の書物の一巻に収めた。[5]また、哲学者のある者は、秘められた教説を、ちょうど詩人たちが物語の中に隠すのと同じように、曖昧さの中に隠しておくことがあるが、ポルピュリオスは、知識の明晰さが持つ治療薬としての働きを賞め讃え、自分でも実際に確かめた上で、このことを記録として書き留め、これを日の光の中に持ち出した。

さて、ポルピュリオスはローマに戻り、哲学的議論の研究に専念していたが、やがて、その力量を披露するために公共の場に顔を出すようになった。しかし、どの広場も、どこの大衆も、ポルピュリオスの名声はすべてプロティノスに帰せられるものと考えていた。つまり、プロティノスは、その魂が天上的であり、講義も持って回ったように謎めいているため、どこかしら厳粛で、凡人の耳には届きにくい話をする人のように受け取られていたのに対し、ポルピュリオスのほうは、いわばヘルメスの、それも世の人間に向けて垂らされた黄金の綱のようなもので、[6] 多彩な学識を活かして、どんなことにもすっきりとしてよく理解できる説明を与えた、という訳である。だから、彼自身もこう述べているのである(恐らく、彼はまだ若い頃にこれを書いたものと思われる)——師の託宣で大衆に親しみ易い形をしたものには、一つもお目にかからなかっ

(1) 神々の憎しみを受けてアイオンの野をさまようサルペドンについての表現。ホメロス『イリアス』第六歌二〇二参照。
(2) ホメロス『イリアス』第十歌五一五参照。
(3) すべての写本のもとになっている十二世紀のローレントゥム写本では、ここに約一二語の欠落がある。しかし、欠落を予想しなくとも文意に影響はない。ディドー版はこれを全く無視し、ライト(ロウブ版)も訳の上では無視している。
(4) この記述は正確ではない。ポルピュリオス自身、『プロティノスの生涯』の中でこの件に触れているが(一一)、それによれば、ポルピュリオスが自殺を考えているのを知ったプロティノスは、それは病気のせいであるとして、シケリア島のリリュバイオンで転地療養させた、ということになっている。また、ポルピュリオスがローマに戻ったのはプロティノスの死後で、それまでにプロティノスが彼を探しに出たことはない。
(5) この時なされた忠告を指すのであろうが、プロティノスの残存する作品にこれに該当するものは見当たらない。逆境にあってそれに負けぬようにという忠告といえば、『エンネアデス』三-二に、神の配慮をもとにした世の悪の必要性に触れている議論があるが、これがここで言う書物に当たるかどうかは疑わしい。
(6) 黄金の綱とは、ホメロスが『イリアス』の中で、ゼウスの権威を示す件で述べているもの(第八歌一九)。すなわち、神々の会議の席上、ゼウスは神々に対しトロイアとギリシアのいずれにも加担せぬよう厳命し、自分の権威が最高であることを示すために、神々に自分を引きずり下ろしてみよと言って、天上から吊した黄金の綱を言う。ここで、ゼウスではなくヘルメスの黄金の綱と言われているのは、ゼウスとその使いであるヘルメスの関係に、プロティノスとポルピュリオスの関係を重ねているからであろう。

た、と。そして、同じその本の中にそのことを書き記し、ついで、これら託宣にはどのように留意したらよいかについても、かなり長い説明を加えているのである。また彼は、自分は浴室から神霊的なものを追い立て、抛り出した、とも言っている。この神霊は、土地の者がカウサタと呼んでいたものである(1)。

ところで、ポルピュリオスの弟子仲間であるが、彼自身が記しているところによると、その中には非常に著名な人々がいた。すなわち、オリゲネス、アメリオス、アキュリノスなどである(2)。これらの人々の著作は今も残っているが、しかし彼らの論述のほうは一つも残っていない。というのは、彼らの見解は立派なものであるのに、その文体には魅力に乏しいところが多く、それが論述全体を覆っているからである。ところがポルピュリオスは、これらの人々を、卓越した弁論の才を持っていると賞讃しているのである――じつに彼自身が力のすべてを一身に集めており、そして、ひとり彼のみが師のことを喧伝し、広めているというのにである(なにしろ、彼はどんな種類の教育をも疎かにしなかったのだから)。

そこで人は、当然ながら、心の中で考えあぐね、訝しく思うことだろう――彼が熱心に学んだことのうち、他よりも熱意を注いだ分野はどれであるのか、と。それは弁論術の題材となるもののことなのか、それとも文法の正確さに役立つことなのか、あるいは数に深く関わっていることなのか、あるいは幾何学に傾斜したものなのか、それとも音楽寄りのことであるのか、と。また、哲学の領域で言っても、言葉をもって彼の論述の才を言い尽くしたり、その倫理的側面に近づいたりすることは不可能である。だが、自然世界の成り立ちとか神占術などのことは、聖なる儀式や秘儀に残しておくことにしよう。このように、この人自身が、すべての才能を一身に凝集させて、あらゆる種類の優秀性を表わしている存在だったのである。また、彼の話しぶりの美しさは、その点に特に注目するなら、彼の教説以上に感嘆をそそるかも知れないが、逆に、弁舌の力以上に教説に注目する人なら、今度は彼の教説に感嘆を覚えることであろう。

彼が結婚生活に入ったことは明らかである。自分の妻マルケラに宛てた彼の本が公にされているが、その中の彼の言葉によれば、彼女が五人の子の母親であったにもかかわらず、彼は彼女を娶ったのである。その結婚は、彼女との間に子を儲けるためではなく、すでにいる彼女の子供たちが教育を受けることが目的だったのである。というのも、彼の妻が連れ子した子供たちの父親は、彼の友人だったからである。

彼はかなりの高齢にまで達したと思われる。とにかく彼は、それまで著わしてきた著書とは相容れない考えを数多く残した。それらについては、彼は年をとるにつれて別な考えを持つようになったのだ、ということ以外に、その理由を考えることはできないだろう。彼はローマでこの世を去った、と言われている。

当時、弁論家で、アテナイで頭角を現わしていたのは、パウロスや、シリア出身のアンドロマコスなどであった。ポルピュリオスは、ガリエヌスやクラウディウス、タキトゥス、アウレリアヌス、プロブスなどの

---

(1) この名はシリアの言葉である。土地の者とはシリア人を指すのであろう。この語は「穢れ」と「穢れを浄める」の両義を含む。

(2) オリゲネスは、有名な教父のオリゲネスとは別人。アメリオスはエトルリア生まれで、二四七―二七〇年にかけてプロティノスに師事し、もっぱらプロティノス哲学の擁護に当ったが、正確な理解を欠いていた。アキュリノスは、『プロティノスの生涯』ではポルピュリオスと同時代のグノーシス派のキリスト教徒として名を挙げられているが(一六)、そこには、ポルピュリオスの弟子仲間であることを示す記述はない。

時代[1]まで最盛期を保っていたが、この時期には年代誌を編纂したデクシッポス[2]もいた。この人は、ありとあらゆる学識と論理的能力に溢れた人物であった。

イアンブリコス

これらの人々の後には、特に著名な哲学者イアンブリコスが登場する。彼は家系の優れていることでも際立っており、裕福で恵まれた一門に属していた。彼の生まれ故郷はカルキスであった。この町はコイレ・シュリア[3]と呼ばれている地方にある。

彼は、ポルピュリオスについで第二番目に位置づけられているアナトリオスに師事し、長足の進歩を遂げて哲学研究の頂点に駆け上った。ついで、アナトリオスの後にはポルピュリオスに弟子入りしたが、ポルピュリオスになんら遜色を見せることはなかった。ただし、弁論の構成や力強さにおいては別である。なぜなら、イアンブリコスの口をついて出る言葉は、魅力と優雅さに浸されているということも、明晰さを備えるとか、平明さの美をまとっているということもないからである。とはいっても、言葉が全く曖昧であるという訳でもなければ、言語表現に欠陥があるという訳でもない。いや、クセノクラテスについてプラトンが言ったように、ヘルメスの「優雅さに犠牲を捧げる」ということをしてこなかっただけである[4]。それゆえ、彼は、読者の心をとらえ魅了して、彼らのさらなる読書欲をそそるということがなく、かえって、読者の理解をはね返し、その耳をくたくたにさせているように思われるのである。しかし、彼は日頃正義を行なうことに励んだから、その願いは神々の耳に届き易く、そのため、彼の弟子は夥しい数に及び、その教えを受けたいと望む者があらゆる所から通ってくる状態であった。しかも、これらの人々の間で、誰が最優秀であるかを判定するのが困難なくらいだったのである。そう、シリア出身のソパトロス[5]もその一人で、この人は弁舌と文筆にかけて卓越した才能の持ち主であったし、また、カッパドキア出身のアイデシオスとエウスタティ

(1) いずれもローマ皇帝で、その在位期間は、ガリエヌスは二五三−二六八年、クラウディウスは二六八−二七〇年、アウレリアヌスは二七〇−二七五年、タキトゥスは二七五−二七六年、プロブスが二七六−二八二年であるから、少なくとも三〇年間、ポルピュリオスは活躍の頂点にあったことになる。

(2) 三世紀後半のアテナイのソフィストで政治家。『年代誌』一二巻や、二三八年からアウレリアヌスの時代までのゴート人との戦いを記した『スキュタイ戦記』を著わした。

(3)「挟間にあるシリア」の意味。シリアは、東はユーフラテス川、北はタウロス山、西は地中海、南はアラビアと境を接し、その中にフェニキア、パレスチナ、メソポタミア、バビロン、アッシリアなどを含む広大な地域で、そのうち、リバヌス山とアンティリバノス山に挟まれた部分を、川の間にあるシリア（メソポタミア）と区別するため、ギリシア人がこのように呼んだ。

(4) クセノクラテスはプラトンの弟子で、スペウシッポスの後をうけてアカデメイアの学頭となる。兄弟弟子のアリストテレスと何かにつけて比較されるが、クセノクラテスが、他の点では人並以上に優れているのに、愚直であるところから、プラトンが「優雅の女神に捧げ物をせよ」と言った、というエピソードを指している（ディオゲネス・ラエルティオス『哲学者列伝』第四巻六）。この話はプルタルコス『結婚訓』一四一F、『恋の対話』七六九Dでも引用されている。ただし、「ヘルメス」という語はエウナピオスがつけ加えたもので、ヘルメスが雄弁な神であることによる。

(5) シリアのアパメア出身の哲学者で、イアンブリコスの死後学頭となる。彼と同名で、皇帝ユリアヌスと親しく、リバニオスとも文通のあったソパトロスは彼の息子。

オスもその中にいた。また、ギリシアからはテオドロスとエウプラシオスが来ていたが、この二人は、有徳者ということでは抜群の人物であったし、その他にも、弁論の能力においては以上の人々にいささかもひけをとらない夥しい数の人々がいたのである。それゆえ、イアンブリコスがこれらすべての人々を十分に満足させていたということは、驚くべきことであった。なにしろ、彼らの誰に対しても、彼は手を抜くことがなかったのだから。

ところで、彼はたまに、神を礼拝する際に友人や弟子たちから離れ、独りきりで拝むということがあった。しかし、ほとんどの場合は友人たちと一緒に語り合っており、日常の暮らしにはあまり頓着せず、古来の質素な生活様式を守っていた。しかし、酒盃を手にした時にはいつも、対話によって出席者を楽しませ、言ってみればネクタール(2)で彼らを満たしてやった。だが出席者たちは、この楽しみを打ち切りたくないし、それに、これで十分ということがなかったものだから、ひっきりなしにせがんでは彼を悩ませていた。そして、仲間の重立った者を先頭に立てて、彼に向かってこう尋ねた、「いったいどうしてなんですか、神に最も近い先生、ご自分だけで何かをなさり、われわれにもっと完成された知識をお分けくださらないのは。でも、われわれのところには、貴方の奴隷たちから話が伝わってきているのですよ。神々に祈りを捧げているとき、貴方は、どう見ても一〇ペーキュス以上も地上から浮き上がって、貴方の身体も衣服も金色の美しさに変わるけれども、祈りが済むと身体は祈る前と同じになり、地上に下りてきてわれわれと一緒に過ごす、という話なのですが(3)」。イアンブリコスは本当に笑うことのない人であったが、この話にはつい笑い出してしまった。そして彼らに向かってこう言った、「君たちを騙した者はなかなか洒落気のある男だね。でも、事実はそういうことではないのだ。しかし、これからは、君たち抜きでは何もしないことにしよう」。

　この種の話はイアンブリコス本人が披露したものであった。だが、本書の著者には、その話は、サルディス[4]出身のわが師クリュサンティオスから伝わってきた。この方はアイデシオスの弟子であったが、そのアイデシオスはイアンブリコスの高弟の一人で、上のようなことをイアンブリコスに向かって尋ねた人々の一人であった。ところで、クリュサンティオスは、イアンブリコスの神性を示す大きな実例として次のようなものがあった、と語っていた。

　太陽が犬座と呼ばれる星座と一緒に昇るとき、太陽は獅子座の境界に向かって運行するが、これは犠牲を捧げる時がきたことを示していた。イアンブリコスが所有する郊外の別荘の一つでは、その準備が整えられていた。さて、儀式がすべて滞りなく終わって、人々は町へと戻り始め、暇に飽かしてのんびり歩いていた。彼らの会話は、犠牲の式にふさわしく、神々に関するものであった。その時イアンブリコスは、会話の途中だというのに、まるで声を切り取られでもしたかのように、考えるのを中断させて、しばらくの間、大地を凝視したままでいたが、やおら目を上げて友人たちのほうを見るなり、彼らに向かって大声で叫んだ、「別

(1) アシネ出身で、プラトンの『ティマイオス』の註釈を書いた。

(2) ネクタールは神々の飲み物で、人間の酒とは区別されていた（プラトン『饗宴』二〇三B参照）。ここでは、精神を酔わせる優れた対話を譬えているのであろう。

(3) イアンブリコスはプロティノスの教えに神智的要素を取り入れたので、このような噂も生まれたのであろう。なお、一〇ペーキュスは約四・四メートル。

(4) 小アジアのリュディアの首都。

な道を行くことにしよう。この道は、最近屍体が運ばれて行ったことがあるから」。こう言うと、彼はほかの穢れが少ないと思われる道を歩きだした[1]。そして、彼と一緒に何人かの弟子も道を変えた。これらの者は、先生を一人にするのは恥ずべきことだ、と考える人たちであった。しかし、弟子たちのうち、もっと大勢の負けず嫌いな者たちは（その中にはアイデシオスも含まれていた）、その場に留まり、そんなことは迷信にすぎないとして、猟犬のように反証の痕跡を追っていた。するとほどなく、死者を埋葬した人々が戻ってきた。ところが弟子たちは、それでもまだ諦めようとはせず、その人たちに、本当にこの道を通ったのか、と尋ねた。すると彼らは、「通らない訳にはいかなかったもんでね」と答えた。つまり、ほかには道がなかったのである。

　だが、弟子たちはさらに、これよりもっと驚くべき事実を口をそろえて証言していた。すなわち、彼らは、今述べたようなことは取るに足らぬことで、恐らくは彼の嗅覚が人より鋭かったからだろう、だが自分たちは、他のもっと大事なことで彼を試してみたい、と言って、幾度となくイアンブリコスを責め立てていたそうである。だが、イアンブリコスは彼らに対してこう答えていた、「いや、それは私の力でどうにかなるというものではない。このことは、その時がきたらよく判るだろう」。それから少したって、彼らはガダラへ出掛けようということになったそうである。ここにはシリアの湯治場がある。それは、バイアエにあるイタリアの湯治場には後れをとるものであったが、しかし、バイアエに匹敵するものなど、ほかにはありえないのである。

　さて、彼らは夏の季節を選んで出掛けた。そして、たまたまイアンブリコスが入浴し、弟子たちも彼と入浴を共にしていたとき、弟子たちは上と同じ要求を繰り返した。すると、イアンブリコスは微笑んで、「こんなことを人前でやってみせるのは敬虔なことではないのだが、君たちのためにやってみることにしよう」と言った。ここには、ほかのに比べると小さいけれども小綺麗な温泉が二つあった。彼は弟子たちに命じて、この温泉が昔からどのように呼ばれていたかを、地元の人に尋ねてくるように言った。彼らは、言いつけ通りにしてからこう報告した、「とりあえず要点だけ申しますと、こちらの温泉はエロスと呼ばれています。その隣の温泉はアンテロス(2)という名前です」。するとイアンブリコスは、すぐさま湯に触れて（つまり、彼はちょうど湯が溢れ出る温泉の縁に坐っていたのである）、何やら短い呪文を唱えると、泉の底から少年を呼び出したのである。少年は肌が白く、背丈は中くらいで、その髪は金色に輝き、背中と胸は一面つやつやと光っていた。それはまさしく、入浴中か、湯から上がったばかりの者そのままであった。弟子たちが驚きで身じろぎもできずにいると、彼は、「隣の温泉に行こう」と言って、先に立ってその場を離れたが、なにかしら考えにふけっている風であった。それから、そこでも前と同じことをして、もう一人のエロスを呼び出した。これは髪の毛がもっと黒っぽく、陽を浴びて垂れ下がっていることを除けば、前のエロスとそっくりそのままであった。すると、少年たちは二人ともイアンブリコスに抱きつき、まるで実の父親にするよう

(1) 葬式の列を目にすると穢れるという考えによるのであろう。
(2) アンテロス（ἀντέρως）は「愛し返す恋」を意味するが、反エロスあるいは対エロスの意味をも持ち、軽視された恋の復讐をする神とか、エロスと戦う神などをも指す。ここではエロス（恋）と「対をなすエロス」の意味で言われているのであろう。

に、しっかとしがみついた。だが彼は、少年たちを元の定められた場所に戻すと、弟子たちが畏敬のまなざしで見守る中を、入浴を済ませて立ち去ったのである。それからというもの、大勢の弟子たちは全く詮索することをやめ、まるで断ち切ることのできない鎖で引っ張られているかのように、どんなことでも、彼によって示された啓示通りに信ずるようになった。

彼については、もっと奇想天外で驚くべきことがいろいろ言い伝えられているが、私は、それらを何一つ書き留めはしなかった。確実さに欠け、すぐにも消え去っていくような伝聞を固定化して動かない文書の中に導き入れるというのは、危険であるし、神の厭い給うことだと考えたからである。しかし私は、伝聞であるということで躊躇を感じながら、以上のようなことをも書き記しているのである。ただし、その話が、世に言う兆などは信じないけれども、啓示を自ら体験することによってその気持ちが変わった人々に従っているのは、言うまでもない。ところが、イアンブリコスの弟子たちは、私の知る限りでは、誰一人としてそれを記録に留めなかった。私がこう言うのも、いわれのないことではない。なにしろ、「高弟の一人である」アイデシオスの言うところによれば、アイデシオス自身もこれまで書いたことがなかったし、他の誰もあえて書こうとしたことはなかった、ということなのだから。

アリュピオス

イアンブリコスの同世代には、弁証の術に最も長けていたアリュピオスもいた。彼は身体つきがきわめて小柄で、ピグミー[1]の身体と比べてもほとんど変わらないほどだったが、その肉体と思しきものは、じつは魂と知性であるらしかった。それほどに、彼の滅び行く部分は大きさに貢献することがなかった。というのは、それは神的な部分のほうに使い果たされたからである。それゆえ、かの偉大なプラトンは、神的な身体は、人間のそれとは反対に、魂の中に包み込まれた状態にある、と言っているけれども[2]、アリュピオスもまた、これと同じように、すっかり魂の中に移り住んでいて、より優れたものに包み込まれ、支配されているのだ、と言ってよいであろう。

ところで、アリュピオスには彼を慕う弟子が大勢いた。しかし、彼の教育は対話だけに限定されており、彼の書いた本を刊行したことがあるという者は一人もいなかった。そのため、弟子たちは、いわば滾滾《こんこん》と湧き出て留まるところを知らない泉で満たされんものと、われ先にイアンブリコスのところへ鞍替えしていた。だが、両者の評判の高まり具合は足並みをそろえていた。それゆえ二人は、まるで惑星のように、進行中にひょっこり出会うとか、鉢合わせするということもあった。すると聴衆は、二人を囲んで輪になって坐り、その様は、譬えてみれば、ムーサの大神殿に集う群衆さながらであった。

(1) ピグミーの名は、肘から指関節までの長さを表わすピュグメー(πυγμή)から来ているが、名が示すように一フィートそこそこの小人族で、インドの最果て、あるいはエチオピアに棲むと言われていた。アリストテレスは、彼らが穴居生活をしていたと述べている(『動物誌』五九七a六)。鶴に攻められて滅びたと言われる(ホメロス『イリアス』第三歌六)。

(2) 恐らくは、プラトン『ティマイオス』三六D－Eの、世界の魂が宇宙の身体を包み込む、という記述を指して言っているのであろう。

（460）

さて、イアンブリコスは、自分から質問しようとはせず、聴衆から質問されるのを待っていた。するとアリュピオスは、全く予想に反して、哲学上の質問は一切後回しにし、聴衆の一人になりきって、イアンブリコスに向かってこう尋ねた、「哲学者よ、どうか言ってくれたまえ。金持ちというのは、不正な人間であるか、あるいは不正な人間の相続人であるか、そのいずれかである。こう言ってよいかね、それとも違うかね。なぜなら、これには第三の場合は考えられないのだから」。するとイアンブリコスは、質問に潜んでいる落とし穴を嫌ってこう答えた、「しかし、この世で最も尊敬を集めている君、われわれ［哲学者］の議論の仕方というのは、誰かが外的な持ち物において突出しているかどうかを問うようなものではない。われわれが問うのは、哲学者に固有で似つかわしい徳の面で抜きん出ているかどうかということなんだ」。こう言い終えると、彼は立ち去って行った。そして、彼が席を立った後は、その集まりもお開きとなった。だがイアンブリコスは、その場を去って、独りになってよく考えてみたとき、その質問の鋭いことに感心し、それからというもの、しばしばアリュピオスと二人だけで会うようになった。そして、この者の緻密さと理解力の鋭さにすっかり敬服し、アリュピオスが死んだ時にはその伝記を著わしたほどであった。じつは、筆者もその本にお目にかかったことがある。しかし、この本は、文体のせいで明晰さを欠き[1]、厚い雲がそれを覆っていた（だがそれは、事柄そのものにはっきりしないところがあったためではない、いや、それはアリュピオス自身が語った長い話に基づいているのである）。さらにまた、この本には叙述に証明を与えるような論述も、加えられてはいなかった。

また、この本はローマへの旅行のことを語っていたが、その旅行をするに至った理由も述べられていなければ、その間に示されたアリュピオスの魂の偉大さも、明らかにされてはいなかった。そして、彼に心酔している人々が大勢供をしたということは仄めかされているものの、しかし、彼が何を言い、何を行なったかについては、取り上げるほどのことは明記されていない。それどころか、あの畏敬すべきイアンブリコスも、ここでは画家たちと同じ状況にあったように思われるのである。すなわち、画家は、青春の盛りにある若者を描いているとき、その肖像に自分の考えで何か魅力となるものをつけ足そうとする場合にはきまって、似ているという特徴をすっかりぶち壊し、その揚句、モデルの似姿と自分が狙う美しさを両方ともふいにしてしまうものであるが、イアンブリコスもまた、これと同じように、事実をありのままに述べることによって賞讃するという道を選んだとき、例えば彼の時代に裁判所で行なわれていた懲罰や責苦がどれほど苛酷であったかということは逐一明らかにするけれども、そのようなことがなぜ行なわれたのか、とか、何のために行なわれたのかという点になると、もともと彼は、政治に通じている人のように説明することには適していなかったし、そうする気もなかったから、アリュピオスの場合も、その生涯についての概要を何もかも取り混ぜるばかりで、自分はこの人の賞讃を行なっているのだという事実、とりわけ、危難に際してのこの人の強固な心と不屈の精神、および議論に見られる鋭さや大胆さに自分は畏敬の念を示しているのだという事実を、目ざとい人にさえほとんど理解できないままにして残したのである。また、アリュピオスはアレクサンドレイアの出身であった。以上が、私が彼について言えることである。

(1) 彼の言葉が明晰さと平明さを欠いていたことは、本書四五八(二四二頁)でも述べられている。

彼は年老いてアレクサンドレイアで没した。そしてイアンブリコスも、哲学の多くの根と源泉とを世に遺して、その後を追うように没した。筆者は、たまたま、それらがもたらした果実にめぐり会う幸運に浴した。というのは、先に挙げた弟子たち(1)はそれぞれローマ帝国全体に散らばっていったが、アイデシオスはミュシアのペルガモンを定住の地としたからである(2)。

アイデシオス

イアンブリコスの学校とその弟子たちの一団を引き継いだのは、カッパドキア出身のアイデシオスである(3)。彼はひじょうによい家柄の出であったが、彼の家にはさほど財産がなかった。それで彼の父は、蓄財の教育を受けさせるため、彼をカッパドキアからギリシアに送り出し、これによりわが子の中に金の卵を見出せるものと期待を抱いていた。やがて息子が戻ったある日のこと、その息子が哲学の勉強をしているのを知り、父親は、役立たずな人間とばかりに、彼を家から追い出した。そして、追い立てるときに、「哲学がどんな益を与えてくれるというのだ」と息子に尋ねた。すると彼は、後ろを振り向いて答えた、「それは小さなものではありませんよ、お父さん。自分を追い出そうとしているのに、その父親に畏敬の念を抱いているのですから」。これを聞くと、父親はわが子を再び呼び戻し、その心根を賞め讃えた。それからというもの、アイデシオスは、自分のすべてを打ち込んで、まだし残している教養の修得に向かい、これに没頭した。そして父親もまた、快くわが子を送り出し、まるで自分が、人間の子の父というよりは、むしろ神の父親になったような気持ちで、ひどくこれを悦んだのである。

アイデシオスは、当時著名だった人や、自分が教えを受けるに至った人など、他の人々のすべてを追い越した。そして、経験による検証を経てその知識を十分蓄えた上で、名声がひときわ高いイアンブリコスに会うため、長い道程をカッパドキアからシリアまでひたすら歩き通した。そして、目当てのイアンブリコスに会い、その話を聞くや、彼はすっかりイアンブリコスの言葉の虜《とりこ》となり、いつまで聞いても聞き飽きるということがなかった。このようにして、ついにはアイデシオス自身も、イアンブリコスと比べてほとんど劣らぬばかりに有名になった。ただし、イアンブリコスの霊感的なところだけは別である。この種の話題については、記録しておくべき材料が一つも私の手に入ってこなかった。その理由は、一つには、恐らく時代の

(1) 本書四五八(二四三―二四四頁)参照。

(2) エウナピオスはサルディスの生まれであるから、同じ小アジアのペルガモンとはさほど離れていない。

(3) アイデシオスに関するエウナピオスの叙述は粗略である。ここから二八二頁まで、すなわちマクシモスの章の前までは、ディドー版ではアイデシオスの章とされているが(事実、二六一―二六二頁はアイデシオスについての叙述である)、叙述はこの後すぐに(二五四頁から)ソパトロスの話になり、その関連で、ソパトロスを殺害したアブラビオスの叙述に移り(それも、付記にしては、生い立ちにまで及ぶ全生涯についての長い叙述である)、そのあとに再びわずかばかりアイデシオスの記述が入って、すぐにエウスタティオス、ついでその妻ソシパトラの生い立ちから始めて、その息子アントニノスに至る叙述が繰り広げられる。読者にこの章がアイデシオスの章であることを忘れさせる語り方である。これもエウナピオスの叙述の特徴であろうが、本訳では、長さと内容から見て、ソパトロス、エウスタティオス、ソシパトラを便宜上独立した章として扱うこととし、読者の混乱を避けた(ただし、アブラビオスの後に一部アイデシオスの記述が入ることをあらかじめ認めた上で)。

流れに配慮して、アイデシオス自身が秘密にしたためであり（というのは、当時コンスタンティヌスが帝位に即いていて、神社の特に目ぼしいものを破壊して、キリスト教徒の教会を建てていたからである）、また一つには、恐らく、彼の弟子たちの最も優れた一団には、秘儀の際に見られるような沈黙や、秘儀の祭司が守るような無言の行に入る傾向があり、実際にそれを遵守していたためであろう。それはともかく、筆者は子供の頃からクリュサンティオスの弟子であったが、それが、その二〇年目にかかろうとしてやっと、もっと本物の教えを受けなければ、と考えるようになった。それほどに、イアンブリコスの哲学は偉大な存在として生き続け、時の流れとともにわれわれの時代にまで及んでいたのである。

ソパトロス

イアンブリコスがこの世を去ったとき、各地に散らばった弟子たちは他にも大勢おり、その誰一人として名声と縁遠くて世に認められないという者はなかった。しかし、ソパトロスは、それらの誰よりも弁舌に長けていた人で、生まれつき威厳を備え、偉大な魂の持ち主であったから、他の俗人たちとつき合っていることに我慢がならなかった。そこで、コンスタンティヌス［一世］が企てる無謀な目論見を言論によって抑えつけ、これを変えさせてやろうとの考えを抱いて、急ぎ皇帝の宮廷に上った。彼の知識と能力はかなりのところまで達していたから、皇帝はすっかり彼に惚れ込み、公式に彼を顧問に据えて自分の右手に坐らせるほどであった。このような扱いは、実際にそれを見聞きできるなど、全く信じられぬことであった。

ところが、居並ぶ重臣たちは、最近になって哲学の学習に鞍替えした宮廷に対し嫉みではち切れんばかりになり、寝入っているヘラクレスばかりか、目醒めている不都合な「運」をも捕えんものと、じっとケルコペスなみの機会を窺い[1]、秘密の会合を持っては悪魔の企てにぬかりのないよう万全を期していた。それは、かつてのあの偉大なソクラテスと同じ状況であった。すなわち、アテナイ人たちのすべては（彼らは自由市民の集まりであったというのに）、かりに彼らが酔いしれているとか、錯乱しているとか、ディオニュソスの祭[2]や夜祭などの破目外しのためとかでなかったなら――そう、そのような時には、人々は、世間でよく見られる高笑いや、傍若無人ぶりや、不用意で危険な感情に左右されるものだが――、もしそうでなかったなら、アテナイ人のすべてがまぎれもなく知恵の歩く像と思っていた当の人に対し、誰一人としてあの告訴や告発を企てたりはしなかったであろう。ところがそのような時、アリストパネスは、初めて人々の堕落しきった心の中に笑いを導き入れ、舞台の上で合唱隊を踊らせ、このようにして聴衆を自分の思い通りに説得することに成功したのである。なにしろ、あれほど偉大な知恵を標的にしてからかい、それを蚤の跳躍につい

(1) ケルコペスは背の低い猿に似た種族で、いつも物を盗むなどの悪さをしていた。ヘラクレスが旅の疲れで寝入っているのを襲い、その武器を奪おうとして、捕まり、逆さ吊りにされた。

(2) ディオニュソスの祭（*Διονύσια*）は、初めは農民信仰に基づく地方色豊かなものであったが、後には、アテナイの大ディオニュシア祭のように、悲劇や喜劇の競演を主とした文化的なものとなった。だが、その原形をなすトラキア系の信仰では、熱狂して神にとりつかれた信者が犠牲の生肉を食らい、山野を駆けめぐったり、夜には松明を振りかざして乱舞狂乱にふけるといった野蛮なもので、その性格が後の乱痴気騒ぎの中に残っていた。

ての知恵だと言ったり、雲の形状とか姿態の、その他、喜劇が笑いを引き出すためにいつも繰り広げる馬鹿げた行動についての、知恵のように描いたからである。聴衆がこの種の悦びに心奪われるのを見たとき、一部の人々は告発に踏み切り、ソクラテスに対して神をも恐れぬ告発をあえてした。このようにして、国全体が、一人の男の死によって不幸を背負い込むことになったのである。というのは、その後のことを考えてみると、ソクラテスが暴力的な仕打ちでこの世を去ってからというもの、もはやアテナイ人によってなし遂げられた輝かしい業績というものは一つもなかった、それどころか、アテナイという国家は徐々に衰退し、アテナイの衰運が原因で、ギリシア全体も一緒に衰退した、と結論できるからである。

これと同じように、あの時にも、ソパトロスに対する陰謀を認めることができた。つまり、それはこういうことである。

コンスタンティノープル、すなわち昔のビザンティオンは、往時にはアテナイ人に穀物を供給しており、そこから積み出される荷物は並々ならぬ量に達していた。ところがわれわれの時代になると、エジプトからの商船団も、全アジアからのそれも、また、シケリアや、フェニキアや、その他の国々から貢租として納められる穀物の量も、酔っ払った民衆を腹一杯にして満足させるのが不可能な状態にある。その民衆というのは、じつに、コンスタンティヌスが他の都市から人々を攫《さら》ってきてビザンティオンに移住させたもので、彼は、酔いしれて酒を吐き出している人間どもから劇場で喝采を受けんがために、それらの者を自分と一緒に住まわせたのである――なにしろ、愚かなため言葉の発音すら覚つかないような、危なっかしい者どもに讃美され、自分の名が彼らの記憶に留められるようにと、切に望んだものだから。また、ビザンティオンの位置も、悪いことに、強い真南の風が吹かぬ限り、そこに向かう船が接岸するのに適していない。それに当時は、季節の性質上よく起こり易い出来事が生じたため、民衆は、飢えに弱り果てた状態で劇場に参集していた。だから、酔った民衆からの喝采は全くなく、皇帝はひどく落胆していた。

すると、前々からソパトロスに悪意を抱いていた者たちは、絶好の好機到来とばかりに、皇帝にこう言った、「いや、それは陛下の尊敬を一身に集めているソパトロスのせいです。彼がその並外れた知恵によって、風を封じ込めたのです――その知恵というのは陛下ご自身も賞讃しておられますし、また彼も、その知恵によってなお皇帝の席に坐っている訳なのですが(1)」。コンスタンティヌスは、話を聞くなり、これをすっかり真に受けてしまって、ソパトロスの首を切り落とすように命じた。すると、その言葉が終わるよりも早く、悪意を抱いていた者たちの手でその命令は実行に移されたのである。

これらの悪事すべての張本人はアブラビオスであった。彼は政務長官であったが、ソパトロスに名声の上で先を越されるのは、まさに喉元を絞めつけられる思いだったのである。ところで私は、先にも述べたように、教育のあらゆる分野で教養を身につけた人々について、その生涯を書き記しているのであるから(語り伝えられて、私の耳に入ってきた限りではあるが)、そのような人々に対して悪事を働いた者に少しばかり

(1) 風を封じ込めるという表現は、オデュッセウスの旅立ちの時、アイオロスが、よい航海ができるよう、風を革袋に封じ込めてくれた、という話に倣ったものか(ホメロス『オデュッセイア』第十歌二〇参照)。なお、風を封じ込めるという話は、エンペドクレスについても語り継がれている(ディオゲネス・ラエルティオス『哲学者列伝』第八巻五九参照)。

触れたとしても、我慢ならないということはあるまい。

この殺人に手を下したアブラビオスは、全く名もない一族の出であった。父方の一族は世間一般の中流階級よりも低かった。彼については今なお次のような話が語り継がれているが、その内容に異を唱える者は一人もいなかった。

エジプトからやって来た、いわゆる占星術を専門にしている人たちの一人が、このローマに立ち寄ったことがある(ところで、エジプト人というのは、旅行中、公共の場でも礼儀を忘れて、平気で不躾な振舞いをするが、恐らくは国内でも、そのように振舞うよう教育されているのであろう)。彼は、到着するとすぐに、居酒屋のちょっと高級なところへ直行した。そして、「自分は長旅を終えたばかりで喉がからからだ。渇きのために今にも息がつまりそうだ」と叫び、ワインの甘く味つけしたのを注ぐように命じて、その代金を差し出した。居酒屋の女主人は、目の前の儲けを見るや、サービスの仕度を始め、忙しく動き回った。ところで、彼女はたまたま、妊婦が出産する際、その手助けをする能力も身につけていた。彼女がエジプト人の前に杯を置き、調味されたワインを注ごうとしていたその時、隣家の女が駆け込んできて、彼女の耳に囁いてこう言った、「あんた大変だよ。あんたと仲のいい親戚の女《ひと》が」――これは事実であった――「陣痛の最中で危いんだよ、あんたがすぐ来てくれないと」。女主人はこれを聞くと、杯にお湯を注ぎ入れるより先に、あっけにとられているエジプト人は放ったままにして飛び出した。そして、産婦を陣痛の苦しみから解放し、出産の際に施される処置をすっかり済ませると、手を洗い浄めてすぐさま客のところに戻ってきた。だが、客が機嫌を損ね、怒りで煮えくり返っているのを認めると、この婦人は遅くなった訳をよく説明した。すると、その人柄優れたエジプト人は、話を聞くなり、時刻を確かめると、神々の許から届いたお告げを口にしたが、これには、身体の渇きを癒すとき以上の激しい渇きを覚えた。それから、彼は大声で叫んだ、「さあ行ってきなさい、おかみさん。そして母親になった人に言ってあげなさい、彼女は皇帝に次ぐほどの者を産んだのだと」。このお告げを示すと、彼は杯のワインを一滴残らず飲み干し、女主人に名を告げて立ち去った。生まれた子はアブラビオスといった。彼は、何ごとにも新奇を悦ぶ「運」の寵児であって、ついには皇帝よりも大きな力を持つようになったのであるが、その力たるや、ソクラテスに対する非難よりもっと愚にもつかない非難を持ち出して、ソパトロスを斬罪に処するほどのものであった。それはまるで、時の皇帝を訓練のできていない民衆のように扱っているようであった。

しかし、コンスタンティヌスは、アブラビオスを重用したがために、その報いを受けた。コンスタンティヌスの最期の様子は、彼を扱った本の中に書き記してある。彼はアブラビオスに息子のコンスタンティウスを託した。コンスタンティウスは皇帝コンスタンティヌスの統治を援け、兄弟のコンスタンティヌス、コンスタンスとともに父親の統治を継承した人である。(1) これらのことは、とりわけて聖なる人ユリアヌスを扱っ

(1) コンスタンティヌス大帝が三三七年に没した後、その子コンスタンティヌスはガリア、スペイン、ブリテインを支配し、コンスタンスはイタリア、アフリカ、イリュリア(アドリア海を挟んでイタリアに向かい合う地域で、今のクロアチア、ボスニアの辺り)を、コンスタンティウスはイリュリア以東の地域を支配した。だが、コンスタンティヌスはコンスタンスの軍に殺され、そのコンスタンスも就寝中に暗殺されて、コンスタンティウスだけが生き残って全帝国を支配した。

た書物の中で、[1]もっと詳しく述べておいた。

コンスタンティウスは、帝国を継承し、自分の割り当て分である領地、すなわち、イリュリアから東方に拡がる地域が割り当てられると、直ちにアブラビオスをその職から解任し、新たに自分の周囲に寵臣の集団を組織した。アブラビオスは、以前にビテュニア[2]の土地を買い求めてあった。それは、華やかな宮廷からの隠遁と悠々自適の生活を与えてくれるもので、この地で彼は、すべての人が彼はなぜ帝位に即くことを望まないのかと訝しがるなか、贅を尽くした生活を送っていた。するとコンスタンティウスは、すぐ近くにある父の都市[3]から、彼に向けてかなりの人数の剣士を差し向け、その指揮官たちに、彼に書状を手渡すよう命じた。彼らは、書状を手渡すと、ローマ人たちが皇帝に対して跪拝するしきたりに従って、アブラビオスに跪拝の礼を示した。彼は全く尊大な態度で、なんの懸念も見せずに書状を受け取ると、その場に入ってきた者に紫の衣を持ってくるよう要求したが、その頃にはすでに険しい顔つきに変わっていて、見る者に恐怖を覚えさせるほどであった。指揮官らは、彼に向かって「自分たちは書状をお渡しすることだけが仕事で、書状にあることを任されている者どもは門前におります」と言った。するとアブラビオスは、傲慢な態度で、誇らしげに胸を張りながら、その者たちを中に呼び入れた。中に入ることを許された者たちは、数も多いうえに、すべてが剣士であって、彼に、紫の衣の代わりに「紫色の死」[4]をもたらし、まるで祭礼の時に引き出される動物さながらに彼を切り刻んだ。こうして、万事に順調だったアブラビオスも、死せるソパトロスによってこのような仕返しを受けたのである。

以上のことがこのような結末を見せ、神の摂理がまだ人間界を見放してはいなかった頃、生き残りの人々の中で最も有名な人物として残ったのがアイデシオスである。ある時、彼は祈りを通して、自分が特に信じている神託（それは夢を通して行なわれるものであった）に救いを求めた。そのとき神は祈りに応えて立ち現われ、六歩格の詩で次のような託宣を下した。そして、そっと瞼を開いたばかりでまだ畏れを感じている間に、彼は託宣の言わんとするところを思い出した（もっとも、詩の超自然的で広大無辺なところは、彼の心をすり抜けて逃げてしまったが）。そこで彼は、目と顔を水で拭き浄めようと思って、召使を呼んだ。すると召使は、彼に向かって「おや、左手の甲に文字が一杯書いてありますよ」と言った。彼はそれを見て、これは神の下された兆に違いないと気づいた。そして、自分の手とそこに書かれた文字にうやうやしく拝礼した後に、手の上に書かれているのが託宣であることを知った。それは次のようなものである。

二つの定めが織りなしている布の上に、そなたの生のための織り布が

（1）エウナピオスが歴史総説とか、歴史詳説とか、歴史註解書などと呼んでいる彼の歴史書の、ユリアヌスを扱っている章を指す。

（2）黒海の南岸に拡がる、プロポントスに接し、ボスポロス海峡を隔ててコンスタンティノープルと向き合う小アジアの地方。

（3）コンスタンティノープル（現在のイスタンブール）のこと。この都市は旧名ビザンティオンであったが、上述のようにコンスタンティヌス大帝が各地から住民を寄せ集め、元老院をこの地に移し、宮殿を建設して、これを自分の権威を誇示する、ローマに匹敵するような都市に作り変えた。そして、この都市を、自分の名に因んでコンスタンティノポリス（コンスタンティヌスの都市）と命名した。

（4）ホメロス『イリアス』第五歌八三参照。

（5）夢見の後には、こうするのが普通であった。

置かれている。そなたがもし、人間どもの都市と、さらに
その町を希望するのであれば、そなたの名は不滅のものとなるであろう、
若者たちの、神も嘉《よみ》したもう衝動を育て上げながら。
されど、もし山羊の、さらには牛の牧場にて牧童をしようとするのであれば、
やがてはそなた自身が、浄福の不死なるものといつまでも仲間であり続けるものと
希望を抱くがよい。そなたの織り糸はこのように定められている。

神託はこういった内容のものであったが、アイデシオスは、従うのが当然とばかりに、これに従ってより優れているほうの道へと急ぎ、小さな土地を探し求めて、山羊の番人や牛飼いの生活を送ることに専念していた。ところが、すでにその名声が世に響いていたため、彼の弁論や教育を求める人々の目を逃れることはできなかった。人々は彼の足跡を追ってきて、その周りに群がり、獲物を見つけた犬さながらに戸口で唸り声を上げて、もし、これほど偉大でこれほど得難い知恵を、まるで自分が人間に生まれついてもいなければ、人間の世界に目をくれてもいないかのように、山とか切り立つ崖とか樹木などのほうに振り向けるようなら、彼を引き裂いてくれよう、と脅した。それで彼も、このような言葉や行動に無理じいされて、しぶしぶ世間一般のつき合いに戻り、二つの道のうち劣っているほうに進んで、これにわが身を捧げた。彼はカッパドキアを後にし、かの地にある財産の管理はエウスタティオスに任せて（エウスタティオスとは家系の上で近かったのである）、自分はアジア(1)に渡った（それは、アジア全体が彼に手を差し延べていたからである）。そして旧ペルガモン市に居を定めた。彼の学校にはギリシア人も近隣の国の者も通っていて、その評判は天の星

にまで届いていた。

エウスタティオス

ところで、そのエウスタティオスについてであるが、彼の真実に触れる話を取り残すのは、彼への冒瀆というものである。たしかにこの者は、衆目の一致するところ、最も品性優れた人物であると同時に、その弁論をよく調べてみると、ずば抜けた才に恵まれた人間であって、彼の舌と唇に備わっている巧妙さはまるで魔法としか思えなかった。また、彼の温和さと物腰の柔らかさは、彼の言葉の中に花開いて、言葉の端々から溢れ出ており、彼の声と弁論を耳にした者は、あたかも蓮の実を味わった者のように(2)、われを忘れて、彼の声と弁舌にとりつかれてしまうほどであった。彼には音楽をよくするセイレンたち(3)とひじょうによく似た

(1) アジアとはローマの属州で、ミュシア、リュディア、カリア、プリュギアを含む、いわゆる小アジア地方。本書四七九(三〇〇頁)にその範囲の規定が見られる。

(2) 北アフリカに住むと言われた伝説的な人々に「蓮の実食い(Λωτοφάγοι)」というのがある。ロートスと呼ばれる植物は数多く、ヘロドトスでは棗椰子がこう呼ばれている(『歴史』第四巻一七七)。ここでは蓮の実に似た罌粟(ケシ)の実を指すのであろうか。ホメロスには、これを食べた者は家に帰ることも、自分の使命も忘れ、いつまでも実を食べていたいと願う、という記述がある(『オデュッセイア』第九歌八四以下)。

(3) 美しい歌声で人を魅了し、故郷も妻子のことも忘れさせて、ただ歌声に聞き惚れさせ、餓死に至らしめると言われた人面鳥身の女精(ニンフ)。

ところがあったのである。それゆえ皇帝は、キリスト教徒の本に取り囲まれて暮らしていたにもかかわらず、世情の騒ぎが彼に押し寄せ、ペルシア王のところから抜き差しならぬ危難がのしかかってきたときには、エウスタティオスを呼び寄せたのである。(1) というのも、ペルシア王は、これまでもアンティオケイアに執念を燃やし、弓兵の一斉攻撃をしかけたことがあるからである。じつにその時、ペルシア王は、意表をついて不意に劇場を見下ろす丘を占拠し、大量の観客に矢を射かけて殺戮したのである。このたびの事態もそれと同じようなものであったが、人々はすべてエウスタティオスの虜となり、すっかり心酔しきっていたから、躊躇することなく異教徒である一人のギリシア人のことを皇帝の耳に入れた。これまで代々の皇帝は、軍務で勲功のあった者、すなわち、軍の総司令官であるとか、それに次ぐ者で選ばれて当の職に就いている者などを使節に選任するのが慣わしであった。にもかかわらず、この時は、緊急止むをえぬ事態であったため、あらゆる人材の中で最も思慮のある人物ということで、エウスタティオスに白羽の矢が立ち、全員の賛同を得たのである。このような次第で彼は皇帝に呼び出され、直ちに出頭したのであるが、その弁舌に漂う魅惑的な力は並々ならぬもので、使節派遣はエウスタティオスに一任すべしと助言した人々は、前にもまして皇帝の高い評価を得、また皇帝も彼らに対する愛顧をますます深めるほどであった。そのうえ、彼を推した人々の中には、自ら進んでこの使節団に加わろうとした者もいた。この人物が外国人相手に、今と同じように弁舌で魅了することができるものかどうか、もっと大きな検証をしてみたいと思ったのである。

ペルシア人の国に着いたとき、サポレス王という人は伺候する者に対して暴君のように振舞い、野蛮である、との噂が耳に入った。そしてそれは事実であった。ところが、そのような風評にもかかわらず、エウスタティオスが、どの使節の場合とも同じように、王の前に進み出ることを許されたとき、王は、彼の目に漂う、何ごとも意に介さぬ穏和な表情にすっかり感服してしまった。じつのところ、王は、この者の肝を冷やさせてやろうとあれこれ手だてを考えていたのである。そして、いかにも物静かで淀みなく語り合う彼の声を耳にし、また、彼の雄弁が謙虚に、しかも穏やかに展開されていくのを聞き終えると、王は彼に下がるように命じ、またエウスタティオスも、その弁論で専制君主を虜にした上で、宮廷を退出した。すると王は、そのすぐ後で、お付きの者を通じて彼を食事に招いた。そして、彼がその招きを承諾したので（というのは、彼には、王が徳性に心傾けるよい素質を持っていると思えたからである）、王は宴席で彼とじかに会うこととなった。彼は王と食事を共にし、その弁舌で王をすっかり感化してしまった。そのため、ペルシア王は、いまにも真っ直ぐなティアラ(2)を投げ捨て、紫の縁どりをして宝石をちりばめた正装を脱ぎ捨てて、代わりに、エウスタティオスが身につけていた哲学者愛用の粗末な外套を身にまとわんばかりであった。それほどに、彼は、王に贅沢な生活と身を飾る装飾品を蔑むようにさせ、肉体に執着する者を不幸な者と見下させることに成功したのである。しかし、そういうことは、その場に居合わせたマゴスたち(3)が押しとどめ、エウスタテ

(1) 皇帝とはコンスタンティウスのこと。しかし、彼がエウスタティオスを使節に立てたとされるアンティオケイアの事件は二五八年頃の話で、これはガリエヌスが統治していた時である。

(2) ペルシア王が頭に載く正式の被りもので、王冠に当たる。

(3) マゴスたちとは、東方、特にペルシアの拝火教的宗教団体で、通常複数形でマギと称されている。創始者はゾロアスター。彼らは、宗教のみならず、政治にも大きな影響力を持っていた。

ィオスはまぎれもない魔法使いであると言い張って、ローマの皇帝には次のように返答するよう王を説き伏せた――「それほど優れた人材に恵まれていながら、一体なにゆえに、汝らは金を貯《た》め込んだ奴隷となんら変わらぬ者を差し向けてくるのか」。こうして、使節派遣はすべて期待外れに終わったのである。

エウスタティオスについては、私の調べたところでは、次のようなことが確かになった。それは、全ギリシアが彼を一目見たいと祈り、彼が自分たちのところを訪ねてくるよう神々に懇願していた、ということである。そして、予言と、その種のものの解釈に通暁している人々との間では、それが実現するだろうということで一致を見たのである。しかし、それらが間違いだったと判ったとき（つまり、彼は訪ねてこなかったのである）、ギリシア人たちは彼のところへ使者を送ることにし、使者役には知恵にかけて最高の者たちを選び出した。それらの者の目的は、次のように問いかけて、偉大なエウスタティオスと論じ合うことであった――「一体なにゆえに、事実はそれらの前兆通りにならなかったのか」。その言葉を聞くと、彼は、その方面では名が通っており、広く世に讃えられている人々の証言を調べ上げ、それをいろいろ分類してみてあれこれと確かめ、さらに使者たちに質問して、それら前兆の大きさは、色は、形はと、矢継ぎ早に尋ねた。次いで事の真相を聞くと（というのも、偽りは、神々の合唱隊だけではない[1]、神々の言葉とも無縁なのだから）、いつものように微笑みながら、彼らにこう言った、「いや、それらの前兆は、私のこれからの訪問を予告しなかっただけだ」。そして、私の判断では、たしか人間の力をはるかに超えた発言をしたのである。つまり、彼はこう答えたのだ、「そこで示された前兆というのは、私が持つ優れたものに比べると取るに足らぬ、足の遅いものだったのだ」。

ソシパトラ

こういうことがあった後、これほどに有名だったエウスタティオスはソシパトラと結婚した。彼女は、知恵が並外れて優れていたため、自分の夫を安価でちっぽけなもののように見せた。彼女については、男性の知者を挙げているこの目録の中で、かなりの言葉を費やして述べてもおかしくないであろう。それほどに、この女性の名声は広く知れ渡っていたのである。

ソシパトラはエペソス近くのアジアの生まれであった。その地方は、カユストロス川が流れ込んで横切り、平原に自分に因んだ名を与えているところである。彼女は幸福で裕福な祖先を持つ家系の出であった。まだ幼い子供の頃に、彼女はすべてにおいて人も羨む状態を手にしていた。それほど、彼女の美しさと慎み深さは少女時代を輝かしいものにしていたのである。

さて、彼女が五歳に達したときのことであるが、二人の老人が（二人とも人生の盛りを過ぎていたが、一人はもう一方より年をとっていた）、大きめの頭陀袋を下げ、背中には毛皮を羽織って、ソシパトラの両親が所有する土地へずかずか入り込んできた。そして、葡萄の世話を自分たちに任せるよう管理人を説き伏せ

（1）「神々の合唱隊には嫉みがない」というプラトン『パイドロス』二四七Aの表現に倣ったものか。ここでは神々が与える前兆について言っている。

た（彼らにとっては、説き伏せることなど容易だったのである）。さて、収穫が予想を大きく上回る結果となったとき（その時、所有者もその場に来ており、子供のソシパトラも一緒だった）、人々の驚きは底知れぬほどで、ある種の霊感が働いたに違いないとの臆測を生み出した。土地の所有者は、彼ら二人を食事に招いて、下にも置かぬねぎらいをし、一緒に働いている農夫たちには、同じ結果を出せなかったと言って小言を浴びせた。

その老人たちは、ギリシア流のもてなしとご馳走に与った際、まだ幼いソシパトラの並外れた美しさと魅力に打たれ、すっかり心を奪われて、こう言った、「いやぁ、わしらは、ほかの力は人目につかぬよう内に隠してある。今賞めそやされている葡萄の豊作なんぞはお笑いじゃよ。わしらが持っている桁外れの能力から見れば、子供の遊びみたいなもんじゃ。しかし、このご馳走と温かいもてなしに見合うお返しをわしらから受け取る気がおありだったら——ただしそれは、金銭とか、すぐ消えてなくなるような返礼じゃなく、あんたや、あんたの生活では手が届かないようなもの、さよう、広大無辺で星に届くような贈物なんじゃが——もしその気がおありだったら、このソシパトラを、もっと本物の養育者であり、父親でもあるわしらの手許に預けなされ。これから向こう五年間は、この子の身について、病気せぬか、死にはせぬかと、あんたが案ずることはない、ただじっと坐っておればいいんじゃ。だが、太陽の周期がめぐりめぐって五年目の年がくるまでは、この土地にけっして足を入れぬよう心掛けてもらわねばならん。そうすりゃ、あんたにはこの土地からひとりでに富が生えてきて、青々と実ることじゃろうし、それに娘さんが、この世の女や人間並みのものとは違う心を持つようになるじゃろう。いやそれだけじゃない、可愛い娘には人間以上の何かがあると、あんた自身だって判るようになるじゃろう。だから、もしあんたが強い気持を持っておいでなら、わしらの言葉をもろ手を挙げて受け入れなされ。だが、少しでも疑いの気持ちをくすぶらせておいでじゃったら、わしらの言ったことはなかったことにしてくだされ」。これには、父親は全く言葉もなく、ただ畏れ入るばかりで、わが子を手渡して彼らに委ねることにした。それから執事を呼び寄せ、彼に、「この老人がたが望まれるものは何なりと用意して差し上げなさい。よけいな詮索は一切無用」と申し渡した。こう言い終わると、彼はまだ夜が明けきらぬうちに、まるで自分の娘と土地から逃げるようにして、そこを立ち去ったのである。

老人たちは（彼らは英雄であるか、それとも神霊であるか、それとももっと神に近い類のものだったのだろうが）、少女を引き取ってから、どのような秘儀を彼女に授けたのか、これを知る者は一人もいなかった。また、どんな儀式で少女を神聖なものにしたのか、この点も、ぜひ知りたいと望んでも、誰にも不明なままであった。

やがて約束の時がやってきた。土地からの実入りに関することはすべて老人の言葉通りになった。少女の父親も農場にやってきたが、少女の背丈が伸びて、それがわが娘とは気づかなかったし、その美しさも、彼には全くの別人のもののように映った。また彼女のほうも、それが父親だとは気づいていなかった。だから父親は、彼女にうやうやしく挨拶さえしたのである。それほどに、彼女は、見た目には赤の他人に思えたのである。だが、彼女の先生たちがその場に現われ、食卓の用意が整えられたとき、彼らは父親に向かって、「この娘さんに何でも好きなことを尋ねてみなされ」と言った。すると娘は、その言葉をさえぎって、「いいえ、お父さん。ここへ来る道すがら自分はどんなことをしてきたか、と尋ねてみてください」と言った。彼は、そのように尋ねよう、と同意した（じつは、彼は裕福なので四輪の馬車に乗ってきたのであるが、この種の乗物にはいろいろと問題が起き易いのである）。すると彼女は、旅の途中で交わされた言葉や、彼が脅えたり恐れたりしたことなど、すべてを余すところなく述べ立てた。それは、まるで彼女自身もその馬車に乗り合わせていたかのようであった。父親は、あまりの驚きで、感心するどころか、ど肝を抜かれて、わが娘は女神だと信じ込んでしまった。そして彼は、二人の男の前に跪《ひざまず》いて、貴方がたはどういう身分の方なのか教えていただきたい、と頼んだ。すると彼らは、恐らくそれが神の御心でもあったのだろう、渋々ながらゆっくりと身分を明かし、自分たちはいわゆるカルデアの知恵(1)の洗礼を受けている者である、と明かしたが、それも謎めいた言葉を用いて、うつむいたままで言った。そして、ソシパトラの父親が彼らの膝にすがって嘆願し、この土地の主人となり、娘を彼らの許に置いて、さらなる奥儀へと導いてやってほしいと頼むと、彼らは頷いて、そうしようという承諾の意志を表わしたが、それ以上は一言も発しなかった。父親は、まるで神の約束か託宣でも与えられたかのように、自分では心強い助っ人を得た思いであった。しかし、それがどういうことを意味するかは計りかねていた。そして彼は、心の中でホメロスをことのほか賞め讃えていたのである。それは、ホメロスがこの二人の出現のようなことを、超自然的な神の業と讃え、こう謳っていたからである、

まこと神々は、他国からのよそ者に姿を変え
ありとあらゆる形に身をやつしては、町々を訪ね歩く。(2)

つまり彼は、自分がめぐり合ったのは、よそ者の姿はしているものの、その実、神なのだ、と信じ込んでいたのである。このことで満足感にひたっているうちに、彼は睡魔にとりつかれてしまった。二人の老人は食卓を離れると、少女の手をとって、彼女が秘儀を授かったときに身につけていた衣服一式を優しく、しかも厳かに手渡し、ほかにも秘儀のとき用いたいくつかの品をそれに加えた後、小箱にあらかじめある本を入れた上で、それに封をするようソシパトラに命じた。彼女はこの人たちに、自分の父親に対するのに劣らぬほど、大きな悦びを覚えた。

さて、夜が明けて家々の戸が開け放たれ、人々が仕事に出掛ける頃、あの二人も他の人々と一緒に、いつものように家を出た。すると少女は、いい報せがある、と父親のところへ走っていった。そして、召使の一人も例の小箱を持ってそれに続いた。彼女の父親は、今すぐ使える自分の財産を持ってこさせ、自分たちが支払わねばならぬ金額がどれほどかを執事たちに問い質してから、あの二人を呼びにやった。ところが、彼らはどこにも見当たらなかった。そこで父親は、ソシパトラに向かって言った、「これはどうしたことだ、わが子よ」。すると彼女は、少し間をおいてから言った、「今になってやっとあの方たちの言っている意味が判りました。じつは、あの方たちが涙を流しながらこれらの品を私に手渡したとき、「これを大事にするん

---

(1) カルデアは、チグリス川とユーフラテス川の間にある国で、首都はバビロン。ここの住民は占星術を扱うことで知られていた。
(2) ホメロス『オデュッセイア』第十七歌四八五—四八六。

だよ、わが子よ。わしらは西の大海原まで行ってくるが、すぐに戻ってくるからな」とおっしゃったのです」。このことは、彼らの前に現われたのが神霊であることを、何よりもはっきりと確信させた。(1)

彼らは出掛けたままどこかへ行ってしまったが、父親は、今ではすっかり入信して、思慮は保っているものの神に魅入られてしまった少女を、自分の手許に置いて、彼女の望むがままに生きることを許し、彼女の沈黙に対し時々不快な気持ちを示したこと以外は、彼女なりの生き方を何一つ妨げようとはしなかった。

さて、彼女は成長して妙齢に達したが、ほかに教師をとらなかったにもかかわらず、詩人や哲学者や弁論家たちの作品が次々に彼女の口をついて出てきた。そして、他人が、ずっと苦労を重ねてもどうしても薄ぼんやりとしか理解できなかった作品さえ、彼女はなんの雑作もなしに説明し、落ち着きはらって苦もなしに、その意味をたちまちにして明らかにしたのである。

やがて、彼女はしかるべき男性と結婚しようと考えた。ところで、すべての男性を見渡しても、彼女と結婚する資格があるのはエウスタティオスただ一人であるということ、これは全く議論の余地がなかった。そこで彼女は、エウスタティオスとその場に居合わせた人々とに向かって次のように言った、「さあエウスタティオス、よく聞いてください。また、ここにおられる皆さんは証人になってください。私は貴方の子供を三人生むことになるでしょう。だが子供たちはみな、人間の世界で仕合わせと思われているものは手に入れ損なうでしょうが、神様が下さる仕合わせは、どの子も得損なうということはないでしょう。そして貴方ですが、貴方は私を残して先に往ってしまうことでしょう、そして、美しくて貴方にふさわしい住居を割り当てられることでしょう（もっともこの私は、恐らくもっと優れた住居を割り当てられることでしょうが）。

というのも、貴方の場合、月の軌道(2)がその住居となることでしょうから。つまり、これから五年たったら、貴方はもう哲学の研究に奉仕することもなくなるでしょう――貴方の霊が私にそのように告げているのです――、いや貴方は、月の下の領域を、恵まれた、そして順調な運行をしながら通過していることでしょうから。それから私ですが、私としては自分の定めもお話しするつもりでいたのですが……」。それから、少しの間おし黙っていた後に大声で叫んだ、「でも私の神が、それを押し止められるのです」。これらの予言を口にすると(つまり、運命の女神たちがそうさせたがっていたのだ)、彼女はエウスタティオスと結婚したのである。そして彼女が言ったことは、不易の神託といささかも異なることはなかった。それほどに、あらゆる場合にそれが現実となり、すべてが彼女の言った通りになったのである。

以上の出来事に加えて、次のこともどうしても述べておきたい。エウスタティオスが世を去ってから、ソシパトラは自分が所有する土地に戻り、アジアの旧ペルガモン市で暮らしていた。すると、あの偉大なアイデシオスが、彼女を愛してあれこれ面倒を見、彼女の子供たちを立派に教育した。またソシパトラは、自分の家で哲学の教育を始め、アイデシオスと張り合っていた。それで弟子たちは、アイデシオスの講義に出た後で、彼女のところに通って教えを受けていたが、彼らの中には、アイデシオスの講義に見られる厳密性をことのほか愛し、かつ感銘しない者は一人もいなかったものの、その一方では、この婦人のインスピレーシ

(1) 死せる英雄や超自然的な霊が住むとされていたところで、ホメロスの言う冥界(ζόφος)を指す。『イリアス』第二十一歌五六、『オデュッセイア』第二十歌三五六参照。

(2) 月の軌道はよき神霊や英雄の住処と考えられていた。

ヨンに満ち溢れた教えに対しては、心からこれを崇め、畏敬の念を抱いていたのである。

ところで、彼女の従兄にピロメトルなる人物がいた。この男は、彼女の美しさと弁舌にぞっこん惚れ込み、また、この婦人が誰よりも神的な本性の持ち主であることを知って、彼女に恋するようになった。この恋は彼をすっかり虜にし、身動きならぬまでにしてしまった。そして、彼がひどくこの恋を患うのに合わせ、婦人のほうも、その感情がひたひたと押し寄せてくるのを感じつつあった。そこで彼女は、マクシモス[1]に向かって（ところで、この人はアイデシオスの弟子仲間では第一人者と目される人物で、彼女とは縁戚関係にあったのである）こう言った、「お願いです、マクシモス。私までひどいことになるといけませんので、この身に起こったこの症状は何なのか、よく確かめてください」。そして、マクシモスが「それで、その症状とはどんなものなのかね」と尋ねると、彼女はそれに答えて、「ピロメトルがそばにいても、ただピロメトルがいるというだけで、大勢の人がいるのと別に変わったところはないのですが、でも、彼が立ち去って行くのを見ていると、きまって、私の中で心がちくちくと痛み、なんとかしてこの身体から飛び出して行こうとするのです。さあ、私のために一肌脱いで、ご慈悲のほどを示してくださいませんか」とつけ加えた。マクシモスは、これを聞き終わると、これほど素晴らしい女性からこのように信頼を寄せられているのだから、今や自分は神々とつき合っているようなものだ、と感じ、胸ふくらむ思いでその場から立ち去っていった。

一方、ピロメトルのほうは、自分の企てに夢中になっていた。だがマクシモスは、その献犠の知識によって、ピロメトルが手がけているのはどんな力かを見つけ出すと、もっと強力で、効き目に優る呪文によって弱い呪いに立ち向かい、これを解きほどこうと努力した。そして、この儀式を勤め終えると、マクシモスは急いでソシパトラの許に戻り、これからもこれと同じ気持ちにさせられることがないか、くれぐれも注意を払うように命じた。すると彼女は、こうした気持ちにはさせられません、と答え、その上で、マクシモスに向かって、彼が行なった祈りと儀式の手順すべてを挙げてみせ、さらに、まるでその場に居合わせたかのように、それが行なわれた時刻をもつけ加え、また、その時現われた神の兆を明らかにしてみせた。そして、彼が驚きのあまり口を開けたまま大地にへたり込み、ソシパトラのことをまぎれもなく女神だと認めたとき、彼女はこう言ったのである、「お立ちなさい、わが子よ。貴方が神々に目を向け、地上のはかないものにあれこれ心を動かされぬ限り、神々はいつも貴方を愛してくださいます」。これを聞くと、マクシモスは、この婦人における神性の証をしかと見届けたように思い、前にもまして誇らしげな気持ちで立ち去っていった。ところが、ピロメトルが多くの友人を引き連れて陽気に入り込んできて、戸口の近くで彼とばったり鉢合わせをした。するとマクシモスは、少し離れたところから大声を上げて言った、「ピロメトル君、神の名において君に忠告する。無駄に木を燃やすことはやめたまえ」。恐らく彼は、ピロメトルが悪巧みをする際に行なっていた儀式に、そのような呪術的行為があるのを見てとっていたのであろう。するとピロメトルは、一喝されるや、マクシモスを神かと思い込んで悪巧みを中止し、なんと愚かなことをしたものかと、自分の企てを自嘲したのである。一方、ソシパトラのほうも、それからというもの、ピロメトルが彼女に敬愛の念を抱いたことには敬意を払ったものの、ピロメトルをありのままに、これまでとは違った目で見ていた。

(1) マクシモスについては本書四七三(二八三頁)以降で一章が当てられている。

また、例えばこんなこともあった。ある日、人々がみなソシパトラの家に集まったことがある。だが、ピロメトルはそれには顔を出さず、田舎で暮らしていたのである。その時の議論のテーマでみなが問題にしていたのは、魂についてであった。多くの説が引き合いに出され、それからソシパトラが口を開いて、それらの提起された議論を論証によって少しずつ論破していったが、ついで魂の下降についての議論や、懲罰を受けるのは魂のどの部分であり、不死であるのはどの部分か、という議論に入っていくと、彼女は、これまで憑かれたような熱狂のうちに話を進めていたのに、その途中で、まるで声を切り取られたかのように、ふと押し黙ってしまった。そしてしばらく間をおいてから、人々の目の前で大声で叫んだ、「これはなんとしたことでしょう。親戚のピロメトルが馬車に乗ってやって来ます。あっ、馬車が悪路でひっくり返ってしまった。彼の両足が危ない。いや、召使たちが彼を無事に引きずり出しました。肘と手に傷を負っているだけです。この傷も大事に至るものではありません。彼は担架に乗せられて、呻きながら運ばれています」。彼女が口にしたのは以上のようなことであったが、事実はその言葉通りであった。それで、その場にいた者はすべて、ソシパトラはどこにでも遍在しており、哲学者たちが神々について語っているように、あらゆる出来事に立ち合っているのだ、と確信したのである。

彼女は、予言通り[1]三人の子供を残して死んだ。それらのうち二人については、その名前を挙げるまでもあるまい。だがアントニノスは、両親の名に恥じない人物で、ナイル川のカノボス[2]河口に居を定め、その地の宗教儀式に自分のすべてを捧げて、母親の予言を現実のものにしようと努めていた。彼の許には、魂が健全で、哲学に飢えている若者の一群が出入りし、神殿は若者たちの神官で溢れかえっていた。ところでアントニノス自身は、まだ人間であると思われており[3]、世の人々とのつき合いを保っていた。だが、彼は弟子たちすべてに向かって予言し、自分が死んだ後には、もうこの神殿はなくなるだろう、いや、サラピス[4]の聖なる大神殿の数々さえ形なき闇の中へと変わり果ててしまい、物語にある目に見えぬ闇が地上のこの上なく素晴らしいものに君臨することになろう、と語っていた。時の流れはこれらの予言すべてに証言を与え、彼の予言は、結局、神託の力を持つまでになったのである。

この家系からは（こんな言い方をするのも、ヘシオドスのいわゆる『エーオイアイ』[5]を書くのが私の狙いではないからである）、あたかも星からの流出物のように、多くの流出物が後に残された。そしてそれらは、哲学を専業とする者たちのいくつかのグループへと散らばり、振り分けられていったが、それらの哲学者にとっては、本来の哲学と親戚関係にあるということだけが、その取り柄だった。彼らは時間の大半を、ソク

（1）本書四六九（二七二頁）参照。
（2）ナイル川の最西の河口カノプスのこと。ヘロドトス『歴史』第二巻一七参照。
（3）母親ソシパトラが女神と思われていたこととの関連で、こう言われているのであろう。
（4）またはセラピス。オシリスと同一の神とも見なされるエジプトの神で、メンフィス、アレクサンドレイア、カノプスに神殿があった。
（5）ヘシオドスの失われた詩で、各テーマが ἢ οἵη（あるいは……のような女性は）で始まっていた。この表現が一まとめにされた ἢ οἷαι（複数形）が一語にされて、Ἠοῖαι という題名になっている。つまり、個々の人物を一々挙げていくという書き方を、ここでは指している。

ラテスがバシレウスの役所[1]でそうであったように、法廷の中で危険を冒すのが常だった。彼らが財貨を軽蔑し、金を嫌う様は、じつはこれほどだったのである。とにかく、彼らにとって哲学というのは、粗末な外套を着て、いつもソシパトラに言及し、エウスタティオスのことを語るということであり、さらに、よく目につくこととしては、本を、それもまるで沢山の駱駝の積荷かと思われるほどの本を、ぎっしり詰めた大きな頭陀袋を持ち歩く、ということだったのである。彼らは、これらの本をじつに克明に諳《そら》んじていた。しかし、これらの本は古代哲学者の誰に言及するというものでもなかった。いやむしろ、遺言やその写しとか、商行為上の契約書など、およそ、惨めな暮らしや、ふらついて締まりのない放埒へとはしりがちな生活において、いつも有難がられるような文書であった。

このように、先の出来事の後で起こったことにおいても、ソシパトラは、その予言を外すということはなかったのである。だが、これら当時の哲学者たちについては、その名前を挙げるには及ぶまい。私の叙述が言及しようと努めているのは優れた人々についてであって、取るに足らぬ人々のことではないのだから。ただし、彼女の子供たちのうちの一人だけは別である。彼の名前はアントニノスであったが、この者についでは今しがたも言及した。彼はアレクサンドレイアに渡り、その後、ナイル川のカノボス河口にひどく感激し、この土地が気に入って、この地の神への崇拝とその秘密の儀式とに一身を捧げ、これに専念したのである。

アントニノスは長足の歩みで神との親近関係を持つまでになり、自分の肉体を軽蔑し、肉体にまつわる快楽をふり払って、一般大衆には知ることのできない知識を追い求めていた。この件については、もう少し言葉を費やして述べたほうがいいだろう。彼は、魔術的傾向とか、知覚に現われた事実と辻褄が合わないようなところは、全く見せていない。恐らくは、そのような傾向とは反対の方向に向かっている皇帝の強い意思を、それとなく窺っていたからであろう。(2)だが、彼の強固で不撓不屈の性格は、すべての人の感嘆するところであった。それで、当時アレクサンドレイアで学問研究をしようとしていた人々は、きまって海辺に住む彼の許へ出向いていったのである。じつにアレクサンドレイアは、サラピスの神殿があるため、都市そのものが一つの神聖な世界をなしていた。とにかく、各地からこの都市へ集まってくる人々は、その数がここの住民に匹敵するほどであったが、その人々が、かの神への参拝を済ませると、きまってアントニノスの許へと急いだ、そう、道を急ぐ者は陸路をとったが、ある者は、川を行く船旅を満喫し、ゆったりとした気分で真剣な研究の中に運ばれていったのである。彼との面会が許されると、ある者は論理的な問題を持ち出し、即座にプラトン哲学の知識をたっぷりと注ぎ込まれたし、また、もっと神的な存在について問題を提起した者は、神の似像と対面させられた。つまり、アントニノスは、それらの誰に対しても一言も発することなく、ただ目を天空に向けて凝視し、無言のまま身じろぎもせずにその場に横たわるだけであって、彼がその種の

(1) バシレウスとは、アテナイの九人のアルコンのうち第二席に当たる官職で、宗教祭祀を司ったが、不敬罪や殺人罪などの重罪の訴訟をも担当した。しかし、ソクラテスが訴訟ごとには無縁で、法廷での言葉遣いにも暗かった、というプラトン『ソクラテスの弁明』におけるソクラテス自身の言葉を信ずるなら（一七D）、ここで言う哲学者と同列に見ることはできないだろう。これら哲学者たちは、弊衣をまとい、金銭や蓄財には無関心なキュニコス的生活スタイルをとることだけが哲学者の資格、と考えていたのである。

(2) 秘術、妖術の類を扱う者はことごとく迫害される状況にあった。

問題で人々との対話に気安く入って行くのを見た者は、一人もいないのである。

彼の内に潜む力が人一倍神的なものであるということは、ほどなくその兆が示されることになった。というのは、彼がこの世から去るや否や、アレクサンドレイアにある多くの神社の祭儀も、サラピス神殿のそれも、散り散りに消え去り、祭儀のみか神社の建物まで消えてしまった、つまり、詩人たちの物語にあるような、巨人たちが優勢となったときに生じたとされている非道な振舞いがことごとく横行したのである。(1) カノボスにある神社もこれと同じ運命を辿った。それはテオドシウス［一世］が皇帝の座にあり、テオピロス(2) があの忌わしい者どもを

その昔、高慢な巨人たちに君臨していた(3)

エウリュメドンよろしく取り仕切っており、また、エウァグリウスがこの都市の長官職にあり、ロマヌスが在エジプト軍の指揮を任されていた時であった。すなわち、これらの人々は、まるで石や石工に対して仕掛けているかのように、われわれの神聖な神社に対して憤怒の包囲網をしき、これらに攻撃を加え、しかも、相手が戦いを仕掛けてくるとの噂があったから、という口実を設けるでもなしに、サラピスの神殿を完全に破壊し、奉献物に対し戦いを仕掛けたのである。つまり、全く無抵抗で、敵と干戈《かんか》を交えることのない勝利を、彼らはかち取った訳である。なににしても、彼らは、神々の似像や奉献物に対しいかにも気高い戦いを仕掛けた訳であるが、その気高さたるや、それらのものを打ち負かすだけでは足りず、それを盗み出すほどのものであった。つまり、彼らの言う戦術というのは、盗んでも見つからずにすむことだったのである。だが、その彼らも、サラピス神殿の床だけは、石が重いため持ち去らなかった。移動させるのが容易でなか

ったからである。誰よりも好戦的で誇り高い彼らは、何もかも破壊し、滅茶滅茶にした上で、血で汚されはしなかったものの、貪欲さむき出しの両手を突き上げ、神々に勝ったぞと胸を張り、これら神社荒らしや不敬な所業を自分たちの勝利の誉れに数え入れていたのである。

ついで彼らは、これら聖域に彼らの言う修道士を導き入れた。これらの者は、顔かたちは人間であるが、その暮らしぶりは豚並みで、数えきれぬほどの、口にするのも憚られるような悪事を、公然と加えたり加えられたりしていた。それでもこれらの者は、このことを、つまり神的な存在を軽蔑することを、敬神的な行為と信じ込んでいた。じつに、当時、黒衣をまとい公共の場で進んで醜い振舞いに及ぼうかという人間が、一人残らず専制的な権力を手にしていたのである。つまり人類は、徳の点でそれほどの高みにまで駆け上ったのである。このことについては、『歴史総説』[4]の中でも述べておいた。ところが彼らは、これらの修道士たちをカノボスにも定住させて、真実の神々の代わりに奴隷を、それも性悪な奴隷を崇拝するように、人類

(1) 巨人とは、ゼウスがティタン一族を地下に幽閉したのに対抗して、ガイアが生んだ巨大で強力な巨人たち(Γίγαντες)のこと。背丈は山よりも高く、凄まじい力と恐ろしい形相を備え、脚は鱗に覆われていたと言われる。その強大な力に慢心して天の神々に戦いを挑み、大木を引き抜いてはこれを炬火にして天を焼き払おうとしたり、巨岩を引きちぎって天に投げつけるなどしたが、ついには神々に敗れた。

(2) アレクサンドレイアのキリスト教司祭。

(3) ホメロス『オデュッセイア』第七歌五九参照。

(4)『歴史総説』(τὰ καθολικὰ τῆς ἱστορίας συγγράμματα) が正式の題名かどうか判らぬが、これはエウナピオスの主著とされる歴史書。他の箇所では、歴史詳説(二九〇、三〇四、三〇九、三三九頁)とか歴史註解書(三一六頁)とも呼ばれている。解説参照。

に足枷をかけたのである。というのは、彼らは、多くの過ちを犯して有罪を宣告された者たちの（それらは国の法廷が処罰した者たちである）骨や頭蓋を集め、それらの者を神に仕立て上げて、その墓に足しげく出入りし[1]、そして、その墓場で自分自身を穢《けが》すような行為に及ぶことで、自分はより優れた者になったと考えていたからである。とにかく、それらの死者たちは殉教者とか、一種の僕《しもべ》とか、人間の祈願を運ぶために神々から遣わされた使徒などと呼ばれていたのである——これまでひどい隷属の状態に置かれ、ぼろぼろになるまで鞭でこき使われ、その亡霊の中に邪悪の傷痕をつけてさまよい歩くあの奴隷[2]がである。しかしながら、これらの神々も、じつは大地が生み出したものなのである。

とにかくこの出来事は、予言の面でもアントニノスの名声を大きなものとするのに貢献した。なにしろ彼は、すべての人々に向かい、数々の神殿は墓地と化すだろう、と断言していたのだから。たしかあの偉大なイアンブリコスも（これは彼についての著書の中で言い置いたことだが）、あるエジプト人の男がアポロン神を呼び出したところ、神が現われて、居合わせた人々がその光景にひどく驚いたとき、「諸君、驚くのはやめたまえ、これは剣闘士の亡霊ではないか」と言ったけれども、これと同じことで、理性の目をもって見るか、肉体の誤り易い目をもって見るかで、これほどの違いが出るものなのだ。しかし、イアンブリコスが見たのは目の前に現われた恐ろしい姿であったが、アントニノスは来たるべき恐怖をあらかじめ見通していたのである。この事実は、それだけでも彼の力がいかに優れていたかを伝えている。彼は病を知らぬままかなりの老齢にまで達し、その最期は苦しみのないものであった。だが、彼が予見していた神社の最期のほうは、心ある人々にとっては辛く苦しいものであった。

マクシモス

マクシモスについては先にも触れた。(3) 筆者はこの人と全く面識がなかった訳ではないが、しかしそれは、筆者がまだ若い頃に年老いたマクシモスに出会い、その声に接したということである。その時は、まるでホメロスに出てくるアテナかアポロンの声を聞く思いであった。また、彼の眼の瞳は羽根があるように素早く動き、白髪混じりの鬚《ひげ》が垂れ下がり、眼光は心の激しい活力を表わしていた。また、彼を見るにつけ、その話を聞くにつけ、彼に備わる調和は素晴らしいものであった。そして、彼と語り合う者は、これら二つの感覚を通してただ驚嘆するばかりだったのである。なにしろ、面と向かった者は、彼の目の激しい動きにも、矢継ぎ早の言葉にもついていくことができなかったのだから。また、彼と対話する人間が相当に弁舌の経験

(1) キリスト教徒が殉教者たちの墓の上に教会を建てていたことを指す。

(2) 死後の人間が、生前の傷をつけたままでかの地の裁判官の前に出る、というプラトン『ゴルギアス』五二四Eの記述を念頭に置いているのであろう。

(3) マクシモスはエウスタティオスの妻ソシパトラの親戚で、彼女をピロメトルの呪から解放した、という逸話(二七四—二七五頁)。ここでマクシモスに一章を当てて述べられているが、アイデシオスの場合と同様、その扱い方は適切なものとは言い難い。叙述はすぐにユリアヌスの話に移り、ユリアヌスとのつながりで、クサンティオスや、アイデシオスの他の弟子の話に変わって、その中の一人としてマクシモスが述べられるという具合で、主体はむしろユリアヌスに置かれている。解説四〇九頁参照。

を積んだしたたかな者であっても、誰一人として、あえて彼に反論しようとはしなかった。むしろ、静かに彼の言うがままにして、彼の言葉には、あたかも三脚台(1)から発せられた言葉ででもあるかのように、これに従っていた。それほどの魅力が、彼の唇には漂っていたのである。ところで、マクシモスは名門の出で、あり余る富を手にしていた。また、彼には実の兄弟がいたが、彼自身が最高の位置にあるため、兄弟たちがその位置に来る妨げとなっていた。兄弟たちとは、アレクサンドレイアに居を構え、そこで教えていたクラウディアノスと、スミュルナでソフィストとして頭角を現わしたニュンピディアノスの二人である。

マクシモスは、アイデシオスの知識に染まっている者の一人であった。彼は、皇帝ユリアヌスの教師となる栄誉を与えられた。ユリアヌスは、コンスタンティウス(2)によって身内の者をすべて殺されて(この辺の事情は、ユリアヌスについての叙述(3)の中でもっと詳しく述べておいた)、一族が丸裸同様にされたとき、まだいとけない年齢と温和な性格のゆえに問題ないと見られたか、彼だけは生き残った。それでも、皇帝から差し向けられた宦官たちが彼の身の回りの世話を焼き、こうして、彼が揺らぐことのないキリスト教徒であるように、見張り役を務めていた。しかし彼は、このような状況に直面しても、その資質の偉大なところを見せていたのである。例えば、彼は、宦官たちが持っている本をすべて諳《そら》んじてしまい、そのため彼らは、この子には教えることがないと、自分の学識不足を嘆くほどであった。このように、彼らもユリアヌスに教えるべきものがなく、また、彼も彼らから学ぶべきものがなかったので、ユリアヌスは従兄［コンスタンティウス二世］に、弁論術や哲学に関する講義を自由に聴講させてほしい、と頼み込んだ。すると従兄は、神がそれを聞き入れたので、彼の好きなようにさせた。というのも、彼が一族のことや皇帝の位のことを思い浮かべるよりは、本の間をさまよい歩いて、何ごともなしに過ごすほうを望んだからである。この許可が出ると、彼は、豊富であり余るほどの富はいたる所に転がっているとばかりに、皇帝の猜疑心と護衛兵同伴で彷徨の旅を続け、気の向くままにどこへでも足を運んだ。そうこうしているうちに、彼はアイデシオスの知識の評判を聞きつけて、ペルガモンまでやって来た。だが、アイデシオスはもうかなりの老齢に達しており、身体も衰弱していた。アイデシオスの弟子の中でその先頭に立ち、第一人者と見られていたのは、今こうして述べられているマクシモスと、サルディス出身のクリュサンティオス、テスプロティアあるいはモロッシスのプリスコス、カリアのミュンドス市出身のエウセビオスなどであった(4)。

さて、アイデシオスの教えを受けることが許されると、弱年の割には老成していて、その活力と魂の神の

(1) デルポイのアポロン神殿に置かれていた三脚台のこと。デルポイの神託は最も有名であるが、これを伝える巫女(ピュティア。多くは五〇歳以上の農婦)は、内陣の床の裂け目に置かれた三脚台の上に坐って、裂け目から立ち上る霊気を吸って忘我の状態に入り、託宣を口にしたと言われる。
(2) コンスタンティウスはコンスタンティヌス一世の息子コンスタンティウス二世のこと。ユリアヌスの父ユリウス・コンスタンティウスはコンスタンティヌス一世の異母兄弟であるから、コンスタンティウス二世はユリアヌスの従兄弟に当たる。
(3) 二六一頁註(1)参照。
(4) サルディスは、アジアのリュディアの首都。テスプロティアは、イオニア海に面したエピロスの西海岸の地方。モロッシス(またはモロッシア)はエピロスにある国で、エピロスのうちモロッソス人の住んでいる部分を、モロッソス王に因んでこのように呼んでいた。なお、ミュンドスはカリアの、ハリカルナッソス北西に位置する都市。

ような素質に人々が舌を巻いていたユリアヌスは、けっして師の許から離れようとはせず、まるで物語に出てくる、毒蛇に咬まれてひどく渇いている人のように、口を大きく開けたまま、少しでも多くの教えを取り込もうとしていた。そして、そのために、王にふさわしい贈物をアイデシオスに贈っていた。ところが、アイデシオスはそれらを受け取ろうとはせず、この若者を呼び寄せてこう言った、「これ、お前は私の心を知らぬはずはあるまい、これほど幾度となく私の教えに耳傾けているのだから。ところが、魂をつなぎ合わせ、一つに結びつけているもの［肉体］が分解し、その構成要素に返ろうとしている今になると、お前は、魂の道具でしかないものが現在どのような状態にあるか、ということばかり気遣っている。(1) お前がもし何ごとかを、そう、知識の愛すべき子をなそうと望んでいるのであれば（つまり、私は、お前の魂にあるそのような兆を見抜いているから言うのだが）、本物である私の子供たちに向かって進み、そこからあらゆる知識と学問を得て、それでお前を溢れんばかりに満たしたらよい。一度それらの奥儀に与った暁には、お前はこの世に生を受け、そして人間と呼ばれたことに全く恥じらいを覚えることであろう。私としては、マクシモスにもここにいてほしいと望むこともできたであろうが、しかしそのマクシモスは、すでにエペソスへ旅立ってしまった。またプリスコスについても、私は同じことを言ったことであろう。だが、彼もまたギリシアへ船出してしまった。わが弟子のうち残るはエウセビオスとクリュサンティオスの二人であるが、もし彼らの教えを受けるつもりであれば、お前は、私の老齢を気に病む必要は全くなくなるであろう」。この言葉を聞いても、ユリアヌスはなお、この哲学者の許からは離れようとしなかったが、しかし、その時間の多くは、エウセビオスとクリュサンティオスにつきっきりであった。

ところで、クリュサンティオスは、魂の資質においてマクシモスとよく似たところがあり、彼と同じように霊感的なことを手がけることに夢中で、この種の学習に没頭していたが、そのほかにも性格に似たところがあった。これに対してエウセビオスは、マクシモスがそばにいるときには、議論の各部にわたる厳密性とか論述上の工夫や精巧さなどを控えてはいたものの、マクシモスがいないときには、太陽の光がないときに星が輝くように、その輝きを見せていた。それほどに優れた巧みさと魅力が、彼の弁論の中に花開いていたのである。そして、ユリアヌスがエウセビオスに尊敬の念を示しているときには、クリュサンティオスもその場にいて、賞め讃えたり相槌を打ったりしていた。

ところで、エウセビオスは、ひとしきり説明した後にきまってこうつけ加えていた――このように筋道を立てた論述こそ真実そのものであり、魔術を用いて感覚を欺くまやかしごとは、正常な心を失い、狂気にとりつかれて、ある物質の力を用いようとする呪術師の所業にほかならない、と。(2) この結びの言葉を幾度となく耳にしていたので、最も聖なる人ユリアヌスは、そっとクリュサンティオスを連れ出し、彼に向かってこう言った、「親愛なるクリュサンティオス、もし貴方がいささかなりと真実を知っておられるなら、エウセビオスの説明の後に加えられるあの言葉はどういう意味なのか、判るように話していただけませんか」。す

(1) この言葉は、刑の執行を前にしたソクラテスが、葬儀のことを気にしているクリトンに向かって言った言葉を思わせる。プラトン『パイドン』一一五C－E参照。

(2) この言葉は、議論の筋道を重視するエウセビオスに対し、クリュサンティオスやマクシモスが予言とか奇蹟を起こす秘術的行為に専念することを暗に批判するものであろう。

るとクリュサンティオスは、じっくりと思慮深げに考え込んでから、「いや、それは私に尋ねるのではなく、彼にじかに訊いたほうが君にとって賢明な策となろう」と答えた。これを聞くと、ユリアヌスはその言葉から何かを察し、これを実行に移した。そしてこの言葉から、クリュサンティオスはまるで神のような人だ、と思った。そこで次の講義が行なわれたとき、エウセビオスがこれまでと同じ言葉でそれを締めくくると、ユリアヌスは臆することなく、彼が毎回のようにつけ加えているその言葉はどういう意味なのか、と尋ねたのである。それに対しエウセビオスは、持ち前の流麗な弁を繰り広げ、雄弁の力がなんの妨げもなしに語り進むのにまかせて、こう言った、「マクシモスは年長で学識も豊かな弟子仲間の一人である。彼は偉大な資質と卓越した雄弁を持つがゆえに、このような問題に論証まで持ち出すことを軽蔑し、ある種の狂気へと一気に突き進むのだ。そのマクシモスがつい先日、ここにいるわれわれをヘカテ[1]の神殿に誘った。つまり、彼は数多くの人々を、自分を非難する証人に仕立てた訳である。われわれが神殿に到着し、女神に拝礼を済ませると、彼はわれわれに向かってこう言った、「お坐りください、親しい友人の皆さん。これから起こることをとくとご覧ください、そして、この私が多くの俗人よりどれだけ優っているかをも」。こう言い終え、われわれがみな席につくと、彼は乳香[2]の粒を燻してから、独りで何かの讃歌を歌った。それが終わると、彼の実演は一段と佳境に入って、まず最初に神像が微笑み、ついで声を上げて笑っている姿が出現したのである。この光景にわれわれがざわめき立っていると、彼は言った、「貴方がたはけっして、こんなことで取り乱したりしてはなりません。もうすぐ、女神が手にしている炬火も燃え上がるでしょうから」。すると、その言葉が終わるより早く、炬火の火がぱっと燃え上がったのである。

さて、その時はわれわれも、見世物まがいの奇蹟を起こすかの人に度胆を抜かれてその場を立ち去ったのであるが、しかし君は、私もそうであったように、理性によって魂を浄化することが肝要であると考えて、こんなことにはけっして驚いてはならない」。

最も聖なる人ユリアヌスは、この言葉を聞き終えるとエウセビオスに向かって言った、「ではご機嫌よろしゅう。どうか書物にご専念ください。貴方は私が探し求めていた方を教えてくださいました」。こう言うと、彼はクリュサンティオスの頭に口づけして、エペソスに向けて出立した。そして、エペソスでマクシモスに面会すると、この人にすっかり傾倒してしまい、この人の知識すべてをしっかりとわが物にした。また、マクシモスはユリアヌスに、あのきわめて神に近いクリュサンティオスをも呼び寄せるよう指示した。そして、それが実現すると、マクシモスとクリュサンティオスの二人は、この種の学習のために用意されているこの子の心の空き部屋を、どうにか満たしてやったのである。

これらの学習も立派に果たされたとき、ギリシアには二人の女神の秘儀[3]を司る祭司の許にもっと優れた知識があると聞きつけ、ユリアヌスはその人のところへと急行した。ところで、その祭司であるが、当時は誰

(1) ティタン一族のコイオスとポイベの娘で、三つの姿を持つヘカテと称されるように、天の月神セレネ、地上のアルテミス、冥界のペルセポネなどと同一視される。後には魔法や幻術を司る女神として、魔法使いや妖術者の神とされ、冥界の入口を預かると信じられるようになった。
(2) 乳香樹からとった樹脂で、犠牲を捧げるときに焚かれる香。
(3) エレウシスの祭の主神デメテルとペルセポネ。

であったのか、その名前を口にすることは、私には許されていない[1]。なぜなら、彼は筆者を入信させた人だからである。家系的には、彼はエウモルピダイ[2]に属していた。彼こそ、筆者のいるところで、神社の破壊と全ギリシアの滅亡を予見した人物で、自分が死んだ後には、祭司たちの聖なる席に触れることを許されていない祭司が出現することになろう、と確言していたのである。つまり、後からくる祭司は、われわれのとは異なる神々に身を捧げていて、自分たちのとは違う神社での祭儀は主宰しないという、暗黙の誓いを立てていたからである。それにもかかわらず、その者はアテナイ人でもないのに祭司を務めることになろう、と彼は予言していた。また彼は（じつに、彼の予見力はここまで達していたのである）、自分が生きているうちに、多くの神社は破壊しつくされて消え去るであろう、そして、例の祭司はまだ生きていて、この惨状を目にすることになろうし、その異常なまでの野心のゆえに軽蔑されることになろう、そして二人の女神への奉仕は、その者より先に終末を迎えることになるだろう、また、その者は名誉を奪われて、祭司としても、ただの老人としても生きることはできないだろう、と言っていたのである。これらの言葉はそのまま現実のものとなった。というのは、ミトラスの秘儀[3]の創始者であったテスピアイ出身の男が祭司となるのと時を同じうして、多くの、口には尽くせぬ災難がどっと押し寄せたからである。それらのあるものは私の歴史詳説[4]の中で述べられているし、あるものは、かの神のお許しさえあれば、いつでも語られることになるだろう。これらの災難が現われたのは、アラリコスが異邦人を率いてテルモピュライを、まるで競技場か騎兵調練場を駆け抜けるように通過した時のことである[5]。ギリシアのこのような門をアラリコスに教えたのは、誰に咎められることもなく彼と一緒にギリシアに入り込んだ、鼠色の衣をまとった人間ども[6]の神を恐れぬ心と、祭司の定めを廃棄した法や規制とであった。ただし、これらは後に起きたことであって、話が予言のことに及んだため、本題から逸れたのである。

さて、話は戻って、ユリアヌスはその頃、祭司の中で最も聖なるかの人［マクシモス］と親しく交わり、その人から流れ出る知識を貪欲に吸収していたのであるが、それも束の間、コンスタンティウスの厳命によっ

（1）この秘儀を司る祭司や炬火持ちは、浄めに入ったときから聖名を有する者として、その名を挙げることは罪とされていた。このことはルキアノスの作品からも知ることができる（*Lexiphanes 10*）。

（2）トラケの王エウモルポスの後裔で、世襲で代々エレウシスの祭司を司った一族。

（3）ミトラスは、ペルシアのゾロアスター教につながる真実と光の神で、この信仰は、善悪の対立や光の力と闇の力の教義を通して、ミトラスとともに悪と戦うことをローマ人に教えたので、ローマの軍隊の間に広まり、軍の非公式な宗教となった。これは、コンスタンティヌス帝の時代に至るまで、キリスト教の恐るべきライバルであった。なお、テスピアイはヘリコン山の麓にあるボイオティアの都市。

（4）本書四七二（二八一頁）で歴史総説と言われていた歴史書。

（5）アラリコスはゴート族の有名な王で、武勇に優れ、絶えずローマに恐怖を与えていたが、ホノリウスの治世にローマに侵入した（三九五年）。なお、テルモピュライは、テキストではピュライ（*Πύλαι*）で、これは門を意味し、地理的には海峡とか地峡などを指す。大文字では「ギリシアの門」を意味するが、テルモピュライはテッサリアからロクリス、ポキスに通ずる峠で、西には山脈、東には海を控えて道幅も狭く、そのため地元の人はたんに「門」と呼んでいた（ヘロドトス『歴史』第七巻二〇一）。

（6）キリスト教の修道士のこと。

てその生活から連れ戻された。それは、ユリアヌスが副帝の地位に即いて(1)、皇帝の片腕となることが目的であった。しかし、マクシモスのほうは、アジアに残っていて（アイデシオスはすでにこの世を去っていた）、あらゆる知識において長足の進歩を見せていた。このようにして、ユリアヌスは、自分の望んでいない、押しつけられていた仕事と取り組むことになったのである。

ユリアヌスは副帝としてガラティア(2)に派遣された。これは、かの地の人々を統治することだけが目的なのではなく、ユリアヌスが皇帝の職務を果たしている間に非業の最期を遂げる、というのが狙いだった。だが、すべての予想を覆して、彼は神々の摂理により生還を果たした。つまり、彼は、自分が神々に献身的に仕えていることは誰にも隠していたが、しかし、献身的な奉仕をしていたからこそ、誰にも打ち勝ったのである。また、彼はライン川を渡り、彼に対して多くの悪巧みや策略が幾重にも織りなされていたにもかかわらず（これは、彼についての著述(3)の中で述べておいた通りである）、川の向こう岸にいた異邦人の部族をすべて撃破し、隷属させたのである。それから彼は、ギリシアから祭司を呼び寄せ、その協力を得て、自分たちだけが心得ている秘儀を執り行ない、その上で、コンスタンティウスの専制を一掃するために立ち上がった。この仕事に手を貸したのは、ペルガモンのオレイバシオス(4)と、ローマ人が自国語でアフリカと呼んでいるリビア出身の、エウエメロスという人物であった。これらのことも、ユリアヌスについての書物の中で、もっと詳細に述べておいた。

さて、コンスタンティウスの専制を倒し(5)、また、あたかも目の前に現われて望みを叶えてくれた神を送り帰すかのように、祭司をギリシアに送り帰し、祭司と一緒に、皇帝の名に恥じない贈物と、ギリシアの神社を世話するための奉仕係の一団を送ると、ユリアヌスは、直ちに使いを出してマクシモスとクリュサンティオスを呼び寄せた。(6) この召喚は、両者合わせて一度に行なわれた。その時、二人は神々の援けにすがるのがよいと判断した。そして、こういうことには二人とも気持ちがひじょうに前向きで、また経験も積んでいたものだから、それぞれの経験を同じ一つの目的のために持ち寄り、かつこれらの問題についての魂の鋭敏さと洞察力を呼び起こし、これを結集させたのである。ところが、彼らが出会った前兆というのは、荒々しくて険悪なものであった。彼らには、目の前に現われた前兆が何を意味するか、すぐに判った。するとクリュ

(1) ディオクレティアヌスが帝位に即くと、兵士の中から皇帝を立てようとする気運を抑え、内乱に終止符を打つと同時に、辺境警備のために増強した軍隊に反乱の機会を与えぬため、軍団の指揮権を細分して将軍の部下掌握に制約を加えた。このことは属州の統治組織にも及び、五十前後だった州を百以上に細分するようになり、これに伴って官吏の数も事務量も増えて、官僚機構は厖大なものになった。これに対応するため、ディオクレティアヌスは四分割統治制を創設し、アウグストゥスの称号を持つ二人の皇帝が帝国を統治し、カエサルの称号を持つ二人の副帝が置かれて、それぞれの皇帝から一部属州の統治を任された。ユリアヌスはコンスタンティウスの副帝に任ぜられたのである。その経緯については、ユリアヌス自身の『アテナイ人への手紙』に詳しい。

(2) アジア(小アジア)の東で、南にキリキア、東にアンキラとカッパドキアを控えた属州。ローマに占領された後、この地に移民したガリア人からこの名を得た。

(3) エウナピオスの主著である歴史書の、ユリアヌスに関する章を指す。二六一頁註(1)参照。

(4) オレイバシオスについては、本書でも一章(三五四―三五七頁)が当てられ、詳しく述べられている。

(5) コンスタンティウス二世は三六一年に倒され、ユリアヌスがその後をうけて皇帝の座に即いた。

(6) この件については、クリュサンティオスの章でも述べられている(三六一―三六三頁)。

サンティオスは、目にした光景にすぐさま仰天し、竦《すく》んでしまって言葉もなく、「ねえマクシモス君、私はこの地に残ったほうがいい。いや、それどころか、どこかに姿をくらませなければ」と言った。だがマクシモスは、自分を奮い立たせてこう言った、「いや、クリュサンティオス、君はわれわれが受けた教育を忘れているようだ。最初に出会った困難にけっして怯《ひる》むことなく、神の力などは極力追い払って、そのようなものに汲々と隷属する者のほうに押しやる、これが本物の、しかも教育のあるギリシア人のなすべきことではなかったのか」。するとクリュサンティオスは答えた、「恐らく君は、そうすることに手慣れているだろうし、その度胸もあるだろうが、でも私は、これらの前兆と一戦を交えるなんて御免だ」。このような言葉を残して彼は立ち去ったが、マクシモスは踏みとどまって、自分が望み、渇望している結果を手にするまではと、あらゆる手だてを講じていた。だが一方のクリュサンティオスは、初めに心に固く決めたことはけっして動かすまい、という思いで、神の像以上に微動だにせぬ態度を守っていた。

このような訳で、アジアでは、すべての人々がすぐさまマクシモスの許に馳せ参じた。彼らの中には、官職にある者も、すでに官職を解かれた者もいれば、各元老院の中枢にある人々も含まれていた。また、民衆はマクシモス家の前の通りを埋めつくし、声を上げてぴょんぴょん飛び跳ねていた。これは、大衆が誰かに目をかけてもらおうとするときに、長い間やってきた習慣である。そのうち、女どもは、横の出入口からマクシモス夫人のところへ流れ込み、その倖せな暮らしぶりに嘆声を上げ、自分たちのことも忘れないでと頼み込んだ。夫人は、哲学の素養がきわめて豊かであって、そのため、夫のマクシモスは泳ぐことも、文字も知らないように見えるほどの女性であった。

さて、このようにして、全アジアからの敬慕を集めながら、マクシモスは皇帝に会うために上京したのであるが、一方のクリュサンティオスは、自分のいる場所から一歩も動かぬままであった。彼が後に筆者に語ってくれたところによると、それは、夢の中に現われた神が次のような詩句を口にしたからである、

神々の御意《みこころ》に従う時には、神々もその者の願いを聞きとどけるもの。(1)

マクシモスは大勢の行列を整えてコンスタンティノープルに向かった。そして、かの地に足を踏み入れるや、たちまちにして輝く存在となった。というのは、皇帝もその臣下たちも、万事につけマクシモス頼みであって、彼らには夜と昼の別がなかったからである。それほどに、人々は、日常のさまざまな問題について、ことごとに神々にお伺いを立てていたのである。その結果、マクシモスは、今や宮廷の周辺では重荷になり始めていた。哲学者にしてはあまりにも豪華な衣裳を次々に身にまとい、つき合おうにも気難しく、次第に親しみ難い人間になってきたからである。だが皇帝は、事の次第を全く知らなかった。そこで人々は、皇帝のたっての希望もあることだし、プリスコスをも呼び寄せることにした。ところがマクシモスは、強硬に主張して、クリュサンティオスも呼んでほしいと要求した。このようにして、その両名が、すなわち、プリスコスがギリシアから、クリュサンティオスがリュディアのサルディスから、呼び寄せられることになった。神のごとく気高いユリアヌスは、とりわけクリュサンティオスとの交流にたいへんな期待を寄せていたから、両名に対して友人に宛てるような手紙を送り、まるで神々に嘆願するように、自分の許に来て共に暮らすよ

(1) ホメロス『イリアス』第一歌二一八。

う懇請したのである。またクリュサンティオスについては、彼にメリテという名の、彼が心から敬愛してやまぬ妻があると聞くと(彼女は筆者の従姉妹であった)、思うに一個人の立場からであろう、誰にも知られぬよう彼女に対しても自筆の手紙を送り、ご主人がけっして旅立ちを断わることのないように、言葉を尽くして説得してほしい、と書いた。それから彼は、代筆でクリュサンティオス宛の手紙を書かせ、これに上の自筆の手紙を同封し、両方に封印をした上で、あたかも一通の手紙のようにしたものを持たせて使いを送り出し、さらに口頭の伝言でも、「アイアコスの後裔の強き心をたやすく説得する」(1)のに役立つと思われることを、数多く述べたのである。

さて、このような訳で、プリスコスは出向いてきた。そして、到着すると、分別ある振舞いを見せた。じつに、彼のご機嫌を取り結ぼうとする者の数は少なくなかったにもかかわらず、彼はいささかもそれに心動かされることがなかったし、宮廷に上ったことで思い上がるということもなく、それどころか、宮廷に漂う特権意識を軽蔑し、これを平らに均《なら》して、もっと哲学的なものにしたのである。

一方、クリュサンティオスは、そのような誘いの網や仕掛けにかかることなく、とにかく神々にその御《み》意《こころ》を伺い、その上で、神々の思し召しは揺がし難いものであるという理由で、彼自身としては神々に従うことにしたのである。そして、皇帝に手紙を送り、自分がリュディアに留まっているのは皇帝のためであって、神々がそうするように仰せになったのだ、と述べた。すると皇帝は、自分の招請を拒んだことに疑念を抱きはしたものの、クリュサンティオスを、その妻ともども、リュディアの大祭司に任命し、他の祭司の選任を二人の手に委ねた上で、自分はペルシアとの戦いに向け急行したのである。マクシモスとプリスコスは彼に随行したが、ほかにも同行するソフィストが何人かいたので、最終的にはかなりの人数に上った。これらは、まさしく、自分を讃える歌を口ずさみ、しかも、皇帝が「彼らと知己になれた」と言ったというので、ひじょうに誇らしく思っている者の集団であった。

しかし、ユリアヌスについての私の詳細な叙述の中で述べられているように、この事業が、あっという間に崩れ落ちて、あのように輝かしい希望に満ちたものから、すっかり霞んで見る影もないものになり、彼の手をすり抜けていった時、(2)ヨビアヌスが皇帝の位に即いた。この人は、マクシモスやプリスコスに対する名誉ある扱いを最後まで守り続けた。ところがヨビアヌスも、あまりにも早く、そして呆気なく先帝の仲間入りをしてこの世を去り(もっともこれは、先帝は死んで、そのまま大勢の死者の仲間入りをした、とした場合の話だが)(3)、ワレンティニアヌスとワレンスが帝国の統治に当たった。(4)そのため、マクシモスとプリスコ

(1) ホメロス『イリアス』第九歌一八四。

(2) ユリアヌスは、ペルシアに進攻すると、次々に敵を破っていったが、兵士を督励しているときに瀕死の重傷を受け、その翌日息を引きとった。これは三六三年六月二十七日のことで、彼は三二歳であった。彼はその最期の時を、プラトンの『パイドン』に描かれているソクラテスのように、哲学者たちと魂の不死について語り合い、いささかも自分の不運を嘆くことはなかったと言われる。彼の死後、将軍のヨビアヌスが、軍隊に推されて皇帝の座に即いた。

(3) ユリアヌスは死んだ後神になったと考えているため、筆者はこのように付言したのであろう。

(4) ワレンティニアヌス一世が皇帝の座に即くと、兄弟のワレンスが第二の正帝としてこれに協力し、ワレンティニアヌスは帝国の西の部分を、ワレンスが東の部分を統治した。そして、ユリアヌスの死後は、キリスト教を信ずる皇帝が即位したため、マクシモスらは異教の徒として弾圧された。

スの両名は拘引されることになった。この時の召喚は、ユリアヌスが呼び寄せた時とはひどく違ったものだった。というのは、先の召喚は国家的祭典への招待のようなもので、格別な名誉への道を照らし出していたが、この第二の召喚には、明るい希望の代わりに、はっきりと身の危険が認められたからである。それほどまでに強大で、誰の目にも明らかな不名誉が、彼らの視界を覆いつくしていた。ところがプリスコスは、なんらひどい目には遇わずに済んだ。それどころか、彼は善良な人物であり、問題のあの時にも立派に振舞ったという証言があって、無事ギリシアに戻ったのである。かく言う筆者は、その頃、教育を受けている最中であり、まだ少年で、青年に達したかどうかという頃だった。

一方、マクシモスはというと、彼には、公然と劇場においても、また、皇帝に対して個人的にも、声を大にして非難する者が大勢いた。それも、あれほど大きな非運に耐え抜いたということで、一方ではたいへんな賞讃を博していたというのにである。それにもかかわらず、人々は彼に処罰の最も重いものを科した。すなわち、哲学に生きる者は誰一人として耳にすることすらできないほどの金額を、罰金刑として科した（つまり彼らは、マクシモスはほかのすべての人の財産を手中に収めている、と臆測していたのである）。それでも人々は、彼に科した罰金は少なすぎたと後悔していたのである。そこで、マクシモスは罰金の支払いをするためにアジアへ送り返された。だが、彼がそこで味わったのは、どんな悲劇をも凌ぐほどのものであって、声を大にしてそれを口にすることのできる者は一人もいないだろうし、これほど偉大な人物のこれほど大きな不幸を他人に触れ回るほど、人の災難を悦ぶ者もいないであろう。というのは、彼の身にふりかかる苦痛に比べれば、ペルシア人のいわゆる「飼葉桶」の拷問(1)も、また、アルタブリ族の間で行なわれている、女性に対する「金鉱掘り」の苦役でさえ、(2)取るに足らぬものだったからである。その時、彼の素晴らしい妻はずっと彼のそばにいて、この苦境を嘆き悲しんでいた。しかし、その苦しみには際限がないばかりか、かえってひどくなっていくだけなので、彼は言った、「妻よ、毒薬を買ってきて、私に渡しておくれ。そして私を自由にしておくれ」。そこで、彼女は毒薬を買い求め、それを手に夫の許に戻った。そこで彼は、飲むから渡してくれるように言ったが、彼女は、自分が先に飲むと言ってきかなかった。そして、彼女はそのまま命を断ち、彼女の身内の者たちがその亡骸《なきがら》を葬った。ところがマクシモスは、もはや毒薬を飲もうとはしなかった。

ところで、ここで私が用いるどんな言葉も、また詩人族が謳い讃えるであろう言葉のすべても、クレアル

(1) 入れ子になった飼葉桶の外のほうに罪人を入れ、その上に内側の桶をのせて首と手足は出した状態にし、無理やり食物を口に入れ、ミルクに蜜を混ぜたものを口に注ぎ込む。こうすると蠅が顔一面にたかり、また排泄物には蛆がわき、それらに身体が蝕まれ食いつくされて死ぬ、という拷問。プルタコス『クセルクセス伝』一六参照。

(2) アルタブリ族は、ローマの属州ルシタニア（スペインの西端、現在のポルトガルに当たる国）に住む部族。ストラボンによれば、彼らは黒衣をまとい、籐枝を手にして歩き、まるで悲劇に出てくる「復讐の女神」のようであったという。彼らは商船の往き交う湾を囲んで多くの都市を建設し、果樹や家畜を育て、近くからは金、銀その他の鉱石を多く産出したので、これらで海上貿易を行なっていた。金鉱掘りは女性には苛酷な労働で、拷問に等しい苦役であった。ストラボン『地誌』第三巻第三章五、第五章一一参照。

コス(1)の行動を語るには不十分である。クレアルコスはテスプロティアの裕福な家の出で、世の中がすでに急変を見せていたとき、すなわち、ワレンティニアヌスは西ローマ帝国に引き籠ってしまい、また皇帝ワレンスは最悪の危難に陥り、帝国の支配をめぐる争いどころか、身の安全を守るための争いに巻き込まれていたとき(2)、素晴らしい名声を上げた人物だった。つまり、その頃、プロコピオスが底知れぬ大勢力をもってワレンスに対する反乱を起こし、あらゆる方面から攻撃を繰り返して、彼を捕えることに成功したのである。クレアルコスは当時、全アジアを統治していた。その範囲は、ヘレスポントスからリュディア、ピシディアを経てパンピュリアの最端にまで及ぶ管轄地域である。彼は、政務を行なうに当たっては、大きな好意をもって当たり、最大の危難には身をもって立ち向かった。また、政務長官とも面と向かって口論に及び、それゆえ、皇帝さえそのいさかいに無知でいることはできなかった。その長官はサルティオスという人物で、ユリアヌスが皇帝の座にあったとき、自分の心を慎み深く守り通した人である(3)。それなのにクレアルコスは、彼が老齢のため何かと緩慢なのを非難して、ニキアス(4)という渾名で彼を呼んでいた。というのも、あのような急を要するときに、彼は読書をしたり、史実を漁ったりすることで、自分の心を養い、強化することばかり心掛けていたからである。

さて、万事が順調に運んだので、ワレンスはクレアルコスをことのほか賞め讃え、彼の任を解くどころか、もっと重要な地位に移し、彼を、今は特にアジアと呼ばれている地域(5)の総督に任命した。この属領は、ペルガモンに始まる海岸線を抱え、その背後に内陸部をカリアまで拡げており、トモロス山(6)によってリュディア側の境界が限られている地域である。ここは帝国の領地の中では最もその名の知れ渡った地域で、政務長官の管轄権が及ばないところである。ただし、昨今のような騒動に陥り、一切が覆されて混乱状態にあるときは別である。(7)しかし、今ここで取り上げられている時期には、クレアルコスが統治を引き受けたアジアは、

(1) クレアルコスは、多くの官職を経験した有力者の息子で、コンスタンティノープルでニコクレスについて学び、後にその学校を継承した。ローマ皇帝が尊敬する学者テミスティオスと親しく、リバニオスとも頻繁な文通があった。コンスタンティノープルで前執政官となり、その他多くの官職を歴任した。なお、テスプロティアはエピロスの西海岸にある地方。

(2) ワレンティニアヌスが兄弟のワレンスに東ローマ帝国を委ね、西ローマ帝国の統治に専念したのは三六三年。その二年後にプロコピオスの反乱が起きた。プロコピオスはユリアヌスにゆかりの深い将軍で、誠実さで知られていたが、引退後、ワレンスが東方に出征している間に、突如コンスタンティノープルに現われ、自ら東ローマ帝国の主人であると宣言した。

(3) ガラティアの人で誠実さと健全な忠告をすることで知られる。皇帝ユリアヌスと親しく、ユリアヌスは彼に宛てた弁論を二篇書いている。その一つはヘリオス讃歌であり(『弁論』四)、いま一つは、ユリアヌスやコンスタンティウスと親交があることへの嫉みが原因で、ガラティアに帰ることになった彼への慰めの弁論である(『弁論』八)。ユリアヌスの死後、帝位に即くことを拒否した。彼は三六五年に長官に任命されたが、アジアの地方総督クレアルコスの敵意により解任された。

(4) 前五世紀のアテナイの政治家で将軍。彼が主張する「内を固める」意見はアルキビアデスによって却下され、かえってシケリア遠征の将軍に任命された。この遠征で、アテナイ軍はスパルタ軍のために窮地に追い込まれ、ニキアスが煮えきらないため海路からの脱出の時機を失して、壊滅的な打撃を蒙った。クレアルコスは、サルティオスの動きが緩慢なのを、ニキアスの愚図愚図した態度と重ね合わせたのであろう。

(5) ローマの属州であるアジアの意味。小アジア地方を指す。二六三頁註(1)参照。

(6) リュディアにある山で、周辺は肥沃で産物が豊かであり、空気がよいため住民は長命であると言われていた。

(7) 三九八年頃のゴート族の覇権か、または三八七年のアンティオコスの反乱を指すのであろう。

まだ反乱もない健全な状態にあった。彼はそこで、マクシモスが拷問の責苦に遇い、辛うじてこれに耐えているのを見出した。それでは次に、神の手になる業を述べることにしたい。というのも、これほどに理屈では計りかねる出来事を神以外のものに帰するということは、正当ではないからである。

クレアルコスは、マクシモスに休みない懲罰を加えるために配属された兵士たちすべてを、彼らに優る力によって、逃亡せざるをえないように仕向けた。そして、マクシモスを責め具から解き放つと、身体に手当てを施し、自分と食卓を共にさせた。さらに彼は、皇帝に対し、何憚ることなく思うままを述べた。その結果、皇帝も直ちにこれまでの考えを改め、クレアルコスの忠告はすべて聞き入れられることになった。このようにして、クレアルコスは、サルティオスをその職から解き、政務長官の職にはアウクソニオスを任命したのである。ついで、クレアルコスは、マクシモスを拷問にかけていた例の兵士たちと、あの不幸な時期に彼からこっそり奪い取ったり、彼を辱めたりした者については、そのある者には返却を迫り、ある者にはその報復を加えた。それで、すべての者が、彼こそマクシモスにとっては第二のユリアヌスである、と口々に言ったものである。

その頃、マクシモスは民衆に向けた弁論をも披露した。しかし、彼は劇場向けの弁論には生来不向きであったため、少しもその評判を高めることはできなかった。それができるようになったのは、彼が本来の自分に戻って、再び哲学の講義をするようになってからである。とにかく、このようにして彼は、その財産と、さまざまな形で奪われていたものの多くを取り戻し、たちまちにして恵まれた身の上になった。それはちょうど、ユリアヌスの宮廷に初めて上ったばかりの時と同じであった。ついで彼は、注目の人としてコンスタンティノープルをも訪れた。すると、人々はみな、彼の運が取り戻されたのを見て、彼に畏敬の念を抱いた。また彼は、魔術を行なうという噂が事実無根であることの証を立てて、これまでの名声をいっそう大きなものにした。(1) こうなると、その名声が大きくなるにつれて、彼をいまいましく思う感情が再び息を吹き返してきた。すなわち、皇帝に対し陰謀を企て、内々に神託を求めた廷臣たちが（私が何を指して言っているかは、誰にでも判るというものではないが）、託宣が意味不明瞭な形で与えられると、事の次第は明かすことなしに、神託の意味をマクシモスに問い合わせ、まるで、その託宣を口にし、そうすべしと伝えたのはマクシモス本人であって、自分たちはただその意味をもっとよく知りたいと思っているだけだ、と言わんばかりに振舞った。そう、当時は一般に、神々の御意《みこころ》は、たとえ他の人々には意味不明のまま伝えられようとも、マクシモスだけはそれを知っている、とされていたのである。

　彼は神託に精神を集中させ、述べられていることを仔細に調べて、言葉の中に隠されていること、つまり真実の意味を鋭く見つけ出すと、それを、当の神託よりも真意が判り易いように改めて、彼らに伝えた。その意味するところは、彼らは、神託の意味を読み取った者も（すなわち、彼自身のことである）、他のすべ

（1）ここの文章には破損が予想される。ἀδυνότητος（事実無根）の代わりに δεινότητος（有能）を読むテキストもあるが (Mayor)、これによると「魔術にかけて有能であることを立証し」評判を高めたことになる。この場合には、θεουργία は、非難をこめた「まやかしの魔術」という大衆の受け取り方よりは、神の力による秘術の意味にとるべきであろう。また、τόνδε を τὸν λόγον に改める提案もあるが (Giangraude)、その場合には「一方、弁論においてもますます評判を高めた」となろう。しかし、これは特に改める必要性が認められない。

ての者も破滅の憂き目に遇わせるということで、彼はそこに、破滅するのはこの企てを知っていた者だけでなく、もっと多くの人々も、いわれなく懲罰を受けるようになる、ということをつけ足したのである。さらに、いわば内陣の奥からの声として、こうつけ加えた、「すべての者が同じようにさまざまな形で殺され、その際われわれも殺戮の生贄《いけにえ》となるのであるが、その後に、皇帝は異様な死を遂げることになろう、しかるべき葬儀も栄光の墓碑も与えられずに」。そして、これらのことはそのまま現実となった。このことは、私の歴史詳説(1)の中でもっと詳しく述べられている。すなわち、陰謀を企て、その盟約を交わした者たちは直ちに捕えられた。そして、これらの者がすべて各地から引き立てられてきて、まるで祭や宴会でおおっぴらに振舞われるときの雌鶏のように、首を切り落とされたとき、マクシモスも、彼らと一緒に引き立てられてアンティオケイアに到着した。そこにはワレンス皇帝が逗留していた。ところが、人々はマクシモスを殺すことにはひけ目を覚えた。それは彼が、裁判の時に一切の罪状に反論し、彼を捕えた者たちの偽りを立証したからでもあるし、また、彼がすべての出来事を前もって詳しく予告していたからでもある。そこで彼らは、マクシモスという身体を借りてある神に対し懲罰を加えるのだと言わんばかりに、フェストゥスという名の、人殺しで屠殺人の心を持った人間を彼につけてアジアへ送り出した。アジアはそのような人間が暮らすのにふさわしい、と考えたからである。この男は、アジアに着くと、課せられた仕事を実行に移し、さらに、魂の貪欲で猛《たけ》り狂った気性を惜しみなく発揮させて、進んでそれ以上の仕事までこれに上載せした。すなわち、彼はまず、罪ある者もない者もお構いなく、大勢の首を刎《は》ね、ついで、偉大なマクシモスをも殺したのである。

481

神託はこのようにして実現されることになったのであるが、その残りの部分もまた現実となるに至った。というのは、皇帝はスキュティア人との激しい戦闘で異常な死に方をし(2)、埋葬すべき骨すら発見されなかったからである。だが神霊は、そのほかにも、もっと大きな不幸をつけ加えた。それはこういうことである。じつは、筆者もその場に居合わせて、これを詳らかに目撃したのであるが、あのフェストゥスがその任を解かれたのである。そこで彼は、まず新しく皇帝の座に即いたテオドシウス［一世］に会いに出掛け、それからアジアに戻って（というのも、彼は、アジアで専制君主にふさわしい華やかな結婚をしていたからである）、その贅を尽くした暮らしと、多くの非難をうまく躱《かわ》しおおせたことをひけらかす意味で、地位が高いとか名家の出という点で際立っている名士のために豪華な宴席を設けよう、と触れ回っていた。宴の日は、ローマ人たちが現にイアーヌアーリウスと呼んでいる月の朔日《ついたち》から三番目の日［一月三日］であった。それらの人々はみな、彼に挨拶をして、饗応に与ることを約束した。

さて、その当日、フェストゥスはネメシス(3)の神殿に入っていった。彼はこれまで、神々に礼拝するなどと口にしたことは一度もなかった。でも、彼が懲罰の相手をすべて死に追いやったのは、この女神を崇拝して

(1) エウナピオスの主著である歴史書。二六一頁註（1）、解説など参照。

(2) 三七八年、キュレネのアドリアノポリスにおけるゴート人との戦いで、戦闘が不利になったワレンス皇帝は夜陰に乗じて一軒家に逃げ込んだが、敵に火をかけられて焼死した。エウナピオスはこれをスキュティア人との戦いと混同している。

(3) ネメシスは夜の女神ノクスの娘で、不当な行為に対する憤り、つまり義憤の女神。しばしば報復の女神と考えられている。

いたからである。だがとにかく、彼は中に入っていった。そして、出席者たちに向かって自分が見た夢のことを報告したが、話すにつれて涙が彼の頬を濡らしていった。その夢とはこういうものであった。彼の語るところによれば、マクシモスが彼の首の回りに縄を巻きつけ、プルトン[1]の前で裁いてもらうために、彼をハデスへ引きずっていった、というのである。その場に居合わせた者たちは、この男の全生涯と照らし合わせて、ぞっとする恐ろしさを覚えはしたが、それぞれに流れる涙を拭くと、この女神に祈ったほうがいい、と彼に忠告した。彼もこれを聞き入れて、女神に祈りを捧げた。ところが、神殿の外に出たとき、彼の両足が滑って、身体はもんどり打って背中から落ち、倒れたまま声も出さなかった。そして、家まで運ばれたが、ほどなく息絶えてしまった。その時、人々は、これこそ神の摂理がもたらした最善の施しであろう、と思った。

プリスコス

プリスコスについては、その場その場の必要から、これまでにも多くのことを述べてきた。[2] 彼の出身地も言及済みである。しかし、彼の人柄について、特に次のことを言及しておきたい。

彼は自分をなかなか示そうとしない性格の強い人であった。彼は深遠な学識を備え、また記憶力も抜群に優れており、古人の教説をことごとく集めて、いつでもそれらを述べることのできる人であった。外見は、たいへんな美男子で背も高かった。彼はなかなか議論に加わろうとしないので、教養がないのでは、と思われていたかも知れないが、しかし実際は、宝庫でも守るかのように、自分の見解をじっと秘めたままにしていたのであって、当面の問題について気安く見解を発言する人々のことを、浪費家と呼んでいた。彼がこうした態度を守り通した訳は、彼の言葉によれば、議論で負けた人というのは、そのことで前より穏和になるどころか、かえって真理の力に抵抗し、負けん気が打ち砕かれた苦しみに苛まれて次第に気が荒《すさ》み、ついには、言論嫌いで、同時に哲学嫌いの人間になり果て、すっかり心が混乱した状態に置かれるものだ、というところにある。それゆえ彼は、このような理由から、大抵の場合、控え目にしていたのである。また彼は、性格的に慎重で威厳があり、この性格は、友人や弟子たちと一緒に暮らしていた時だけ保持されていたのではなかった。彼の人柄についての声価は、若い時からずっと、彼とともに齢を重ねたのである。

クリュサンティオス(3)は、筆者に向かってよく話していたものである。すなわち、彼の先生であるアイデシオスの生き方というのは、世間のどこにでも見られる普通人のそれであった。だから、学問的議論に関しての討論が終わった後には、よくペルガモン内の散策に出掛けたが、それには、弟子たちの重立った者(4)が供をしていた。この先生は、弟子たちが頑固であったり、自分の見解は優れていると思い上がっていたりするの

(1) ゼウス三兄弟のうち冥界の支配権を与えられた神で、通常ハデスの名で呼ばれることが多い。それゆえ、冥界は「ハデスの館」と称され、死ぬことを「ハデス(の館)に赴く」と表現される。

(2) 二八五頁、二九五―二九六頁など参照。

(3) クリュサンティオスについては、これまでも幾度か言及されているが(二四五、二五四、二八六―二八八頁)、後に一章(三五九―三七三頁)が彼に当てられている。

(4) 主な弟子としてマクシモス、クリュサンティオス、プリスコス、エウセビオスの名が挙げられている(二八五頁)。

を目にすると、いつも、彼らの心の中に調和と人々に対する心遣いを植え込んでやり、これに反し、弟子たちがイカロス(1)よりも広く、だがしなやかな翼を拡げているようなら、彼らを、大海にではなく、大地の上の人間の巷《ちまた》に降下させてやっていた。弟子たちにこういった教育を施す一方で、自分自身は、野菜売りの女に出会うと、楽しげに彼女を眺め、歩みを止めて声をかけ、彼女の店は随分利益を上げているではないかと言って、言い値をめぐって彼女とやり合い、同時にまた、野菜の栽培についても彼女と議論するのがいつものことであった。彼は織物師に対してもこれと同じようなことをよくやっていたし、鍛冶屋や大工に対してもそうであった。このようにして、弟子たちのうち分別に優れた者たちは、こういった人当たりのよさを十分に教え込まれたのである。なかでも特にクリュサンティオスがそうであったし、ほかにも、その学校内でクリュサンティオスに匹敵するほどの者はみなそうであった。

　ところがプリスコスだけは、先生のアイデシオスがその場にいようと、なんの気がねをするでもなく、先生のことを哲学の威信に対する裏切り者と呼び、また、魂の向上には役立つかも知れぬが、実際の生活では守られていない小理屈に習熟している人間、と言っていた。しかしながら、そのような性格にもかかわらず、ユリアヌス皇帝の治世の後でも、彼は人から非難を受けずにいた。そして、知識を求めてコリュバンテス(2)のように熱狂している若い弟子たちの内に、多くの斬新なものを導き入れてやった上で、しかも、それでいて、何ごとも心の奥深くに秘めておくという性格はいつの場合にも守り通し、かつ人間の弱さを嘲笑しつつ、かなりの高齢に達してから（じつに彼は九〇歳を越えていた）、ギリシアの神殿が破壊されるのと時を合わせるようにして死んだのである。

この時期には、ほかにも、悲しみのあまり生命を断った人は大勢いた。また、なかには異邦人の手にかかって殺された者もいる。そういう人の中には、ケパレニア島出身のプロテリオスも含まれていた。[3] この人については、人品優れた人との証言がある。筆者もまた、その中の一人ヒラリオスを知っていた。彼はビテュニアの生まれで、アテナイで老齢に達した人であるが、他の教養のすべては言うに及ばず、絵画においても研鑽を極め、彼の筆の中にはエウプラノル[4]がまだ生き続けている、と思われるほどであった。筆者もその肖像画の美しさのゆえに彼に人一倍感銘し、彼の愛好者となった。しかしながら、そのヒラリオスも、あの帝国全体に及ぶ災難[5]を味わった者の一人で、アテナイの郊外で捕われ（つまり、彼はコリントスの近くで暮らしていたのである）、異邦人たちの手で、召使ともども首を刎ねられてしまった。これらの出来事は、もし天の思し召しがあるようだったら、歴史詳説の中で述べられることになるだろう。ただしそれは、一個人のことを扱うという意味ではない。その場合には、一般の関心の集まることがもう少し詳しく述べられる、ということになっていよう。今ここで個人に関わることが述べられたのは、私の説明が十分なものとなるよう、

（1）イカロスは、有名な建築家にして発明家ダイダロスの息子で、父とともに人工の翼を工夫したが、飛翔した喜びのあまり、父の戒めを忘れて太陽に近づきすぎたため骨組みを固めた膠が融けて海に墜落、溺死した。

（2）プリュギアで祀られていた女神キュベレの祭司たち。この女神の祭は、鉦や太鼓を打ち鳴らし、楯や槍を持って踊り狂うというものであった。

（3）アカルナニアの西方海上にあるイオニア海の島。

（4）前四世紀のコリントスの著名な画家にして彫刻家。

（5）三九五年のゴート人の侵入を指す。

その範囲内でなされたことである。

イウリアノス

イウリアノスはカッパドキア出身のソフィストで、アイデシオスが活躍していた頃その最盛期にあり、専制君主さながらにアテナイを牛耳っていた。すなわち、若者という若者がすべて各地から彼の許に移ってきて、彼の弁論術と素質の偉大さのゆえに、彼に畏敬の念を抱いていたのである。というのは、その同じ時期に、彼以外にも、いささかなりと美の真髄に触れ、彼の名声に匹敵するまでになった人はいるが――そう、弁論の熟練工という評判の高かったラケダイモン出身のアプシネスがそうであるし、エパガトス、それにこれに類する盛名を馳せた一群の人々もそうである――、しかしイウリアノスは、資質の偉大さにおいて、これらすべての人々を抑えていた。つまり、彼に後れをとる者は、大きな違いで彼より劣っていたのである。

彼には多くの弟子がいて、ほとんど全世界から集まっていたと言っていいほどであった。そして、それらの者は、各地に散らばっていって、どこに腰を落ち着けようとも、その地で賞讃を博していた。だが、それらすべての弟子たちの中で選り抜きの者といえば、最も神の息吹きに触れていたプロアイレシオス、それにヘパイスティオン、シリア出身のエピパニオス、アラビア人のディオパントスなどであった。また、トゥスキアノスの名も挙げておいたほうがいいだろう。彼もイウリアノスの弟子の一員だったからである。しかし、この人については、皇帝ユリアヌスの時代を詳述した書物の中でも触れておいた。(1)

イウリアノスの家は、筆者もアテナイで見たことがあるが、じつに小さくて質素なものであった。しかし、小さくても、それはヘルメスやムーサの女神たちの香りを漂わせており、聖なる神殿といささかも変わるところがなかった。彼はこの家を、すでにプロアイレシオスに遺贈していた。そこにはまた、イウリアノスの賞讃を受けた弟子たちの像も建てられていた。また、磨き上げられた大理石の劇場もあった。これは公共の劇場を模したものであるが、それより小さくて、彼の家と釣合うほどのものであった。つまり、アテナイでは、当時、一般市民と若い学生の間の反目がひじょうに激しく(2)、アテナイ市が、いわばかつての戦いの跡を引きずって、城壁の内部に争いの火種を温存しているような状態にあったため、ソフィストの中には、あえて町まで出向いて行って、公共の場で論じようとする者がいなくなり、自分たちの発言は自分たち専用の劇場内に限って、若い弟子たち相手に論ずることにしていたからである。そう、彼らは、生命を賭けた競争をするのではなく、弁論に対する喝采と賞讃の声をめぐって競っていたのである。

さて、話していないことはまだ沢山あるけれども、イウリアノスについては、次のことだけは書き記して、この叙述の中に挿入しなければなるまい。それは、この人物の教養と理解力のすべてを物語っている実例である。

(1) 二六一頁註(1)、二八一頁註(4)参照。
(2) この反目は、学生のほとんどがキリスト教に対立しているという、信仰上の違いにより増幅されていた。

アプシネスの弟子の中で最も向こう見ずな連中が、たまたま例の党派間抗争の際に(1)、実力行使でイウリアノスの弟子たちを制するということがあった。そして、スパルタ流の手段に訴えた上で(2)、被害を受けている者のほうが生活の危険に曝されているというのに、まるで自分たちが不正を蒙っているかのように、当の被害者たちを告発していた。この裁判は属州総督の手に委ねられた。すると総督は、苛酷で恐ろしい性格をむき出しにして、彼らの先生も一緒に逮捕し、告訴された者全員を、殺人罪で収監されている者と同じように、鎖に繋ぐよう命令した。しかし総督は、ローマ人としては、無教養でもないし、粗野で学問とは縁遠い星の下に育てられたきた人間とも違うようであった。

このようにして、イウリアノスは法廷に立った。出廷するように命ぜられたからである。アプシネスもまた出廷していたが、しかし彼の場合は、命令されたからではなく、原告たちを弁護するのが目的であった。

さて、審理の準備が整い、原告たちが入廷を許された。スパルタ流の無法な騒動を主謀したのはアテナイ人のテミストクレスという男で、この男がすべてのもめごとの発端をなしていた。彼は、人一倍、猪突猛進型の恐れ知らずの人間で、そのため、由緒あるその名前を汚していたのである(3)。入廷すると、総督は、直ちに牡牛のように鋭い目つきでアプシネスを睨みつけ、「誰がお前に、ここに来るよう命じたのか」と尋ねた。そこでアプシネスは、自分のところの子供たちが気がかりなのでやって来ました、と答えた。ところが総督は、自分の思うところは胸に収めて、それ以上何も言わなかった。すると今度は、不当な仕打ちを受けてきた囚人たちが入廷してきた。彼らの先生も一緒であった。彼らは、髪は伸び放題、身体はひどく痛めつけられた状態で、裁判官にさえ哀れと思えるほどであった。

告発者たちの発言が許されたとき、アプシネスは弁論に取りかかろうとした。ところが総督はそれを遮って言った、「そのような手続きはローマ人の承認していないことである。ここでは、最初に告発の弁論をした者が、二回目の弁論についてもその危険を冒さなければならない」。この決定が急なことであったため、それへの準備をする暇がなかった。ところで、先に告発の弁論を述べたのはテミストクレスであった。彼は、ここで急に弁論をしなければならなくなって、さっと顔色を変え、すっかり当惑して唇が動かなくなってしまった。そこで仲間のほうをそっと見やり、どうしたものかと囁きかけた。というのも、彼らは、先生の擁護弁論に合わせて、ただ大声で叫び、わめき散らせばそれでよい、と考えて出廷していたからである。このような訳で、その場には沈黙とあわてふためいた状態が行き交った。沈黙の静けさは法廷全体にわたって生じたのであり、あわてふためいた状態は告発者たちの席の周りに生じたのである。するとその時、イウリアノスは低い、憐れみを誘うような声を発して言った、「どうかこの私に発言をお命じください」。だが、属州

(1) 党派間の抗争とは、学校間の争いのことで、弟子たちは抗争に明け暮れて講義を疎かにしていた。皇帝テオドシウスに宛てたリバニオスの弁論『暴動について』一九参照。ここで言及されている事件は、この作品の七〇年前に起きたもの。

(2) スパルタが言論よりも行動力を尊ぶことから、実力行使を指す。これはアテナイ人が言論の自由を守り、すべて言論に拠るのと対照的である。ここでは、イウリアノスがアテナイに根拠を置いているのに対し、アプシネスがラケダイモン(スパルタ)出身であるという対比も反映されている。

(3) テミストクレスという名は「正義の誉れ高い」の意味である(サラミス海戦の時のアテナイ海軍の将軍がこの名前であったことは、周知の通りである)。したがって、その無法な振舞いは名を汚すことになる。

総督は大声で叫んだ、「だめだ。お前たち教師は、語るべき弁論を十分準備した上で来ているのだから、誰一人発言はまかりならぬ。また弟子たちも、けっして弁論する者に喝采を送ってはならない。お前たちには今すぐ、ローマ人の正義というのがいかに広大で、どのように公正かを教えてやろう。さあ、テミストクレスには告発弁論を最後までやり遂げさせねばならない。そして弁明のほうは、お前が一番ふさわしいと思って選んだ者にさせるがよい」。

だが、この場に及んでも告発弁論をしようとする者は一人もなく、テミストクレスは自分の名を辱めるばかりであった。そこで総督が、最初の告発弁論に対する弁明を、誰でもできる者がするように命じたとき、ソフィストのイウリアノスは言った、「総督閣下、貴方は正義の権威にかけて、アプシネスをピュタゴラスに変え、遅ればせではありますが、しかし公正な態度で、沈黙を守ることを学習させました。ピュタゴラスはその昔、貴方ご自身よくご存じのように、自分の弟子たちにピュタゴラス的生活法[1]を伝授したのです。ところでもし貴方が、私の弟子の誰かに弁明するようお命じになるのでしたら、プロアイレシオスを縛《いまし》めから解放するようお命じください。そうすれば、かの者が教育されてきたのはアッティカ風の生き方であるのか[2]、それともピュタゴラス流の生き方であるのか、貴方ご自身よくお確かめになれましょう」。総督はこの申し出をたいへん快く聞き入れた(このことは、その裁判に出席していたトゥスキアノス[3]が筆者に報告してくれた)。そして、プロアイレシオスは、縛めを解かれて被告たちの間から中央に進み出た。先生が彼に呼びかけたからである。その呼びかけは、栄冠をかけて闘う競技者に声援と激励を送る人々のように、大きくつんざくようなものではなかったが、しかし、心に突き刺さるような調子でこう呼びかけたのである、「さあ、プロアイレシオス、話したまえ。今こそ話す恰好の時だ」。するとプロアイレシオスは、まず一種の前置きを述べた（じつは、トゥスキアノスも、そのあたりは正確に覚えておらず、大体の趣旨を話してくれたのである）。その前置きは、始まるやすぐに、彼らが蒙った仕打ちの哀れむべき話へと入り込んでいったが、それには自分たちの先生に対する賞讃の辞も織り込まれていた。だが、この前置きには、たしか一言だけある不満が仄めかされていた。それは属州総督の処置に軽率な点があったことを指摘するもので、自分たちの有罪が確定した後であろうと、このような仕打ちに耐えてこれを甘受するのは、自分たちにはふさわしいことではない、という内容であった。これには総督もただただ頭を下げるばかりで、彼の弁論の趣旨や文体の重厚さ、弁舌の流暢さや朗々とした響きに完全に打ちのめされてしまった。また、居並ぶ人々はすべて、彼を賞め讃えたい気持ちを抱きながら、それを押し止める神の前兆にでも出会ったかのように、ひるんでしまって、秘儀の際の沈黙がその場を覆っていた。するとその時、プロアイレシオスは弁論を第二の前置きへと展開させ（このところは、トゥスキアノスもよく覚えていた）、こんなふうに語り始めた、「では、かりにど

（1）ピュタゴラス派（教団）は、魂不死の思想に基づいた戒律の生活を送ったが、教義の秘密については固い沈黙を守ったため、若干の戒律を除いて、生活法の内容は明らかでない。ここでは、学派の特徴となっている沈黙だけを指しているのであろう。

（2）アッティカの中心であるアテナイは、民主制の下に言論の自由を尊重してきた。そのため、前五世紀以降、弁論術の活躍の場ともなってきた。このことから、ピュタゴラス派の沈黙を重んずる生き方と対比的に言われているのである。

（3）東帝国で多くの公職を歴任した人物で、リバニオスと文通があった。本書では四八八（三二六頁）でもエウナピオスに証言を与えている。

んな不正でも働くことが許され、その上で相手を告発し、その告発弁論によって、相手の弁明より先に説得に成功することができるとしましょう。そう、この都市が何でもテミストクレスの言うなりになる、と考えてみてください」。すると、総督はその席から跳び上がり、紫の縁どりをしたガウン（ローマ人がテーベンノスと呼んでいるものだが）(1)を震わせた。そして、あの苛酷で厳しい裁判官が、まるで小さな子供のように、プロアイレシオスに喝采を送ったのである。すると、アプシネスまで一緒に喝采を送ったが、それは自分から進んでしたことではなく、ただ強制力には何ものも太刀打ちできないからであった。先生のイウリアノスはただ涙を流すばかりであった。すると属州総督は、被告側すべてに、そし原告側についてはその先生だけに、法廷から退出するように命じた。ついで、テミストクレスと仲間のスパルタ人たちを別にして、これらの者にはスパルタで用いられている笞打ちの刑罰をたっぷりと味わわせ、それにアテナイで用いられる笞打ちの刑をもつけ足したのである。イウリアノスは、自分の弁舌によっても、また教え子たちの評判によっても、たいそうな名声を手に入れ、自分の弟子たちに追悼演説を競う大きな機会を遺して、アテナイでその生涯を閉じた。

プロアイレシオス

プロアイレシオスについては、前章の叙述の中でも十分に述べられたし、また歴史註解書(2)の中でも、もう少し詳細な説明によって言及しておいた。だが私は、先生について事実を誤りなく知っている訳だし、先生と話を交わし、教えを受けることを許されていたのだから、適切という点では、ここでもう少し詳しいところまで立ち入って述べておいたほうがよいであろう。だが、こういったことができるのも先生の力に負うのであれば、感謝の気持ちはひじょうに大きく、限りないものではあるが、しかしながら、口には言い尽くせぬこれほどの感謝の念も、先生の筆者に対する親愛の度合いに比べれば、まだまだ遠く及ばないのである。

　この本の編纂者である私は、一六歳になってから、アジアからヨーロッパへ、そしてアテナイへと渡った。その時プロアイレシオスは、本人の言うところでは、八七歳に達していた。だがその歳になっても、彼の髪は巻き毛でひじょうに厚く、しかも、白髪が多いため、泡立つ海に似てすっかり銀白色をしていた。また、彼の弁舌の力には活力が張り、精神の若々しさによって衰えた肉体をしゃんとさせていた。それゆえ、筆者などは、彼のことを老いることのない不死なる人間と信じ、あたかも呼ばれなくても厄介な儀式抜きで現われてくる神のように思って、彼にいつも注目していたのである。

　さて、筆者は、たまたま第一夜警時(3)の頃にペイライエウス港に到着したことがあるが、その航海中にひど

(1) ローマ人が平時に身につける上衣（トガ）や、王や貴族、僧侶がまとう礼服（トラベア）を、ローマ人はギリシア語でこう呼んでいた。また、上衣を震わせるとは、承認や肯定を表わす合図。ピロストラトスの『ソフィスト列伝』（以下『列伝』）六二六（二二二頁）にも同様の記述が見られる。

(2) *τὰ ἱστορικὰ ὑπομνήματα*。これは、エウナピオスが歴史総説（二八一頁）とか歴史詳説（二九〇頁）と呼んでいた歴史書のこと。

(3) 日没から夜明けまでの夜警時間帯の区分。分け方は国や時代によりさまざまであったが、ローマ時代には四つに分けられていた。

い高熱に襲われていた。この船には、ほかにも筆者の親戚筋の者が大勢同船していた。やがてその時刻になった頃、船長は、恒例の行事[1]が始まる前に（つまり、この船はアテナイ船籍で、船着場にはいつも、それぞれ自分の学校に熱狂的な肩入れをしている大勢の者が待ち伏せしていたのである）、そのままアテナイに直行した。そして、乗客の他の者たちも船長と一緒に歩いて行ったが、筆者は自力では歩けない状態だった。それでも、代わる代わる他人の手に支えられて、アテナイ市へ運ばれて行った。それはちょうど真夜中のことで、太陽がより南に傾いて、夜をこれまでより長くしている時期であった。すなわち、太陽は天秤宮に入り、夜の狩猟が行なわれていた頃である[2]。

船長は、たしかプロアイレシオスの古くからの賓客[3]であった。彼は、プロアイレシオス家の扉を叩くと、弟子の一団を家の中に連れて入った。その数たるや、一人か二人の若者をめぐって戦争でも始まろうかという頃に、それら新入生だけでソフィストのすべての学校を一杯にするのでは、と思われるほどであった。それらの中には、身体の強健さで優れている者もおれば、富の面で他の者より裕福な者もいたが、その他はほどほどにそのようである者たちだった。ところで筆者であるが、その頃は病気で哀れな状態にあって、唯一の取り柄は、古代作家の本をほとんど諳《そら》んじている、ということであった。

さて、家の辺りにはすぐさま歓声が湧き上がり、男も女も忙しく走り回って、ある者は笑い、ある者は冗談を飛ばし合ったりしていた。するとプロアイレシオスは、その夜のうちに自分の身内の者を呼び寄せ、それらの者に新入生の受け入れを命じた。プロアイレシオス自身はアルメニアの出身で（つまり、アルメニアの、ペルシアと最も広く接している部分の出、という意味である）、その身内の者は、アナトリオスとマクシモス(4)という名であった。

二人は、新入生を悦んで受け入れると、隣人の建物に連れて行き、その浴室に案内して一通りのことを実演してみせた。また若い弟子たちの一団も、新入生を生贄《いけにえ》にしてからかったり、嘲笑を浴びせたりしながら、お定まりのことを演じてみせた(5)。このようにして、他の者たちは、一度入浴を済ませると、それらの行事から解放されて自由の身になったが、筆者は、その病がますますひどくなったため、プロアイレシオスも

(1) 各学校の弟子たちがペイライエウス港で船の到着を待ち受け、船が着くと、競って若者たちを自分の先生のために獲得しようとした。エウナピオスらを乗せた船の船長は、港に着くより早く、プロアイレシオスのために弟子の獲得をしたのである。

(2) 天秤宮とは黄道十二宮の一つで、太陽は九月二十四日から十月二十四日までこの中に入る。これは秋分に当たる。また、夜の狩猟とは、夜間に網や罠を仕掛けてする猟のこと。ちなみにプラトンは、この猟は休む時間が骨折る時間と同じだけあって、怠け者のすることである、という理由で禁止すべしとしている(『法律』八二四)。

(3) 賓客(ξένος)とは他国の客のことであるが、主客の義を見守るゼウス(Ζεὺς Ξένιος)の信仰からも判るように、ホスピタリティーを大事にするギリシア人は、古くから賓客のもてなしを何よりも優先させていた。ホメロスには、トロイア戦争のとき、ギリシア軍の大将ディオメデスが敵将グラウコスと一戦を交えるべく中央に進み出、互いに氏素姓を名乗り合ったところ、祖先が賓客同士であったことを知り、戦うのをやめたばかりか、贈物を交換して、互いに館を訪ねることを約して別れるという場面があるが(『イリアス』第六歌一一九—二三三)、これなど賓客の扱いを象徴するものと言えよう。

(4) アルメニア出身のマクシモスで、上出のエペソスのマクシモスとは別人。

(5) これは、新入生に対する上級生の、一種のデモンストレーションと思われる。

アテナイの町も見ずに死んでしまいそうな状態で、自分が切に望んでいたことはすべて夢にすぎなかったのだ、と思っていた。その間、筆者の同郷の者やリュディアから来た者たちは、重苦しい気持ちに耐えていた。そして、この若さで世を去る者には、通常誰もが実際以上の褒め言葉を贈るものであるが、それと同じように、筆者の才能についても、人々は大きな作り話をいくつもでっち上げては積み重ね、驚くような話に仕立てた。そのため、まるで大きな不幸を悲しむ場合のように、異常なまでの悲しみが町中を包み込んだのである。ところが、これは後で明らかにされたことだが、アテナイの人とは別人の、アイスキネスという人物で(彼の生国はキオスであった)、これまで、自分が治療の約束をした人ばかりか、ただ見ただけの人も大勢死なせてきたという者が、悲しみに暮れている人々の真ん中に進み出てきて、「さあ、私がこの屍体に薬を与えるのを許していただきたい」と叫んだ。人々は、もう死んでしまったのだからということで、死人をもその手にかけることを、アイスキネスに許してやった。すると彼は、ある道具を使って筆者の口をこじあけ、何やら薬らしきものをその中に流し込んだ。それが何かは、彼が後で明かしてくれたし、また神が、何年もたってから、その証言をしてくれた。だがとにかく、彼は薬を中に入れた。すると、筆者の胃袋がいっぺんに洗浄されて、筆者は輝く青空を目にし、家人たちの顔を認めるようになったのである。アイスキネスは、この行為一つで過去に犯した過失の数々を帳消しにし、息を吹き返した者からも、生き返ったことを悦ぶ人々からも、畏敬の念をかち取った。そして、これほどの行為をなし遂げたということで、すべての人々が彼に敬意を示すなかを、彼はキオスに向けて船出した。もっともそれは、さらに薬の効き目をつけ足して、患者がすっかり体力を回復するまで留まった後のことである。この時、命を救われた者は、救ってくれた者と正真正銘の友情を結んだのである。

ところで、あのきわめて神のごときプロアイレシオスは、筆者をまだ見ていなかった。いや、彼もまた、筆者はもうこの世にないものと思って、悲しみに暮れていた。それで、この普通では考えられない前代未聞の蘇生話を聞くと、弟子たちのうち最も優秀で人品優れた者と、腕力のあることが保証済みの者を呼び寄せ、彼らに向かってこう言った、「私はその救われた子のことがいささか気にかかる。その子にまだ会ったことはないのだが、それでも、彼が死にそうだったときには、悲しく思っていたのだ。もしお前たちに私を悦ばせようという気があるなら、その子を公共浴場に連れて行き、つまらぬ冗談や戯れは抜きにして、浄めてやってほしい、私の子供の身体を擦《こす》るような気持でな」。これはそのまま実行に移された。このことは、プロアイレシオスが生きた時代のことを述べるとき、その中で詳しく語られることになるだろう。ところで、プロアイレシオスの身に起こったことはすべてある神の摂理に沿っていた、ということは筆者も認めはするけれども、プロアイレシオスについての筆者の記述が、この人に対する熱意のあまり、全体として真実を逸脱することにはならないだろう——少なくとも、プラトンの「真実は、神々にとってあらゆる善の導き手であるが、人間にとっても、これは全く同じである」[(1)]という言葉が揺がしえぬものであるなら。

さて、プロアイレシオスであるが（というのも、話を彼に戻さなければならないからだ）、彼の身体の美しさは、すでに老齢であったにもかかわらず見事なもので、適齢期の人でもこれほど美しい人間がこれまで

（1）プラトン『法律』七三〇B。

あったろうか、と疑われもしたし、美の力が、これほど大きな身体の隅々にまで行き渡って最高の状態を作り上げたことが、不思議としか思えないほどであった。また、身体の大きさは、人が信じられぬくらい大きく、それを正確に言い当てる人は誰もいないほどであった。じつに、彼が立ち上がると九フィートにも達するかと思われ、そのため、当時の人々の中で最も大きい人たちと並んでいるところを見ても、彼はコロッソス[1]のように思えたのである。

彼がまだ若い頃、運命を司る神霊は彼をアルメニアから出国させ、アンティオケイアに渡らせた（つまり、彼は直接アテナイに向かおうとはしなかったのである。なにしろ、財力に乏しくて苦労していたからである。彼は、もともと立派な家に生まれついたのだが、金銭面では恵まれなかったのである）。彼は直ちに、弁論の面でアンティオケイアに君臨していたウルピアノス[2]のところに急いだ。そして、着くとすぐに、重立った弟子たちと同列に置かれた。かなり長い間ウルピアノスの下で学んだ後、彼は、確固たる意志をもってアテナイのイウリアノスの許に向かった。そして、またしても、アテナイで第一級の人物となったのである。彼にはヘパイスティオンも同伴した。二人は互いに強い友情で結ばれていたが、その一方では、貧乏にかけても、弁論の第一席をめぐっても、互いに一歩も譲るまいと競っていたのである。一例を挙げると、彼らには一着の上衣と一枚のボロ外套があるだけで、それ以外何もなかった。そういえば、たしか敷マットも三枚か四枚持っていた。だがそれは、もとの染料が、その厚みともども、歳月とともに消えてしまった代物であった。それゆえ、彼らの他人に優る富といえば、二人が一心同体であるということくらいで、この点は、物語に言うゲリュオネス[3]が三つの身体からできているのと同じようであった。そう、彼らも、二人であると同時に一人だったのである。すなわち、プロアイレシオスが公の場に現われるときには、ヘパイスティオンは、敷マットの下に横になって身を潜め、弁論の独習に精を出していたし、プロアイレシオスも、ヘパイスティオンが表に出たときには、同じことをしていたのである。彼らをとらえていた貧困はこれほどのものだった。

それにもかかわらず、イウリアノスはプロアイレシオスに心を惹かれ、彼の言葉には耳をそば立てていた。彼の資質の偉大さに畏敬の念を抱いていたのである。だが、イウリアノスが世を去り、彼が築いた弁論の輝かしい成果を継承させたいという気持ちがアテナイを支配したとき、他の多くの人々はそれぞれに、ソフィストの術の権威あるこの椅子に自分自身を推薦した。そのため、数が多くて一々名前を挙げるのが大変なくらいだった。だが、全員の投票により選出され、指名されたのは、プロアイレシオスをはじめ、ヘパイステイオン、エピパニオス、ディオパントスで、ほかに、全く取るに足らない、数の不足を補うだけの賤しい階層からはソポリスが、もっと貧しい階層からはパルナシオスという男が選ばれた。というのは、ローマの法によれば、アテナイにおいては、講義する者も聴講する者も多数でなければならない、とされていたからである。

(1) 世界の七不思議に数え入れられる、ロドス島の巨大な銅像。港の入口にある二つの突堤に足を置いて立っており、出入りする船はその股の間を通ったと言われる。

(2) コンスタンティヌス帝の時代に活躍したソフィスト。有名な法律家のウルピアノスとは別人。

(3) ゲリュオネス(またはゲリュオン)は、世界の西の果てに棲むと言われた怪物で、胴は一つであるが、腿から下と肩から上は三人分あり、手足が六本ずつ、首が三つという姿をしていた。

さて、以上の人々が指名されたのであるが、そのうち賤しい人々は、ソフィストというのは名ばかりで、その力が及びうるのは、教室の扉や、彼らが立っている教壇までであった。そこでアテナイ市は、躊躇なく、選択をもっと権威ある人々に限ることにした。そして、アテナイ市だけでなく、ローマ人の支配下にある属領もこれに倣った。つまり、彼らの争いは、たんに弁論上のことではなく、属領全体の利益のために弁論の力を用いることを狙いとしていたのである。このような訳で、東方の属領(1)は、一種の報奨のように、すっきりとエピパニオスに手渡されたし、ディオパントスはアラビアを割り振られた。また、ヘパイスティオンは、プロアイレシオスに対する畏敬から、アテナイ市と人間社会から立ち去っていった。

プロアイレシオスの許へは、全ポントスとその近隣の諸国が弟子を送り込んだ。それは、かの地の人々が、プロアイレシオスを郷土が生んだ優れた人物として尊敬していたからである。これらに加えて、全ビテュニアとヘレスポントス、それに、リュディアを越え、今で言うアジアを抜けてカリアとリュキアへと延び、パンピュリアとタウロス山(2)で終わる地域もそうであった。それから、エジプト全土も、弁論の上で彼の支配下にある固有の属領であったし、エジプトを越えてリビアまで延びる、世に知られている限りで人が住む限界とされている国々も、同様であった。だが、以上のことは、かなり一般的に述べたものである。というのは、正確に言えば、少数の青年の場合には、国によって、ある教師から他の教師のところへ移るとか、最初から騙されて希望とは違う教師のところに入門する破目になったなど、いろいろ違いがあったからである。

ところが、プロアイレシオスの資質があまりに偉大であったため、それに対する過激でひじょうに厳しい反目が生じ、他のソフィストたちすべての団結は次第に力を増してきた。そして、属州総督に賄賂を贈り、プロアイレシオスをアテナイから追放するまでになった。こうして、彼ら自身が弁論の王国を手中に収めたのである。だが、プロアイレシオスは、ペイシストラトス(3)と同じように、ひどい貧困のうちに追放の憂き目を味わった後、再びアテナイに戻った。しかし、ペイシストラトスの場合には富が彼の力になっていたが、プロアイレシオスにとっては弁論の力だけで十分であった。これは、ちょうどホメロスに出てくるヘルメスが、プリアモスをアキレウスの幕舎に、それも戦いのさなかに送り届けた場合と同じであった(4)。だが、彼には幸運も味方し、噂を聞いてこの出来事に憤慨している若い属州総督が、この事件の収拾責任者に据えられることになった。このようにして皇帝の許しが出たので、言ってみれば「攻守立場を代え(5)」ることになり、プロアイレシオスは再びアテナイの土を踏んだのである。これに対し、彼の敵は、もう一度自分たちの力を

---

(1)メソポタミアとシリア。
(2)面積の点では小アジア最大の山で、多くの国に接し、さまざまな名で呼ばれているが、一般にはプリュギアとパンピュリアをキリキアから区別している山群を指す。
(3)前六世紀のアテナイの僭主。僭主になって五年後、平地党と海岸党の連合勢力によって追放された後、アテナイに帰国したが、再びマケドニアに逃れて一〇年間の追放生活を送り、その後アテナイに戻った。
(4)プリアモスはトロイア軍の総帥ヘクトルの父。ヘクトルはアキレウスと闘って戦死したが、その屍を渡してもらえないので、プリアモスは弁論の神ヘルメスの助けを得て、アキレウスの許に嘆願に赴いた。この物語はホメロス『イリアス』第二十四歌で語られている。
(5)直訳すれば「オストラコン(陶片または貝殻)の面が逆転した」の意。これは子供の遊びオストラキンダで、二手に分かれた子供が表裏を黒と白に塗り分けた陶片(貝殻)を投げて、上になった面の色により、一方が鬼となって他方を追いかけるというもの(プラトン『パイドロス』二四一B、『国家』五二一C参照)。ここでは陶片追放(オイストラキスモス)にかけて言われている。

結集して陣形を立て直し、またもや頭をもたげると、将来に向けての別な企みに取りかかっていた。だが、彼らがそういった悪巧みにかかりっきりになっている間に、プロアイレシオスの帰国のお膳立てをしていた人たちがその先手を打ったので、プロアイレシオスは無事帰国を果たしたのである（これらのことは、その現場にいたリュディアのトゥスキアノスが詳しく話してくれた。この人は、もしプロアイレシオスがいなかったら、プロアイレシオスの立場にいたに違いない人物である）。しかしながら、帰国したとき彼が知ったのは、長い留守の後に帰宅したオデュッセウスと同じで、健康でいる友人がごくわずかしかいない、ということであった（トゥスキアノスもその一人であった）。これらの友人たちは、奇蹟のように信じられぬことがあった後だけに、彼に熱い視線を送っていた。彼らを見出すと、プロアイレシオスは、明るい希望に胸ふくらませて「属州総督の到着を待っていていてほしい」と言った。

属州総督は、人々が期待していたよりも早く到着した。アテナイに着くと、総督はソフィストたちを一堂に召集し、これにより、ソフィストらの思惑をすべて狂わしてしまった。ソフィストたちは、しぶしぶ重い足を運んで集まってきた。そして、有無を言わせぬ要求であるため、論ずべき問題が提示されると、彼らはそれぞれ力量に応じてそれについての弁論を試み、あらかじめ言い含められて用意されたさくらの喝采が終わると、彼らはそのまま解散していった。プロアイレシオスの友人たちは失望を隠せなかった。ところが属州総督は、まるで名誉ある賞を授けでもするかのように、もう一度ソフィストたちを召集し、全員に待機しているよう命じた。そして、突然プロアイレシオスを中に招き入れた。だが、他のソフィストたちは、これから起こることは全く知らずに、その場に控えていた。すると、属州総督は声を張り上げて、「私はお前た

489

ちみんなに一つの課題を与え、今日中にお前たちすべての答えを聞こうと思う。プロアイレシオスにも、お前たちの後か、またはお前たちの望むような仕方で、話させることにしよう」と言った。彼らはこの申し出にあからさまに異を唱えたが、それでも、長々と考え、苦吟した揚句に、アリステイデスの言葉を引き合いに出して（つまり、彼らは、自分独自の考えを述べなくても別に支障を感ずることがなかったのである）、自分たちは、自分の中から［弁論を］吐き出す人間ではなく、すでにあるものを正確に述べてみせる人間なのだ[1]、と言いつつも、とにかくその課題を果たした。

するとその時、属州総督は再び大声で、「プロアイレシオス、お前が述べよ」と命じた。そこでプロアイレシオスは、椅子から立ち上がると、気品溢れる語り口で話の前置きに入り、即席の弁論がどれほど優れたものかを讃えた後、確信に満ちた態度で本論にとりかかろうとした。その時、属州総督はテーマに対しある規定を提案するつもりでいたのだが、プロアイレシオスのほうは、顔を後ろに向けて観客席をぐるりと眺め回した。そして、自分の敵が多く、味方はわずかで人目につかぬようにしているのを見て、当然のことながら、いささか意気を消沈させた。だが、彼の神霊が気持ちを奮い立たせ、協力してくれたので、彼はまた場内をくまなく観察し、聴衆の一番端のほうに、これまで弁論を職業としてきた二人の男が、顔を隠すように

（1）アリステイデスは二世紀の著名なソフィストで、小アジアやローマで教えていた。彼はギリシアの伝統的文体を守り、アッティカのスタイルで多くの弁論を書いた。彼のこの言葉はよく引用されていたらしく、ピロストラトスの『列伝』五八三（一六一頁）の初めにも出てくる。

しているのを目に留めた。それは、彼を最もひどい目に遇わせてきた者たちであった。そこで彼は大声を上げて言った、「これはなんと、神々よ、ここに最も立派で賢い人がいます。総督閣下、彼らに命じて、私に課題を出すようにさせてください。そうすれば、恐らく、彼らが神を恐れぬ所業に及んだことが信じていただけるでしょう」。二人の男は、これを聞くなり、坐っている人々の群れの中に紛れ込み、必死になって見つかるまいとした。だが、属州総督は兵士を何人か遣わして、二人をよく見える中央に引き出した。そして二人に、言われた通りにするよう勧めた後に、いわゆる論点の規定を含んだ課題(1)を提出するようにさせた。すると二人は、少しの間考え、互いに相談し合った末、自分たちが知っているもののうちで最も手強くて、最も卑賤な課題を提出したが、それはまた、専門家が取り扱おうとしない、しかも弁論術の美辞麗句の行列が立ち入る余地のない代物であった。

その時、プロアイレシオスは牛のような鋭い目つきで彼らをきっと見据え、それから属州総督に向かって、「この弁論競技の前に、閣下にお願いしたい正当な要求があります。これをどうか叶えてくださるよう、切にお願いいたします」と言った。そして、総督が、正当なことなら何なりと叶えよう、と答えると、プロアイレシオスは言った、「どうか速記者を用意して、中央に位置させてくださるようお願いいたします。それらの者は、毎日正義の女神テミスの言葉を記録しておりますが、今日は私が話す言葉に専念してもらいます」。そこで総督が、書記の中でも最高の者たちに入場することを許すと、彼らは、いつでも筆記できる状態でプロアイレシオスの両側に立った。だが、これから何が起こるのか、誰一人として見当がつかなかった。するとプロアイレシオスは、「ほかにも、もっと面倒なことをお願いしたいのですが」と言った。そして、それは何なのか言ってみよ、と命ぜられると、彼は、「けっして誰にも拍手などはさせないでいただきたい」と言った。そして、総督がこのことを一同に申し渡し、違反したなら厳しい罰を受けよう、と言うと、彼は、話の節目節目に朗々とした響きで区切りをつけながら、滔々と話し始めた。すると聴衆は、否応なしにピュタゴラス派の沈黙を守らされてはいたものの、感嘆のあまり制止の堰を切って、低いどよめきと溜め息が溢れ返った。そして、弁論が次第に盛り上がり、論者が、人間のどんな言葉も、どんな思いも届かぬ高みにまで進んだとき、彼は弁論の第二部に入っていって、約束の課題を果たしたのである。するとその時、彼は、何かにとりつかれたようになって跳び上がり、弁論の残りの部分は、擁護論は不要とばかりに放棄してしまい、今度は反対の前提を擁護するために弁舌の流れを迸《ほとばし》らせた。筆記者たちはその話について行くことができず、聴衆は辛うじて沈黙を守っているという有様であった。語られた言葉もたいへんな量になっていた。するとプロアイレシオスは、顔を筆記者たちのほうに向けて、「ようく注意していてくれたまえ、私が前に述べた弁論をそっくりそのまま覚えているかどうか」と言った。そして、一語たりと躓《つまず》きを見せることなく、同じ弁論をもう一度語り始めたのである。これには、総督自身が自分の定めたルールを守れなかったし、聴衆にも統治者のきついお達しは通じなかった。すなわち、その場にいた者はすべて、まるで神々が宿る像に対するかのように、このソフィストの胸を舐め回し、ある者はその足に、ある者は手に口づけをし、

(1) 各人が思い思いの観点から自由に語るのに対し、いかなる種類の議論が要求されているかが規定されている論題を言う。

また、ある者は彼を神であると言い、ある者は雄弁の神ヘルメスの化身に違いない[1]、と言い張った。一方、彼に敵対する者たちは、顧みられぬまま、嫉みに悶々としていた――もっとも、彼らの中には、どういう状況に置かれようとも、その立場で賞讃を受けることに無関心ではおれない人もいたが。属州総督は、護衛兵や重臣たちのすべてと一緒に、彼を劇場から送って行った。それからというもの、ソフィストは誰一人としてプロアイレシオスに反対しようとはせず、まるで雷に打たれたかのように、誰もが、彼が自分たちより優っていることを認めたのである。

しかし彼らは、少し時がたつと、ヒュドラ[2]の頭のように息を吹き返し、元の姿を取り戻して頭をもたげてきた。そして、町の有力者たちの何人かを豪華な食事や洒落た侍女で誘惑した。これは、陣形を整えた正規の戦闘に破れて、極度の困難に追い込まれた王と同じことである。すなわち、そのようなときの王は、軽装備の兵士にも、投石兵にも、丸腰の兵や、あまり役に立たない補助部隊にも助けを求めるもので、王は初めからこういった兵を高く買ってはいないのに、それでも万止むをえずこれらを当てにするのである。これと同じように、ソフィストたちも、切羽《せっぱ》詰まって慌てて同盟を結び、悪巧みを練り上げていた。その企みは卑劣なものではあるが、わが身を大事にするということを誤って解するなら、企んだ本人には非難が及ばないという類のものであった。それはともかく、彼らは多数の仲間を集め、その陰謀は彼らの思惑通りに進んでいた。しかしながら、プロアイレシオスの資質は人々の心を完全に掌握し、弁論の卓越した力は順風満帆であるように思われた。というのは、人々は、心ある者であれば、例外なく彼を師として選んだし、前から入門していた者であれば、プロアイレシオスを師に選んだことによって、たちまちにして知性ある人間になったからである。

その頃、宮廷の廷臣たちの集団から、名声と雄弁を切に求める一人の男が現われた。彼はベリュトス市[3]出身で、その名はアナトリオスといった。だが、彼に悪意を抱く連中はアズトリオンという渾名で呼んでいた。この渾名が何を意味するかは、舞台の上の貧相な役者集団に任せておけばよかろう。

さて、名声と雄弁を切望する人間であったアナトリオスは、その両方を手に入れるに至った。すなわち、彼は、法律学と称される学問でその頂点を極めた。この種の学問にとっては育ての母とも言うべきベリュトスを生国として持っていたのであるから[4]、これは彼にとってなんの不思議もなかった。それから彼はローマに渡った。彼は、高邁な思想を持ち、高尚さと重厚さを備えた雄弁に溢れていたので、宮廷に入るまでになった。そして、たちまちにして宮廷の第一人者となり、あらゆる官職を次々にこなしていって、その多くの地位で名声を博した（なにしろ、彼を憎む者ですら、これには感嘆を惜しまなかったのである）。そして、

（1）ヘルメスと雄弁との関係は本書でもしばしば言及されているが（二四二頁、三三八頁など）、このような表現は、一般に、ソフィストについて用いられる賞讃であった（ユリアヌス『弁論』七、二三七C参照）。
（2）ペロポネソスのレルネの沼に棲むと言われた毒蛇で多くの頭を持ち（百とも五十とも九つとも言われる）、その一つを切り落とされると、切り口を焼かぬ限り、そこから二つの頭が生えてくると言われた。ヘラクレスがイオラオスの助けを得て退治したことは有名である。
（3）フェニキアの地中海沿岸にある古都市。現在のベイルート。
（4）ベリュトスはローマ法の研究が盛んで、春になると、元老院議員の息子たちが、ローマと並んでこの地に船出する姿が多く見られた。リバニオス『弁論集』四八-二二参照。このことはギリシアの文芸が衰退するのと対照的であった。

さらに進んで政務長官にまで駆け上がった。この官位は、外衣に紫の縁どりこそないものの、皇帝の統治を執行するものである。いまや彼は、自分の野望通りの運を手にしたのである（というのは、イリュリコン(1)と呼ばれる地方が、彼の手に委ねられていたからである）。また、神への供犠に熱心で、ギリシアの文芸をことのほか愛していたから（もっとも、世間の趨勢はそれと別な方向に進みつつあったのであるが）、アナトリオスは、自分の管轄地のめぼしいところへ行くことも、なんなりと思い通りに治めることもできたにもかかわらず、ギリシアを一目見たい、そして、かくも素晴らしい名声を後ろ楯にして、これまでの学習によって得られた自分の雄弁のイメージを現実のものにしてみたい、また、古代の作品から与えられた印象に基づいて自分が心に思い描いた弁論の観念を、しかとこの目で確認したい――こういう黄金の狂気にとりつかれて、ギリシアに向けて急いだのである。その際、彼は前もってある課題をソフィストたちに送りつけ（つまり、ギリシアは、彼の思想と学問のことや、彼が公正で清廉であるということを耳にして、驚異の目で彼を見ていたのである）、すべてのソフィストに、その同じ課題で弁論の練習を積んでおくよう命じておいた。そのような訳で、ソフィストたちはこの課題にかかりっきりで、連日のように、互いに相手をいかに出し抜くか、策を練っていた。しかしながら、切羽詰まったものだから、彼らは一堂に会して、この課題のいわゆる論点となるものをめぐって、互いに多くの見解をぶつけ合った（筆者は、ここで問題とされていることほど滑稽なものはついぞ聞いたことがない）。その結果、各人が負けじと自分の意見を推賞し、若い弟子たちを前にしてそれを言い張ったものだから、一人一人が互いに意見の食い違いを見せる結果に終わった。だが、彼らにとってアナトリオスは、歌にも謳われたあの有名なペルシアの軍隊よりも恐ろしい存在であり、その彼がギリシアに向かっていて、危険は、ギリシア人のすべてにではないが、ソフィストの術を専業としている人々にはその足元にまで迫っていたのであるから、今や、プロアイレシオス以外のソフィストはみな対応に大わらわであった(この中には、ビテュニアから来たヒメリオスという名のソフィストも含まれていた)。だが、筆者は、彼の著作を通して知られること以外、彼のことは何も知らなかった)。つまり、誰もが、それぞれに課題が求める論点と判断したものの練習に、たいへんな苦労を重ね、精一杯の努力をしていたのである。しかしながら、そのような時にも、プロアイレシオスは自分の資質に確信を持っていたから、他人に負けまいと気負うでもなければ、取って置きの説を持ち出すというのでもなかった。それゆえ、彼らにとっては全く苦々しい存在であった。

だが、アナトリオスはすぐ近くまでやって来て、ついにアテナイに足を踏み入れた。そして、大胆にも神々に犠牲を捧げ(2)、神聖なる神の定めが命ずる通りにすべての神社を参拝して回った後、ソフィストたちを競技のため召集した。その場に参集したソフィストたちは、誰もが弁論の演示で第一人者たらんと必死になった。それほどに、人間というのはわが身大切の存在なのである。しかしアナトリオスは、彼らに拍手を送っている連中、すなわち彼らの若い弟子たちのことを笑い、世の父親は子供たちの教育をこのような連中に託

---

(1) アドリア海に面し、イタリアと対峙する国で、そこの王が降伏してローマの属州となった。現在のクロアチア、ボスニアの一部をなしている。

(2) 犠牲を捧げるのが大胆なことと言われたのは、コンスタンティヌス、コンスタンスら皇帝がキリスト教徒であったため、その治世下では供犠は危険な行為と見なされたからである。

しているのか、と哀れに思った。それから、彼はプロアイレシオスを呼び出した。プロアイレシオスだけがまだ残っていたのである。ところがプロアイレシオスは、アナトリオスと親しく、彼のどんな事情にも通じている人物と懇意で、その者から、アナトリオスがよしとする論点（これこそ、筆者が先の言葉の中で「滑稽なもの」と言っていたものである）を教えてもらっていた。それは全く取り上げるに値しないものであり、またアナトリオスも、このようなことで、してやったりと悦ぶまでもない代物であった。それでも、プロアイレシオスは、名を呼ばれると即座に応じ、その論点に合わせて自分の弁論を展開していった。その弁論の見事なことはまさに群を抜いており、そのため、アナトリオスは自分の席から跳び上がり、劇場は賞讃の叫びで割れんばかりになった。そう、彼を神かと思わぬ者は一人もいなかったのである。そこでアナトリオスは、公然と、彼に格別の名誉を授けた。他人に自分と食卓を共にさせることなど、めったに認めようとしなかった彼がである。なにしろ、このアナトリオス自身、饗宴の席や酒宴の折の話術の達人であって、彼の酒宴で知性と教養の漂う話題が花咲かぬということはなかったのである。しかし、以上のことは何年も前の話である。それゆえ筆者は、伝聞によって知りえたことは逐一確認しておいた。

ところで、アナトリオスは、イオニア地方はスミュルナ出身のミレシオスにも大いなる敬意を払っていた。この人は、資質が特に優れているという幸運に恵まれていたにもかかわらず、なんの野心もない暇な暮らしに身を投じて、神社を訪ね歩き、結婚には全く関心を示さず、ありとあらゆる詩とそれに合わせた調べの習得に努め、優雅の女神が悦ばれる創作のすべてに励んでいた。このようにして、ミレシオスはアナトリオスに目をかけられるようになり、アナトリオスはこの者のことをムーサと呼んでいた。

492

ミレシオスは、ソフィストとして活躍していたエピパニオスが提起していた問題を「区分け」と呼んで、[1]この先生が細部にこだわり、異常なまでに厳密であることを揶揄していた。彼はまた、ソフィストたちが弁論の論点に関して食い違いを見せていることについて、彼らすべてをからかい、「かりにソフィストを専業とする者が一三人より多かったら、各人が一つの問題をいろいろな角度から弁じようとするために、彼らはきっと、もっと多くの数の論点を見出したことだろう」と言った。その彼が、ソフィストすべてを通して特別の敬意を払っていたのは、プロアイレシオスただ一人であった。

さて、プロアイレシオスは、その少し前、当時帝国を支配していたコンスタンス皇帝の呼び出しを受けて、ガリア人の属領[2]まで出向いたことがあった。そして彼は、皇帝の心を虜にし、最高の栄誉を授けられている人々と肩を並べて、皇帝と食卓を共にするようになった。だが、当時かの地で暮らしていた人々は、彼の講義をよく理解し、彼の魂の奥底に隠されているものに感嘆するところまでは達していなかったので、すべての人は、その驚きを直接視覚に訴える外面にのみ向け変えて、彼の身体の美しさとか偉丈夫ぶりに驚嘆していた。それはまるで、彫像や巨大な像をやっとのことで見上げているのと同じであった。それほどに、プロアイレシオスは、あらゆる点で人間のレベルを超えていたのである。さらにまた、彼の自制力の強さを目に

(1) エピパニオスが問題点を分類することに長けていたことは、彼の章(三四〇―三四一頁)でも言及されている。

(2) ガラティアのこと。プリュギア、カッパドキア、ポントス、ビテュニアに囲まれた小アジアの国で、ローマの侵略後にガリア人が植民した。

したときには、人々は彼を、本当に感情のない鉄のような人間であると思った。なにしろ彼は、薄っぺらなボロ外套を身にまとい、裸足のままでいながら、ガラティアの冬をあり余るほどの贅沢であるとし[1]、ライン川の水をほとんど凍ったままで飲んでいたのである。

たしかに、彼は全生涯をこのような暮らし方で通し、温かい飲み物はついに知らずじまいであった。それゆえ、コンスタンス皇帝は、自分がどれほど立派な人々を統治しているかを誇示しようとして、彼を大ローマに派遣した。しかし、ローマの人々は、彼のどこに感服してよいのやら、全く見当がつかなかった。それほどに、彼はすべての点で、世の人々から見れば桁外れだったのである。しかし、人々も、彼の数多い偉大さに次々と感銘するようになり、自分たちもまた、彼に認められるようになった。そして、彼の等身大の銅像を作り[2]、これに次の碑文を刻んで建立したのである、

諸都市に君臨する女王ローマ、これを弁論に君臨する王に捧ぐ。

彼が再びアテナイに戻ろうとしたとき、コンスタンス皇帝は、何なりと贈物を所望するように言った。そこで、彼は自分の性格にふさわしいものを求めた。すなわち、穀物補給の名目でアテナイに税金を払うために、相当数の小さからぬ島を求めたのである。すると皇帝は、それらを与えた上に、栄誉の中でも最大のものをつけ加え、彼に「ストラトペダルケス」[3]の称号を許した。これは、彼が公共の財産の中からそれに見合うだけの大きな額を集めても、誰一人これに憤ることがないように、との配慮によるものである。この贈物には政務長官の追認が必要であった（すなわち、政務長官はつい最近ガラティアから戻ったばかりだったのである）。それで、上述の雄弁の競技が終わった後に、プロアイレシオスはアナトリオスの許に出向き、皇

帝のこの好意を確認してくれるよう求めていた。そして、この件で、職業弁護人ばかりでなく、ほとんどすべての有識者をギリシアから呼び寄せた。政務長官がアテナイを訪問したため、彼らはすべてアテナイにいたからである。さて、劇場が一杯になって、プロアイレシオスが弁護人たちに弁論を始めるよう求めたとき、政務長官は、すべての人の予想を通り越し、即席の弁論でプロアイレシオスを試そうとして、こう言った、「さあ、プロアイレシオス、君が話したまえ。君がこの場にいるのに、君を差し置いて他人が皇帝のことを話したり、皇帝を讃えたりするのは、けしからんことだからな」。するとプロアイレシオスは、「平原に呼び出された馬」(4)のように、皇帝の贈物に関する弁論を、ケレオスとトリプトレモスのこと、また、デメテルが穀物の贈物をするために人間たちの中に逗留したことなどの話を交えて展開した。(5)そして、それらの物語に

(1)この記述は、プラトンの『饗宴』二二〇A－Bにおけるソクラテスの描写を思わせるであろう。
(2)リバニオスのマクシモス宛書簡(278. Wolf)では、プロアイレシオスの像は、一つはローマ、いま一つはアテナイにあった、と述べられている。
(3)この語本来の意味は幕営地司令官(または要塞指揮官)であるが、後に食糧の管理を司る役所の長(Curator annonae)を指すようになった。二世紀のソフィスト、ロリアノスもこの職に任ぜられている。職務についてはピロストラトス『列伝』五二六(七八頁)参照。
(4)この諺はプラトン『テアイテトス』一八三Dにも出てくるが、そこでは、「騎兵を平原に」と言われている。その意味は、自分より腕が上の者(知識がある人)に挑戦する、とか、自分の思う所へ誘い出して戦う、の二通りに解されているが、本書では後者、あるいは馬が囲いから出されて自由になった状況を考えているようである。
(5)トリプトレモスはアッティカの王ケレオスの息子で、女神デメテルに引き立てられ、竜の車に乗って麦の種子を諸国に広めた。デメテルはエレウシスの秘儀の主神で、穀物の神。人間どもの間を徘徊して多くの事蹟を遺したと言われる。

皇帝の温情を結びつけつつ、またたく間に当面の問題を古来の伝承が持つ尊厳さに移し変えたのであるが、論ずるにつれてその身ぶりも躍動的となり、このようにして与えられた課題に対する弁論の演示を果たしたのである。この弁論に対する反応は、ほかでもない、彼が切望していた名誉であった。

彼はアジアのトラレス市出身の妻を迎えた。(1) 妻の名はアンピクレイアといった。二人の間には、妊娠から出産までに要する時間しか年齢の違わない娘が二人いた。彼女らは成長して、子供が世にも美しく祝福された存在となる年頃に達し、父親の心を悦びに震わせると、二人とも、ほんの数日の間に、両親を残して家出した。その悲しみたるや、プロアイレシオスから哲学者にふさわしい理性的判断をほとんど追い出さんばかりであった。しかし、この出来事に対しては、ミレシオスのムーサ(2)は十分対処するだけの力を持っていた。このムーサは、学芸を嗜《たしな》む優雅の心に火を点《とも》し、彼に備わる才能のすべてを悦びのうちに奏でることによって、彼の理性を呼び戻したのである。

また、ローマ人がプロアイレシオスの直弟子を派遣してくれるよう依頼したとき、彼はエウセビオスを彼らの許に送り出した。(3) エウセビオスはアレクサンドレイア出身で、ローマの町には全くうってつけの人物であるように思われていた。なにしろ、彼は、権勢者におもねたり機嫌を取ったりする術を心得ていたからである。しかしアテナイでは、彼は煽動的な人物と見られていた。プロアイレシオスは、公の弁論で巧みに立ち回る術ともまんざら無縁ではない人間を送ることによって、同時に、自分についての評判をもっと高めたいと望んでいたのである。だが、弁論に関する才能では、この者はエジプト人であった、とだけ言えば十分(4)であろう。つまり、この人種は、詩に対しては非常な執心ぶりを見せるが、真摯《しんし》な学問を推すヘルメスは彼らを見限っていたのである。この男の競争相手となったのは、ソフィストの術では彼の弟子に当たるムソニウスであった（この人物については、別な理由で、歴史詳説(5)の中でかなりの頁を割いて記述しておいた）。そして、ムソニウスが台頭してくると、自分は誰と競《せ》り合っているのかを覚って、すぐさま政治的な弁論に飛び移ってしまった。

ユリアヌスが皇帝の座にあるとき、プロアイレシオスは教育の場から閉め出された。というのは、彼はキリスト教徒と見られていたからである。彼はその時、秘儀を執り行なう祭司は、ちょうどデルポイの三脚台(6)と同じように、将来の予見のために祭司を必要としている者の誰にでも開かれているということを知ると、変わった手を使って、うまくその先見を横取りしてしまった。それはこういうことである。皇帝は税を課すに当たり、ギリシア人の重荷となることのないよう、彼らのために土地の測量を行なっていた。そこでプロアイレシオスは、エレウシスの祭司に頼んで、皇帝のこの思いやりのある行為は、いつまでも続くのかどう

（1）小アジアのカリアの北部にある都市。
（2）ミレシオスに宿っているムーサ（ミューズ）ということであろう。ムーサは九人いて（通常複数形でムーサイ）それぞれ学問芸術の各領域を分掌しているが、ミレシオスがどのムーサに対応する知識を得意としていたのか、先の記述からこれを確定することは難しい。むしろ、ミレシオスは学芸の多方面に通じていたから（本書四九一（三三四頁）参照）、彼の名をつけてこう言ったのであろう。
（3）アイデシオスの弟子のエウセビオス（本書四七四（二八六―二八九頁）参照）とは別人。
（4）ヘルメス神が雄弁の神とされることは、これまでもしばしば言及されている。
（5）二八一頁註（4）参照。
（6）二八五頁註（1）参照。

かを、神々から聞き出してもらった。そして、祭司が、そうはなるまい、と否定的な答えをしたとき、彼は、これによって将来の成り行きを知ることができて、やっと安堵したのである。[1]

筆者は、この頃、たしか一六歳になったところで、アテナイに出てプロアイレシオスの弟子に加えられたのである。そして、プロアイレシオスには実の子のように可愛がられていたが、[2]その五年後、筆者はエジプトへ旅立つ準備に大わらわであった。ところが、両親は筆者を無理やりリュディアに呼び戻してしまった。筆者の目の前に突きつけられていたのはソフィストの術だけで、誰もがその道に入ることを勧めていたのである。一方、プロアイレシオスは、その数日後にこの世を去った。

プロアイレシオスは、これほどに優れて偉大な人物であって、自分の弁論の名声と弟子たちとで、この世を埋めつくしたのである。

エピパニオス

エピパニオスはシリア出身の人で、論争点を分類することにかけて、きわめて長けているとの評判が高かった。しかし、実際の弁論においては、張りのないつまらぬ人間だった。それにもかかわらず、ソフィストとしては、プロアイレシオスのライバルとしてかなり高い名声を得ていたのである。というのも、人間というのは、一人だけを賞め讃えることに満足できないもので、すぐに嫉妬の感情にひれ伏し、その下僕と化して、誰か力においてより優り、卓越している者があると、すぐこれと対抗できる者を立てたがるからである。

つまり、あたかも自然学におけるのと同じように、対立し合う構成要素から世界の支配原理を得るという訳である。

エピパニオスは、それほど高齢に達しないうちに、血液の病がもとで生を終えた。彼の妻は絶世の美人であったが、彼女もまた同じ不運に見舞われた。彼らには子供がなかった。筆者はエピパニオスとは一面識もなかった。それは、筆者がアテナイに逗留した時よりはるか前に、彼は死んだからである。

ディオパントス

ディオパントスはアラビアの生まれで、職業弁論家への扉を無理やりこじ開けた人である。彼の場合も、上で述べたのと同じ世間の嫉妬がらみの思いが、彼をプロアイレシオスの対抗馬に仕立てたのである。これは、カリマコス(3)をホメロスの対抗馬に仕立てるに等しいことである。しかしプロアイレシオスは、人々のそういった動きを笑いとばし、人間とその営みは、所詮は慰みごとの一部でしかない、と見なしていた。

---

(1) ユリアヌス帝の統治の終わり。
(2) 本書四八六(三二一頁)参照。
(3) 前三世紀前半に活躍したキュレネ出身の詩人。アレクサンドレイアに移住して、詩作の上でアレクサンドレイア派の中心となり、ローマの詩人たちに大きな影響を与えた。プトレマイオスの推挙を受けてアレクサンドレイア図書館の館長を務めた。彼は伝統的叙事詩(エポス)の作法を時代遅れであるとして、完結した短い叙事詩(エピュリオン)を書いた。これが、彼はホメロスのように数千行に及ぶ叙事詩を書くことができない、との批判を招いた。

筆者はディオパントスをよく知っており、彼が公の場で論ずるのを幾度も聴講したことがある。しかし筆者は、そこで語られたり言及されたりしたことをこの著作の中で引用するのは、適切であるとは考えなかった。なぜなら、本書は一廉《ひとかど》の人物についての記録であって、諷刺ではないからである。しかしながら、伝えられるところでは、彼はプロアイレシオスへの追悼演説を述べ(1)(つまり、プロアイレシオスは彼より先にこの世を去ったのである)、サラミスやメディア人に対する戦争に事寄せて次のような言葉で話を結んだ、とのことである、

おおマラトンよ、サラミスよ、汝らは今や黙したまま安らぎの中にある。
されど、汝らが勝利の栄光を讃える喇叭《らっぱ》の響きは、いまだ滅びることなし。

彼は二人の息子を遺したが、二人とも贅沢三昧の暮らしと金儲けに明け暮れていた。

ソポリス

筆者はしばしばソポリスの講義も聴講した。彼は自分の弁論をできるだけ古来の文体に戻そうと努めた人で、健全なムーサに直接触れることを努力目標としていた。しかし、女神の扉を懸命に叩いたけれども、それはめったに開かれることがなかった。たまにそこから、いくらか軋《きし》む音が聞こえるとしても、内側から滑り出てくるのは、女神の息吹きの、ほんのわずかな弱々しい部分でしかなかった。それでも聴衆は、カスタリアの泉(2)から絞り出された一滴の水すら手にしていないというのに、すっかり熱狂状態になったのである。

彼には息子が一人いた。人々の話では、この息子も職業教師の椅子に上りつめたとのことである。

ヒメリオス

この人はビテュニアの生まれであった。しかし、同時代に生きていたにもかかわらず、筆者は彼を知らなかった。彼は、弁論の披露をするためにユリアヌス皇帝の宮廷に向け旅立った。皇帝がプロアイレシオスを嫌っていたので、(3)自分は悦んで迎えられるだろうと思ったからである。だが、ユリアヌスがこの世を去ったので、彼は他国に逗留しながら時を過ごしていた。そして、プロアイレシオスが没すると、アテナイへと急行した。

彼は、話し手としては、愛想のよい協調的な人物であった。だが、その弁論の構成には政治的弁論の調子や響きがあった。彼は、ごく稀にではあるが、時折、神のごときアリステイデス(4)と同列に置かれることがあ

(1)「メディア人に対する戦争」とは、ペルシア戦争に対するギリシア人の呼称。サラミスは、ペルシア戦争でアテナイがペルシア艦隊に止めを刺した、サラミスの海戦があった島。

(2)デルポイにある聖なる泉で、この傍らにアポロンが月桂樹を植えたと言われる。宗教的な目的でデルポイに来た者は、この泉で身を浄めた。巫女も、この泉で身を浄めた後、月桂樹の葉を噛みながら三脚台に上り、神託を伝えた。

(3)プロアイレシオスは、ユリアヌスによってキリスト教徒と見なされていた。本書四九三(三二九頁)参照。

(4)三二七頁註(1)参照。

る。彼は娘を残して世を去ったが、それは、かなりの高齢になって聖なる病[1]が彼を襲ったためである。

パルナシオス

この頃はパルナシオス[2]も教師の席に就いていた。しかし弟子は数えるほどしかなかった。それにもかかわらず、彼は、なにがしかの名声はしっかり手に入れていた。

リバニオス

リバニオスは、いわゆるコイレ・シュリア[3]の首都アンティオケイアに生まれた。この都市は、ニカトルと渾名されたセレウコスが建設したものである。リバニオスは名門の出で、市の主要な人物の一人に数えられていた。

まだ若くて自由に振舞える頃、彼は、両親が死んだのを機に、アテナイに出た[4]。だが、同じシリア出身であるにもかかわらず、当時最大の名声を得ていたエピパニオスの門を叩くということもなかったし、また、プロアイレシオスの学校に通おうともしなかった。そこはあまりにも弟子が多く、しかも教師たちの評判が高すぎて、自分が霞んでしまうのではないかと考えたからである。しかし、ディオパントスの弟子たちが仕掛けた罠にはまって[5]、ディオパントスに師事する破目になった。リバニオスのことをよく知っている人々の言葉によれば、彼は、自分の身に起こったことを理解すると、講義にも集会にもほとんど出席せず、先生の手を煩わすことはほとんどなかった。彼は自分独りで弁論の練習に打ち込み、古代作家の文体を修得することに専念して、これにより自分の精神と弁論の形成に努めていた。ところで、幾度も矢を放っていると、時には的を射当てることもあるものだし、そのような人がこの武器の練習を絶え間なく続けていると、ほとんどの場合、うまく射当てることの、知識とは言えないが、巧みさは身につけるものである。これと同じように、リバニオスも、模倣を通じてそれと肩を並べたいという熱意から、古代作家という最高の案内人について離れず、それを模倣することに努めた。こうして、しかるべき正しい案内人に従うことにより、彼は最善の轍《わだち》に足を踏み入れ、その道程からもたらされる当然の成果を享受したのである。

このように自分の弁論に自信を抱き、弁論にかけて自慢たっぷりの人々とも対等に渡り合えるとの確信を得たので、彼は、小さな都市に身を埋めてその町の評価と同じところまで落ちる道を避け、近年めきめきと頭角を現わし、大都市として繁栄の頂点にあったコンスタンティヌスの都市［コンスタンティノープル］に渡った。(6) この都市は、町の飾りとなりうるような事業と弁論の両方を求めていたのである。彼は、たちまちに

(1) 聖なる病とは、ヒッポクラテス文書にも見られるように、癪癇（てんかん）のこと。
(2) イウリアノスが死んで、アテナイ人がソフィストの後継者を選んだとき、貧しい階層から選ばれた人物。三二三頁参照。
(3) コイレ・シュリアについては二四三頁註（3）参照。
(4) 三三六年のこと。
(5) アテナイにあるソフィストの学校間で、弟子獲得の競争が過熱気味であったことは、プロアイレシオスの章で述べられている（本書四八五（三一八頁）参照）。
(6) 三四〇年のこと。

してこの町でも輝きを見せた。すなわち、弁論教師としては最も優秀で格調高いことを明らかにしてみせたし、弁論の演示でも魅力に溢れていたからである。

ところが、そのリバニオスに、弟子たちに関わりのある中傷がふりかかってきた（だが、中傷の中味について書くことは、語るに値することだけを記録に留めようと始めた手前、私には許されないことであった）。そのため、彼はコンスタンティノープルから追われて、ニコメディア[1]に居を定めた。だが、そこでも、噂が彼の後を追ってきて、しつこくつきまとったため、彼はすぐにこの地からも追われ、ほどなく自分の生まれ故郷の町に戻って、そこで残りの生涯を過ごした。この期間は長々と続くものであった。

ところで、彼についてのしかるべき記録はユリアヌスの年代記[2]の中でも述べられているが、ここでも個々の立ち入ったことにざっと触れておくことにしたい。

リバニオスとつき合って、その教えに与ることを許された者は、一人として心に深い感銘の咬み傷を残さずに立ち去ることはなかった。じつに、彼は、相手がどういう人間であるか、その人柄を直ちに見抜いて、相手の魂がよいほうに傾いているか、それとも悪いほうに向かおうとしているか、その状態を把握し、その上で、自分自身をどんな人間にも合わせて、うまく適合させることができた。それは、周囲に合わせて色を変える蛸でさえ、彼に比べれば、愚かなものと軽蔑されるほどであり、他方、彼とつき合っている者は、誰もが、彼の中にもう一人の自分を見ているように思うほどであった。とにかく、実際にその経験のある者は、彼のことを、人間のありとあらゆる多彩な性格を写し取った絵であり、刻印である、と言っていたのである。かりに多くのさまざまな人が一堂に会したとしても、その中に、彼が他の者より好ましいと推す者を見つけ出すことは、けっしてできなかったことであろう。いや、彼の中には多くの反対の性格が見出されるから、彼は互いに反対の生を送っている人々のいずれからも賞讃を博していた。つまり、誰もが例外なく、リバニオスは自分の生き方を賞讃しているのだ、と信じていたのである。このように、リバニオスは、多くの姿を持ち、相手に合わせてどちらにも姿を変えることのできる存在であった。彼もまた結婚には無関心であった。もっとも、社会的地位が彼とは釣合わない女性が同棲してはいたのだが。

リバニオスの弁論は、朗誦するには、文体が全く弱々しくて生気がなく、取り柄のないものであった。だから、彼が教師としての資格に欠けていたことははっきりしている。なにしろ、朗誦についての常識的で子供でも知っているような決まりすら、ほとんど知らなかったのだから。(3) しかし、書簡や他の語りかけに関して言えば、彼は十分に古代の典型に立ち返り、その水準に達していた。また、彼の著作は、魅力と喜劇ばりの洒落とに満ち溢れ、優雅さが言葉の端々にまで行き渡っていて、言論の効果に奉仕していた。また、シュ

(1) ビテュニアのプロポントス沿岸にある都市。この地に移ったのは三四三年で、彼はここで五年間暮らしたが、彼にとってこの五年は最も幸福な時であった。
(2) 二九三頁註(3)参照。
(3) この記述は、コンスタンティノープルにおける彼の声価と反する。また、アンティオケイアにおける彼の学校が、当時最も多くの弟子を集め、その名声は長く続いたことも無視されている。さらに、コンスタンティノープル市民の要求で、彼が勅令により呼び戻された事実も省かれている。文体についての評価も、リバニオスの数多い弁論の実際と反するものである。このような評価には、エウナピオスのリバニオスに対するよからぬ感情が働いているのであろう。

ロポイニクス人(1)のすべてが日常会話の中で見せている耳触りのよさや楽しさをも、その博識と合わせて彼の中に求めることができる。これこそ、アッティカ地方の人々が、機智(2)とか、洒落気と呼んでいるものである。彼はこれを教養の極致と考えて、その修得に努め、弁論の表現手段として、古典喜劇から手法をそっくり借りてきて、入口で楽しませて耳を魅了してしまう術を心得ていたのである。

またリバニオスの弁論の中には、彼の学識の深さと読書の広汎さがずば抜けているのを見出すことができる。なにしろ、そこでは、古いアッティカの見慣れない言葉遣いに出会うのである。例えば、エウポリスの言う「樹(3)」、すなわち、ライスポディアスやダマシアスのことであるが、もし、それらの「樹」が現在どういう名称で呼ばれているかを知っていたなら、リバニオスはこの表現を黙って見過ごすようなことはなかったであろう。彼は、風変わりで時代が古いために忘れ去られている言葉遣いを見つけると、まるで古い奉献物でも手にしたかのように、その埃を払い、これにそっくり新しい役割とそれに見合う意味をまとわせて、すっかり化粧直しをした上で人前に持ち出した(これでは、最近懐具合がよくなり老齢の影をすっかり拭い去った女主人に仕える、お気に入りの女奴隷か小間使いと同じである)。このような理由から、最も聖なるユリアヌス皇帝も彼に感服したのであるし、また、およそこの世にある人間のすべても、彼の弁論が持っている魅力に感嘆したのである。彼の著作は大部分が世に出回っているから、理解力のある人なら、それらを一つ一つ読んでいくうちに、その魅力を知るようになるであろう。

リバニオスはまた、国家公共の仕事を処理する上でも十分な能力を備えていたし、また、公の弁論に加えて、他のことにもあえて手を出し、劇場で聴衆をもっと楽しませる作品を気軽に書き上げることもできた。

後の皇帝たちが彼に名誉の中で最大のものを授けたとき（つまり、皇帝たちは、彼に政務長官の肩書きを持つようにと勧めていたのである）、彼はそれを固辞して、ソフィストの身分はそれ以上に大きい、と言った。また次のことも、彼への賞讃にとって、けっして小さなものでない。すなわち、彼は名声に弱い人間ではあったが、彼がこだわっていたのは弁論の上での名声であって、それ以外の世の評判は、大衆好みの賤しいものと考えていたのである。彼もまた、かなりの高齢に達してから、世のすべての人々に多大の感銘を残して、この世を去った。筆者は、運命の気まぐれで、いつも何かの邪魔が入り、彼とはついに知り合う機会を得なかった。

（1）シリアの海岸に住む人々。
（2）原語は「鼻」であるが、文脈からすると、機を見て（あるいは相手の心を感じ取って）直ちに気の利いた反応を示す敏感さを言うのであろう。
（3）エウポリスは前五世紀後半に活躍したアテナイの喜劇作家。古典喜劇の特徴の一つに表現が暗喩的であるということがあり、プルタルコスはこれを評して、それを一々説明する学者を一人一人につけなければならぬから、酒席には不向きである（酒席が教室になってしまう）と述べている（『酒席における話題』七一二A）。エウポリスの「樹」という表現もその類で、「ライスポディアスとダマシアスという樹は、その脛の部分で私と同類だ」というもの。つまり、人間の脛が木の部分では瘤と瘤の間に当たるということで、このような表現をしたものと思われる。すなわち、この二人は、脛が細いことで揶揄されているのである。ちなみに、ライスポディアスはアテナイ軍が前四一四年にスパルタに侵入したときの将軍で、脛が細いので長い衣でそれを隠していたと言われる（アリストパネス『鳥』一五六九参照）。

アカキオス

497 アカキオスはパレスティナのカイサレイアで生まれた。そして、リバニオスと同じ頃に世に出た。世にソフィストとしての活力とか息吹きに満ち溢れた人があるとしたら、彼こそまさにその人であった。また、その話しぶりは朗々とした響きを持ち、古代の典型に倣っていた。世に出たのはリバニオスと同時であるが、彼はリバニオスを第一位の座から追い落とし、実力で優位を保っていた。そういう事情から、リバニオスは、全篇がアカキオスに関して述べられている論文『資質のよさについて』を著わしたのであるが、その中で彼は、はっきりと、自分が後れをとった原因は、相手であるアカキオスの資質の偉大さにあると述べ、しかしその一方では、自分の豊かな言葉遣いがどういう位置づけにあり、またどれだけ正確であるかを、自分の口から証言しているのである。これではまるで、リバニオス自身は無知であって、ホメロスは、自分の作品の詩脚を一々気遣っていたのではなく、むしろ響きのよさとか調子を維持することのほうに注意を払っていたのだ、ということも知らなければ、また、ペイディアス[1]が気遣っていたのは、自分の女神像が好評であることを狙って女神の指や足をとりつけることではなかった、ということも知らない、いやむしろ、前者は人々の耳を、後者は人々の目を完全に支配し、しかも、どうしてそれが成功したのか、その原因が他人には見つけられなかったか、判断されにくかったかしたのだということも、全く知らないと言っているようなものである。それは、譬えてみれば、美しくて愛らしい身体の場合、必ずしもすべての人が同じ部分を賞め讃えるものではないし、また、それの虜《とりこ》になった者には、自分を虜にしたのはどの部分なのかよく判らないものであるが、それと同じなのである。

アカキオスは、このように、その世界では最高の地位に駆け上り、リバニオスに優る人物との高い評判を一身に集めたのであるが、まだ若くして世を去ってしまった。だが、この分野の学習に熱心な人々は誰もが、彼のことを、まるで老齢に達している人のように尊敬していたのである。

ニュンピディアノス

ニュンピディアノスはスミュルナの出で、哲学者のマクシモスは彼の兄弟であった。また、もう一人の兄弟はクラウディアノスで、この人もひじょうに優れた哲学者であった(2)。

ニュンピディアノスはアテナイで教育や訓練を受けたことはなかったが、それでも、弁論術にかけてはソフィストの名に恥じない人物となった。ユリアヌス皇帝は彼に皇帝を代弁する仕事を任せ、ギリシア語の書簡を取り扱う秘書に任命した。彼は、いわゆる朗誦用の弁論を書くことや、問題の扱い方にかけては人より

(1) 前五世紀初頭のアテナイの著名な彫刻家。パルテノン神殿のアテナ像や、オリュンピアのゼウス像などを制作した。

(2) 本書四七三(二八四頁)参照。

優れていたが、しかし、プロアゴン(1)や哲学的議論をする際は、それと同じようにはいかなかった。彼に死が訪れたのは、彼が高齢に達してからで、兄弟のマクシモスが死んだ後であった。

352

ゼノン

この時代には、多くの医者がその最盛期を迎えていたが、キュプロスのゼノンもその中の一人で、世に名高い医学校を創設した。彼はソフィストのイウリアノスの頃まで生き、その死後も、プロアイレシオスと同じ時代に、ゼノンの後継者たちは大勢いた。

ゼノンは弁論と医術の実践の両面で修業を積んだ。彼が遺した著名な弟子たちは、彼の教えを分かち合い、ある者はそれらのいずれか一方を、またある者はその両方を受け継いだのであるが、医療と弁論のいずれを受け継いでも、彼らはそれぞれに一世を風靡した。

マグノス

マグノスはアンティオケイアの生まれであった。この都市はユーフラテス川の向こう側にあり、現在ではニシビスと呼ばれている。彼はゼノンの弟子であった。そして、自分の弁論を強化するために、身体には本来選択の働きが含まれている、という主張との関わりで、アリストテレス説を助けに持ち出し(2)、これにより、多くの医者たちが弁論の面で沈黙せざるをえないようにしたが、こと医療となると、語ることほどに能力があるとは思われなかった。そう、古人の語るところでは、アルキダモスは、「お前はペリクレスより強いか」と尋ねられたとき、「いやどうして。私がペリクレスを投げ倒しても、あの人はいつも、倒されはしなかったと論じて、勝利をむしり取ってきたのだから」と答えたということであるが、(3)それと同じように、マグノスは、他の医者の治療を受けてよくなった人々についても、いつも弁論によって、彼らはまだ病気であると論証していた。また、健康を取り戻し元気になった患者が、治療してくれた医者にぜひ感謝したいと言っているようなときでも、マグノスは、弁舌をふるったり、質問を浴びせかけることでは、その医者たちを抑え込んでいたのである。

また、アレクサンドレイアでは、公共の学校が彼の手に委ねられた。すると、すべての人が海を渡って彼

(1) 通常は、役者が行列して歩く行事や、演劇コンテストの予選を指すが、ここでは、弁論の本論に入る前に、議論のための証拠となるものをあらかじめ述べる序論の部分を言う。

(2) 患者は、健康になるか、病気のままでいるかを選択し、決定することができる、と説くに当たり、マグノスはアリストテレスの選択(προαίρεσις)の考えを援用したということ。アリストテレス『ニコマコス倫理学』第三巻第二章参照。

(3) この逸話はプルタルコスによって伝えられているが(『ペリクレス伝』八)、そこでは、メレシアスの子トゥキュディデスがスパルタ王アルキダモスにペリクレスの雄弁のほどを尋ねられたとき、その説明としてこの話が挙げられている。すなわち、レスリングでペリクレスを倒しても、ペリクレスは、倒されなかったと主張する弁論を展開し、この弁論に勝って人々の意見を変えさせたというもの。エウナピオスは、トゥキュディデスをアルキダモスと取り違えている。

のところに通ってきたが、それは、ひとえに、彼から感銘を受けたので一目見たいと思ったからであるか、あるいは、彼の教えから立派な収穫を手に入れようと考えたからである。そして、彼らはその目的を果たさずに終わることはなかった。というのは、彼らは、能弁になるか、あるいは彼らの心掛けさえあれば、実際に何かをなして、その成果を挙げることができるようになるか、とにかくその利益を手に入れたからである。

オレイバシオス

オレイバシオスはペルガモンの生まれであった。じつにこのことは、彼が名声を高めるのに大いに役立っていた。これはアテナイ生まれの人々の場合と同じである。そう、アテナイ生まれの人々が雄弁で名を挙げると、きまって、彼らについているムーサはアッティカ地方のものであるとか、この輝かしい業績はアッティカが生み出したものであるという噂が、ぱっと拡がるのである。

オレイバシオスは、両親のいずれの家系から見ても、名門の出であった。彼は幼少より頭角を現わしていた。すなわち、彼はあらゆる分野の教育を修め、そのことが、徳を身につけるのに役立つと同時に、徳を完全なものに仕上げていたからである。成長して青年期に達したとき、彼はあの偉大なゼノン(1)の弟子となり、そしてマグノスの学友となった。しかし、自分の考えを表現することと格闘しているマグノスを尻目に(つまり、彼自身、このことでも最も秀でていたのである)、医術の頂点を目指してまっしぐらに駆け上り、神に似た状態に進むことが死すべき人間に許される限りで、祖国の医神(2)にあやかろうとしていた。

オレイバシオスは若い頃から名が知れていたから、ユリアヌスは、副帝の地位に進んだとき、その専門知識を生かすために彼を同行させた。すると彼は、医術以外の技倆においてもきわめて卓越した才を発揮して、ユリアヌスを皇帝の座に押し上げてみせたのである。(3) これらのことは、ユリアヌスに関する書物の中でもっと詳細に述べておいた。(4)

しかしながら、諺にもあるように、「雲雀とて鶏冠《とさか》がない訳ではない」。オレイバシオスにも、嫉みの目が向けられずには済まなかった。すなわち、ユリアヌスの後を継いだ皇帝たちが彼から財産を没収したのは、彼の評判があまりにも高すぎたためである。しかし、直接手を下すのは憚られたので、他の手段に訴え、おおっぴらに行なうのは彼らでさえ恥ずかしく思うような行動に出た。すなわち、アテナイ人たちが徳の上で並外れて優れた者を国外追放に処していたのに倣って、彼らもオレイバシオスを異邦人の中に抛り出したのである。しかし、アテナイ人の場合は、国から追放することは法の命ずるところであって、それ以上の懲罰は加えられていなかった。ところが皇帝たちは、自分たちの企みを自由に実行する権限を最も凶暴な異邦人に与え、彼らにその身柄を引き渡すというこ

(1) キュプロスのゼノン。本書四九七(三五二頁)参照。
(2) アスクレピオスのこと。アスクレピオスはアポロンの息子で、アポロンの権能の一つである医療の仕事を引き継ぎ、名医と謳われた。死後、神格化され、エピダウロスにこの神を祀る大神殿が建てられた。だが、この信仰は各地に広まり、オレイバシオスの祖国ペルガモンでも祀られるようになった。
(3) オレイバシオスが、リビア出身のエウエメロスとともに、コンスタンティウスの専制を倒すのに手を貸したことは、マクシモスの章で言及されている(二九二頁)。
(4) 二六一頁註(1)参照。

とまでつけ加えたのである。だがオレイバシオスは、敵の国へ追いやられてからも、かの地で自分の徳性の偉大なところを発揮してみせた。このような偉大さというのは、発揮される場所が限定されている訳でも、国民性によって制約を受ける訳でもなくて、それが実際に発揮される場合には、どういう時にどういう人々のところでそれが現われてこようと、不変不動で揺ぎないことをはっきり示すからである。これは、数とか学問上の真理について言われるのと同じことである。すなわち、彼は異邦人の王たちの許でたちまち名声を博し、第一級の人物に数えられるようになった。そして、ローマ帝国でも尊敬のまなざしで見られていたけれども、異邦人の間ではまるで神のように崇拝されていたのである。というのも、彼は、ある者を季節の病気から救ってやったり、ある者を死の門口から密かに連れ戻してやったりしたからである。じつに、彼にとっては、世に言う災厄があらゆる幸福のきっかけとなったのである。皇帝たちも、広く世に示されているオレイバシオスの力と戦うことは諦め、譲歩して彼に帰国することを許した。帰国の許可を手にしたとき、彼が所有していたのは自分の身体一つだけで、財産と称されるものは一つもなかった。つまり、多くの徳から湧き出る富だけが、彼の示しうる財産だったのである。

オレイバシオスは、富の面でも血筋の上でも有名な家の女性を妻に迎え、四人の子供を儲けた。これらの子供たちは現在も生存しているが、これからも生き続けてほしいものである。オレイバシオス本人も、私がこれを書いている今なお存命中で、この後も生きていてほしいと念じている。それはそうと、彼は、先の判決は不当であったという理由で、後の皇帝の許しを得て、元の財産を国庫から取り戻した。

以上が彼に関する事実で、それは上に述べられた通りである。じつに、オレイバシオスと会って論ずることができるのは、真に哲学の道に励んでいる者だけであって、そのような者だけが、彼について他の何よりも感銘すべき点を知るようになるのである。彼と会って語り合うとき、いつでも滲み出てきて、いつでも彼につき添っている調和と魅力というのは、これほど大きなものなのである。

イオニコス

イオニコスはサルディスの出身で、彼の父親は著名な医者であった。ゼノンの弟子となって抜群の勤勉ぶりを見せ、オレイバシオスなどは彼を賞讃して止まなかった。イオニコスは医術のすべての分野にわたり、理論と実践の両面でたいへん深い経験を積んだが、個々の検証においてはひときわ優れた才能を発揮して、身体の諸部分のことは完全に誰よりも精通し、人間の本性をことごとく調べつくしていた。それゆえ、およそ薬の混合調剤で彼の知らぬことはなかったし、また、最も熟練した医者が、溢れ出る血を抑え、中に溜まった血を拡散させるとき傷口に塗り込む膏薬で、彼の知らぬものは一つもなかった。さらにまた、傷ついた手足に包帯を巻くことや、切開や切断をすることなどでも、特に工夫を凝らし、よく研究していた。このように、彼は、理論と実践の両面で、以上のことに十分精通していたので、治療にかけては自信満々の者でさえ、彼の正確な知識を前にしては萎縮してしまい、「昔の医者の間で言われていたことが、イオニコスと出会うことによって本当によく判ったし、現在の治療に役立てることもできた。これはちょうど、実際に書いて見せられるまではその意味がはっきりしなかった言葉と同じことだ」と、公然と認めるようになったので

(499)

ある。

イオニコスは、その専門領域においては以上のような実績を示したのであるが、彼はまた、哲学のすべての領域でも実力を備えていたし、二種類の予言に関してもそうであった。すなわち、彼は、医術に基づいて人間に授けられる予言で、病人に病気の予後を伝えるものについても、また、哲学によって霊気を吹き込まれている予言で、その霊気を受けとめ保持することのできる人間だけに限られる、そしてそのような人々の間だけに広まっているものにおいても、その実力を示していた。また彼は、弁論を厳密に展開する技術も、ありとあらゆる言論を網羅する技術も、熱心に研究していたし、その上に、詩についても並々ならぬ素養を身につけていた。しかし、彼は、この書物が書かれる少し前に、名を挙げて銘記するに値する二人の子を残して、世を去った。

テオン

ガラティアには、同じこの時期に、テオンという人物もいて、医者として大きな名声を博していた。しかし、私は、もう一度横道に逸れたところに戻り、再び哲学者たちに還らなくてはならない。

クリュサンティオス

この書物を書くきっかけとなったのはクリュサンティオスであった。なにしろ、彼は筆者を子供の頃から教育し、まるで法律上の義務ででもあるかのように、最後まで筆者に対し好意を示し続けてきた人だから。しかし、そういうことがあったからといって、筆者には、彼への感謝を表わすために語るつもりは毛頭ない。なぜなら、彼は誰にも劣らぬほど真理を大切にし、筆者にもこのことを真っ先に教えてくれたのであるし、私も授けられたこの贈物を無駄にすべきではないからである——ひょっとして、私が表現を適当に和らげ、真実にいくぶん欠けた叙述をするようになる場合は別だが（なぜなら、この点はわれわれの同意ができているのだから）[1]。

クリュサンティオスは元老院議員となる階級に属し、生まれのよいことでは第一級の名士に数えられてい

(1) この同意がどこでなされたか、問題である。本書の冒頭（二一八頁）で、筆者は、この本の叙述がすべての事実を正確に拾い集めることは不可能である、と断わっている。もしこの箇所を指すと考えるなら、これは本書全体にわたっての言及で、厳密性に限界があることを述べていることになる。しかし、それを、表現を和らげる意図的行為と一致させるには問題が残るであろう。むしろ、本書のどこかで同意されたというより、常識的な諒解事項ととらえ、事実をありのまま述べることが憚られるような場合に、表現を和らげ、いくぶん真実から離れることになるのはやむをえない、というごく一般的な意味にとるのがよいのではないかと思う。

た。彼にはイノケンティオスという名の祖父がいたが、この人は相当な額の財を築き上げ、一私人としては破格の名声を手にした。それは、この人が、当時の皇帝たちに委託されて、諸規程集を編纂する権限を握っていたからである。この人の著わした本は現存しているが、そのあるものはローマ人の言語に関するものであり、あるものはギリシアを扱ったものである。これらの本は、彼の見識が的確で深みのあることをよく物語っており、この種の問題に強い関心を寄せている人々に、それらについての包括的な理解を提供している。

クリュサンティオス自身は、若くして父と死別したが、生まれつき神的な性格を持っていたため哲学に強く惹かれ、脇目もふらずにペルガモンの偉大なアイデシオスの許に向かった。知識に渇いていた彼は、その頃教授の仕事に最も脂《あぶら》ののっていたアイデシオスに出会うと、貪欲に大口を開けて自分自身をアイデシオスの手に委ね、あのように非凡な知識で自分を満たしていって、講義を聴くことに倦むこともなければ、勉学の上で他人に後れをとった姿を晒すこともなかった。なにしろ彼は、疲れを知らぬ鋼のような身体を授かっていて、それはどんな修練にも耐えるよう慣らされていたからである。

クリュサンティオスは、プラトンやアリストテレスの説を十分に習得すると、次に、他のあらゆるタイプの哲学にも心を向け、また、広くあらゆる分野の書物を読破した。そして、弁論についての知識を健全で強固なものとし、たゆまぬ練習を繰り返すことによって、この領域のことはいつでも的確な判断が下せるようになった時、彼は、確信をもってその鍛え抜かれた能力を世に示した。つまり、彼は、事柄により語るべきことと沈黙を守るべきことを弁えていたし、強制下に置かれているような場合でも、誰よりも堂々と論陣を張って、相手に打ち勝つだけの力を身につけていたのである。

501

ついで彼は、神々の本性についての認識や、ピュタゴラスとピュタゴラスの弟子たち（例えば、いにしえのアルキュタスやテュアナのアポロニオス、それに、アポロニオスを崇拝する人々がそうで、これらの人々は、身体を持つがゆえに死すべき人間と思われていた人たちなのだが）が思いめぐらしていた知識に、強く心を奪われた。そして、時を移さずこれらの研究にも打ち込み、いつもほかならぬ基本的原理を先達にして最初の手がかりをしっかり手中に収めた。このようにして、彼は、プラトンが言っているように、魂の翼によって軽くなり、上方へ引き上げられて、ありとあらゆる学問のすべての分野で頂点に立ち、あらゆる予言の術に精通するまでになった。そんなことから、彼について、彼は将来のことを予言するというよりは、これから起こることをその目でじかに見ていたのだ、と言う人までいたのである。それほどに、彼はあらゆることを詳らかに見きわめ、理解し尽くしており、その様は、彼があたかも神々の傍らにあって、生活を共にしているかのようであった。

これらの研鑽に十分時間を費やし、マクシモスと並々ならぬ切磋琢磨を重ねた後、彼はこの共同研究者と袂を分かった。というのは、マクシモスは、その性格に負けん気が強くて頑固なところがあり、神々によって啓示された前兆に逆らって、神々に対し別の前兆を要求しては急《せ》き立てていたのに対し、クリュサンティオスは、最初に現われた前兆を受け入れながら、徐々にそれから逸れていって、与えられた前兆を変えてい

（1）カッパドキアの都市。
（2）プラトン『パイドロス』二四六A―二四八Cの魂のミュートス参照。

くように持っていき、その上で、これがうまくいって望み通りの前兆を手にしたときには、勝利は自分のものとなるし、うまくいかなかった場合には、現われている前兆に自分の人間としての熟慮をうまく整合させる、という態度をとっていたからである。そのような訳で、例えば、ユリアヌス皇帝が一度の召喚でこの二人を呼び寄せ[1]、迎えに遣わされた兵士が、鄭重な態度のうちにも、テッサリア流の強要[2]で同行を促した際に、彼らはとるべき行動について神々に相談すべきだと考え、そして、神が、平凡な一個人や職人でもその前兆を解読できるほどはっきりした形で、その旅立ちを思いとどまるように勧めたとき、マクシモスのほうは、犠牲のそばを離れようとはせず、秘儀が滞りなく終わると、嘆きの叫び声を上げながら必死になって神々に懇願し、なんとしても別な前兆を与えて、運命の流れを変えてくれるよう頼み込んだ。そして、手を変え品を変えて、かたくなにその試みをやめようとはせず、クリュサンティオスが解き明かしてくれた前兆の意味をその都度捻《ね》じ曲げてしまうものだから、ついには、マクシモスの意志が現われた神のお告げに解釈を与えるようになり、犠牲の中には彼の望み通りの兆が現われることになった。なにしろ、彼は、現われた神のお告げをそのまま受け入れようとしなかったからである。このようにして、マクシモスはひたすら、災難のきっかけとなるあの旅路を突き進むことになったのである。

　これに対しクリュサンティオスは、自分の故郷にそのまま留まっていた。初めのうちは、皇帝も彼がぐずぐずしていることに機嫌を損ねたが、恐らくはその一方で、もし来たるべき出来事のうちに不吉なものを認めなかったなら、クリュサンティオスも自分の招きを拒絶しなかっただろう、と事の真相をいくぶんかは察したようである。そこで皇帝は、手紙を書いて、改めて彼を呼び寄せたが、その召請は彼本人に対してだけではなかった。皇帝は書面をもって彼の妻に、一緒に彼を説得してくれるよう、頼み込んだのである。それでクリュサンティオスは、もう一度神に対し、この件についての神の御意《みこころ》を問い質したが、神から得られた答えは、いつも同じ結論に行きつくものばかりであった。このようなやりとりが幾度かあって、(3)ついに皇帝も折れた。そして、クリュサンティオスは、その属州(4)全体の大祭司の地位を与えられることになった。だが彼は、将来起こるであろうことをはっきり見通していたから、権威を手にしたからといって、他人に対し威圧的に出ることはなかった。また、このような場合には、猫も杓子も神殿の建設に熱を上げて、一斉に走り出したがるものであるのに、彼は、そのような行動に出ることもなければ、また、キリスト教徒にことさら辛く当たるということもなかった。いや、彼の性格は全く穏和であって、リュディアでは神社の修復も人目につかずに行なわれたほどであった。とにかく、彼の第一の関心がこれまでとは別のところに向けられていたときでも、これまでより新しいことは何一つ行なわれていないように思われたし、その変化も大きくて

(1) この召喚をめぐる二人の態度については、マクシモスの章で述べられている（二九三―二九六頁参照）。

(2) 僭主風の有無を言わせぬ要求。テッサリア人が酒を飲むにも僭主のような傲慢な態度をとることは、ピロストラトスによっても述べられている（『列伝』五〇一（四二頁）参照）。

(3) *τοῦτο ἦν* の後に、写本には欠落がある。ディドー版は写本の *ἐπαίτης* を生かして *ὁ ὁ μὲν βασιλεὺς ἐπαίτης* と読むが、その場合には、「皇帝は彼を切望することを止めなかった」となり、このままでは後文とのつながりが悪くなる。むしろロウブ版の *ἐπείσθη* を読んだほうが文意が自然になろう。

(4) リュディアを指す。本書四七八（二九六頁）参照。

急激なもののようには見えなかったのである。それどころか、すべてのことがほどよく均整を保ち、平静平穏な状態に置かれていたのである。すなわち、彼以外のすべての者が、いわば荒波に翻弄されているような状況にあって、ある者は急に萎縮してしまったり、ある者は、それまでは名もない惨めな者であったのが、もう一度息を吹き返したりしている中で、彼だけが、人々の賞讃を集めていた。とにかく、こういうところから、彼は、将来を予知するばかりか、そのような知識を生かすことにも熟達している者として、世の賞讃を受けたのである。

さて、クリュサンティオスの中にはプラトンのソクラテスが再び蘇ったということなのか、それとも、彼が子供の頃から抱いていた、ソクラテスに憧れてかの人のようになりたいという気持ち通り、ソクラテスを目標にして自分を形作ってきたということなのか、とにかく彼の全性格は以上のようなものであった。なにしろ、彼自身の性格に現われている気取りのない、えも言われぬ単純さは、そのまま弁論の上にも反映されていたし、加えて、彼が口にする一語一語に漂う魅力は聴き手を魅了していたのである。また彼は、人づき合いの上では、誰に対しても好意的であった。それで、彼の許から立ち去る者は例外なく、自分は格別の歓待を受けた、と信じて帰っていったのである。

ところで、これはオルペウス[1]について言われていることだが、歌曲の最も美しく、より甘美なものは、誰の耳にも穏やかに無理なく流れ込み、理性のない生きものの中にまで染み込んでいく。これと同じように、クリュサンティオスの弁論も、誰の耳にもよく馴染み、これほどに多様な違いを見せている性格のどれとも調和し、適合していた。だが、学問的な議論や論争には、彼はなかなか腰を上げようとしなかった。そのような場合には、人間は特に激昂しやすいということが判っていたからである。また、彼が、身につけている教養をひけらかしたり、それを鼻にかけて他人に対し傲慢に振舞ったり、不遜な言辞を弄したりするという噂を耳にするのは、容易なことではなかった。いや、たとえ相手の話がつまらぬものであっても、彼はその言い分を賞め讃え、相手の結論が正しくなくても、まるでその前提部分は全く聞いていなかったかのように、それを賞めるのが常だった。いやむしろ、彼は、誰をも傷つけまいとして、もともと同意を与えるように生まれついているかのようであった。しかし、知識にかけては一流の人々が一堂に会したとき、その間に意見の食い違いが生じ、それで、自分もその議論に加わったほうがいい、と彼が判断を下した場合には、会場全体が、人っ子一人いないかのように静まり返った。そうすることにより、彼らは、クリュサンティオスの質問や、彼がことを分けて規定したり、記憶の中から引証を試みたりするのを、まともに受けとめようとはせず、尻ごみして自分自身を議論や反論の外に置き、誤りを犯していることが明るみに出ないように、わが身を守っていたのである。また、クリュサンティオスのことをほどほどにしか知らず、それゆえ、彼の魂の奥深いところまで理解が及ばないで、「彼には合理性がない」と非難し、ただ彼の穏和な人柄だけを賞めている人々は、その多くが、彼が哲学的議論を始め、自分の意見や所説を展開するのを聞くと、今目にしているのは自分たちが知っている人とは別人である、と思った。それほどに、彼が哲学的議論に熱中しているとき

(1) オルペウス教の創始者。ムーサのカリオペ、またはポリュムニアの子とも言われる。琴を弾じて歌うことに秀で、野獣や森の樹々をも感動させたという。

には、髪は逆立ち、その目は、内部で魂がさまざまな見解をめぐって躍動していることを、まざまざと表わして、彼は全くの別人のように見えたのである。

クリュサンティオスは、かなりの高齢に達してその全生涯を閉じたが、その一生は、家庭の管理とか、農耕とか、正当に入手された財産への配慮を除けば、世間的なことには全く無頓着なものであった。それどころか、他の人々が富に耐えるよりも容易に、貧乏に耐えていた。また、食事はたまたま手に入ったもので済ませ、豚肉は一切口にせず、その他の肉類も滅多に味わうことがなかった。また、神を誰よりも熱心に崇拝し、古人の書物は片時も休むことなく読み続けていた。このような暮らしぶりは、若い時も年をとってからも変わることはなかった。そして、八〇歳を越えてから、多数の書物を人手を借りずに著わした。その量は、他の人々が若い時でもなかなか読みきれぬほど大量のものであった。そのため、書く時に使われた指の先は、休みなく働かされ酷使されたために曲がってしまっていた。また彼は、研究に一区切りをつけると席を立ち、人が行き交う道の散策を楽しんだ。これには筆者をも伴った。ところでその散策は、距離の長い、ゆっくり時間をかけたものであった。それでも、供の誰一人として、疲れで足が痛くなってきたのに気づく者はなかった。それほど、彼の話に引き込まれていたのである。

彼は滅多に入浴することはなかった。それでも、見た目には、いつも入浴したばかりのようにさっぱりしていた。また、要職にある人々とつき合う際に、彼がきわめて自由弄放に振舞うのが見受けられたが、それは、虚勢を張っているとか、高慢になったためではなく、むしろ、権力がどういうものかには全く無頓着な人間の素朴さと解すべきであろう。それほどに、彼はそのような人々とも、普段のうちとけた調子で、機智に富んだ会話をしていたのである。

クリュサンティオスは、筆者がまだ若い頃に教育を授けてくれたのであるが、筆者がアテナイから戻ったときには、前にも劣らず温かく迎えてくれたばかりか、日を追ってその格別な好意の度合いを増していった。ついには、筆者は朝早くから自分の弟子たちと一緒に過ごして、求める者には弁論術を教え、昼を少し回ってから、今度は自分の最初からの先生の許に出向いて、もっと神に関わりのある哲学的な議論の教えを受ける、といった毎日を送るようになったのである。その間、教える者は、自分を慕う弟子に教えることに疲れるということはなかったし、また、その教えを受けている者にとっては、日々のこの営みは、いわば国家的祭日のような楽しみだったのである。

ところで、キリスト教徒の活動が勝利を収め、すべての人の心を掌握していた頃のこと、しばらくしてローマから一人のアジア総督が到着した。ユストゥスというのがその人の名であった。彼は、年齢的にはすでに高齢者に属しており、人柄は高貴で立派な人物であった。この人は古くから代々伝えられてきた国家的儀礼を廃止するどころか、かえってその頃の幸福で祝福された拝礼様式を切に求めていたから、いつも神社の世話には心を配り、いかなる予言をも心から信じ、自分がこの種のことを熱心に求めてそれを回復させたことに、大きな誇りを抱いていた。

ユストゥスはコンスタンティノープルからアジアに渡った。そして、その国［リュディア］の指導者が（その人はヒラリオスという名であった）、儀礼を守ろうとする意欲では自分に匹敵するくらい熱狂的であることを知ると、すぐさまサルディスに祭壇を設け（つまり、そこには祭壇が一つもなかったのである）、また、どこかに神殿の跡を見つけようものなら、直ちにその遺跡に手をつけて、それを再建しようとした。

さて、公式の供犠の式が終わると、ユストゥスは人を送って、教養の面で評判の高い人々を各地から呼び寄せさせた。すると彼らは、呼ばれるより早く駆けつけてきた。それは、ある者の場合は、ユストゥスに敬服していたためであり、またある者の場合は、自分の才能を世に示す恰好の機会と考えたからであるが、だが中には、へつらうことにかけては学識と同じくらい自信があり、この手を使って、名誉とか、世の評判とか、金銭などを稼ぎ出そうとの魂胆を抱く者もいた。それゆえ、公に宗教儀式を執り行なうことが告示されると、彼らは全員それに出席したのである。筆者もまた、これに出席していた。

さて、ユストゥスは儀式にとりかかった。そして、生贄にじっと視線を注いだ後(つまり、生贄はなんらかの姿勢をとって横たわっていたのである)、やおら傍らの者たちに尋ねた、「この生贄の屍《しかばね》が見せている姿態は何を表わしているのか」。すると、彼に媚びようとする者どもは、彼はこのような姿態からも予言することができるのだ、と感嘆の気持ちでうっとりしてしまい、こういう知識を備えている者は彼をおいて他にない、と彼に一目置いた。しかし、少し威厳を備えた人々は、髭を指先でまさぐりながら、顔をきっと引き締め、頭を重々しくゆっくりと振りつつ、目の前に横たわる生贄にじっと見入って、口々にそれぞれ違った考えを述べていた。だがユストゥスは、顔の笑みもほとんど消えて、クリュサンティオスのほうを見やり、「貴方はこれをどう見ますか、老師」と叫んだ。するとクリュサンティオスは、顔色一つ変えずにきっぱりと、それらの考えはすべて間違いだ、と断言して、こう言った、「よろしい、これについて私にも何か言えとのお望みでしたら、申し上げましょう。だが、もし貴方が予言のしきたりをよくご存じなのでしたら、その前におっしゃっていただきたい――この予言はどういう方式のもので、どのような種類に属しているものですか。また、貴方が知りたいのはどういうことで、その問いかけはどんな方法に従っているのでしょうか。もしこれらのことをおっしゃってくださるなら、ここに現われている兆が将来の出来事とどう関わりを持つのかを、私もお話しすることができましょう。しかし、それをおっしゃってくださらないうちは、お尋ねのことに関して、この私が、貴方の質問にお答えすると同時に未来についても述べて、すでに起きている事実に未来のことを結びつけるというのは、身のほど知らずというものです、未来のことをお示しになるのは神々なのですから。そうでしょう、今言ったようなことをする場合には、質問が二つあることになりましょうから。しかし、二つ、あるいはそれ以上のことについて、一時に問いかける者など一人もおりません。なにしろ、定義の上で異なっているものは、一つの説明で済ませることはできませんから」。これを聞くと、ユストゥスは、「これまで自分の知らなかったことを教わった」と叫んで、それからというもの、いつまでも個人的にクリュサンティオスの教えを乞い、その知識の泉から汲み取ることをやめようとしなかった。また、その当時、知識にかけては評判の高い人で、クリュサンティオスの名声を聞きつけて議論しに来た者はほかにも大勢いたが、その人たちも、彼の卓越した弁舌の才には遠く及ばないことを思い知らされて立ち去るのが常だった。これは、ガラティア出身のヘレスポンティオスが経験したことでもある。この人はすべての面でひじょうに優れていて、もしクリュサンティオスがこの世にいなかったなら、この世で第一級の人物として登場したに違いない人物だった。彼は心から知識を愛し求めた人で、ひょっとして自分より知識豊かな人に出会えるのでは、と探し求めて、人跡稀な所へも足を踏み入れたほど、強い意欲の持ち主であった。

このようにして優れた行動と言辞で溢れんばかりになった彼は、クリュサンティオスと語り合うために旧サルディス市にやって来た。しかし、それはずっと後のことであった(1)。

クリュサンティオスには、ペルガモンにおける彼の先生であったアイデシオス(この人については先に述べた(2))から名を貰った息子がいた。この子は、幼少の頃から、ありとあらゆる徳[優秀性]に向けて翼を備えている存在であった。そして、プラトンの表現に従えば(3)、魂の二頭の馬のうち悪いほうの馬は持たず、また、彼の精神が重みで下方に沈むということもなかった。それどころか、学習にはきわめて勤勉で、人並み以上に鋭いひらめきを持ち、神々への崇拝の面でも、いささかの非の打ちどころもなかった。彼がこのように人間的な弱さから抜け出ている様は、まるで、生身の人間でありながら、その全体が魂かと思われるほどであった。とにかく、この子の身体は動きがきわめて軽やかで、どれほどの高さまで空中に舞い上がるかは、書き記したとて誰にも信じてもらえず、大いに詩人の手を煩わさねばならぬほどであった。また、アイデシオスの神々との親近な関係は、煩わしいしきたりを必要としない気安いものであって、ただ、頭に花冠を戴せ、太陽を仰ぎ見て神のお告げを示し、そしてそのお告げが、いつも誤りがなく、しかも神の息吹きが持つ最も美しい典型に倣って示されているのであれば、それで十分だったのである。しかしながら、彼は、韻を踏んで書く術《すべ》を知らなかったし、文法術の力も身につけていなかった。いや、彼にとっては神だけがそのすべてだったのである。彼は、その限られた生涯の間に病気らしい病気をしたことは一度もなかったのに、ほぼ二〇歳の頃この世を去った。だが彼の父[クリュサンティオス]は、そのような時でも、自分が哲学者であることを世に示した。というのは、不幸の大きさが悲しみも感じない無感動の状態に追い込んだということなのか、それとも、息子が引き当てた運を一緒に悦んでいたということなのか、とにかく、その不幸にいささかの動揺も見せないでいたからである。また息子の母親も、夫の態度をよく見て、世の女の性《さが》を乗り切った。つまり、この不幸を悲しむことにどんな価値があるかを考えて、その悲しみを拭い去ったのである。

以上のような出来事が過ぎてからは、クリュサンティオスはいつものような研究三昧の生活を送っていた。そして、国全体に及ぶ公の大きな厄介事に数多く見舞われるということもあったが、そのようなとき、すべての人々はこれらの災難に心を動揺させ、恐怖に陥ったけれども、彼だけは動ずることなく平然としていて、この人は地上には存在していないのだろう、と憶測されるほどであった。ちょうどこの頃、ヘレスポンティオスが彼を訪ねてやって来たのであるが、二人が会って語り合うようになったのは、それから少し後のことである。しかし、二人が直接顔を合わせたとき、ヘレスポンティオスはすっかりクリュサンティオスの虜《とりこ》となり、他のことは一切投げ出して、クリュサンティオスの許で寝食を共にし、彼と共に学ぶことで自分の若さを取り戻そうと心に決めたほどであった。ヘレスポンティオスは、かくも長い年月を無駄にさまよい歩き、有意義なことを学び取るより先に年老いてしまったことに後悔の念を抱いていたのである。そのような

(1) 二人の交流についてはこの後で(三七一–三七二頁)述べられる。

(2) アイデシオスへの言及は多くの箇所でなされているが、特に四六一(二五二–二五四頁)、四六四–四六五(二六一–二六二頁)、四七四(二八五–二八六頁)に詳しい。

(3) プラトン『パイドロス』における、魂を二頭立ての馬車に譬えるミュートス参照(二四六A–二四八B、二五四B以下)。

訳で、彼は自分の全精神をすっかりこの仕事に打ち込んでいた。ところが、クリュサンティオスに、これまでもよくあったことだが、血管を切開してもらわねばならぬという事態が生じた(1)。筆者も、彼が命じた通りその場に立ち合っていた。そして、医者たちが、流れ出る血はすっかり出しきったほうがいい、と指示したとき、筆者だけは、なんとしても有効な処置を施さねばという思いにせき立てられ、血を出しきるなどもってのほかだと主張して、血を止めるように命じた。これも、筆者にいささか医術の心得があったからである。そこへ、ヘレスポンティオスがこの出来事を聞いて駆けつけ、このように高齢の人が腕からこれほど大量の血を奪われるなど、たいへんな災難ではないか、と言って、声を上げて嘆き悲しんだ。しかし、クリュサンティオスの語りかける声を聞き、その無事な顔を見ると、今度は言葉の矛先を筆者に向けて言った、「お前のことは町中が、恐ろしいことをしでかしたと非難している。だが今では、クリュサンティオスの無事な姿を見て、みんな黙ることだろう」。そして、筆者が、自分は適当な処置は何なのか、よく知っていたのだ、と答えると、ヘレスポンティオスは、まるで蔵書を一まとめにしてクリュサンティオスのところへ教えを受けにでも行くかのようにして、この町から立ち去っていった。だがその頃、ヘレスポンティオスの胃は病に冒され始めていたのである。彼は、途中、寄り道をしてビテュニアのアパメイアに赴き、そこでこの世を去ったのであるが、そのとき彼は、友人のうちその場に居合わせたプロコピオスに、クリュサンティオスだけには尊敬の意を示してくれるよう、よくよく言い置いた。するとプロコピオスは、サルディスに出向いてその言葉を実行し、これらの事実を世に報告したのである。

クリュサンティオスは、翌年の同じ頃、つまり夏の初めに、また上と同じ治療を受けることになった。筆者は医者たちに、これまで通り自分を待つようにあらかじめ言い置いたのに、彼らはいつの間にか筆者より先にその場に到着し、クリュサンティオスも彼らに自分の腕を差し出したのである。そして、血の流出が度を越したため、四肢が脱力状態になり、それに合わせて関節に痛みが出るという始末で、彼は寝たきりになっていた。そこですぐオレイバシオス(2)が呼び寄せられた。そして、クリュサンティオスのために、ほとんど常識外れとも言える知識を駆使した。つまり、彼は自然の状態に強制を加えて、普通より熱めで患部を和らげる効果のある温湿布を施し、固く冷えきった四肢がほとんど若々しい活力を取り戻すまでにしたのである。しかし、老齢には打ち勝つことができなかった。すなわち、彼はもう八〇歳に手が届くところまで来ていた。そして、過度な加熱による異常な変化によって老齢に拍車がかけられたのである。彼は、四日間病床にあった後、自分にふさわしい定めへと旅立った。

エピゴノスとベロニキアノス

クリュサンティオスの後には、哲学上の彼の後継者として、ラケダイモン出身のエピゴノス、サルディス

(1) この慢性的な症状がどのような病気なのか、明らかでない。なお、著者のエウナピオスは、前出キュプロスのゼノンにつながるいわゆるイアトロソフィスト(医術を扱うソフィストで、専業の医者と張り合っていた)に関わりがあった。

(2) オレイバシオスについては、彼の章(三五四—三五七頁)参照。

（505）

出身のベロニキアノスなどがいるが、これらは哲学の名に恥じない人たちである。ただし、ベロニキアノスのほうは、優雅の女神に犠牲を捧げた寛容な人であり、また、世の人々ともうまくつき合っていくことのできる人物である。彼の命長からんことを。

解説

戸塚七郎

「本書」は、レムノス出身で、アテナイで活躍した二世紀のソフィスト、ピロストラトスの『ソフィスト列伝』（Βίοι σοφιστῶν）（以下ピロストラトス『列伝』）と、サルディス生まれの四世紀のソフィスト、エウナピオスの『哲学者およびソフィスト列伝』（Βίοι φιλοσόφων καὶ σοφιστῶν）（以下エウナピオス『列伝』）の二書を収める。両者とも、年代は異なるものの、それぞれ当時の重立ったソフィストについての数少ない伝記の一つである。

ソフィストについては、前五世紀後半の一群の職業教師の活躍が印象深く、ソフィストという語に独特の語感を植えつけて現在に至った観があるが、これらソフィストの功罪はともかくとして、ソフィストの実態が、社会的、政治的環境の変化により、時代に即して様変わりしていることも事実で、前五世紀と、本書で主として取り上げられている二－四世紀とでは、本質的には同じ側面を備えながらも、その活動および社会の反応には異なるものがあって、同一に扱うには問題が少なくない。そこで、本書に登場するソフィストについて正確な理解を持つためにも、ここでソフィスト（ソピステース σοφιστής）という語の持つ意味の変遷を、各時代のソフィストの活動とそれに対する社会の反応を踏まえて、概観しておくことにしたい。

前五世紀のソフィストとその活動

ソピステースという語は、もともと、ある技術に精通した者とか、知識に秀でた人を意味していた。それゆえ、古代の文献には、賢者の誉れ高かった立法家のソロン（ヘロドトス『歴史』第一巻二九）や博識で知られたピュタゴラス（同書第四巻九五）、さらに、自然学者（クセノポン『ソクラテスの思い出』第一巻一・一一）、数学者（プラトン『メノン』八五B）、予言者（ヘロドトス『歴史』第二巻四九）などがこの名で呼ばれたり、さらに、プロメテウス（アイスキュロス『縛られたプロメテウス』六二）とか、冥界の神ハデス（プラトン『クラテュロス』四〇三E）とか、宇宙の創造主（プラトン『国家』五九六D）などの神にこの名が与えられる例が多く見出される。そこには、一般に、人並み優れた人物、もしくは存在に対する尊称の性格が認められるであろう。

ソフィストの語が、このような一般的な意味から、特定の職業に従事する人々に限定して用いられ、同時に悪名と化するようになったのは前五世紀後半のことで、これには当時の政治的、社会的状況が強く反映されている。その頃この語で指示されていたのは、一群の職業教師である。これらの人々は、それぞれに独自の専門知識を持ち、諸都市を回っては、希望する者の誰にでも、報酬を受け取って教えて歩いた。彼らが主たる活躍場所として選んだのは民主制下のアテナイである。これには、当時のアテナイがギリシアの政治、文化の実質的中心をなし、しかも、民主制政治の下では、家柄や財産以上に個人の実力が世に出る必須条件とされた、という事情が働いていた。すなわち、ソフィストたちが教授を約束する知識や技術は、国家公共の場で個人の有能性を顕示する恰好の武器と見なされたため、政治の舞台に活躍の場を求めようとする世の青年たちには、まさに羨望の的だったのである。

彼らの教育活動は、一定の組織の下で一定の計画に基づいて行なわれたものではない。各自が得意の専門分野を持ち、それぞれ独自に、求める者があれば報酬と引き換えに自由に教える、というものであって、教育の内容は人によりさまざまであった。しかし、共通に目指すところは、長老であるプロタゴラスが掲げた公約の中に集約されていると言ってよいであろう。彼は人々に「徳（ἀρετή）」を教えることを公言していた。ここで言う徳とは、個人としては家をよく斉《ととの》え、国家公共のことに関しては、言論においても実際の行動においても有為であるように図ること、一口に、個人としても公人としても、能力において他に優ることを意味する。つまり、徳とは、もともと優秀性を表わす語にほかならなかったのである。この教育を、彼は「人間を教育する」（プラトン『プロタゴラス』三一七B）と称していた。しかしそれは、品性の面で各人の人間性を高めるというよりは、実際上の効果を示しうるような機能面での優秀性を備えさせる、という意味であった。民主制下では実力が評価の基準となる。しかし、人格的に優秀な人材であるには資質と共に長い修練を必要とし、一朝一夕にして達成されるものではない。しかし、上のような意味での優秀性であれば、ソフィストによる短期間の教育であっても修得は可能となる。それゆえ、この公約は、世に出ることを願う青年たちには、願ってもない福音だったのである。

ソフィストによる教育の効用は、具体的にはゴルギアスが教える弁論術（ῥητορική）の中に集約されている。民主制政治の下では、すべてが言論によって諮《はか》られ、正邪の判定も弁論を通して行なわれる。したがって、弁論の技術に秀で、弁舌によって意のままに説得できるということは、世に頭角を現わすためのまたとない武器となる。弁論の術さえ身につけていれば、いかなる分野においてであれ、たとえその知識がなくても、当の専門家相手に論じてこれを説得し、隷属させることが可能である――これがゴルギアスの主張であった（プラトン『ゴルギアス』四五二Ｅ）。しかも、場合によっては、それは自分の生死を決定する鍵ともなるのである。このような弁論の効用は、青年たちの切実な願望を喚び起こすのに十分であった。

しかし、同じロゴスを用いる技術ではあっても、プラトンのそれが事の真相を顕わにするのとは異なり、弁論術が目指すのは、真実がどうであるかということよりは、むしろ、説得内容の如何にかかわらず、とにかく説得を成功させることであった。この実際的効用は、語られることが真実であることと、語られる内容にかかわらずとにかく説得に成功することとで二者択一の選択を迫られるときには、躊躇なく説得を優先させる。真であることより、説得によって真であると思われることのほうが、事の成否に大きな決定力を持つし、さらに、説得の失敗は弁論術そのものの存在理由を失わせるからである。実際に、ソクラテスの真実は、先入観に基づいた説得には勝てなかったのである。

だが、説得の術は両刃の剣である。その効用を優先させることは、国家公共に役立てるべく用いられたロゴスを、個人的野心を果たす道具と化せしめ、公共社会に仇なす結果を招き易い。飼い馴らされた有能なる黄金の獅子は、国家を征服し、これを滅亡に追い込む存在に変身するのである。そのよき例は、カリクレスやトラシュマコスのいわゆる「強者の正義」に求めることができよう。これほど極端にはしらなくとも、この種の教育は、伝統的徳育の枠組みや慣習に対する懐疑を植えつけるか、もしくはそれらを無視する風潮を生み出すのに、十分力があった。このことは、当然、ソフィストに対する既成社会からの強い反発と非難を招くようになり、かくて「ソフィスト」は悪名と化することになったのである。

新ソフィスト活動の特徴

その後、ソフィストの活動はあまり歴史の表面に現われてこなかったが、下ってローマ時代に入ると、ソフィストの存在が、雄弁との関連を一段と密接なものにして光を浴びるようになる。(1) だがこの頃のソフィストは、同じ弁論の教師といっても、時代環境の変化に伴い、かつてのそれとは異なった性格を帯びていた。すなわち、諸国を教えて回るという古代のソフィスト像は一変し、しかるべき席を用意されて専門職として定着するようになり、特に二、三世紀の帝国においては、ソフィストのこの活動が、教育、文化、政治の面で、大きな影響力を持つようになってきた。

一世紀に入ると、まずウェスパシアヌス皇帝(在位六七―七九年)が弁論術教授の椅子を創設した。ついで、ハドリアヌスとアントニヌスは、いくつかの属州にも弁論術と哲学の勅任教授の職を設け、これに続いてアテナイ、そしてコンスタンティノープルにも俸給付きの王室教授の椅子が用意されるようになった。これらの職は、聖職者と同様、納税その他の義務の免除や控除の恩典が与えられる恵まれたものであった。マルクス・アウレリウスの時代には、この職が組織化されて、皇帝が直接候補者リストから選んで任命するようになり、これに倣って、多くの地方自治体でも次々に有給教授が置かれるに至った。

これらの教授、つまりソフィストたちは、自由に教えることを許されていた。ソフィストの多くはキリスト教と関係のない、むしろ異端と見られる存在であったが、この自由は、ユリアヌス以前の、キリスト教徒であった皇帝たちの下でも守られていた。彼らの社会的身分はかなり高く、これまでにも、ゴルギアスのように、ソフィストが使節として他国に赴くという例もなくはないが、この時代になると皇帝とのつながりが一段と密接かつ強力になり、国家的祭典や競技を取り仕切ったり、ニュンピディアノスのように皇帝の秘書を務めたり（三五一頁参照）、二世紀のロリアノスとか（七八頁）、四世紀のプロアイレシオスのように（三三六頁）、食糧管理官に任ぜられたり、また、各地から多数の学生を集めることによって、衰退の道を辿っていた都市に活気を呼び戻すのに一役買うなど、社会の指導的役割を果たす中心人物となっていた。じつに当時のソフィストの地位は、名声の上で張り合うことのできる者がないほど、輝かしいものだった。それゆえ、中流階級の親は息子がソフィストの職につくことを望み、上流階級の者はソフィストと親交を持つことを誇りとし、(2)著名なソフィストが死ぬと、各都市が競って埋葬の栄に与ろうとしたのである。

ソフィストの地位が安定したものになるにつれ、弁論教授としての能力や責任も、当然のことながら、批判に晒されることになる。それゆえ、この地位を守るためには、地位に見合うだけの実力を蓄えておく必要があった。だが、弁論術の教授といっても、彼らは、アリストテレスのように、弁論術に合理的基礎を与え、

(1) エウナピオスの『列伝』四九一には、ベリュトス（ベイルート）出身の政務長官アナトリオスについて、〝饗宴の席や酒席の折のソ、フ、ィ、ス、トであった〟という記述が見られるが、これは「話術の達人」という意味であろう。

(2) このことを物語る例として、エウナピオスがアテナイからサルディスの親元へ呼び戻されたとき、家人が勧めたのはソフィストになることだけだった、という事実や（三四〇頁）、マクシモスがユリアヌスの招請でコンスタンティノープルに向かうとき、アジア中の要人も一般民衆も、彼と近づきになろうとして家の周りを埋めつくしたという事実（二九四頁）、また、アテナイのイウリアノスが死んだとき、後継者として自薦する者の数がたいへんなものであったという事実（三二三頁）などが挙げられるであろう。

説得の可能性を方法的に追求して、技術としての資格を確固たるものにしようという訳でも、弁論の技術書を編纂しようというのでもなく、多くの聴衆を前に弁論を披露して人々の心を捉えるといった、実践においてその力量を示すことを第一義としていた。そして、彼らには、論者の技巧を十分に味わうことのできる聴衆がいたのである。それゆえ、彼らの弁論術は、どちらかといえば、朗誦を中心とした劇場的効果を狙うものが多かった。そして、これに成功を収めることが、ソフィストの地位には要求されていたのである。そのため、彼らは、ギリシア古典への造詣を深め、ギリシアの詩人、雄弁家、歴史家らについて広汎かつ精確な知識を備えて、いつでも古典からの引用が可能であるようにしておく必要があった。恐らくは、その弁論に、ホメロス、プラトン、トゥキュディデス、デモステネスなど古代作家の響きを持たせることも心掛けたことであろう。さらに、この職業での成功には、歌手の発声技術のみか俳優の演技の心得も持ち、外見や身振りの上でも人並み以上の魅力を引き出す努力も要求された。競争相手にすぐさま応酬できる機智が求められたのは言うまでもない。これらの修練の行きつくところは、即席で完成された弁論を演ずることであった。これは、聴衆の要求、もしくは賓客の提示するテーマで即座に論ずるというもので、これを見事に果たしうることは、弁論家としての最高の達成度を表わしていた。そのためには、かつてのヒッピアスに見られたような記憶力も、演者には求められたことであろう（プラトン『大ヒッピアス』二八五D－E参照）。というのは、彼らには、特に要求がない限り同じ弁論を繰り返すことは許されていなかったが、かりに繰り返すことになった場合には、一字一句正確になされることが求められたからである。架空のテーマで前の議論とは反対の立場に立って論ずるような場合には、前の議論について細部にわたる正確な記憶は不可欠である。これらの訓練や努力は並大低のものではなかったであろう。

弁論術をめぐる以上のような状況の変化は、弁論の性格にも変化をもたらし、弁論術は純粋に弁論演示のための術となって、情緒的効果や詩的比喩を避ける政治的弁論の地位は低く見なされ、それ以上に、法廷弁論は片隅に追いやられる傾向を生み出したのである。

本書に収められた二作品で取り上げられるソフィスト（ピロストラトスでは第二巻で扱われるソフィスト）とは、したがって、弁論術が高等教育の主要科目と見なされ、各地にそのポストが設置されて、互いに自分の学校の繁栄を競い合い、弟子獲得の競争も激化しつつあった頃の（三一七―三一八頁参照）弁論の教師たちのことである。

次に、本書に収められた二作品のそれぞれについて、少しくコメントすることにしたい。

ピロストラトス『ソフィスト列伝』

この著者ピロストラトスを生んだのは、エーゲ海の中央よりやや北寄りに位置するレムノス島である。この島は、二世紀から三世紀にかけて世襲的にソフィストを職業としたピロストラトス一族の父祖伝来の地である。この一族については、われわれは次の四人のピロストラトスを知ることができる。

一、ベロス・ピロストラトス

この人は二世紀のソフィストにして文筆家であるが、その著作は全く残っていない。スーダによれば、アテナイでソフィストとして活躍したとされている。

二、プラウイオス・ピロストラトス

ベロスの息子で本作品の著者である。彼については、この後で改めて取り上げることにする。

三、レムノスのピロストラトス

この人はベロスの甥の息子（スーダによればプラウイオスの兄弟ネルビアノスの息子）に当たるが、同時にプラウイオスの女婿でもある。彼は一九一年にレムノスに生まれたソフィストで、アテナイで活動していた。彼を名前ではなく、地名で「レムノスのピロストラトス」と呼ぶのは、プラウイオスと区別するためであって、この呼称を最初に用いたのはプラウイオスである。すなわち、当時レムノス人の多くはアテナイの市民権を有していたが、プラウイオスはアテナイ人と呼ばれるのを好み、自分が彼と混同されるのを嫌って、この人をレムノスのピロストラトスと呼んで区別したのである。プラウイオスは、このピロストラトスを『列伝』に加えなかった理由を末尾に書き加え、親しい間柄にあるため、贔屓目で述べていると不信を抱かれるのを避けるため、としているが（二二六頁参照）、『列伝』の最後の数章（ヒッポドロモス、ピリスコス、アスパシオス）では、この人の生涯とその能力を垣間見せるような事実、すなわち、彼がヒッポドロモスの弟子で、二二歳のとき即席弁論に挑戦したこと（二二〇頁）、二四歳のとき納税その他公共の義務を免除される特権を与えられたこと（二二八頁）、ローマで始まったアスパシオスとのいさかいが、イオニアまで波及してこじれたが、禍を福に転じ、これを自分の技術の向上に役立てたこと（二二四―二二五頁）、皇帝の秘書を務めていたアス(1)パシオスの書状の書き方に対し、『いかに手紙を書くべきか』を著わしたこと（二二五頁）などを各所に挿入し、彼が法廷や民会で、また即席弁論や著述において、いかに優れていたかをそれとなく述べている。この人には絵画に関する著書『模倣論』（Εἰκόνες）があり、芸術活動を「模倣」ではなく「創作的想像力」と規定することにより、美術論に新しい光を投げかけた。

四、レムノスのピロストラトスの孫で、三世紀にソフィストとして活躍したピロストラトスレムノスのピロストラトスの『模倣論』の第二シリーズを書いたと考えられる。

これらの中では、二番目に挙げたプラウイオス・ピロストラトスが、その著作を通して後世に知名度が高い。

生涯

プラウイオス・ピロストラトス（以下単にピロストラトス）は、他のピロストラトスと同様、レムノス島の生まれと言って差し支えないであろう。スーダは三人のピロストラトス（上述の一から三まで）を挙げているが、他の二人については「レムノスの人」と明記しているのに、ピロストラトスだけは「レムノスのソフィストであるベロス・ピロストラトスの息子で、この人もまたソフィストであった」とあるのみで、「レムノ

（1）皇帝の秘書（ἐπὶ τῶν ἐπιστολῶν, ab epistolis）とは、皇帝の書簡のほか、称号の勅裁書や公文書の作成に携わる職で、皇帝によって直接任命された。アスパシオスのほかにもアンティパトロス（一九六頁）、ニュンピディアノス（三五一頁）、その他多くのソフィストがこの職についていた。

スの人」とする言及がないのである。しかし、ピロストラトスの記述の中には、彼がレムノスに精通していて、この地に住んでいたことを予想させるものが見られ、[1] 他のピロストラトスと同じようにレムノス出身と見てよいであろう。

彼の生年は、正確なところは不明であるが、一七〇年頃と考えられる。彼が師事した先生としては、まずナウクラティスのプロクロスが挙げられる。『列伝』六〇二の終わりでプロクロスを「私の先生たちの一人」と述べていることや（一九〇頁）、プロクロスの住居や財産状況についての記述（一九一頁）から見て、アテナイでこの人に師事したことは疑いえない。また、『列伝』には彼がエペソスにダミアノスを訪ねたという記述があり（一九五―一九六頁）、ダミアノスについて、年老いて動きが鈍っていたが、議論になると若さを取り戻したという描写がその中に見出される。このことから、老ダミアノスの教えを受けたことも考えられる。恐らく、ダミアノスを通して、彼は二世紀のソフィストたちについての多くの情報を得たものと思われる。次に、アンティパトロスの章には、「われわれも、彼の講義に讃辞を送るときには、彼を『神々の教師』と呼んでいた」という記述がある（一九七―一九八頁）。これからすると、アンティパトロスの許で弁論術を学んだことも推測できよう。しかし、アンティパトロスは皇帝セウェルスの秘書を務めていたから、その合間に暇を見出すというのは少し無理がある。となると、彼が秘書になる前と見るのが自然である。アンティパトロスが皇帝カラカラの庇護を失って餓死するに至ったのは二一二年頃で、このとき彼は六八歳であったとされている（一九七―一九八頁）。これからすると、彼の生年は一四四年で、ピロストラトスとは約二六年の開きがあるから、彼が秘書に任命された一九四年（もしくは一九七年）（五〇―五三歳）より前に教えることは年齢的に十分可能である。ほかに、『列伝』の中には、ナウクラティスのプロクロスがアテナイで教えている人々を諷刺で攻撃したのに対し、テッサリアのヒッポドロモスがそれに答えたという記述がある（二〇九頁）。これに基づき、ピロストラトスはこの事実を目撃しているものと見て、彼をヒッポドロモスの弟子であったと想定する向きもあるが、その可能性は認められても、これだけで断定を下すには困難があろう。以上が、ピロストラトスの「先生たち」について知りうることである。

弁論の勉学を終えると、彼は、スーダの記述を信ずるなら、まずアテナイでソフィストとして活躍を始めた。この頃の活躍ぶりについては、『列伝』の記述の端々から推測するほかはないが、その後ローマに迎え入れられるだけの華々しい活躍があったものと思われる。(2) ソフィストを職業とする以上、弁論を演示するために各地を旅するのは当然のことで、ピロストラトスも、当時ソフィストの活動拠点であったミュシアのペ

(1) スコペリアノスの章にレムノスにおける落雷事故の記述がある（六一―六二頁）。この現場の様子の描写や、周囲の地形の記述などは実に詳細をきわめ、伝聞に基づいた記録であるとは到底考えられない。これなどは、彼がこの地で育ったことを物語ると言えよう。

(2) スーダの「プロントン（Φρόντων）」の項に、「プロントンはセウェルス皇帝時代の弁論家で、アテナイではピロストラトスやガダラのアプシネスのライバルとして教えていた」という記述がある。ところが、このピロストラトスには πρῶτος（最初の）の形容詞がつけられていて、通常の受け取り方をすれば四人のピロストラトスの最初の人（もしくは初代）、すなわちプラウイオスの父ベロスと解され、この記述はわれわれのピロストラトスとは関わりないものとなる。だが、スーダが三人のピロストラトスに言及したとき、最初に挙げられたのはプラウイオスで、二番目に父のベロス、三番目がレムノスのピロストラトスとなっているのである。この点を押さえて、形容詞 πρῶτος を「最初に挙げた」と解するなら、この記述はプラウイオスを指していることになり、われわれのピロストラトスの活躍を垣間見せるものとなる。

ルガモン、ビテュニアのニコメディア、シリアのアンティオケイアなどに出掛けたことであろう。特にアンティオケイアは、皇帝セプティミウス・セウェルスの二度目の妻ユリア・ドムナの定住地で、ピロストラトスの精神生活にも強い影響を与えた縁の地である。

その後、彼は、恐らくはセウェルスに重用されていたアンティパトロスの口ききであろうか、宮廷に迎え入れられることになる。皇帝は学芸に対する寛容な庇護者で、多くの才能ある人士を手許に集めていたのである。その時期は正確には判らないが、セウェルスが息子カラカラとともにローマに戻ったのが二〇二年で、それから六年間をローマで過ごした後、妻ユリアと二人の息子（カラカラとゲタ）を伴ってブリタニアに出征し、暫定的講和を結んだ翌二一一年に、カラカラのことが心労の種となって世を去っているから、ピロストラトスがローマに来たのは二〇二年以後の六年の間、それもさほど遅くない時期と見るのが妥当であろう。

宮廷に入ると、ピロストラトスはユリアのサークルに加わった。ユリアは教養豊かで機智に富んだ美しい女性であった。彼女は「哲学者ユリア」と呼ばれるほどの学問好きで、自分の周りに学者を多く集めて、学芸の香り漂うサークルを作り、宮廷に知的な装いを与えていた。それは、まさにルネッサンス期のイタリアを想わせるものだったと考えられる。ソフィストや哲学者で作られるこの種の集団は、四世紀に皇帝ユリアヌスが同様のものを作るまで、他に類を見ない。そこに、宮廷におけるユリアの隠然たる力を見てとることができる。事実、ユリアは皇帝の妻であるばかりか、後には息子カラカラの実質的摂政を務めたほどの人であるから、宮廷での発言力も大であったと思われる。一例として、ピリスコスの章には、ピリスコスが告訴され、その裁判がカラカラの前で行なわれることになってローマに出てきたとき、ピリスコスはユリアのサークルの「幾何学者や哲学者たち」と昵懇《じっこん》になり、これが縁で、ユリアの口ききで皇帝の許可を取りつけ、アテナイのソフィスト（弁論教授）の椅子を手にした、という記述が見られるのである（二一七頁）。ただし、ユリアのこのサークルは、知的なものであったには違いないが、その一面、ユリア自身が東洋の信仰に傾倒していたことが強く影響して、純粋に知的なものとは言い難いものであったことも忘れてはならない。例えば、ピリスコスが知り合った「幾何学者（γεωμέτρης）」というのも、幾何学図形について考え、計量の原理を見出す本来の幾何学者とは異なり、実質は後に言う占星術師（ἀστρολόγος）であったし、哲学者というのも、実態はソフィストだったのである。だが、このようなサークルに加わったことは、ピロストラトスの神的なものへの関心を喚び起こし、神智論的刺戟を与えて、彼の精神の可能性を拡大するのに大きな力があった。ピロストラトスのローマ時代は、このユリアの厚い庇護の下に過ぎたと言ってよい。両者の親密な関係を示すものとして、彼がユリアに宛てて書いたソフィストを擁護する手紙（書簡七三）や、二人の間で交わされたアイスキネスについての議論や、ゴルギアスの弁護論に触れた手紙（書簡六三）などが残されている。

　このようにユリアの寵愛と手厚い庇護の下にあったのであるから、ピロストラトスは、当然、多くの時間を帝国内を旅することに当てていたユリアや、皇帝セウェルス、あるいはその子カラカラの旅行や外征に伴われたに違いない。ピロストラトスはヘリオドロスの章の中で、ヘリオドロスがガリア（もしくはブリタニア）のカラカラの幕営地に種族の代弁者として赴いたときのことを記述しているが（二二二頁）、彼と皇帝のやりとりを聞いて、その場に居合わせたわれわれは笑い出しそうになったと述べている。この言葉は、ピロストラトスがカラカラの外征の供をしたことを物語るであろう。

二一七年にカラカラが暗殺され、その後を追うようにユリアもアンティオケイアで没すると、このサークルも自然消滅し、ピロストラトスはアンティオケイアを去り、恐らくは一時シリアのテュロスに滞在した後アテナイに戻り、ソフィストとして活躍して、大いに名声を高めた。この時期（二二九／三〇―二三八年）に彼はアテナイに居を構え、『列伝』の執筆に入ったと思われる。恐らくそれは二三〇年以降そう遅くない頃であろう。しかし、彼はソフィストであって文筆家ではない。これはソフィストの仕事の傍ら、行なわれたことを忘れてはならない。

次に、彼自身の家族関係であるが、彼が結婚したことは明らかである。彼の妻の名はアウレリア・メリティネであった。このことは、イオニア地方のキオス島に面した都市エリュトライから出土した碑文によって知ることができる。ところで、同じ碑文には、ピロストラトスの一家が元老院議員の身分を与えられたことも記されているから、彼には子供があったこともこれによって知ることができよう。この身分は、ピロストラトスが宮廷と深いつながりを持っていたとき与えられたものと考えられる。

彼の後半生はあまり知られていないが、スーダによれば、皇帝フィリップス（ユリウス・ウェルス・フィリップス）の治世（二四四―二四九年）までローマでソフィストとして活躍していたとのことであるから、彼の没年も、二四九年前後と見ることができよう。

著　作

ピロストラトスの著作はいくつか残存している。『列伝』もその一つであるが、それらの主なものは次の通りである。

『テュアナのアポロニオス伝』八巻。この本は『テュアナのアポロニオスを讃えて』(τὰ ἐς τὸν Τυανέα Ἀπολλώνιον)が正式の題名で、カッパドキア出身で二世紀(セプティミウス・セウェルスの時代)に活躍したピュタゴラス派の哲学的神秘主義者アポロニオスの生涯を述べたものである。アポロニオスは秘術を用いることに秀で、『列伝』でも、ピロストラトスは彼のことを「人間の域を超えている」人物と評している(七一頁)。彼についてはこういう逸話が伝えられている。彼がある日エペソスの民衆に向かって、「僭主を打て、彼を打て。鉄槌は下された。彼は傷ついた。そして倒れた」と叫んだところ、まさしくその時、ローマでドミティアヌス皇帝が刺された、というものである。これが彼の名声を高めたと言われる。

この本は、ピロストラトスがユリアのサークルに属していたとき、ユリアの依頼で書かれたと言われている。ここからも、彼女が東洋の神秘主義に染まっていたことを知ることができよう。しかし、このような成立事情にもかかわらず、この本にはユリアへの献辞がない。このことは、この本がユリアの死後(二一七年以後)に完成されたことを予想させる。恐らくは、ピロストラトスがユリアの定住地アンティオケイアを離れた後に公にされたものであろう。

『英雄論』(Ἡρωικός)。葡萄栽培者とフェニキアから来た外国人の対話という形式をとった作品で、トロイア戦争のとき、運命の糸に操られて、ギリシア軍の中で真っ先に敵の槍に斃れたプロテシラオスの祭儀を扱ったもの。

『ネロ伝』(Νέρων)。誤ってルキアノスの作とされている対話篇であるが、ピロストラトスの著作であることに間違いない。哲学者ムソニオスとレムノスのメネクラテスなる人物との対話形式をとっている。

『体育論』（*Περὶ γυμναστικῆς*）（スーダでは *Γυμναστικός*）。

それに、本書『ソフィスト列伝』二巻と、書簡である。

それでは、本書について若干のコメントをすることにしよう。

『列伝』の概要と特徴

『ソフィスト列伝』が二世紀以降のソフィストの傾向や特徴に貴重な光を当てていることはすでに触れた。この書は、古期ソフィストを扱う第一巻と、新しいソフィストを取り上げている第二巻とからなっている。奇異なことは、スーダがこの書を四巻と記録していることである。それが単なる誤りなのか、それとも残存していない二巻があったのか、確認する術《すべ》はない。しかし、現存する二巻で十分まとまった作品をなしていることは明らかである。

この作品はゴルディアヌスに捧げられたものである。しかし、冒頭の献辞を見て気がつくのは、ゴルディアヌスの肩書きが初めと終わりで変わっていることである。

ゴルディアヌスは、正式にはマルクス・アントニウス・ゴルディアヌス（Marcus Antonius Gordianus）で、父方はグラックス一族に属し、母方はトラヤヌスの親戚筋に当たる名家の出である。彼は、執政官（Consul）を務めた後、前執政官（proconsule）[1]としてアフリカで属州総督を務めた。このとき彼は八一歳の高齢であった。ところが、若い貴族たちがマクシミヌス帝に対し陰謀を企てたとき、彼らはゴルディアヌスをローマ皇帝として迎え入れようとした。ゴルディアヌスもこの要請を受け入れて、ここにゴルディアヌス一世が誕生することになる。しかし、元老院やヨーロッパの属領のほとんどは承認したものの、ヌミディアの支配者カペリアヌスは、これに反対してカルタゴに兵を動かし、反乱を起こすに至った。この戦いで副帝である息子のゴルディアヌス二世が戦死するに及び、ゴルディアヌス一世も、わずか二二日間の在位の後、自殺して果てた。ところで、本書の献辞の中で、ピロストラトスは初めゴルディアヌスを「執政官」と呼び、結びでは「属州総督」と呼びかけている。このことは、献辞が書かれたのはゴルディアヌスがアフリカの属州総督となった後であることを示している。彼が属州総督となったのは二二九―二三〇年であるから、『列伝』が公にされたのは二二九年以降で、ゴルディアヌスが皇帝の地位に即いた二三八年より前ということになる。それ以上に立ち入って年代を決定する根拠はないが、献辞の冒頭で「執政官」と呼びかけていることは、ゴルディアヌスが前執政官になって間もないことを予想させるから、常識的に見て、執筆していたのは彼が執政官職にあった頃で、完成したのは二二九年の後、それもあまり遠くない頃と考えてよいであろう。

『列伝』は、まず古来のソフィスト術の特徴とその流れを概観することから始まる。そこでは、ピロスト

(1) 前執政官とは、執政官の任期が終わった者で、さらに職務を延長された者を言う。執政官の任期は一年(後には二ヵ月から四ヵ月)であったため、一年単位のこの制度にローマ人はさまざまな不都合を感ずるようになり、これを補正するために、任期終了後になお執政官の仕事を継続できる慣行(prorogatio)を採用した。これが前執政官で、その活動は任命された属州内に限定され、通常は属州総督を務めた。この延長措置は、帝国時代に入ると例外措置ではなく、制度化されるようになった。

ラトスがソフィストたちの中に見てとったソフィスト術の本質が明らかにされる。

古代のソフィスト術は、哲学者が扱う問題を論じていた。ただ、同じ問題を扱っていても、哲学者が細部に至るまで論証で固めながら推論を進め、その上でなお、謙虚に「自分はまだ知識には到達していない」と言うのに対し、ソフィストは、あたかもすべてを知り尽くしているかのように、「私は知っている」、「私はとうに考察済みである」などと確信に満ちた断定をつけ加える違いがある。ソフィストのこのような態度に対し、プラトンが峻烈な批判を浴びせたことは周知の通りである。『ゴルギアス』篇の中でプラトンのソクラテスは、哲学者と弁論家つまりソフィストの違いを、真実知っているか、それとも、相手に知っているように思わせ、そう信じ込ませているかの違いに帰着させているが（四五八E－四五九C）、知識を追求する者として真理に拠り所を求めようとするプラトンとしては、この違いはソフィストを攻撃し、その術を貶《おとし》める決定的な根拠にほかならなかった。

しかし、ソフィストを生業とし、ソフィスト術に誇りを抱くピロストラトスは、むしろこのような断定的発言をするところにソフィストの長所を見ている。つまり、彼は、ソフィストのこのような発言を神託や占術による予言と重ね合わせて捉え、そこに、自分こそ真実を把握しているとの自信と誇りを見ているのである。勿論、その真実は弁舌から生まれたものであり、プラトン流に言えば真実の見せかけにすぎないのではあるが、ソフィストの立場から見れば、このような発言は、自分たちがオピニオンリーダーとして文化、社会、政治をリードしているという自負の現われであった。したがって、その意味では、ピロストラトスの『列伝』は、ソフィストがギリシア文化の代表として栄光の頂点にあった時代の輝かしい記録であると言える。ソフィストの術は、彼にとっては、すべての文学作品をもその膝下に置き、弁論の補助として用いる、文化の中心的存在だったのである。同時に、ピロストラトスは、自分が抱くギリシア主義的傾向を現実のソフィスト活動と重ね合わせることにより、古来の信仰を純粋な形で蘇らせ、ホメロスの神々や英雄たちを信仰の中心に復活させようとする意図を、このソフィスト讃歌の中で歌い上げているように思われる。そこに現われている東洋の神秘的色彩を帯びた彼のギリシア主義は、先のユリアのサークルに属していたときに受けた影響によるものであろう。

以上のソフィスト讃辞に続いて、ピロストラトスは、ソフィストの系譜を前五世紀に遡る古期ソフィスト（第一巻）と、二世紀以降の新ソフィスト（第二巻）に分け、さらに古期ソフィストを、レオンティノイのゴルギアスに始まる第一期と、デモステネスのライバルであったアテナイのアイスキネスに始まる第二期とに区分した上で本論に入る。ここで目につくことは、ソフィストの系譜に入る前に、哲学研究を主体としていたにもかかわらず、弁舌に長じ、説明に説得力があったがために、世間からソフィストと見なされていた人々に言及していることである。ここで取り上げられているのは、クニドスのエウドクソス、ビザンティオンのレオン、エペソスのディアス、アテナイのカルネアデス、エジプトのピロストラトス、ナウクラティスのテオムネストス、プルサのディオン・クリュソストモス、パボリノスなどである。その多くはアカデメイアとなんらかの関わりを持つ人々であるが、このことは偶然であって、ここに挙げられた理由とはならないであろう。だが、この中には、プラトンやアルキュタスの教えを受けた幾何学者にして天文学者のエウドクソスとか、新アカデメイアを創設したカルネアデスなど、れっきとした哲学者も含まれてはいるものの、なかにはディアスのように、大王アレクサンドロスの頃のデリオス、あるいはビアスではないかと疑われる者や、レオンのように明らかにクレオンの事蹟[1]を帰せられ、それと混同されていると思われる人物も混在していて、記述の信憑性に疑義が持たれる節《ふし》もあり、また他の人々についても、そのまま哲学者として認めるのは首肯し難いところがあって、記述にお座なりの感を免れぬ上、ピロストラトスの哲学者の概念にもいささか疑念を抱かざるをえないところが見られる。恐らくは、額面通り流暢な弁のためにソフィスト並みに扱われたということもあろうが、同時に、ピロストラトス（あるいは当時の人々一般）の意識の上では、ソフィストの評価が高まるにつれて、それだけ哲学者とソフィストを隔てる垣根が低くなってきたことを物語るものであろう。

続いて、『列伝』は核心に進み、本来の意味でソフィストと称される人々の生涯に移る。ここには、ゴルギアス、プロタゴラス、ヒッピアス、プロディコス、ポロス、トラシュマコス、アンティポン、クリティアス、イソクラテスら、文化史に「ソフィスト」の名を刻みつけた古期ソフィストの錚々たる人物が顔を揃える。これを古期ソフィストの第一期として、筆はアイスキネス（約前三九〇―三三〇年）に始まる第二期に移り、弁論に新しい道をつけた人々がそれに続く。しかし、記述は、アイスキネスから一気に一世紀のスミュルナのニケテスに飛んで、この間に四世紀の隔たりを許しているのである。だが、この間は全くの空白だった訳ではなく、ピロストラトス自身も、キリキアのアリオバルザネス、シケリアのクセノプロン、キュレネのペイタゴラスなどの名を挙げてはいる。ただ、名を残した人々を挙げるという本書の趣旨からすると、これらの人々は、ここで記録されるに値しないと評価されて、その生涯の記述は省略されたのであろう。ピロストラトスの表現を借りるなら、彼らは、一級品のソフィストが不足していたため、辛うじてソフィストの仲間に数え入れられたのであり、いわば、小麦が不足しているときに豆類が探されるのと同じことだったのである（五四頁参照）。第二期のソフィストでは、当時のソフィスト活動の特徴をよく示した人としてラオディケイアのポレモンがあらゆる角度から大きく取り上げられ、彼の後にアテナイのセクンドスについての短い章が続きはするものの、実質的にはポレモンが、第一巻の締めくくりとして、第二巻の中心をなすアテナイのヘロデス・アッティコスとの接点をなしている。

第一巻を通して気づくことは、この『列伝』にイソクラテスやアイスキネスが加えられているのに、アイスキネスのライバルとして常に対比されているデモステネスが加えられていないということである。彼の名は、対立関係にあったアイスキネスについての記述の中でしばしば言及されるにとどまっている。このことは、ピロストラトスが、デモステネスの弁論家としての力量や活躍は認めていながら、それをソフィスト活動のカテゴリーに入らないと判断したことを物語るのであろう（両者を区別する基準は明確でないが）。

第二巻はヘロデス・アッティコスの綿密で賞讃に満ちた伝記で始まる。ピロストラトスが彼を当時のソフィストの頂点に立つ人物と認めて、大きな関心を寄せていたことは疑う余地がない。数多くの逸話を織り込んで、他に見られぬほど手厚い記述になっているのがその証拠である。マラトン生まれのこのソフィストは、二世紀を飾る最も重要なソフィストであった。少なくともピロストラトスの評価はそうであった。というの

(1) プルタルコス『ポキオン伝』一四参照。

は、ヘロデスにおいてソフィストの活動は重大な展開を見せたと考えられるからである。すなわち、彼とその後継者たちは、アッティカの文体を典型として、それの完全な模倣を心掛け、古典期作家の研究を通してギリシアの栄光ある過去の時代に大きな評価を与えたが、このことがピロストラトスの強い共感を喚《よ》んだからである。そのため、『列伝』は彼の生涯に最も多くの頁を割いたほか（ディドー版で一〇頁に及ぶ）、他のソフィストたちの章でも、いたる所でこの人に言及しているのである。

ヘロデス・アッティコスに次いでは、セレウケイアのアレクサンドロス、ミュシアのアリステイデス、テュロスのハドリアノス、ポカイアのヘルモクラテス、テッサリアのヒッポドロモスなどにも多くの頁を当て、評価の高さを示しているが、これに反し、タルソスのヘルモゲネス、ナウクラティスのポリュデウケス、ピロストラトスが師事したナウクラティスのプロクロス、エペソスのダミアノスにはさほど大きな評価を与えていない。

ところで、先にデモステネスが省略されていることに触れたが、他にも、ピロストラトスは、以上の人々と肩を並べて『列伝』に加えられてよい人々を数名省略している。前四世紀の作家で、弁論家としても活躍したパレロンのデメトリオス（前三五〇年生）、アジア風文体を確立したとされるマグネシアのヘゲシアス（前二五〇年頃）、ローマ弁論術の第一人者でアッティカ語法を守り、ヘロデスとも文通のあったフロント（一〇〇―一六六年）、それに、二世紀のソフィスト弁論術を実践したルキアノス（一二〇年頃生）などがそうである。これらの人々を省略することは考えられないとして、写本における欠落を予想する向きもあるが（Kayser）、先にデモステネスを割愛したことを考えると、これらの人々を省略する理由が（それが何かは明確でないが）ピロストラトスにはあったと考えるべきであろう。

『列伝』の記述に当たっては、ピロストラトスが直接見聞きしたことや、教師たちからの伝聞をもとにしたことは言うまでもないが、当時すでに公にされていたいくつかの類書を参照したことは疑いえない。ヘロデスの章の終わりで述べられた「以上が、アテナイのヘロデスについて語るべきことのすべてである——それには、すでに誰かが語っていることもあるし、他の人には知られていなかったことも含まれている」（一三六頁参照）という言葉がそれを物語るであろう。

ピロストラトスは、本書の叙述のここかしこから知られるように、簡潔平明で典雅な文体を理想としていた。二、三世紀の弁論には、はっきりと対立する二つの傾向が見られた。その一つは、小アジアのギリシア人が好んで用いた、誇張的で華麗な表現を駆使し、韻律などに技巧を凝らして、もっぱら情緒に訴えようとする傾向（σφοδρότης）で、いま一つは、純粋なアッティカ語法に従い、古代ギリシアの作家に倣って文体の簡潔性と典雅さを求め、古典期作家にない表現は極力避けようとする傾向（ἀφέλεια）である。ピロストラトスは、明らかに後者のアッティカ主義に与《くみ》している。もっとも、彼はアッティカ主義の行き過ぎが趣きのない無味乾燥なものになることを心得ていたから、その適用はさほど厳格なものではなかったが、しかし、ゴルギアスに心酔し、プロディコスの同義語の分類に倣うなど、[1] プラトンの時代のソフィストを理想として、

（1）例えば、ハドリアノスの章での δωρεά と δῶρον の使い分けなどはその現われであろう。そこでは、前者は（訳では特権）、国費による食事、公の場で貴賓席が与えられること、税金免除、祭司の地位などについて用いられ、後者（訳では贈物）は、金銀、馬、奴隷などについて用いられている。

かつての教養あるソフィストを偲ばせるような雰囲気を漂わせていた。そして同時に、一方では、ラオディケイアのウアロスに対して見せたような、(1)アジア風スタイルを拒否する強い姿勢を保ち続けたのである。

エウナピオス『哲学者およびソフィスト列伝』

本書の一般的性格

この作品はピロストラトスの『ソフィスト列伝』に倣ったものと言える。ピロストラトスが主に二、三世紀のソフィストを中心に述べているのに対し、エウナピオスの叙述の中心をなすのは、彼が生きた四世紀の著名なソフィストたちである。したがって記述も、彼が直接目撃したか、親しく耳にしたことが中心となり、(2)その意味では、記述はかなり生々しいと言えよう。

ここで扱われるソフィストが弁論教師を生業とする者であることは、ピロストラトスの場合と同じである。ただ、エウナピオスはソフィストだけに限定せず(もっとも、ピロストラトスもソフィストと混同された哲学者に若干触れてはいるが)、哲学者たちの生涯にも筆を進めている。それまでの長い歴史を見ても、ソフィストと哲学者が同列に扱われるのは異例なことと思われるかも知れない。だが、いずれも現世的、ギリシア的文化の所産であり、キリスト教から疎外される限りでは、同列に見ることも不可能とは言えない。そこには、エウナピオス自身の異教主義への傾斜を見ることができるのである。

エウナピオスは新プラトン主義を信奉し、彼らに固有のキュニコス的修練に強い関心を寄せている。それゆえ、記述もプロティノスに始まり、それ以前に遡ることはない。しかし、彼の場合、プロティノスと観想（θεωρία）を共にするのではなく、ダイモン（神霊）への信仰や（三〇五、三二二、三二七頁）、摂理への確信（三〇六、三二一頁）、運の力（二五九、三二五、三六二頁）、予言や神託への信（二六一—二六二頁）、英雄信仰（二六九頁）などがその精神構造の中心をなしているのである。彼が哲学者として挙げている者も、そのような新プラトン主義の頽廃の道を歩む者ばかりで、卜占を試み、予兆を解釈し、奇蹟の力に頼って、プロティノスの理論を極端な神秘主義に置き換えようとする者たちであった。その典型は、四世紀初頭の新プラトン主義シリア派の中心人物で、あらゆる学派の説を皮相的に折衷し、新プラトン主義の頽廃を招いたイアンブリコスであろう。彼は神の幻影を導き入れ、新プラトン派の神秘主義を魔術的秘教に置き換え、プロティノスの観想に前兆や奇蹟を取って代わらせた哲学者である。エウナピオスは、イアンブリコスについて、神に祈りを捧げているとき、彼は地上から四メートル以上も浮き上がり、身体も衣服も金色に輝く、という噂が弟子たちの間でまことしやかに伝えられていたことを、逸話として記している。勿論、この噂は本人によって一笑

（1）ピロストラトスは、ウアロスの文体を、歌から盗んだリズムを濫用し、空虚な技巧で弁論を堕落させた、と痛烈な批判を浴びせている。それは、なぜ『列伝』の中に彼を加えたのか、不審に思わせるほどである。

（2）エウナピオスが長い頁を割いているマクシモスは、彼が「アテナかアポロンの声を聞く思いで」（二八三頁）直接その声に接したことのあるソフィストであり、プロアイレシオスは、彼が尊敬し、直接教えを受けた師で、この人については事実を誤りなく知っている、と自負しているし（三一六—三一七頁）、著作の各所に登場するクリュサンティオスは、彼の幼少からの師で、姻戚である。

に付されたのであるが、そのような噂がささやかれることは、彼の人柄や日常の営みを想像させるに十分であろう。皇帝ユリアヌスがあらゆる宗教儀式を統一し、ギリシアの神々に東洋の神ミトラスを導入しようとしたのも、イアンブリコスの影響によること大である。また、彼の弟子のマクシモスとクリュサンティオスも、奇蹟や前兆を信じ、これを手がける哲学者であった。なかでも、ユリアヌスの師でもあったエペソスのマクシモスは、イアンブリコスの影響を特に強く受けていた。これは、当時の他の哲学者についても、多かれ少なかれ見られる傾向であった。

この傾向は、エウナピオスがキリスト教にとっては異端の徒である皇帝ユリアヌスに深い関心を寄せていたこととも関わりがある。彼は『列伝』の中でも、マクシモスの章でかなりの頁をユリアヌスの叙述に当てているし、他にも『列伝』の中で頻繁に言及されている彼自身の歴史書[1]の中で、特にユリアヌスの一章を設けて詳述していることから、彼の関心のほどが知られよう。エウナピオスの、神秘主義的（というよりは秘教的な）哲学者やユリアヌスへの関心の深さは、キリスト教徒の暴虐に対する彼の憤りをこめた非難や、修道士への軽蔑（二八〇—二八二、二九〇頁）と対照的である。実際に、彼自身、ユリアヌスも教えを求めたことのあるエレウシスの祭司の手で（二九〇頁）、その秘儀に与ったと考えられる。

生涯

著者エウナピオスの生涯は、本書の叙述の中から断片的情報を拾い集めて再現するほかはない。彼は作品の随所で、登場人物と自分の関わりを表わす言及をしており、その折エピソードの形で自分の生涯にも触れている。その際、きわめて特徴的なことは、記述の客観性を強調するためか、それとも著者自身が控え目であるためかは判らぬが、自分のことを終始三人称で表わしていることである。もっとも、前おきの部分は、本書を著わすに至った動機や意図を開陳するということもあって、一人称で述べられているが、本論に入ると、「この本の著者（ὁ ταῦτα γράφων, ὁ συγγραφεύς, ὁ γράφων）」（訳では単に「筆者」で通した）が圧倒的に多く用いられ（二九箇所）、それを受けて代名詞も「彼（ἐκεῖνος, αὐτός）」が用いられている（三箇所）。本書で一人称が現われるのは四箇所（他に動詞一人称が一箇所）だけで、それ以外は、著者のコメントとして挿入された文に二箇所（他に動詞だけが二箇所）見出されるだけである。

彼は三四五／六年に、小アジアのミュシアの首都サルディスで生まれた。子供の頃から、この地に住む学識、人格共に優れた哲学者クリュサンティオスの教えを受けていた（二四五、三六七頁）。クリュサンティオスはエウナピオスの従姉妹メリテを妻に迎えていたから、彼とは姻戚関係にあった（二九六頁）。したがって、彼とクリュサンティオスの関係には、通常の師弟関係よりも深いものがあった。彼に『列伝』を書く動機を与えてくれたのもクリュサンティオスであったし（三五九頁）、イアンブリコスの教説について手ほどきをし、彼にまつわる情報を提供してくれたのもクリュサンティオスであった（二四五頁）。この人は神の前兆や予言の心を読み取って、これに忠実に従う人で、ユリアヌス皇帝が彼に心酔し、再三にわたって上京の懇請をしたにもかかわらず、神の意志を優先させて国に留まり、後にリュディアの大祭司に任命された人物であるか

（1）これはエウナピオスの主著とされている歴史書のことで、正式の書名は明らかでない。この書物については後述。

ら（二九三―二九六頁）、エウナピオスに秘儀への導きを与えたのもこの人であったかも知れない。

エウナピオスは早くから古典的文献に親しみ、主要なものをほとんど諳《そら》んじているほどであった。彼自身、これが自分の唯一の取り柄と述べている（三一八頁）。三六一年から三六二年にかけての冬、一六歳の彼は著名なソフィスト、プロアイレシオスの教えを受けるためにアテナイに旅立った。この旅の途中、彼は船中で重い病気に罹り、生死をさまようということがあった。当時、ペイライエウスに船が入港すると、どの学校も、新弟子獲得のため港に繰り出して、激しい争奪戦を繰り広げていたが、この船の船長はプロアイレシオスと深い友誼を結んでいる人であったから、争いをかわして、夜のうちに船内の若者たちをアテナイのプロアイレシオスの許に送り届けた。このときエウナピオスは、他の人々に支えられてプロアイレシオスの家まで運ばれて行ったが、プロアイレシオスは彼の身を案じ、病が癒えてからもわが子のように可愛がってくれた（三一八―三二一、三四〇頁）。ところで、プロアイレシオスはキリスト教徒であった。しかし、異端的傾向のあるエウナピオスにとっても、その偉大さは尊敬の的だったのである。

この時期、エウナピオスは、プロアイレシオスのライバルと目される二人のソフィストの講義も聴講している。一人は、アテナイに出たリバニオスが騙されて弟子入りする破目になったアラビア人のディオパントス、いま一人はアテナイのソフィスト、イウリアノスの最も目立たなかった弟子ソポリスであるが、二人に対するエウナピオスの評価は高くなかった、というより、彼は辛辣な目で二人を見ていた（三四二頁）。

この頃、彼はエレウシスの祭司の手でデメテル、ペルセポネの信仰に入り、その秘儀に与った。この祭司は、トラケ王エウモルポスの後裔で、代々エレウシスの祭司を務めていたエウモルピダイ一族の一人であったが、特にこの人は、この種の知識にかけては卓越しているとの評判が高く、マクシモスとクリュサンティオスの教えを受けていた若き日のユリアヌス皇帝も、その知識に接したいとエペソスからアテナイに急行したほどの人物である。しかし、その名前を明かすことを、エウナピオスは固く拒んでいる（二九〇頁）。それは、この秘儀に与った者が祭司の名を明かすことは罪とされるからで、このことは彼が入信していたことを物語るものである。また、この間、彼は、多くの要職を歴任してリバニオスとも文通のあったトゥスキアノスや（三二四、三二六頁）、ビテュニア出身で、肖像画で有名な画家ヒラリオス（三〇九頁）とも交流を持った。

　だが、エウナピオスについて注目すべきは、彼が医術に少なからぬ知識を持ち合わせていたということである。彼自身、クリュサンティオスの慢性的な病気に直面したときのことに触れ、「筆者にいささか医術の心得があった」と述べている（三七二頁）。そして実際に、医者たちの処置を遮って、クリュサンティオスに自分の考える処置を施したことが記されている。だがその知識を誰から学んだのかは示されていない。当時イアトロソフィスト（ἰατροσοφιστής）と称される一群の教師たちがいた。これらの人々は医術を教える教師で、かつ医術を施す医者でありながら、同時に弁論の面でも巧みな才能を持ち、弁をふるって説得の実を挙げるソフィスト的性格をも兼ね備えていた。医術と弁論術という奇異な組み合わせを職業とする彼らは、正規の医者と張り合って一世を風靡していたのである。『列伝』には、ゼノンをはじめ、アンティオケイア（ニシビス）のマグノス、ペルガモンのオレイバシオス、サルディスのイオニコスらの名が挙げられているが、そのうち、ユリアヌスを皇帝の座に即けるのに貢献したオレイバシオス（二九二、三五五頁）とは親交があったから、これらソフィストを通して医術の知識を手に入れたものと考えられる。

五年間のアテナイ滞在の後、エウナピオスはエジプト旅行を計画した。ところが、両親からの強い要望があって故郷のサルディスに帰らざるをえなくなる（三四〇頁）。これは三六六／七年のことである。家人はすべて、エウナピオスがソフィストとして身を立てることを望んでいたのである。前述のように、ソフィストの椅子が、当時、羨望の的であったことを思えば、それも当然のことであろう。

彼が帰国してから数日たって、敬愛して止まなかったプロアイレシオスが世を去る。帰国後のエウナピオスは、サルディスに留まって再びクリュサンティオスの教えを受けることになるが、彼自身もソフィストとして人に教える立場になった。それでもクリュサンティオスの講義には出席し続け、午前中は早朝から弁論術を教え、午後はクリュサンティオスの深奥な哲学を聴講するという日々を送っていた（三六七頁）。また、小アジアに腰を落ち着けたこの頃、彼はその主著と目される歴史書の叙述に着手したと思われる。これは、アテナイのソフィスト、デクシッポスの『年代記』（*χρονικὴ ἱστορία*）が二七〇年、すなわちクラウディウス二世の時代で終わっているのを受けて、これをアルカディウス治世下の四〇四年まで拡げたものである。この著書の名称は、彼自身によって『歴史総説』（*τὰ καθολικὰ τῆς ἱστορίας συγγράμματα*）（二八一頁）とか、『歴史詳説』（*τὰ διεξοδικὰ τῆς ἱστορίας*）（二九〇、三〇四、三〇九、三三九頁）とか、『歴史註解書』（*τὰ ἱστορικὰ ὑπομνήματα*）（三一六頁）などと呼ばれたり、あるいはその一部を、例えば「ユリアヌスについての書物」のように、そこで取り上げられた人物の名で呼ばれたりして、正式にはどういうタイトルであったのか明らかでない。だが、わずかに残されている断片から推して、かなり詳細な著述であったと考えられる。記述内容の多くは、彼自身が目撃者となった歴史的事実や、目撃者であった親しい人からの伝聞に基づいたものである。それゆえ、これが四世紀の貴重な記録であることは間違いない。ただ、彼自身のキリスト教に対する論争的な態度とギリシア的秘儀信仰への傾斜から見て、その叙述が、異教主義の希望の星であり、最後の砦であった皇帝ユリアヌスが中心となることは避けられない。むしろ、ユリアヌスの讃美がその主たる目的であったと言ってもよいであろう。『列伝』でマクシモスの章の多くがユリアヌスの記述に当てられているということも、ユリアヌスへの傾斜を示す証左となるであろう。ユリアヌスについての情報の多くは、友人である医師、というよりはイアトロソフィストのオレイバシオスから得られたのであろう。この人がユリアヌスを皇帝の座に上らせるべく尽力したことは、先に触れた通りである。

『列伝』の年代と特徴

エウナピオスが『列伝』の著述に入ったのは、友人である画家のヒラリオスが、三九五年のゴート族侵入の折、捕われて殺害された事実を記していることから見て（三〇九頁）、三九六年以降のことと考えられる。

彼は、哲学の歴史を区分して、プラトンとその先駆者たちを第一期と考え、プラトン以降から紀元後一世紀の中頃までを第二期、そして皇帝クラウディウス（四一年）からセプティミウス・セウェルス帝の時代（二一一年）までを第三期とする（三三四頁）。これはポルピュリオス、ソティオン、ピロストラトスらも採用した時代区分に従ったものであるが、しかし、実際に叙述するに当たっては、先人たちを取り上げないで、プロティノス（二〇五―二六九／七〇年）に簡単な言及をすることから始めているのである。また、彼の叙述も、哲学者の学統に従って述べるという正統な形式をとるのではなく、皇帝の在位期間を手掛かりに、政治の推移や時代の流れとの関係で個々の哲学者を扱うといった仕方で展開されている（一二三四頁）。哲学が卜占や秘術を主とするものに堕落し、学説を中心とした学統が稀薄となり、ソフィストとの区別も曖昧になって、もっぱら教師の人間的魅力や弁舌の巧みさが学派を繋ぎとめる紐帯となっていた時代としては、これは止むをえないことかも知れない。このことは、勢い叙述を個人の逸話の多いものとし、ために叙述全体が散慢になることを避け難くしている。例えば、アイデシオスの章には、ディドー版（Boissonade）で四六一頁から四七三頁までが当てられているが、一二頁余りのうち肝心のアイデシオスについてはわずか一頁の叙述があるのみで、その後は、アイデシオスと共にイアンブリコスの弟子であったソパトロスの話に移り、ついでソパトロスが蒙った迫害との関連で、彼の殺害者であるアブラビオスに話は飛躍し、なんとアブラビオスの誕生にまつわるエピソードや、その生い立ちから最期まで延々と筆が進んでいる。そして、それが終わると、話はいったんアイデシオスに戻るかに見えながら、アイデシオス本人ではなく、彼の縁者でその財産管理を託されていたエウスタティオスの人柄や行動の讃美に入り、さらに、エウスタティオスの妻ソシパトラの生い立ちに話が及び、彼女が見知らぬ二人の老人に教育されて神の予兆を読み取る才を発揮するまでになったこと、また、彼女に恋慕した従兄との経緯が事細かに述べられ、ついで、彼女の息子アントニノスが母親同様の神的資質を授かり、古来の神事の再建に尽くしたことが長々と述べられる。これに、テオドシウス皇帝の治世に古来の神殿や宗教儀式が無惨に破壊し尽くされ、修道士が入ってくるに及んで、聖域に土足で踏み込んだキリスト教の教儀がこれに取って代わった経緯が、憤りをこめて述べられているのである（本訳では、このような散慢な記述によって読者が混乱するのを防ぐため、アイデシオスの章の後に、ソパトロス、エウスタティオス、ソシパトラの二哲学者をそれぞれ便宜上独立した章として扱った)。

同じことは皇帝ユリアヌスの師であったマクシモスについても言える。マクシモスは異教主義を唱える哲学者である。エウナピオスは、思想的親近感からか、『列伝』の各所でマクシモスに触れている。アイデシオスに続く章では、アイデシオスに次ぐ頁数を割いて(ディドー版で九頁)マクシモスに当てている。しかし、その章でも、主役となっているのはむしろ皇帝ユリアヌスであって、ユリアヌスの生涯が述べられた後、ユリアヌスの招請を受けたマクシモスの都入り前後が述べられはするが、すぐに、一緒に招請を受けながら神の意に沿ってこれを断わり、再三の熱心な招請にもかかわらず己の運に従ったクリュサンティオスのことに話が移り、その後は、ユリアヌスの死後、ワレンティニアヌス一世とワレンスの手で拘引されたマクシモスをクレアルコスが救出した経緯に触れたほかは、マクシモス殺害の話から殺害に直接手を下したフェストゥスのことに叙述が移って、フェストゥスがネメシスの報復を受けて非業の最期を遂げるまでが詳しく語られる。このように、話は次から次へと脇道に逸れて、主役が次第に霞んでしまい、叙述の対象は誰であるかを見失わせるほどである。とはいえ、叙述は当時の文献資料や確かな伝聞(例えば、クリュサンティオスから聞いたイアンブリコスの教説や行動)、さらにはエウナピオス自身の目撃をもとに進められているのであるから、作品の文学的、思想的価値はともかく、四世紀のアテナイその他の諸都市におけるソフィストの活動を伝える資料として、十分に文化史的価値を持つことは否定できない。

最後に、本書について気づく点を一、二挙げておきたい。その一つは、この種の伝記的叙述において当然参照されてよいはずのディオゲネス・ラエルティオスに全く言及されていないこと、また、コンスタンティヌスの時代に活躍し、雄弁で知られていた哲学者にしてソフィストのテミスティオスが取り上げられていないことである。これには奇異の感を禁じえないが、その理由としては、エウナピオスの興味の中心が東方に置かれており、ローマ中心に活躍する人にはさほど関心をそそられなかった、ということが考えられるであろう。また、彼の文体がしばしば晦渋であることも目につくことの一つである。少なくとも、彼が若い頃から諳《そら》んじ、目標としていたアッティカの語法とは全くかけ離れた表現が多く見受けられる。これに詩的誇張に類する大袈裟な表現が結びつき、目障りなくらい最上級の表現が並ぶ。同じ列伝ではあっても、彼のそれは、彼自身、典型として掲げていたと思われるプルタルコスの列伝は言うに及ばず、(1) ピロストラトスの『列伝』と比べても、明らかに見劣りするものである。ただし、これらの点は差し引いても、上述のように、彼が四世紀のソフィストの中では博識の部類に入り、その叙述が、当時のソフィストの実態を知る有力な手掛かりを与えていることには、いささかも変わりはない。

「本書」は、当初全体を戸塚、金子の共訳とする予定であったが、事情により変更を止むなくされ、ピロストラトス『ソフィスト列伝』の第二巻第十一章までは共訳とし、第十二章以降とエウナピオス『哲学者およびソフィスト列伝』、それに解説、人名索引は戸塚が担当した。

---

(1) エウナピオスは、プルタルコスを、「とりわけて神的」で、比列伝』を、きわめて見事な作品と讃えている。二三〇、二「哲学全体の魅力でありリュラ琴」と讃美を呈し、その『対三二頁参照。

訳者略歴

戸塚七郎（とつか　しちろう）

東京都立大学名誉教授
一九二五年　北海道小樽市生まれ
一九五〇年　京都大学文学部哲学科卒業
東京都立大学・愛知大学教授を経て一九九五年退職

主な著訳書
『モラリア』6・13・14　西洋古典叢書（京都大学学術出版会）
『プラトン　ソクラテスの弁明、クリトン、パイドン』（有斐閣）
アリストテレス『弁論術』（岩波文庫）
『懐疑への誘い』（編著、北樹出版）

金子佳司（かねこ　けいじ）

日本大学非常勤講師
一九五五年　岐阜県生まれ
一九八七年　日本大学大学院文学研究科博士後期課程満期退学

主な著訳書
『西洋思想の要諦周覧』（共著、北樹出版）
『哲学の軌跡』（共著、北樹出版）
『哲学の玉手箱』（共著、北樹出版）

哲学者《てつがくしゃ》・ソフィスト列伝《れつでん》　西洋古典叢書　第Ⅱ期第15回配本

二〇〇一年十一月十五日　初版第一刷発行

訳　者　戸《と》塚《つか》七《しち》郎《ろう》
　　　　金《かね》子《こ》佳《けい》司《じ》

発行者　佐藤文隆

発行所　京都大学学術出版会
606-8305 京都市左京区吉田河原町一五-九　京大会館内
電話　〇七五-七六一-六一八二
FAX　〇七五-七六一-六一九〇
印刷・土山印刷／製本・兼文堂

ISBN4-87698-131-0

定価はカバーに表示してあります

人名索引

この索引は訳文に現われた人名の索引である。したがって、原文では代名詞もしくは普通名詞で示されているものも、訳出の関係で固有名詞に置き換えられた場合は、その項目に含まれる。人名のほかに神名、英雄名等も収載する。

算用数字は訳文の頁数を表わす。なお、頁数の間に − が入っているものは、当の人物に三頁以上の一章が当てられているものについて、その章の最初と最後の頁数を表わす。

ピロストラトス『ソフィスト列伝』

ア 行

アイアコス一族 Aiacidai（アイアコスの子孫） 107
アイアス Aias（アイアコス一族の勇将） 68
アイスキネス Aischines（前四世紀のアテナイの弁論家） 8, 9, 10, 12, 48−54, 102, 156, 163
アイスキュロス Aischylos（アテナイ三大悲劇作家の一人） 26
アウトレキュトス Autolecytos（インド人奴隷） 23
アウレリオス Aurelios（イオニアのソフィスト） 224
アエリアヌス Aelianus（ローマのソフィスト） 219−221
アガティオン Agathion（「ヘロデスのヘラクレイトス」の渾名） 118, 119
アガトン Agathon（前五世紀の悲劇作家） 28
アキレウス Achilleus（トロイア戦争のギリシアの勇将） 32, 92
アキレウス Achilleus（ヘロデスの里子） 125
アキュラス Acylas（ガラティアの弁論家） 172
アグリッパ Agrippa（〜の劇場。アグリッペイオン） 144, 156
アスクレピオス Asclepios（医神） 90, 139, 201, 204
アスパシオス Aspasios（ラベンナのソフィスト） 224−226
アッタロス Attalos（ポレモンの息子） 199
アッティコス Atticos（ヘデロスの父） 69, 70, 109, 110, 111, 136
アッティコス Atticos（ヘロデスの息子） 124
アテナ Athena（女神） 76, 110, 138
アテノドロス Athenodoros（アイノスのソフィスト） 178
アトロメトス Atrometos（アイスキネスの父） 8, 48
アナクサゴラス Anaxagoras（クラゾメナイの哲学者） 64
アプシネス Apsines（ガダラ出身の弁論家） 226
アポロニオス Apollonios（ナウクラティスの弁論家） 185, 186, 203, 206
アポロニオス Apollonios（アテナイの弁論家） 187−189
アポロニオス Apollonios（テュアナの哲学者） 18, 71, 142
アポロン Apollon（医術、音楽の神） 4, 52, 114, 149
アリオバルザネス Ariobarzanes（キリキアのソフィスト） 54
アリスタイオス Aristaios（ピロストラトスと同時代のソフィスト） 76
アリスタイネトス Aristainetos（ビザンティオンの弁論家） 172
アリステイデス Aristeides（ミュシアの

ソフィスト） 159－164, 194
アリステイデス Aristeides（アテナイの政治家） 216
アリストクレス Aristocles（ペルガモンのソフィスト） 137, 138, 159, 178, 182, 183, 206
アリストゲイトン Aristogeiton（僭主を倒したアテナイ人） 38, 156
アルキノオス Alcinoos（ストア派の哲学者） 82
アルキビアデス Alcibiades（ソクラテスの弟子で、後にアテナイの将軍） 27, 36
アルキメドン Alcimedon（ヘロデスの解放奴隷） 120, 128, 129
アルキロコス Archilochos（パロス生まれの詩人） 214
アルクマイオン Alcmaion（予言者） 8
アルテミス Artemis（女神） 151, 194
アルデュス Ardys（弁論家） 58
アルタバゾス Artabazos（クセルクセスの叔父） 150
アレクサンドロス Alexandros（マケドニアの王） 52, 94, 124, 162, 180, 214
アレクサンドロス Alexandros（セレウケイアのソフィスト） 142－151, 211
アレス Ares（軍神） 108
アロエウスの後裔 Aloadai 108
アンティオコス Antiochos（キリキアのソフィスト） 139－142, 148, 152
アンティパトロス Antipatros（ヒエラポリスのソフィスト） 196－198, 200, 205
アンティポン Antiphon（ラムノス区のソフィスト） 35－40, 50
アンドキデス Andocides（アッティカの弁論家） 134
アントニヌス Antoninus（ローマ皇帝） 88, 89, 90, 120, 143
アンピトリテ Amphitrite（ヘロデスの妻） 114
イウリアノス Iulianos（ソフィスト） 116
イサイオス Isaios（アッシリアのソフィスト） 57－60, 72, 73, 80, 81
イサイオス Isaios（弁論家。デモステネスの師） 44
イサゴラス Isagoras（悲劇作家。クレストスの弟子） 172
イソクラテス Isocrates（アテナイの著名な弁論家） 44－48, 52, 163
ウアロス Uaros（ラオディケイアのソフィスト） 214
ウアロス Uaros（ペルゲのソフィスト） 151, 152
ウアロス Uaros（イオニアの若者） 98, 99
エウオディアノス Euodianos（スミュルナのソフィスト） 181, 182
エウドクソス Eudoxos（クニドスの弁論家） 13
エウプラテス Euphrates（テュロスの哲学者） 18, 91
エウメロス Eumelos（画家） 142
エウリピデス Euripides（サラミス生まれの著名な悲劇作家） 177, 211
エポロス Ephoros（イソクラテスの弟子） 47
エルピニケ Elpinice（ヘロデスの娘） 124
エロス Eros（愛と美の神） 185
オイノマオス Oinomaos（アイスキネスの渾名） 162
オデュッセウス Odysseus（トロイア戦争のギリシアの名将） 20
オノマルコス Onomarchos（アンドロスのソフィスト） 184, 185
オリュンピオドロス Olympiodoros（ヒッポドロモスの父） 207
オリュンポス Olympos（笛の名手） 148
オルペウス Orpheus（トラキア生まれの詩人） 10, 68
オレステス Orestes（アガメムノンの子。母を殺して父の仇を討った） 8

カ　行

カイレポン Chairephon（ゴルギアスを揶揄したアテナイ人） 10, 11
カッシアノス Cassianos（イオニアのソフィスト） 224
カッシオス Cassios（シリアの総督）

132
カライスクロス Callaischros（クリティアスの父） 172
カラカラ Caracalla（ローマ皇帝） 197, 198, 217, 218, 222, 223, 224
カリアス Callias（ヒッポニコスの息子） 188
カリクセイノス Callixeinos（十将軍の埋葬をやめさせた人物） 163
カリクレス Callicles（ペルゲのウアロスの父） 151
カリスト Callisto（ヘルモクラテスの母） 199
カルネアデス Carneades（新アカデメイアの創設者） 16
キモン Cimon（アテナイの政治家） 107, 108
キュテロス Cytheros（スコペリアノスの父の料理人） 63, 64, 65
キュリノス Cyrinos（ニコメディアのソフィスト） 215, 216
キュロス Cyros（無名のソフィスト） 193
キュンティリオス兄弟 Cyntilioi 126, 160
クアドラトゥス Quadratus（ペルゲのウアロスの師） 151
クセノプロン Xenophron（シケリアのソフィスト） 54
クセノポン Xenophon（アテナイの哲学者にして史家） 32, 34, 101
クセルクセス Xerxes（ペルシア王） 29, 30, 68, 99, 150
クテシデモス Ctesidemos（アテナイの人） 116
クテシポン Ctesiphon（デモステネスに冠を与えようとしたアテナイ人） 51
グラウコス Glaucos（秘儀の祭司） 187
クリティアス Critias（三十人独裁制の中心人物） 5, 27, 40－44, 133, 134
グリュロス Gryllos（クセノポンの父） 32
クレイニアス Cleinias（アルキビアデスの父） 36
クレオパトラ Cleopatra（エジプトの女王） 16
クレストス Chrestos（ビザンティオンのソフィスト） 168, 172, 173, 178, 184, 186, 206
クレメス Clemes（ビザンティオンの悲劇役者） 208
ケレル Celer（弁論術書の著者） 76
コプレウス Copreus（ミュケナイ王の伝令使） 114
コリントス Corinthos（ゼウス神の息子） 200
ゴルギアス Gorgias（レオンティノイの弁論家） 8, 9, 10, 11, 12, 26－29, 42, 46, 66, 69, 192
ゴルディアヌス Gordianus（執政官。後にローマ皇帝） 4, 6
コンモドゥス Commodus（ローマ皇帝） 170, 176

サ　行

シモニデス Simonides（ケオス出身の叙情詩人） 192
スケプトス Sceptos（コリントス人。ヘロデスの弟子） 146, 165
スコペリアノス Scopelianos（クラゾメナイのソフィスト） 60－71, 92, 133, 146
セイレン Seiren（歌声で魅了する人面鳥身の怪物） 44
セウェルス Severus（セプティミウス。ローマ皇帝） 188, 196, 197, 200, 205
セウェルス Severus（皇帝マルクスの教師） 169
ゼウクシデモス Zeuxidemos（アンティパトロスの父） 196
ゼウス Zeus（オリュンポスの主神） 4, 8, 22, 45, 114, 126, 141
セクストス Sextos（ボイオティア出身の哲学者） 123, 124
セクンドス Secundos（アテナイのソフィスト） 104, 133
ゼノン Zenon（アテナイのソフィスト） 196
ソクラテス Socrates（アテナイの哲学者） 22, 42
ソスピス Sospis（祭壇監督官） 172

ソソス Sosos（無名のソフィスト） 193
ソテロス Soteros（無名のソフィスト） 193
ソピロス Sophilos（アンティポンの父） 36
ソプロニスコス Sophroniscos（ソクラテスの父） 42
ソポクレス Sophocles（アテナイの著名な悲劇作家） 196
ソロン Solon（アテナイの政治家で詩人） 42

タ 行

タウロス Tauros（テュロスの哲学者） 133
ダミアノス Damianos（エペソスのソフィスト） 160, 161, 193－196
タミュリス Thamyris（トラキアの音楽家） 10, 68
ダルダノス Dardanos（アッシリアのソフィスト） 140
ダレイオス Dareios（ペルシア王） 68, 99, 149
タンタロス Tantalos（冥界で際限のない責苦を受けた人物） 58, 178
テアゲネス Theagenes（クニドスの弁論家） 133
ディアス Dias（エペソスの哲学者） 15
ディオゲネス Diogenes（アマストリスのソフィスト） 173
ディオドトス Diodotos（カッパドキアのソフィスト） 210
ディオニュシオス Dionysios（ミレトスのソフィスト） 58, 71－78, 140, 150, 170
ディオニュシオス Dionysios（シュラクサイの僭主） 38
ディオニュソス Dionysos（農民信仰の神） 50, 85, 111, 181
ディオン Dion（クリュソストモス。プルサ出身の哲学者） 17－20, 22, 25, 96, 213, 220
ティモクラテス Timocrates（ポントス出身の哲学者） 91, 92, 99
テオドトス Theodotos（アテナイのソフィスト） 136, 137
テオドロス Theodoros（イソクラテスの父） 48
テオポンポス Theopompos（イソクラテスの弟子） 47
テオムネストス Theomnestos（ナウクラティスのソフィスト） 17
テセウス Theseus（ギリシアの英雄） 177
デマデス Demades（アテナイの政治家） 94, 214
デメトリアノス Demetrianos（アスパシオスの父） 224
デモクリトス Democritos（アブデラの哲学者） 91
デモステネス Demosthenes（アテナイの弁論家） 9, 10, 12, 14, 18, 19, 44, 45, 49, 50, 51, 52, 54, 72, 94, 96, 100, 101, 102, 135, 156, 162, 169, 223
デモストラトス Demostratos（アテナイの弁論家） 120, 126, 127, 132, 136
テュケ Tyche（運の女神） 109, 113
トゥキュディデス Thucydides（歴史家） 27
ドミティアヌス Domitianus（ローマ皇帝） 19
トラシュブロス Thrasybulos（アテナイの政治家） 42
トラシュマコス Thrasymachos（カルケドンのソフィスト） 34, 35
トラヤヌス Trajanus（ローマ皇帝） 20, 87
ドリオン Dorion（批評家） 76, 77
トリトゲネス Tritogenes（アテナの異称） 8
ドロピデス Dropides（アテナイのアルコン） 42

ナ 行

ニカゴラス Nicagoras（アテナイのソフィスト） 213, 226
ニカンドロス Nicandros（無名のソフィスト） 193
ニキアス Nicias（アテナイの将軍） 147
ニケテス Nicetes（スミュルナのソフィス

ト） 54－57, 58, 62, 66, 181
ニコストラトス Nicostratos（マケドニアの弁論家） 220
ニコメデス Nicomedes（ペルガモンの弁論家） 172
ネオプトレモス Neoptolemos（アキレウスの子） 32
ネストル Nestor（トロイア戦争のギリシアの将軍） 32, 36
ネルウァ Nerva（ローマ皇帝） 109
ネロ Nero（ローマ皇帝） 8, 56, 116

ハ　行

パイドロス Phaidros（無名のソフィスト） 193
パウサニアス Pausanias（カッパドキアのソフィスト） 176－178, 221, 226
バッコス Bacchos（ディオニュソス神） 55, 68
バッサイオス Bassaios（皇帝マルクスの侍従長） 128
ハドリアヌス Hadrianus（ローマ皇帝） 21, 75, 84, 85, 86, 87, 88, 110
ハドリアノス Hadrianos（テュロスのソフィスト） 164－171, 172, 174, 184, 186, 188, 190, 192, 194, 196, 206, 216
パトロクロス Patroclos（トロイア戦争でアキレウスの武具をつけて戦った勇将） 71
パナテナイス Panathenais（ヘロデスの娘） 124
ハルパロス Harpalos（マケドニアの財務官） 101
バルバロス Barbaros（執政官） 93, 96
ハルモディオス Harmodios（アリストゲイトンと僭主を倒したアテナイ人） 38
パンクラテス Pancrates（キュニコス派の哲学者） 78
パンメネス Pammenes（悲劇作家） 118
ヒッパルコス Hipparchos（ヘロデス・アッティコスの祖父） 109
ヒッピアス Hippias（エリス出身のソフィスト） 31, 192
ヒッポクラテス Hippocrates（前五世紀のケオスの医者） 91
ヒッポドロモス Hippodromos（テッサリアのソフィスト） 172, 207－214, 217, 226
ビュザス Byzas（ビザンティオンの建設者） 81
ピュトン Python（ビザンティオンの弁論家） 9, 59, 60
ピュロン Pyrrhon（懐疑派の創設者） 24
ヒュペレイデス Hypereides（イソクラテスの弟子） 47, 169
ピラグロス Philagros（キリキアのソフィスト） 153－158
ピリスコス Philiscos（テッサリアのソフィスト） 172, 217－219
ピロストラトス Philostratos（レムノスのソフィスト） 210, 218, 220, 224, 225, 226
ピロストラトス Philostratos（エジプトの哲学者） 16
ピュティオス Pythios（アポロン神） 28
ピュラクス Phylax（無名のソフィスト） 193
プトレマイオス Ptolemaios（ナウクラティスのソフィスト） 179－181, 204, 206
プラクサゴラス Praxagoras（ヘロデスの政治上のライバル） 126
ブラドゥアス Braduas（ヘロデスの義理の兄弟） 121
プラトン Platon（アテナイの哲学者） 14, 18, 19, 30, 32, 34, 35, 52, 133, 146, 213
プルトス Plutos（富の神） 108
プロクセノス Proxenos（不詳） 24
プロクロス Proclos（ナウクラティスのソフィスト） 190－192, 209
プロタゴラス Protagoras（アブデラ出身のソフィスト） 29, 30
プロディコス Prodicos（ケオスのソフィスト） 10, 32, 33, 34
プロテウス Proteus（キュニコス派の哲学者） 132
プロメテウス Prometheus（天上の火を人間に与えた神） 189

ペイタゴラス Peithagoras（キュレネのソフィスト） 54
ヘラクレイデス Heracleides（リュキアのソフィスト） 57, 185, 187, 188, 203−207, 209, 210, 211
ヘラクレイデス Heracleides（秘儀の祭司） 187
ヘラクレス Heracles（ギリシアの英雄） 10, 33, 46, 114
ヘラクレス Heracles（「ヘロデスのヘラクレス」） 116, 117, 118, 119, 120
ヘリオドロス Heliodoros（アラビアのソフィスト） 221−223
ペリクレス Pericles（アテナイの政治家） 9, 28, 149
ペリゲス Periges（リュディア人。カッシアノスの弟子） 225
ヘルモクラテス Hermocrates（ポカイアのソフィスト） 198−203
ヘルモゲネス Hermogenes（タルソスのソフィスト） 152, 153
ヘレネ Helene（トロイア戦争の因をなした美女） 6, 142
ペロプス Pelops（タンタロスの息子） 118
ヘロデス Herodes（ヘロデス・アッティコス。アテナイのソフィスト） 4, 23, 69, 70, 92, 94, 95, 96, 102, 104, 107−136, 137, 138, 144, 145, 146, 147, 154, 155, 156, 159, 164, 165, 166, 172, 173, 176, 179, 183, 184, 206, 221
ポイニクス Phoinix（テッサリアのソフィスト） 192, 193
ポセイドン Poseidon（海とあらゆる水域を支配する神） 80, 114, 116
ホメロス Homeros（ギリシア最古の叙事詩人） 5, 59, 66, 94, 100, 126, 152, 174, 214, 217
ポリュデウケス Polydeuces（ナウクラティスのソフィスト） 174−176, 178, 196
ポリュデウケス Polydeuces（ヘロデスの里子） 125
ポレモン Polemon（ラオディケイアのソフィスト） 23, 68, 70, 76, 77, 83, 84−103, 133, 169, 179, 182, 199, 209, 213
ポロス Polos（アクラガスのソフィスト） 34

マ 行

マイアンドロス Maiandros（プロタゴラスの父） 29
マウソロス Mausolos（カリア王） 9
マメルティノス Mamertinos（ヘロデスの政敵） 126
マラトン Marathon（「ヘデロスのヘラクレス」の父） 117
マラトン Marathon（プトレマイオスの渾名） 179
マルキアノス Marcianos（ナウクラティスのアポロニオスの弟子） 204
マルクス Marcus（アウレリウス。ローマ皇帝） 96, 123, 126, 127, 129, 130, 131, 132, 137, 143, 152, 153, 160, 161, 168, 169
マルコス Marcos（ビザンティオンのソフィスト） 80−84
マルシュアス Marsyas（山羊の下半身を持った笛の名手） 148, 149
ミルティアデス Miltiades（アテナイの政治家） 107, 108
ムーサ Musa（学芸の女神） 6, 62, 98, 170, 204
ムソニオス Musonios（テュロスの哲学者） 122
ムナティオス Munatios（トラレスの弁論家） 95, 133
メギスティアス Megistias（スミュルナの弁論家） 211, 212, 213
メムノン Memnon（ヘロデスの里子） 125
メリケルテス Melicertes（カドモスの娘イノの息子） 114

ヤ・ラ 行

ユリア Julia（ユリア・ドムナ。皇帝セウェルスの妻） 217
ラブダコス Labdacos（オイディプスの祖先） 118
リュサンドロス Lysandros（スパルタの

将軍） 41, 80
ルキウス Lucius（ウェルス。ローマ皇帝） 127, 128
ルキオス Lucios（哲学者） 122, 123, 124
ルピニアノス Ruphinianos（ヘルモクラテスの父） 199
ルピノス Ruphinos（ヘルモクラテスの先生） 198
ルピノス Ruphinos（ナウクラティスのアポロニオスの息子） 186
ルフス Rufus（執政官） 56
ルポス Ruphos（ペリントスのソフィスト） 182−184
レオン Leon（ビザンティオンの哲学者） 14, 15
レギラ Regilla（ヘロデスの妻） 114, 120, 121, 123, 124
レプティネス Leptines（アテナイの弁論家） 80
ロギモス Logimos（秘儀の祭司） 187
ロリアノス Lollianos（エペソスのソフィスト） 78−80, 137, 153

エウナピオス『哲学者およびソフィスト列伝』

本索引の「エウナピオス」の項は、著者であるため当然原文にも訳文にも出てこないが、著者の生涯を知る手掛かりとなるので、「筆者」と訳されている箇所を固有名詞として扱い、一項目とした。

ア　行

アイアコスの後裔 Aiacidai（アキレウス、アイアスなど） 296
アイスキネス Aischines（キオスの医者） 320
アイデシオス Aidesios（カッパドキアの哲学者） 243, 245, 246, 248, 252−254, 261, 262, 273, 274, 284, 285, 286, 292, 307, 308, 310, 360, 370
アイデシオス Aidesios（クリュサンティオスの息子） 370
アウクソニオス Auxonios（政務長官） 302
アウレリアヌス Aurelianus（ローマ皇帝） 241
アカキオス Acacios（カイサレイアのソフィスト） 350, 351
アキュリノス Acylinos（ポルピュリオスの弟子仲間） 240
アキレウス Achilleus（トロイア戦争のギリシアの勇将） 325
アズトリオン Azutrion（アナトリオスの渾名） 331
アテナ Athena（アテナイの守護神） 283
アナトリオス Anatolios（プロアイレシオスの身内） 318
アナトリオス Anatolios（ベリュトス出身の政務長官） 331, 332, 333, 334, 336
アナトリオス Anatolios（イアンブリコスの師） 242
アプシネス Apsines（ラケダイモンの弁論家） 310, 312, 313, 314, 316
アブラビオス Ablabios（政務長官） 257, 258, 259, 260
アポロニオス Apollonios（テュアナの哲学者） 230, 361
アポロン Apollon（音楽、医術の神） 282, 283
アメリオス Amelios（新プラトン派の哲

学者） 240
アラリコス Allarichos（ゴート族の王） 290
アリステイデス Aristeides（二世紀の有名なソフィスト） 327, 343
アリストテレス Aristoteles（ギリシアの哲学者） 352, 360
アリストパネス Aristophanes（ギリシアの代表的喜劇作家） 255
アリュピオス Alypios（イアンブリコスと同世代の弁論家） 248－252
アルキダモス Archidamos（スパルタ王） 353
アルキュタス Archytas（ピュタゴラス派の哲学者） 361
アレクサンドロス Alexandros（マケドニアの王） 228
アンテロス Anteros（温泉の精） 247
アントニノス Antoninos（エウスタティオスの息子） 276, 278, 279, 282
アンドロマコス Andromachos（シリア出身の弁論家） 241
アンピクレア Amphiclea（プロアイレシオスの妻） 338
アンモニオス Ammonios（エジプト出身の哲学者。プルタルコスの師） 230, 232
イアンブリコス Iamblichos（コイレ・シュリアの哲学者） 242－248, 249, 250, 251, 252, 253, 254, 282
イウリアノス Iulianos（カッパドキア出身のソフィスト） 310－316, 322, 323, 352
イオニコス Ionicos（サルディスのイアトロソフィスト） 357, 358
イカロス Icaros（ダイダロスの息子） 308
イノケンティオス Inocentios（クリュサンティオスの祖父） 360
ウィテリウス Vitellius（ローマ皇帝） 234
ウェスパシアヌス Vespasianus（ローマ皇帝） 234
ウルピアノス Ulpianos（アンティオケイアのソフィスト） 322
エウァグリウス Evagrius（アレクサンドレイアの総督） 280
エウエメロス Euemeros（ユリアヌスの決起に協力したリビア人） 292
エウスタティオス Eustathios（カッパドキアの哲学者） 243, 262, 263－266, 267, 272, 273, 278
エウセビオス Eusebios（プロアイレシオスの弟子） 338
エウセビオス Eusebios（アイデシオスの弟子） 285, 286, 287, 289
エウナピオス Eunapios（『列伝』の著者） 235, 245, 248, 250, 257, 278, 283, 290, 307, 311, 316, 317, 318, 319, 320, 321, 333, 340, 341, 342, 359, 367, 372, 373
エウプラシオス Euphrasios（イアンブリコスの弟子） 244
エウプラテス Euphrates（テュロス出身の哲学者） 230
エウプラノル Euphranor（コリントスの画家） 309
エウポリス Eupolis（アテナイの喜劇作家） 348
エウモルピダイ Eumolpidai（トラケ王エウモルポスの後裔） 290
エウリュメドン Eurymedon（ホメロスに出てくる巨人たちの王） 280
エパガトス Epagathos（弁論家） 310
エピゴノス Epigonos（ラケダイモン出身の哲学者） 373
エピパニオス Epiphanios（シリアのソフィスト） 310, 323, 324, 335, 340, 341, 344
エロス Eros（温泉の精の名） 247
オデュッセウス Odysseus（トロイア戦争のギリシアの名将） 237, 326
オト Otho（ローマ皇帝） 234
オリゲネス Origenes（新プラトン派の哲学者） 240
オルペウス Orpheus（トラキア生まれの詩人） 364
オレイバシオス Oreibasios（ペルガモンのイアトロソフィスト） 292, 354－357, 373

カ 行

カウサタ Causatha（シリアの神霊） 240
ガリエヌス Gallienus（ローマ皇帝） 241
カリマコス Callimachos（アレクサンドレイア図書館長） 341
カルネアデス Carneades（キュニコス派の哲学者） 231
ガルバ Galba（ローマ皇帝） 234
クセノクラテス Xenocrates（アカデメイアの学頭） 242
クセノポン Xenophon（アテナイの哲学者、史家） 228
クラウディアノス Claudianos（マクシモスの兄弟） 284, 351
クラウディウス Claudius（ローマ皇帝） 234, 241
クリュサンティオス Chrysanthios（サルディス出身の哲学者） 245, 254, 285, 286, 287, 288, 289, 293, 294, 295, 296, 307, 308, 359－373
クレアルコス Clearchos（アジアの総督） 299, 300, 301, 302
ゲリュオネス Geryones（西の果てに棲むと言われる怪物） 322
ケルコペス Cercopes（背の低い猿に似た種族） 255
ケレオス Celeos（エジプトの王） 337
コリュバンテス Corybantes（女神キュベレの祭司たち） 308
コロッソス Colossos（ロドス島の突堤に立つ巨大な像） 322
コンスタンス Constans（皇帝。コンスタンティヌス大帝の息子） 259, 335, 336, 337
コンスタンティウス Constantius（二世。コンスタンティヌス大帝の息子） 259, 260, 264, 284, 291, 292
コンスタンティヌス Constantinus（大帝） 254, 256, 257, 259, 345
コンスタンティヌス Constantinus（コンスタンティヌス大帝の息子） 259

サ 行

サポレス Sapores（ペルシア王） 264
サラピス Sarapis（またはセラピス。エジプトの神） 277, 280
サルティオス Salutios（政務長官） 300, 302
セイレン Seiren（人面鳥身の怪物） 263
セウェルス Severus（セプティミウス。ローマ皇帝） 234
ゼノン Zenon（キュプロスのイアトロソフィスト） 352, 354, 357
セレウコス Seleucos（シリアのアンティオケイア建設者） 344
ソクラテス Socrates（ギリシアの哲学者） 255, 256, 259, 277, 364
ソシパトラ Sosipatra（エウスタティオスの妻。哲学者） 267－282
ソティオン Sotion（ペリパトス派。哲学史家） 230
ソパトロス Sopatros（シリア出身の哲学者） 243, 254－260
ソポリス Sopolis（アテナイのソフィスト） 323, 342, 343

タ 行

タキトゥス Tacitus（ローマ皇帝） 241
ダマシアス Damasias（エウポリスに「樹」と言われた人） 348
ディオニュシオス Dionysios（ハリカルナッソスの誌家） 236
ディオニュソス Dionysos（農民信仰の神） 255
ディオパントス Diophantos（アラビアのソフィスト） 310, 323, 324, 341, 342, 344
ディオン Dion（クリュソストモス。ビテュニアのプルサ出身の哲学者） 230
ティトゥス Titus（ローマ皇帝） 234
テオドシウス Theodosius（一世。ローマ皇帝） 280, 305
テオドロス Theodoros（プラトン『ティマイオス』の註釈者） 244
テオピロス Theophilos（アレクサンドレ

イアのキリスト教司祭） 280
テオン Theon（ガラティアのソフィスト） 358
デクシッポス Dexippos（年代誌家） 242
テミス Themis（正義の女神） 328
テミストクレス Themistocles（アプシネスの弟子） 312, 313, 314, 316
デメテル Demeter（エレウシスの秘儀の主神） 337
デメトリオス Demetrios（キュニコス派の哲学者） 231
デモナクス Demonax（ルキアノスと同時代の哲学者） 232
トゥスキアノス Tuscianos（イウリアノスの弟子） 310, 314, 315, 326
トリプトレモス Triptolemos（デメテルに引き立てられ麦の種子を広めた人） 337

ナ 行

ニキアス Nicias（アテナイの将軍） 300
ニュンピディアノス Nymphidianos（マクシモスの兄弟。ソフィスト） 284, 351, 352
ネメシス Nemesis（義憤の女神） 305
ネロ Nero（ローマ皇帝） 234

ハ 行

パウロス Paulos（アテナイのソフィスト） 241
パルナシオス Parnasios（プロアイレシオスの後継者。ソフィスト） 323, 344
ヒメリオス Himerios（ビテュニアのソフィスト） 333, 343, 344
ピュタゴラス Pythagoras（ピュタゴラス教団の創設者。哲学者） 230, 314, 361
ヒュドラ Hydra（レルネの沼に棲む毒蛇） 330
ヒラリオス Hilarios（リュディアの支配者） 367
ヒラリオス Hilarios（ビテュニア生まれの画家） 309
ピロストラトス Philostratos（『ソフィスト列伝』の著者） 230
ピロメトル Philometor（ソシパトラに恋慕した男） 274, 275, 276
フェストゥス Festus（マクシモスの処刑者） 304, 305, 306
プラトン Platon（ギリシアの哲学者） 230, 235, 242, 249, 321, 360, 361, 364, 370
プリアモス Priamos（トロイアの勇将ヘクトルの父） 325
プリスコス Priscos（モロッシスの哲学者。アイデシオスの弟子） 285, 286, 295, 296, 297, 298, 306－310
プルトン Pluton（冥界の裁判官） 306
プロアイレシオス Proairesios（アルメニアのソフィスト） 310, 311, 314, 315, 316－340, 341, 342, 343, 344, 352
プロコピオス Procopios（クリュサンティオスの弟子） 372
プロコピオス Procopios（キリキア出身の将軍で、ワレンスに反旗を翻した） 300
プロティノス Plotinos（新プラトン派の哲学者） 234－236, 237, 238
プロテリオス Proterios（ゴート族に殺されたケパレニア出身の人物） 309
プロブス Probus（ローマ皇帝） 241
ペイシストラトス Peisistratos（前六世紀のアテナイの僭主） 325
ペイディアス Pheidias（アテナイの著名な彫刻家） 350
ヘカテ Hecate（冥界の女神） 288
ヘシオドス Hesiodos（ホメロスと並ぶ叙事詩人） 277
ヘパイスティオン Hephaistion（ソフィスト。イウリアノスの弟子） 310, 322, 323, 324
ヘラクレス Heracles（ギリシアの英雄） 255
ペリクレス Pericles（アテナイの政治家） 352
ヘルメス Hermes（ゼウスの伝令使。雄弁の神） 238, 242, 325, 330, 338
ヘレスポンティオス Hellespontios（ガラティアのソフィスト） 369, 371, 372
ベロニキアノス Beronicianos（サルディ

ス出身の哲学者） 373, 374
ホメロス Homeros（ギリシア最古の叙事詩人） 270, 283, 325, 341, 350
ポルピュリオス Porphyrios（テュロス出身の哲学者。プロティノスの弟子） 230, 234, 235, 236－242

マ 行

マクシモス Maximos（幻術を用いるエペソスのソフィスト） 274, 275, 283－306, 351, 352, 361, 362
マクシモス Maximos（プロアイレシオスの身内） 318
マグノス Magnos（ニシビスのイアトロソフィスト） 352－354
マルケラ Marcella（ポルピュリオスの妻） 241
マルコス Malchos（ポルピュリオスのシリア名） 236
ミレシオス Milesios（スミュルナ出身の詩人） 334, 335, 338
ムーサ Musa（学芸の女神） 249, 311, 334, 338, 354
ムソニウス Musonius（ローマのソフィスト） 339
ムソニオス Musonios（キュニコス派の哲学者） 231
メニッポス Menippos（キュニコス派の哲学者） 231
メリテ Melite（クリュサンティオスの妻） 296

ヤ・ラ 行

ユストゥス Justus（アジアの総督） 367, 368, 369
ユリアヌス Julianus（ローマ皇帝） 259, 284, 286, 287, 288, 289, 291, 292, 293, 295, 297, 298, 300, 302, 308, 310, 339, 343, 351, 355, 362, 363
ヨビアヌス Jobianus（ローマ皇帝） 297
ライスポディアス Laispodias（エウポリスによって「樹」と言われたアテナイの将軍） 348
リバニオス Libanios（アンティオケイアのソフィスト） 344－349, 350, 351
ルキアノス Lucianos（サモサタ出身の諷刺作家） 232
ロマヌス Romanus（在エジプト軍の統帥） 280
ロンギノス Longinos（三世紀の有名な弁論家） 236

ワ 行

ワレンス Valens（ローマ皇帝） 297, 300, 304, 305
ワレンティニアヌス Valentinianus（ローマ皇帝） 297, 300